2011年度国家社会科学基金教育学青年课题（批准号：CHA110131）
“基于多维整合观的中国托幼机构教育质量评价研究”成果

中国托幼机构教育质量评价研究

ZHONGGUO TUOYOU JIGOU JIAOYU ZHILIANG PINGJIA YANJIU

李克建 等◎著

图书在版编目(CIP)数据

中国托幼机构教育质量评价研究/李克建等著. —北京：北京师范大学出版社，2017.5(2020.6 重印)
ISBN 978-7-303-22397-8

Ⅰ.①中… Ⅱ.①李… Ⅲ.①幼儿园—教育质量—教育评估—研究—中国 Ⅳ.①G612

中国版本图书馆 CIP 数据核字(2017)第 096642 号

营销中心电话 010-58802181 58805532
北师大出版社高等教育分社网 http://gaojiao.bnup.com
电子信箱 gaojiao@bnupg.com

出版发行：北京师范大学出版社 www.bnup.com
北京市西城区新街口外大街 12-3 号
邮政编码：100088
印　　刷：北京溢漾印刷有限公司
经　　销：全国新华书店
开　　本：787 mm×1092 mm 1/16
印　　张：25.5
字　　数：525 千字
版　　次：2017 年 5 月第 1 版
印　　次：2020 年 6 月第 2 次印刷
定　　价：65.00 元

策划编辑：罗佩珍　　责任编辑：李洪波
美术编辑：焦　丽　　装帧设计：金基渊
责任校对：陈　民　　责任印制：陈　涛

谨以此书纪念在本研究中做出重要贡献的同事、我们永远的朋友潘懿。

序

质量，是教育的生命线。托幼机构教育质量与每一位在园儿童的生命与发展息息相关。

在儿童早期教育国际研究领域，越来越多的证据揭示了这样一个事实：接受机构化早期教育，对于儿童的长期或终身发展而言，机会与质量同等重要；托幼机构教育质量对于处境不利儿童更为关键。

基于未来核心竞争力与人才战略的考虑，近几十年来，无论是西方发达国家，还是一些发展中国家，纷纷加大了对儿童早期发展与教育的投入，在增加机会、促进普及的同时，高度重视对教育质量的投入，研制并不断改进托幼机构教育质量评价标准与工具，逐步建立起教育质量保障与推进系统，以改善早期教育质量，致力于儿童早期的最优化发展。

近年来，我国越来越重视学前教育发展，政府不断增加财政投入，扩大学前教育资源，带来学前三年教育普及率的快速提升，但学前教育质量提升任重而道远。一方面，我国特别是发达地区学前教育的快速发展是工业化、城镇化累积势能短期爆发的结果；另一方面，民众的学前教育观念、教育质量观念还停留在一种简单、粗放的水平。这决定了学前教育质量保障基础薄弱，学前教育仍然是基础教育最薄弱的环节。

随着学前教育的快速普及，我国已成为学前教育大国，要实现中国梦，实现教育现代化，亟须将我国建设成学前教育强国。这需要在政策上，建立托幼机构教育质量保障体系；在实践上，形成托幼机构教育质量提升的操作路径，探索教育质量改进的具体举措；在研究上，形成适宜国情的托幼机构教育质量评价工具，并具有国际可比性。

在此背景下，本课题应运而生。在跨文化视野下积极汲取国际权威托幼机构教育质量评价工具的精髓，通过扎根本土的长期探索，本研究致力于研制能够全面反映我国托幼机构教育环境和教育过程质量的评价工具，并运用这一工具对我国的幼儿园教育质量进行全面、系统、客观的评价和具体深入的分析，以期为我国的学前教育质量保障政策与提升实践提供证据支持。

托幼机构教育质量研究似乎是一个“黑洞”，其艰巨程度远超乎研究者们最初的预设。

何为托幼机构教育质量？托幼机构教育质量的内部构成要素与影响因素如何区分？哪些质量要素对儿童发展更加重要？面对歧义丛生的文献，研究者必须做出理性的辨析与清晰的界定。质量标准与深层文化价值观的脉络关系如何厘清？适应我国文化价值观又符合未来发展趋势的托幼机构教育质量观念是什么样的？研究者必须经过深度的思考加以审慎建构。

在质量要素确定与评价指标体系建构的过程中，物质环境、健康与安全措施、课程结构、不同形态的活动过程、人际互动、内部支持系统、外部支持系统，权重如何平衡？在课程实践模式多元化的背景下，如何衡量幼儿园课程结构的均衡性与整合性？集体教学是中国幼儿园教育的重要路径与活动形态，但其有效性如何衡量？如何超越不同课程领域的特殊性、凝炼出跨领域的质量评价要素与指标？在量表结构与评分方案的确定上，如何凸显指标之间的内在关联、增强评价内容的逻辑结构？指标的等级如何更好地反映我国不同地区幼儿园教育质量的生态层级？采用结构精密(量表包含相对独立又相互关联的七个质量维度)、指标数量如此庞大(1127 个精细指标)的评价工具，面对复杂多变的评价情境，如何制订科学有效的观察评分操作程序？评分员如何培训？怎样的评分员安排方式最为经济？这些理论与技术难题必须基于实证研究结合实践的可行性一一加以解决。

评价工具的研磨过程自然是呕心沥血，数据采集工作是另一项令人望而生畏的艰巨任务。我国地域辽阔，环境复杂，人口众多，民族多样。要对我国幼儿园教育质量做出全面、客观、准确的评价，必须进行全国范围的大规模实地调查。一百六十多人的评估团队，先后历时四年，纵横南北，横贯东西，跨越九个省市，到达几十个地区，进行近两千人次的班级观察与儿童测试，最终采集了两百多所幼儿园的结构性质量数据、五百多个班级的观察质量数据、两千多名幼儿的发展测试数据。

随之，数据处理与数据分析中的技术难题接踵而至：多版本量表数据的转换与整合；更具代表性的样本筛选与结构优化；多群组复杂变量的数据关联与关系探索等。

回首整个研究历程，其间的艰难与困苦、喜悦与收获历历在目。在研究者的心目中，这是一次以质量为信念的学前教育调查研究的“万里长征”。

与众多大规模的社会实证调查研究一样，由于诸多不可控因素和现实因素的制约，本研究是不完美的，有遗憾也有缺点，一些研究结论有待进一步验证，许多问题有待运用新的方法和数据分析技术进行更加深入的探索。但是，一个不完美的大规模实证研究胜过一万个完美的未付诸实施的想法，因为它带给我们的数据资源和探索发现是宝贵的。

对学前教育质量评价工具及相关问题的探索是永无止境的。在汗牛充栋的国际学前教育质量评价研究中，我国还没有发出多少声音，特别是持续的、组合式研究更为匮乏。迄今为止，我国还没有研制出国际认可的有影响力的教育质量评价工具，其背后所需的强大支撑是动态、立体的测量数据库，特别是数据库可持续的运行机制；唯有如此，教育质量评价工具才能实现动态、自适应、智能化甚至可视化，真正实现“质量改进看得见”的理想目标。真正有影响力的、可持续的教育质量评价工具一定是成体系的、多关联的、有广泛应用基础的、有改进实效的系列化集成性工具。它既考量研究者的耐心、恒心，更考量团队合作的胸怀以及国家的科研环境。

值得期待的是，《中国托幼机构教育质量评价量表》有潜质向此目标逼近。

“路漫漫其修远兮，吾将上下而求索。”

是为序。

秦金亮
浙江师范大学杭州幼儿师范学院 教授 博士生导师
中国学前教育研究会副理事长
2017年3月1日

前　言

本书是全国教育科学规划国家社会科学研究基金2011年度教育学青年项目“基于多维整合观的中国托幼机构教育质量评价研究”(编号：CHA110131)的成果结晶。该项目的起点是2010年浙江师范大学与得克萨斯州克里斯汀大学(Texas Christian University at Austin)联合启动的一项中美合作研究，致力于对美国的《幼儿学习环境评价量表》(修订版)(ECERS-R)进行中国化。以此为基础，我们组建了一个跨学科、国际化的研究团队，申请并获得了立项。浙江师范大学为该项目提供了1.5倍的配套研究资金。

整个研究团队经过六年多的探索，横跨九个省市，经过一轮又一轮的理论研究、实地数据采集、数据分析、问题研讨，整个项目研究任务基本完成。总体而言，这无疑是一项内容庞杂、工程浩大、耗时费力的研究。在研究过程中，我们遇到了诸多始料未及的困难与挑战，比如，样本遍布全国多个省市，数据采集任务繁重，资金和人力资源紧张，与地方的沟通协调工作复杂；评分员多为研究生，工学矛盾突出，组织协调工作复杂；所采集的数据结构复杂，变量众多，跨越多个年份和评价工具的不同版本，数据整合与处理难度很大；课题组负责人出国访学，课题组核心成员之一潘懿的病重与离世，课题组成员的变动等，都不可避免地对项目研究进程造成不同程度的影响。

在这样的情况下，本项目研究最终能够完成，源于课题组成员的坚持与努力、智慧与奉献，得益于各方对本项目研究资金、技术与人力资源等方面的大力支持。对此，我们深表感激！

感谢每一位课题组成员不可替代的贡献，其中需要特别指出的是：澳门大学胡碧颖博士在量表编制、理论研究、国际论文发表方面做出突出贡献；北卡大学潘懿博士在病重的情况下仍然在数据分析与论文写作方面做出重要贡献；浙江大学张朋博士在多版本量表数据转换与整合、高级统计分析与技术支持上做出重要贡献；浙江师范大学陈德枝博士对现代测量学理论和技术的运用为本研究做出重要贡献；浙江师范大学硕士生陈月文在数据整理与数据分析方面做出重要贡献。

感谢一百六十多位评分员近两千人次极其辛苦的数据采集工作(班级观察、儿童发展测试、问卷调查、访谈、数据录入与核查等)。感谢浙江师范大学杭州幼儿师范学院2009—2015级多名研究生在数据核查、整理上所付出的劳动。

感谢浙江师范大学杭州幼儿师范学院领导和同事们的大力支持与帮助，尤其是秦金亮院长的统筹协调以及对本项目研究的全程、全方位支持。

感谢湖南师范大学杨莉君教授及其团队、东北师范大学王小英教授及其团队、华东师范大学郭力平教授，以及四川幼儿师范高等专科学校、贵阳幼儿师范高等专科学校在人力资源(数据采集)、地方协调等方面的协作支持。

最后，感谢本项目中所有样本地区的教育行政、幼教教研人员在调研工作组织协调上给予我们的支持与帮助；感谢所有样本幼儿园园长、样本班级教师、家长和孩子们对我们研究工作的大力支持与友好协助。

本书的写作分工：导论、第二章、第三章、第四章、第六章，李克建；第一章，尹冰心、李克建；第五章，陈德枝；第七章，薛超、李克建；第八章，罗妹；第九章，李佳斌、陈爱琳；第十章，方莹；第十一章，裴羚亦；第十二章，章媛；第十三章，徐丽丽；第十四章，高磊、吴梦斯。

全书统稿与修改，李克建；全书校对，陈爱琳、吴梦斯。

最后需要说明的是，由于研究者水平所限，加上各种条件制约，无论是研究还是写作，疏漏之处在所难免，恳请各位同仁和读者批评指正！

项目负责人：李克建
浙江师范大学杭州幼儿师范学院
2017 年 2 月 6 日于杭州

目　录

附　录

导 论

一、研究背景

人生百年，立于幼学。教育之效用如何，关键在于质量。

在国际上，20 世纪中期以前，托幼机构教育质量在某种程度上被视为“奢侈品”而不是“必需品”，那时绝大多数国家关注的是学前儿童的受教育机会。20 世纪 70 年代以后，随着机构化早期教育的日益普及，国际早期教育领域从过去对受教育机会的强调逐步转向了对教育质量的关注，对托幼机构教育质量问题的探究由此成为国际早期教育研究领域一股持续的热潮，进入所谓“质量时代”[①]。

在我国，幼儿园评估一直被视为引导和促进幼儿园提升教育质量的关键环节。[②][③] 自 20 世纪 80 年代中期以来，我国各地陆续出台了地方性的幼儿园评估标准，相继开始了各具特色的幼儿园评估实践。多项研究表明，这些地方性的幼儿园评估标准与评估实践存在着诸多问题。[④][⑤][⑥][⑦] 在评价标准方面，最突出的问题有：(1)在评价内容上，重条件，轻过程，缺乏全面性与系统性。(2)在评价指标上，语言表述往往抽象模糊，缺乏可操作性，难以进行客观有效的观察和评价。(3)评价标准的编制往往只是建立在经验基础上，其有效性缺乏科学实证研

---

① Dahlberg，G.，Moss，P.，& A. R. Pence. *Beyond quality in early childhood education and care：languages of evaluation* (2nd ed.). London，New York：Routledge，2007：3.

② 刘丽湘．当前我国幼儿园教育质量评价工作的误区及调整策略[J]．学前教育研究，2006，(7)：85-87.

③ 刘焱．试论托幼机构教育质量评价的几个问题[J]．学前教育研究，1998，(3)：14-17.

④ 戴双翔，刘霞．我国现行托幼机构教育质量评价工具研究[J]．学前教育研究，2003，(7)：39-41.

⑤ 刘丽湘．当前我国幼儿园教育质量评价工作的误区及调整策略[J]．学前教育研究，2006，(7)：85-87.

⑥ 刘婷．示范性幼儿园评估标准文本解读[J]．幼儿教育(教育科学版)，2009，(5)：33-36.

⑦ 项宗萍，廖贻．六省市幼教机构教育评价研究[M]．北京：教育科学出版社，1995：序言.

究的支撑(如与儿童发展结果是否存在相关性、方向是否一致等)。[①②] 因而，这些评估标准对学前教育实践的引领性与专业支持性不足。在评价方式上，多为鉴定性的外部评价，缺乏发展性评价和对内部评价的关注与指导；评价主体相对单一，评价人员往往没有经过严格的培训；评价信息采集过分倚重档案查阅，忽视对班级教育活动过程系统、连续的观察，导致评价结果难以客观真实地反映教育过程的质量，很难通过评价真正促进幼儿园教师的专业发展和保教质量的全面提升。[③④] 这些问题导致我国地方幼儿园评估在科学性、有效性上往往存在诸多缺陷。

时至今日，我国3～6岁儿童接受幼儿园教育已经越来越普及。《国家中长期教育改革和发展规划纲要(2010—2020年)》提出，到2020年，我国学前三年(3～6岁)入园率要达到75%；学前一年(5～6岁)入园率要达到95%。据教育部统计公报显示，[⑤] 2015年年底我国3～6岁儿童毛入园率已达到75%(1990年入园率为28%)。由此可见，幼儿园教育经验及其质量对于我国儿童发展的作用越来越重要。2010年《国务院关于当前发展学前教育的若干意见》提出“保障适龄儿童接受基本而有质量的学前教育”，“建立幼儿园保教质量评估体系”。那么，幼儿园教育质量到底是指什么？幼儿园教育质量应该如何评估？如何建构适宜我国国情与文化的幼儿园教育质量科学评价工具？这是我国学前教育研究领域面临的重大理论问题和政策实践问题。

二、文献综述

(一)托幼机构教育质量的内涵

要界定托幼机构教育质量，我们首先需要对“质量”和“教育质量”的定义与内涵有基本的把握。综合国内外有关专业组织的界定，“质量”可以看作某一实体(产品、服务或过程)满足主体某种需要的特性。[⑥] 据此，“教育质量”可以被界定

① 戴双翔，刘霞．我国现行托幼机构教育质量评价工具研究[J]．学前教育研究，2003，(7)：39-41.

② 项宗萍，廖贻．六省市幼教机构教育评价研究[M]．北京：教育科学出版社，1995：序言.

③ 刘丽湘．当前我国幼儿园教育质量评价工作的误区及调整策略[J]．学前教育研究，2006，(7)：85-87.

④ 刘焱．试论托幼机构教育质量评价的几个问题[J]．学前教育研究，1998，(3)：14-17.

⑤ 中华人民共和国教育部．2015年全国教育事业发展统计公报[Z]．2016-07-06.

⑥ 全国质量管理和质量保证标准化技术委员会，中国合格评定国家认可委员会，中国认证认可协会编．质量管理体系国家标准理解与实施(2008版)[M]．北京：中国标准出版社，2009.

为：教育机构所提供的教育服务满足个体和社会的教育需要的特性。[①] 在此定义中，“个体”是指每个学生，而这里的“社会”是个复合概念，可以理解为学生以外的其他相关主体，包括家长、教师、政府、社区机构和其他相关部门等。教育质量既具有客观性——它反映了教育的某种内在属性；又具有主观性——它与主体的需要和价值判断相关联，不同主体对同一教育机构的质量评价由于各自立场和需求的不同而存在差异。

在这一理解框架下，一些研究者认为，[②③] 从主体需要满足的角度来看，托幼机构教育质量可以理解为：托幼机构的教育服务满足幼儿的学习与发展需要以及其他相关主体需要的特性。鉴于托幼机构设置的目的与核心任务，托幼机构教育质量从根本上取决于托幼机构教育服务满足幼儿身心全面发展需要的程度——这是托幼机构教育质量的本体(内在)价值。[④] 托幼机构教育服务满足其他相关主体(如举办者、家长、教师、政府、社区等)不同需要的程度，则是托幼机构教育质量的社会(外在)价值的体现。[⑤] 但由于立场、利益诉求和价值观的差异，从不同主体的视角来看待同一托幼机构的教育服务质量，也许存在较大差异。[⑥⑦]

从构成要素上说，托幼机构教育质量包含三个维度：[⑧⑨] (1)条件质量(结构性质量)，包括班级规模和生师比、教师资质、教育培训和教师薪酬等；这些结构性要素构成了托幼机构教育过程的重要前提性条件和基础；研究表明，结构性质量能够有效地预测过程性质量；[⑩⑪] 相对而言，这些结构性要素指标易于获取和评价。(2)过程质量，包括空间材料及其使用、保育、课程计划与实施、教学、

① 王敏．教育质量的内涵及衡量标准新探[J]．东北师范大学学报：哲学社会科学版，2000，(2)：21.

② 刘焱．学前一年纳入义务教育的条件保障研究[M]．北京：北京师范大学出版社，2014：64-76.

③ 刘占兰等．中国幼儿园教育质量评价[M]．北京：教育科学出版社，2011：5.

④ 刘占兰等．中国幼儿园教育质量评价[M]．北京：教育科学出版社，2011：5.

⑤ 刘占兰等．中国幼儿园教育质量评价[M]．北京：教育科学出版社，2011：5.

⑥ Katz，L. G. Multiple perspectives on the quality of early childhood programs[J]. *ERIC Digest*，1993，1：1-8.

⑦ 丽莲·凯茨．早期教育方案质量的多维视角．国际视野下的学前教育[M]．上海：华东师范大学出版社，2007：99-113.

⑧ 刘焱．学前一年纳入义务教育的条件保障研究[M]．北京：北京师范大学出版社，2014：65-76.

⑨ 周欣．托幼机构教育质量的内涵及其对儿童发展的影响[J]．学前教育研究，2013，(Z1)：34-38.

⑩ Phillipsen，L. C.，Burchinal，M. R.，Howes，C. & D. Cryer. The prediction of process quality from structural features of child care[J]. *Early Childhood Research Quarterly*，1997，12(3)：281-303. doi：dx. doi. org/10. 1016/S0885-2006(97)90004-1.

⑪ Rao，N.，Koong，M.，Kwong，M.，& M. Wong. Predictors of preschool process quality in a Chinese context[J]. *Early Childhood Research Quarterly*，2003，18(3)：331-350. doi：dx. doi. org/10. 1016/S0885-2006(03)00043-7.

游戏、人际互动、家长和社区参与等；无论是国外的研究[①②]还是国内的研究[③④]均表明，与结构性质量相比，托幼机构教育过程性质量能够更有效地预测儿童语言、认知、情感、社会性以及前学习技能的发展结果，因而是托幼机构教育质量评价的核心；但众所周知，托幼机构教育过程性要素是动态、复杂和难以界定的，是托幼机构教育质量评价中最为困难的部分。(3)结果质量，是指幼儿在托幼机构教育影响下学习和发展所获得的进步，涵盖身体、认知、语言、情感、社会性等各个方面。但对儿童发展结果是否纳入托幼机构教育质量评价的范畴存在争议。鉴于儿童早期发展影响因素的复杂性(儿童自身、家庭、托幼机构、社区之间，宏观、中观、微观层面要素之间均存在复杂的交互作用)，[⑤⑥]很难把托幼机构教育对儿童发展的作用从众多影响因素中剥离出来，因而，国际上一般是从条件质量、过程质量两个维度来评价托幼机构教育质量，[⑦⑧]并不主张把儿童发展结果纳入托幼机构教育质量评价的范畴，而是把儿童发展结果作为托幼机构教育质量效用的一个重要参照变量。[⑨]

(二)托幼机构教育质量的重要价值

国际早期教育领域近几十年的研究结果表明，对于离开家庭进入各种类型托

---

① Burchina et al. Relating quality of center-based child care to early cognitive and language development longitudinally[J]. *Child Development*, 2000, 71(2): 339-357. Stable URL: et a: //www.jstor.org/stable/1131994.

② Peisner-Feinberg et al. The relation of preschool child-care quality to children's cognitive and social developmental trajectories through second grade[J]. *Child Development*, 2001, 72(5): 1534-1553. doi: 10.1111/1467-8624.00364.

③ Li, K. et al. Early childhood education quality and child outcomes in china: evidence from Zhejiang province[J]. *Early Childhood Research Quarterly*, 2016(36).

④ 周欣．托幼机构教育质量的内涵及其对儿童发展的影响[J]．学前教育研究，2003，(Z1)：34-38.

⑤ Bronfenbrenner, U. *The Ecology of Human Development*: *Experiments by Nature and Design*[J]. Cambridge, MA: Harvard University Press, 1979.

⑥ Bronfenbrenner, U., & P. A. Morris. The ecology of developmental processes[A]. In W. Damon & R. M. Lerner (Eds.), *Handbook of child psychology*, Vol. 1: Theoretical models of human development (5th ed.)[C]. New York. NY: Wiley, 1998, pp. 993-1023.

⑦ Bryant, D. M., Zaslow, M., & M. Burchinal. Issues in measuring program quality. In P. W. Wesley & V. Buysse (Eds.), *The Quest for Quality*: *Promising Innovations for Early Childhood Programs*. Baltimore, MD: Paul H. Brookes publishing Co., 2010.

⑧ 周欣．托幼机构教育质量的内涵及其对儿童发展的影响[J]．学前教育研究，2003，(Z1)：34-38.

⑨ Burchinal et al. Early child care and education[J]. *Handbook of Child Psychology*. New York, NY: Wiley, 2015.

幼机构的儿童的发展而言，托幼机构的教育质量至关重要。[①②] 经过严密设计的实验性研究证明高质量儿童早期教育与儿童短期或长期发展(包括健康、语言、认知、情感、社会性等方面)存在一定程度的因果关系；[③④⑤] 有着广泛样本代表性的观察性研究，[⑥⑦⑧⑨] 以及在此基础上的二次分析(secondary analysis)和元分析(meta-analysis)[⑩⑪]也证明托幼机构的教育质量与儿童多方面发展结果之间存在显著相关性。这些研究结果均表明，高质量的托幼机构教育对于儿童的语言、认知、学习技能以及社会性发展具有短期或长期的促进作用。[⑫⑬⑭⑮] 尤其鼓舞人心的研究发现是，处境不利儿童(如来自低收入家庭或存在其他社会风险因

---

① Love et al. Child care quality matters：How conclusions may vary with context[J]. *Child Development*，2003，74(4)：1021-1033.

② Rao，N. & H. Li. Quality matters：early childhood education policy in Hong Kong[J]. *Early Child Development and Care*，2009，179(3)：233-245.

③ Campbell et al. Early childhood education：young adult outcomes from the Abecedarian Project[J]. *Applied Developmental Science*，2002，6(1)：42-57.

④ Reynolds，A J. Success in early intervention：the Chicago child-parent centers. [J]. *Academic Achievement*，2000，109(1)：153-155.

⑤ Schweinhart et al. *Lifetime Effects*：*The High/Scope Perry Preschool Study Through Age* 40[D]. Ypsilanti，MI，U. S. A.：High/Scope Educational Research Foundation，2005.

⑥ Gormley et al. The effects of universal pre-k on cognitive development[J]. *Developmental Psychology*，2005，6：872-884.

⑦ Howes et al. Ready to learn? Children's pre-academic achievement in pre-kindergarten programs[J]. *Early Childhood Research Quarterly*，2008，23：27-50.

⑧ Magnuson et al. Inequality in preschool education and school readiness[J]. *American Educational Research Journal*，2004，1：115-157.

⑨ Mashburn et al. Measures of classroom quality in prekindergarten and children's development of academic，language，and social skills[J]. *Child Development*，2008，3：732-749.

⑩ Burchinal，M.，Kainz，K.，& Y. Cai. How well do our measures of quality predict child outcomes? [A] In *Quality Measurement in Early Childhood Settings*，ed[C]. M. J. Zaslow et al. Baltimore，MD：Paul H. Brookes Pub. Co.，2011：11-31.

⑪ Gordon et al. An assessment of the validity of the ECERS-R with implications for measures of child care quality and relations to child development[J]. *Developmental Psychology*，2013，1：146-160.

⑫ National Institute for Child Health and Development，Early Child Care Research Network (NICHD ECCRN). Child outcomes when child-care center classes meet recommended standards for quality[J]. *American Journal of Public Health*，1999，7：1072-1077.

⑬ NICHD ECCRN. The relation of child care to cognitive and language development[J]. *Child Development*，2000，4：960-980.

⑭ NICHD ECCRN. Early child care and children's development in the primary grades：results from the NICHD Study of Early Child Care[J]. *American Educational Research Journal*，2005，3：537-570.

⑮ Peisner-Feinberg et al. The relation of preschool child care quality to children's cognitive and social developmental trajectories through second grade[J]. *Child Development*，2001，72：1534-1553.

素)更能够从高质量的托幼机构教育中受益，[①②③④⑤] 有助于缩小不同社会经济地位家庭的儿童群体之间的发展结果和学业成绩差距(比如入学准备水平)。[⑥⑦⑧] 一些来自其他发展中国家的研究也有类似发现，比如亚洲的印度[⑨]、孟加拉[⑩⑪⑫]，非洲的肯尼亚、乌干达、坦桑尼亚[⑬]，拉丁美洲的牙买加[⑭]、哥斯达黎加[⑮]、智

---

① Burchinal et al. Children's social and cognitive development and child-care quality: testing for differential[J]. *Applied Developmental Science*, 2000, 43: 149-165.

② Burchinal et al. Risk and resiliency: protective factors in early elementary school years[J]. *Parenting: Science and Practice*, 2006, 6: 79-113.

③ Peisner-Feinberg et al. The relation of preschool child care quality to children's cognitive and social developmental trajectories through second grade[J]. *Child Development*, 2001, 72: 1534-1553.

④ Votruba-Drzal et al. Child care and low-income childrene childrennre quality to children's cognitive[J]. *Child Development*, 2004, 75: 296-312.

⑤ Gormley et al. The effects of universal pre-k on cognitive development[J]. *Developmental Psychology*, 2005, 6: 872-884.

⑥ Fuller et al. *How to Expand and Improve Preschool in California: Ideals, Evidence, and Policy Options*[D]. Berkeley, CA, U. S. A.: Policy Analysis for California Education, 2005: 05-1.

⑦ McCartney et al. New findings from secondary data analysis-results from the NICHD Study of Early Child Care and Youth Development[J]. *Journal of Applied Developmental Psychology*, 2007, 28: 411-426.

⑧ Winsler et al. School readiness gains made by ethnically diverse children in poverty attending center-based childcare and public school pre-kindergarten programs[J]. *Early Childhood Research Quarterly*, 2008, 3: 314-329.

⑨ Rao, N. N.. Preschool quality and the development of children from economically disadvantaged families in India[J]. *Early Education and Development*, 2010, 21(2): 167-185. doi: 10.1080/10409281003635770.

⑩ Aboud, F. E. Evaluation of an early childhood preschool program in rural Bangladesh[J]. *Early Childhood Research Quarterly*, 2006, 21(1): 46-60. doi: 10.1016/j.ecresq.2006.01.008.

⑪ Aboud, F. E., & K. Hossain. The impact of preprimary school on primary school achievement in Bangladesh[J]. *Early Childhood Research Quarterly*, 2011, 26(2): 237-246. doi: 10.1016/j.ecresq.2010.07.001.

⑫ Moore, A. C., Akhter, S., & F. E. Aboud. Evaluating an improved quality preschool program in rural Bangladesh[J]. *International Journal of Educational Development*, 2008, 28(2): 128-131. doi: 10.1016/j.ijedudev.2007.05.003.

⑬ Malmberg, L. E., Mwaura, P., & K. Sylva. Effects of a preschool intervention on cognitive development among East-African preschool children: a flexibly time-coded growth model[J]. *Early Childhood Research Quarterly*, 2011, 26(1): 124-133. doi: 10.1016/j.ecresq.2010.04.003.

⑭ Baker-Henningham et al. A pilot study of the Incredible Years Teacher Training programme and a curriculum unit on social and emotional skills in community pre-schools in Jamaica[J]. *Child: Care, Health & Development*, 2009, 35(5): 624-631. doi: 10.1111/j.13652214.2009.00964.x.

⑮ San Francisco et al.. Evaluating the impact of early literacy interventions on low-income Costa Rican kindergarteners[J]. *International Journal of Educational Research*, 2006, 45(3): 188-201. doi: 10.1016/j.ijer.2006.11.002.

利[①]。这些研究都支持投入早期教育，为适龄儿童尤其是处境不利儿童提供有质量或高质量的早期教育服务，以便他们在未来能够有所成就。

另外，一些研究者发现，托幼机构教育质量对于促进儿童发展似乎存在着"门槛效应"(threshold effect)：当托幼机构教育质量高于"门槛水平"(临界值)时，在托幼机构的学习经验对儿童发展可能带来积极的效应；当教育质量低于"门槛水平"时，这种效应会降低甚至可能是消极的。[②] 比如，Howes 等人发现，在生师比、班级规模指标达到美国联邦日托机构要求(FIDCR)的托幼机构班级在生活照料和发展适宜性活动方面质量更高(用 ECERS/ITERS 环境评价工具衡量)，对幼儿的社会性发展具有积极效应(比如更强的安全感、更多的师幼互动和同伴互动行为以及更强的同伴交往能力)。[③] 基于州立学前教育机构(Pre-K)质量与低收入家庭儿童发展结果的关系来看，Burchinal 等人发现，对于这些处境不利儿童的发展而言，可能存在一个教育质量的"门槛"：高质量的早期教育让低收入家庭儿童受益良多；然而，劣质的早期教育更容易伤害这些脆弱的儿童群体。[④] 从这一意义上说，高于"门槛水平"的有质量的学前教育对于儿童(尤其是对于处境不利儿童)的发展而言不仅是有益的，而且是必须的。有几项研究发现，托幼机构的教学与互动质量(这几项研究采用 CLASS 的"教学支持"子量表得分来衡量)与儿童的学习结果(通常包括语言、读写能力与早期数学等)之间的关联性存在显著的"门槛效应"[⑤⑥]。一项新近的研究发现，在托幼机构教育质量与儿童的行为表

---

① Leyva et al. Teacher-child interactions in Chile and their associations with prekindergarten outcomes[J]. *Child Development*, 2015, 86(3): 781-799. doi: 10.1111/cdev.12342.

② Burchinal et al. Threshold analysis of association between child care quality and child outcomes for low-income children in pre-kindergarten programs[J]. *Early Childhood Research Quarterly*, 2010, 25: 166-176.

③ Howes, C., Philips, D. A., & M. Whitebook. Thresholds of Quality: Implications for the Social Development of Children in Center-Based Child Care[J]. *Child Development*, 1992, 63(2): 449-460. Stable URL: http://www.jstor.org/stable/1131491.

④ Burchinal et al. *Early Care and Education Quality and Child Outcomes*[D]. Washington, DC: Office of Planning, Research and Evaluation, Administration for Children and Families, US DHHS, and Child Trends, 2009.

⑤ Burchinal et al. *Early Care and Education Quality and Child Outcomes*[D]. Washington, DC: Office of Planning, Research and Evaluation, Administration for Children and Families, US DHHS, and Child Trends, 2009.

⑥ Burchinal, M., Kainz, K., & Y. Cai (2011). How well do our measures of quality predict child outcomes? [A] In M. Zaslow, I. Martinez-Beck, K. Tout, & T. Halle (Eds.)[C], *Quality Measurement in Early Childhood Settings*. Baltimore, MD: Paul H. Brookes, 2011, pp. 11-31.

现(比如行为调节、问题行为以及同伴关系)之间似乎也存在“门槛效应”①。迄今为止，关于托幼机构教育质量“门槛效应”的研究方兴未艾，已有的研究结论并不完全一致，大量问题有待更加深入的探讨。② 尽管如此，这些研究启示我们：教育质量与儿童发展结果之间的关系是非线性的、复杂的；仅仅提供学前教育的机会是不够的，必须保障适龄儿童接受有质量的学前教育；有质量的学前教育对于处境不利儿童而言尤其重要；唯有如此，才能确保处境不利儿童积极正向的发展，学前教育公平才能真正有效实现。

在我国，关于学前教育质量与儿童发展关系的实证研究刚刚起步，但也同样证明了学前教育质量的重要价值。在 20 世纪 90 年代国际教育成就评价协会(IEA)在我国的学前教育项目第二阶段的研究中，运用一些观察评价工具和儿童发展测查工具，对六个省区(黑龙江、辽宁、内蒙古、广东、湖北、贵州)407 个幼教机构、876 名儿童进行了观察和评价；基于结构方程模型(SEM)的分析发现，在考虑了家庭变量群(如家长文化程度、家庭教育过程等)影响的情况下，托幼机构教育过程变量(如教师对活动的安排与组织方式、教师的行为、儿童活动的积极性等)对乡村儿童发展(尤其是认知发展)起重要作用；托幼机构教育对于城市与乡村儿童的社会性发展均起到不可替代的作用(效应量与家庭相当)。③ 2010 年前后，Rao 等人基于在贵州某县采集的数据，对不同类型学前教育的质量(包括幼儿园、学前班、小学一年级跟班就读、没有任何学前教育经验)与儿童的入学准备水平、小学低年级学业成绩之间的关系进行了探索。④ 研究发现，仅有的 1 个幼儿园班级比起其他的 9 个班级(4 个学前班、5 个小学一年班级)的教育质量更高；有幼儿园学习经验的儿童在入学准备水平以及后续学业成绩上显著高于其他组的儿童。该研究的发现为学前教育质量对儿童发展的重要性提供了部分支持。在一项新近的研究中，基于我国三个省区 108 个幼儿园大班的教育环境质量观察评价以及儿童的语言(N＝1359)、数学(N＝1181)入学准备测试结果，研究人员得出，幼儿园大班的教育质量与班级儿童的语言、数学入学准备测试得分存在显著的相关性；班级教育质量越高，其学生语言、数学入学准备各维度的得

---

① Burchinal et al. Thresholds in the association between child care quality and child outcomes in rural preschool children［J］. *Early Childhood Research Quarterly*，2014，29(1)：41-51. Doi：dx. doi. org/10. 1016/j. ecresq. 2013. 09. 004.

② Burchinal et al. Thresholds in the association between child care quality and child outcomes in rural preschool children［J］. *Early Childhood Research Quarterly*，2014，29(1)：41-51. Doi：dx. doi. org/10. 1016/j. ecresq. 2013. 09. 004.

③ 项宗萍，廖贻．六省市幼教机构教育评价研究［M］．北京：教育科学出版社，1995.

④ Rao，N.，Sun，J.，Zhou，J.，& L. Zhang. Early achievement in rural China：the role of preschool experience［J］. *Early Childhood Research Quarterly*，2012，27(1)：66-76. doi：10. 1016/j. ecresq. 2011. 07. 001.

分也越高。[①] 另外，刘焱、赵军海等采用多层回归与非连续性回归相整合的研究设计与数据分析技术，探讨了学前一年班级教育环境质量的效能。结果发现，学前一年班级教育质量对促进儿童发展的教育效能具有正向预测效应，尤其是在促进儿童数学学习结果方面预测效应相对更大；同时，班级教育质量对促进儿童发展的教育效能从中心区(城区)向边远区(乡村地区)依次递增，即同样程度的学前一年教育质量改进，边远区学前一年教育效能增量最多；边远区儿童从学前一年教育质量改善中受益最大。[②]

(三)托幼机构教育质量评价工具

教育质量评价是在一定教育价值观的指导下，根据一定的标准或采用适宜的评价工具，对教育机构的教育工作进行科学调查、做出价值判断的过程。[③] 在国际上，一般是认可采用经过效度检验的有科学证据支撑的评价工具，通过班级观察的方法对托幼机构的教育质量(尤其是过程性质量)进行评价。[④] 近几十年来，这类观察评价工具也在不断产生和更新。

美国北卡罗来纳大学 FPG 儿童发展研究所 Harms 等人研制的《幼儿学习环境评价量表》(Early Childhood Environment Rating Scale，ECERS)[⑤]是国际上运用最为广泛的托幼机构教育质量评价工具之一。该量表最初在 1980 年出版，并于 1998 年推出修订版 ECERS-R。[⑥] 该量表为服务于 2～5 岁儿童的托幼机构的总体教育环境质量的评价而设计，包括 7 个子量表、43 个评价项目：(1)空间与设施(8 个项目)；(2)保育(6 个项目)；(3)语言推理(4 个项目)；(4)活动(10 个项目)；(5)人际互动(5 个项目)；(6)作息结构(5 个项目)；(7)家长与教师(6 个项目)。ECERS-R 采用李克特 7 点评分方式：1 分代表“不适宜”；3 分代表“合格”；5 分代表“良好”；7 分代表“优秀”。不管是在美国还是在其他国家，不管是在研究领域还是在实践领域，ECERS-R 都得到了广泛应用，产生了较大的影响。但随着研究的深入和实践形势的变化，ECERS-R 的一些缺点也逐渐显露，比如其评分方式易于导致质量信息的缺失，指标等级的设定并没有完全的实证基础，其

---

① 刘焱. 学前一年纳入义务教育的条件保障研究[M]. 北京：北京师范大学出版社，2014：127-134.

② 刘焱等. 学前一年教育效能的增值评价研究[J]. 教育学报，2013，(3)：56-66.

③ 刘占兰等. 中国幼儿园教育质量评价[M]. 北京：教育科学出版社，2011：7.

④ 王坚红. 学前教育评价[M]. 北京：人民教育出版社，2010.

⑤ Harms，T.，& R. Clifford. *Early Childhood Environment Rating Scale*[M]. New York：Teachers College Press，1980.

⑥ Harms，T.，Clifford，R. M.，& D. Cryer. Early childhood environment rating scale (Revised Edition)[D]. New York：Teachers College Press，1998.

潜在质量因子结构不够稳定，尤其是该量表的评分结果与儿童读写、数学技能发展结果之间的相关性很低。[①] 在我国的试用研究表明，该量表在我国文化教育情境中的适宜性存在不足。[②]

由于ECERS-R对托幼机构课程领域的评价不够充分，《幼儿学习环境评价量表——课程扩展版》(ECERS-E)[③]则弥补了这一不足，成为幼儿学习环境评价量表家族中的一员。ECERS-E最初是为英国的国家研究项目“提供有效的学前教育”(Effective Provision of Preschool Education，EPPE)中的托幼机构课程评估而设计，由英国牛津大学的Sylva等人研发。ECERS-E沿用了ECERS-R的7点评分方法，着重于读写(6个项目)、数学(4个项目)、科学与环境(5个项目)以及多样性(3个项目)这四个领域的课程内容、课程实施与教学方法。研究发现，与ECERS-R相比，ECERS-E的评分结果能够更加有效地预测儿童的认知和学业技能，包括语言和读写能力、数学能力以及非言语推理能力。[④]

一般而言，一个评价工具通常建立在某种质量观念基础上，反映某种特定类型的教育活动质量。因而，比起单一维度的评价工具，如果一个评价工具能够基于两个或更多维度的观察可能会提供关于班级教育实践更全面的评价。美国斯坦福大学的Stipek和Byler研制的《幼儿班级观察量表》(Early Childhood Classroom Observation Measure，ECCOM)[⑤]通过同时评定三类不同性质的班级教育实践活动(4～7岁儿童)对托幼机构的总体质量进行评价。这三类教育实践包括儿童中心的实践、教师引导的实践以及儿童主导的实践。ECCOM包含3个子量表、14个项目：(1)管理，包含儿童责任、管理、活动选择、纪律维护策略4个项目。(2)氛围，包含沟通技巧支持、交往技能支持、学生参与、学习活动个体化4个项目。(3)教学，包含学习标准、教学活动连贯性、概念教学、教学性对话、读写教学、数学教学6个项目。每个项目均包含三个维度：儿童中心、教师引导、儿童主导。观察员基于观察当天特定类型的实践所占时间的比例，在每个项目的每个维度上给予1～5分的评价。ECCOM能够反映幼儿班级的教育实践在这三

---

① Gordon et al. An assessment of the validity of the ECERS-R with implications for measures of child care quality and relations to child development[J]. *Developmental Psychology*，2013，1：146-160.

② 李克建等．美国《幼儿学习环境评价量表(修订版)》之中国文化适宜性探索[J]．幼儿教育(教育科学版)，2014，(11)：3-8.

③ Sylva，K.，Siraj-Blatchford，I.，& B. Taggart. *Early Childhood Environment Rating Scale-Curricular Extension to ECERS-R*[D]. New York：Teachers College Press，2011.

④ Sylva et al. Capturing quality in early childhood through environmental rating scales[J]. *Early Childhood Research Quarterly*，2006，21：76-92.

⑤ Stipek，D.，& Byler，P.. The early childhood classroom observation measure[J]. *Early Childhood Research Quarterly*，2004，19：375-397. doi：10.1016/j.ecresq.2004.07.007.

个维度上的变化及其混合模式，这是ECCOM的独特之处。研发者的效度验证研究表明，该量表的观察评分结果与班级教师自我报告的教育实践、教学目标、师生关系、对学生独立学习能力的评价结果存在相关性。① 该量表在美国以外的文化教育情境中的可靠性与有效性也得到了初步验证。②

在托幼机构教育质量专门性的班级观察测量工具中，美国弗吉尼亚大学Pianta等人研制的《班级评定计分系统》③(Classroom Assessment Scoring System，CLASS)近年来越来越引起国际早期教育研究和实践领域的关注。CLASS是一个班级观察评价工具，主要评估班级环境中教师与学生的日常互动质量。CLASS的概念框架建立在发展理论的基础上，它假定有些班级教育质量的维度是普适的(跨越年龄组的界限和文化界限)。④⑤ 该工具包含三个维度、10个具体评价领域：(1)情感支持(积极氛围、消极氛围、教师敏感性、考虑学生视角)。(2)班级组织(行为管理、效率、教学与学习形式)。(3)教学支持(概念发展、反馈质量、语言示范)。每个领域均采用7点评分方式进行评价：1～2分代表“低质量”；3～5分代表“中等质量”；6～7分代表“高质量”。美国本土的大量研究表明，⑥⑦⑧⑨⑩ CLASS得分越高的班级，其学生的学业成绩和社会性技能越好。该工具目前已在包括中国

① Stipek，D.，& Byler，P.. The early childhood classroom observation measure[J]. *Early childhood Research Quarterly*，2004，19：375-397

② Lerkkanen et al. A Validation of the Early Childhood Classroom Observation Measure in Finnish and Estonian Kindergartens[J]. *Early Education and Development*，2012，23(3)：323-350.

③ Pianta et al. *Classroom Assessment Scoring System*®(*CLASS*™) *manual*，*Pre-K*[M]. Baltimore，MD：Brookes，2008.

④ Hamre et al. Validation of 3-factor model for classroom make a difference for children at risk of school failure? [J]. *Child Development*，2006，76(5)：949-967. doi：10.1111/j.1467-8624.2005.00889.x.

⑤ Howes et al. Ready to learn? Children's pre-academic achievement in pre-kindergarten programs. *Early Childhood Research Quarterly*，2008，23：27-50.

⑥ Hamre et al. Validation of 3-factor model for classroom make a difference for children at risk of school failure? [J]. *Child Development*，2006，76(5)：949-967. doi：10.1111/j.1467-8624.2005.00889.x.

⑦ Howes et al. Ready to learn? Children's pre-academic achievement in pre-kindergarten programs[J]. *Early Childhood Research Quarterly*，2008，23：27-50.

⑧ Justice et al. Quality of language and literacy instruction in preschool classrooms serving at-risk pupils[J]. *Early Childhood Research Quarterly*，2008，23：51-68.

⑨ LoCasale-Crouch et al. Observed classroom quality profiles in state-funded pre-kindergarten programs and associations with teacher，program，and classroom characteristics[J]. *Early Childhood Research Quarterly*，2007：22，3-17.

⑩ Mashburn et al. Measures of classroom quality in prekindergarten and children's development of academic，language，and social skills[J]. *Child Development*，2008，3：732-749.

在内的其他文化情境中得到初步应用。①②

从国内来看，我国的研究者在托幼机构教育质量评价工具的研发上也进行了初步的努力和尝试。在项宗萍、廖贻等人的《六省市幼教机构教育评价研究》中，对幼教机构教育质量的评价运用了几个观察工具：(1)《教师对儿童活动安排的观察》，主要变量包括教师安排的活动内容；教师让儿童参与实践的程度；活动的组织结构；让儿童自选的程度；使用材料的频度。(2)《教师行为观察》，主要变量包括教师的教授与管理行为；教师参与儿童活动的程度。(3)《儿童活动的观察》，主要变量包括儿童活动的内容；儿童参与实践的程度；儿童伴随言语状况；儿童与伙伴交往的状况；儿童社交背景。③ 后来，这些观察评价工具经过进一步讨论、修订和补充，成为《幼儿园教育质量评价手册》的一部分。除了《半日活动安排观察》《幼儿活动观察》《教师行为观察》三个工具与原有的工具基本对应，研究者还增加了《师幼互动观察》，观察评价内容包括互动的频度、发起的主体；各类活动情境中师幼互动的背景、频数、内容、发起、回应和终结的方式；师幼互动的总体特征等。④ 这些观察工具是在国际教育成就评价协会(IEA)中国学前教育研究项目的统一框架下，依据美、英等国研究者的一些观察工具，经过我国研究人员的讨论、修订、编制而成的。这些观察工具经过了三个阶段十余年在十多个省市的试用、修改和完善，研发者声称，这套观察工具能够全面、客观、深入、细致地反映和描述幼儿园的教育质量。⑤ 但是由于缺乏完善统整的理论框架和测量学技术上的考虑，这些观察工具难以抓住托幼机构班级中教育过程的核心质量，尤其是在教育测量学特性上，缺乏有说服力的信度和效度证据。

刘焱等在借鉴美国 ECERS-R 和英国 ECERS-E 的结构形式的基础上，以我国的《幼儿园工作规程》(1996)和《幼儿园教育指导纲要(试行)》(2001)为依据，编制了《中国托幼机构教育质量评价量表》(第一版)，并进行了信效度检验。研究表明，该量表具有较强的实践性和可操作性，内容适合中国幼儿园教育实践，能够反映并区分幼儿园教育质量水平的高低，具有较高的一致性信度、内部一致性信

---

① Eija Pakarinen et al. A validation of the classroom assessment scoring system in Finnish kindergartens [J]. *Early Education & Development*, 2010, 21 (1): 95-124. doi: 10.1080/10409280902858764.

② Hu, B., Fan X., Gu, C. & N. Yang. Applicability of the classroom assessment scoring system in Chinese preschools based on psychometric evidence[J]. *Early Education and Development*, Published online, 2016. doi: 10.1080/10409289.2016.1113069

③ 项宗萍，廖贻．六省市幼教机构教育评价研究[M]. 北京：教育科学出版社，1995：8-9.

④ 中央教科所学前教育研究室．幼儿园教育质量评价手册[M]. 北京：教育科学出版社，2009.

⑤ 刘占兰等．中国幼儿园教育质量评价[M]. 北京：教育科学出版社，2011.

度、内容效度和结构效度。[①][②] 在“学前一年教育纳入义务教育的条件保障研究”项目进展过程中，研究者对该量表进行了修订，形成了第二版。与第一版相比，第二版适当降低了原来的“及格”标准，把五个等级扩展为九个等级(即从5点评分改为9点评分)，增强了量表的适用性，使其能够更好地适应和容纳我国幼儿园教育在城乡之间的较大差距。[③] 第二版量表包含4个子量表、19个项目：(1)物质环境，包括室内空间、室内空间安排、家具设备、游戏材料、墙面布置与作品展示、室外空间、教职工个人工作需要的满足7个项目。(2)生活活动，包括入园/离园、进餐、午睡、如厕/盥洗/饮水4个项目。(3)课程，包括户内游戏、健康、社会、科学/数学、语言、艺术6个项目。(4)一日活动，包括一日安排、人际互动2个项目。[④] 初步的信效度验证研究结果显示，该量表(第二版)各项目得分与总分相关非常显著，每个项目具有良好的区分度；4个子量表和总量表的 Cronbach's α 系数处于0.75～0.97；在结构效度上，结合探索性因素分析与专家讨论的结果，该量表包含4个因子“物质环境创设”“生活活动”“课程”和“一日活动”(即构成了量表的4个子量表)；皮尔逊积矩法计算结果显示，量表的各个子量表、各个项目之间既相关又有不同，都从属于教育环境质量这一变量，可见量表内部结构效度良好。[⑤] 应该说，刘焱等研发的《中国托幼机构教育质量评价量表》在我国托幼机构教育质量评价领域做出了开创性的贡献，研发出了能够与国际接轨、适宜我国国情、具有良好信效度的质量评价工具。但是从上面对美国 ECERS-R(7个子量表43个项目)和英国 ECERS-E(4个子量表18个项目)内容的介绍中可以看出，相比之下，《中国托幼机构教育质量评价量表》在内容上相对单薄(仅4个子量表19个项目)，无法全面反映我国幼儿园教育各个方面的质量；从评价项目及其内容上来看，该量表主要反映和评价了物质环境、保育和幼儿园的课程结构，但对于各类活动的过程性质量(如集体教学和各种情境中的人际互动质量)很少涉及。

总体而言，在不同目的和功能、不同类型的托幼机构教育质量评价工具的研发上，美国等发达国家的研究成果非常丰富(限于篇幅，这里仅介绍了其中一部分)。我国在该研究领域还非常薄弱，处于刚刚起步阶段。

---

① 刘焱，潘月娟.《幼儿园教育环境质量评价量表》的特点、结构和信、效度检验[J]. 学前教育研究，2008，(6)：60-64.

② Liu，Yan & Pan，Yuejuan. Development and validation of kindergarten environment rating scale[J]. *International Journal of Early Years Education*，2008，16(2)：101-114.

③ 刘焱.学前一年纳入义务教育的条件保障研究[M]. 北京：北京师范大学出版社，2014：79-80.

④ 刘焱.学前一年纳入义务教育的条件保障研究[M]. 北京：北京师范大学出版社，2014：81-84.

⑤ 刘焱.学前一年纳入义务教育的条件保障研究[M]. 北京：北京师范大学出版社，2014：86-89.

(四)中国幼儿园教育质量评价研究

20 世纪 80 年代到 90 年代，我国参与了国际教育成就评价协会第一阶段和第二阶段的研究，对我国的托幼机构教育质量与儿童发展进行了大规模的评价研究。在第二阶段的“六省市幼教机构教育评价研究”中，项目组运用上述观察评价工具对六个省区(黑龙江、辽宁、内蒙古、广东、湖北、贵州)407 个幼教机构进行了观察评价。结果表明，当时我国托幼机构教育质量较低，尤其是教育过程存在较多严重的问题，比如：托幼机构教育活动的组织方式忽视儿童的发展需要和现有水平；重知识技能传授、轻情感社会性培养；在教育过程公平、因材施教方面严重不足；教师对儿童的行为和管理严重忽视儿童心理健康；过分注重学前技能的训练，分科教学和小学化现象普遍。①

20 年之后，“幼儿园教育质量的发展现状与促进研究”项目组运用《幼儿园教育质量评价手册》中的相关工具，对我国东、中、西部 11 个省区 22 个区县 440 所幼儿园进行班级观察评价。② 研究结果显示，所调查的幼儿园基本拥有良好的物质环境，半日活动内容全面，操作实践是幼儿主要的学习方式。但是当前幼儿园教育也存在一些突出问题(20 年前研究发现的一些问题仍然存在)，比如：材料的提供不适合幼儿的发展需求；课程随意性大，过分强调特色，幼儿学习内容不均衡；教师倾听和关注幼儿少；幼儿的语言表达和交流少。③

在“学前一年教育纳入义务教育的条件保障研究”中，该课题组运用《中国托幼机构教育质量评价量表》第二版对三个省(浙江、江西、四川)108 个幼儿园大班的教育环境质量进行观察评价。④ 评价结果表明，我国学前一年班级教育质量总体偏低，超过半数(53.6%)的班级处于较低质量甚至不合格水平；同时，城市与农村在幼儿园教育质量上存在显著差距，无论是在物质环境、一日活动安排、课程，还是在人际互动方面，城市幼儿园的教育质量均显著高于农村幼儿园。⑤

以上这些不同规模的研究做出了开创性的贡献，为了解我国托幼机构教育质量状况提供了有价值的基础数据和研究发现。但由于样本、工具等方面的局限，这些研究难以对我国托幼机构的教育质量做出全面精准的评价与深入分析。研究者亟须采用概念框架良好、信效度较高、适宜我国国情与文化教育情境的评价工

---

① 项宗萍，廖贻．六省市幼教机构教育评价研究[M]．北京：教育科学出版社，1995：208-210.

② 刘占兰等．中国幼儿园教育质量评价[M]．北京：教育科学出版社，2011.

③ 刘占兰等．中国幼儿园教育质量评价[M]．北京：教育科学出版社，2011：386-389.

④ 刘焱．学前一年纳入义务教育的条件保障研究[M]．北京：北京师范大学出版社，2014.

⑤ 刘焱．学前一年纳入义务教育的条件保障研究[M]．北京：北京师范大学出版社，2014：63-136.

具，客观、全面、深入地评价与揭示我国托幼机构教育质量的现状与问题，以期为我国提升学前教育质量、促进儿童发展提供有力的实证依据与可行性建议。

三、研究设计

我国学前儿童数量规模巨大，入园率越来越高，托幼机构教育质量对于儿童发展的重要性以及国家人力资源建设的战略价值日益凸显。但无论是有效的教育质量评价工具还是实证性的教育质量评价研究都相对匮乏，远不能满足我国学前教育理论研究以及决策和实践的需求。在此背景下，自 2010 年起我们组建了一个跨学科的国际化研究团队，致力于对我国社会背景下托幼机构教育质量评价的一系列相关问题进行探索性研究。

(一)研究目的

本研究拟在多维整合观视野下，基于大规模的实证调查和观察测量，对我国托幼机构教育质量的评价观念、评价工具以及教育质量现状与问题进行探究；研发《中国托幼机构教育质量评价量表》，并进行效度验证；运用这一工具，对我国的幼儿园教育质量进行全面、客观的评价，分析现状和存在的问题；在实证研究的基础上，对我国幼儿园教育质量的提升和质量保障体系的建构等实践和政策问题进行探讨。

(二)概念界定

本研究的核心概念为"多维整合观"与"托幼机构教育质量"。基于对国内外相关研究的文献考察和本研究的特定目的，研究者对这两个概念在本研究范围内的界定如下。

1. 多维整合观

在托幼机构教育质量评价上，存在诸多不同的价值取向、利益主体与评价视角。就价值取向而言，需要考虑个体发展与社会发展、本国文化价值与国际共通核心价值、公平与效率等许多对立统一的教育质量观念之间的均衡；就利益主体而言，需要兼顾幼儿、家长、教师、举办者、政府、社区/社会等多方利益；就评价视角而言，存在自上而下、自下而上、内部视角、外部视角等多个维度。本研究认为，托幼机构教育质量的评价应整合多种价值取向、多元利益主体和多维视角，以满足幼儿合理需要、促进幼儿身心发展为核心，均衡多元主体间的利益关系，从而对托幼机构教育质量进行全面、系统、有效的评价，更好地发挥托幼机构教育质量评价的多元价值与功能。

2. 托幼机构教育质量

托幼机构泛指为学龄前儿童提供保育和教育服务的机构。在我国，幼儿园是最主要的学前教育机构，主要为3～6岁学龄前儿童提供保育和教育服务。因此，如果不加特别说明，本研究中所提及的托幼机构主要是指幼儿园。本研究中，托幼机构教育质量主要是指托幼机构保育和教育过程满足幼儿的身心发展需求、支持幼儿学习和发展的特性与程度。本研究中对托幼机构教育质量的评价是以支持幼儿学习与发展关系最为密切的班级教育环境质量和班级保教过程质量的评价为核心，而不是对托幼机构整体结构性质量(如办园规模、经费、教师资质等条件性要素)以及儿童发展结果质量的评价。

除了幼儿以外，托幼机构教育的相关主体还包括教师、保育员、家长、园长等。托幼机构的教育服务也应适当满足这些相关主体的合理需求，为其发展提供必要的支持(比如支持教师和园长的专业发展，为家长提供育儿指导等)。从宽泛的意义上说，这些方面也应纳入托幼机构教育质量评价的范围。当然，必须指出的是，对幼儿需求的满足和学习的支持是托幼机构教育质量的核心，对相关主体的需求满足和发展支持也应当服从和服务于这个核心。

(三)研究内容

1. 中国托幼机构教育质量观念的多维整合与建构

首先，编制调查问卷，对国内托幼机构教育相关主体(包括园长、教师、家长)的教育质量观念进行大规模调查研究；在此基础上，对不同主体的托幼机构教育质量观念的共性与差异进行梳理和整合。同时，选择国际知名的托幼机构评价工具进行本土化试用研究，探索其对我国学前教育情境的文化适宜性；在实证研究和跨文化比较分析的基础上，对适宜我国国情和文化的托幼机构教育质量观念进行多维整合与建构。

2. 中国托幼机构教育质量评价工具的研发

综合借鉴多个国际权威的托幼机构教育质量评价工具，结合我国国情、文化和学前教育的实际情境，编制《中国托幼机构教育质量评价量表》；在不断试用和不同规模实地观察测量的基础上，对该量表的信度、效度各项指标进行检验，进而对量表的内容架构、评价指标、评价方式进行修订与优化，不断提升量表的测量学性能。

3. 中国幼儿园教育质量评价研究

在全国范围内进行幼儿园班级抽样，从区域、城乡、园所等级、办园性质等分布结构的角度考虑幼儿园班级样本的代表性；运用所研制的《中国托幼机构教育质量评价量表》进行班级教育质量的观察测量，以客观地评价我国东、中、西部城乡幼儿园教育质量现状，分析存在的问题；在此基础上，为幼儿园教育实践者提出教育质量改进的具体建议，为决策者提出学前教育质量保障的政策建议。

(四)研究方法

1. 文献研究法

对国内外托幼机构教育质量的概念、评价观念、评价工具、教育质量与儿童发展的相关理论研究与实证研究进行系统的文献梳理，为我国托幼机构教育质量评价观念的建构、评价工具的研发和教育质量评价等研究奠定基础，提供借鉴。

2. 问卷调查法

本研究中问卷调查包括两个部分，涉及多个群体：第一，不同群体的托幼机构教育质量评价观念调查。对幼儿园园长、教师和家长群体进行托幼机构教育质量评价观念调查，通过比较研究，梳理不同群体质量评价观念的异同，探讨不同群体观念统整的可能框架。第二，专家型实践者对《中国托幼机构教育质量评价量表》第一版的内容效度评价调查。在全国范围内抽取一定数量的专家型实践者，针对内容框架、指标编制、评价方式、适宜性等方面进行问卷调查，以评价第一版量表的内容效度。

3. 观察评价法

班级观察评价是本研究的核心方法，并在研究的多个阶段基于不同幼儿园班级观察评价中的目的加以应用。第一，美国的 ECERS-R 在我国的试用研究，目的是检验 ECERS-R 在我国的文化适宜性，为中国托幼机构教育质量评价工具的研制奠定基础。第二，在一定范围内进行幼儿园班级抽样，通过实地观察测量，对《中国托幼机构教育质量评价量表》的信效度各项指标进行分析，检验该量表的可靠性与有效性，基于试测的结果和证据，对量表进行修订和优化。第三，在全国范围内进行幼儿园班级抽样，运用经过信效度验证和修订完善后的《中国托幼机构教育质量评价量表》，通过班级观察对样本幼儿园的教育质量进行测量和评价，以反映我国东、中、西部城乡幼儿园教育质量现状，揭示存在的问题。

4. 测验法

在样本班级随机选取一定数量的儿童，运用《CDCC 中国儿童发展量表(3～6岁)》(张厚粲等，1992)在语言、认知、社会常识、动作技能等方面进行一对一的测试；通过班级质量评价结果与儿童发展评价结果的相关分析，检验质量评价量表的校标关联效度。

(五)研究过程

本研究始于 2010 年，2011 年获得国家社科基金青年课题立项和资助。自研究开始以来，共经历了四个主要的研究阶段。每个阶段的起止时间和主要研究内容如图 0-1 所示。

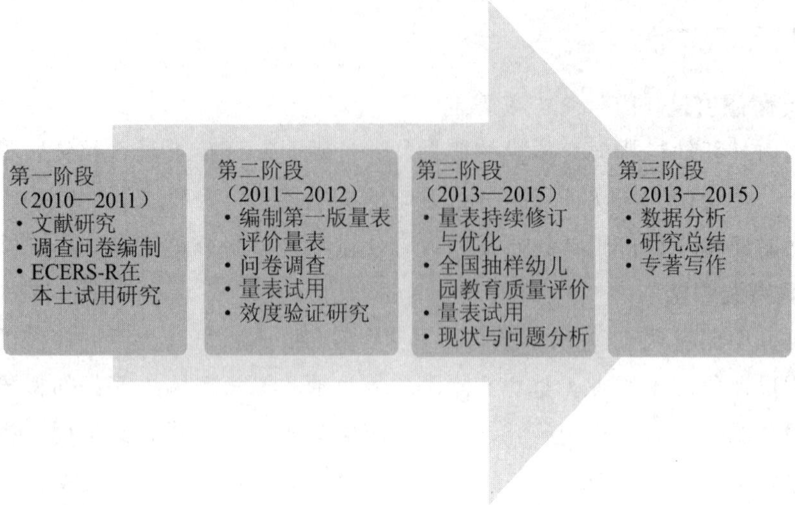

第一阶段
（2010—2011）
- 文献研究
- 调查问卷编制
- ECERS-R在本土试用研究

第二阶段
（2011—2012）
- 编制第一版量表评价量表
- 问卷调查
- 量表试用
- 效度验证研究

第三阶段
（2013—2015）
- 量表持续修订与优化
- 全国抽样幼儿园教育质量评价
- 量表试用
- 现状与问题分析

第三阶段
（2013—2015）
- 数据分析
- 研究总结
- 专著写作

图 0-1　中国托幼机构教育质量评价研究过程

第一部分

中国托幼机构教育质量观念的多维整合与建构

第一章

多元主体视野下中国托幼机构教育质量观念：共性与差异

本章概要

研究背景：无论从理论还是从实践上看，探究不同评价主体各自独特的托幼机构教育质量观念以及相互之间的共性与差异，有助于促进不同主体对自身质量观念的反思与更新，推动多元主体间平等对话机制的建立，构建更加科学合理的托幼机构教育质量评价体系。同时，调查和了解不同评价主体的托幼机构教育质量评价观念，对于托幼机构教育质量评价标准的建立和评价工具的研制也具有基础性的重要价值。

研究设计与方法：本研究主要采用《托幼机构教育质量观念调查问卷》和《幼儿园情况调查表》两种工具，对浙江和湖南两省112位园长、350位教师和1120位家长进行了教育质量观念调查，了解幼儿园的基本情况；采用描述性统计、相关分析、回归分析、方差分析等多种方法对调查数据进行多角度的分析。

研究结果与讨论：(1)不同主体(园长、教师与家长)均高度重视保育的价值，相对忽视游戏的价值。(2)园长与教师之间在教育质量观念上存在较高的一致性。(3)家长与园长、教师之间在教育质量观念上存在明显分歧。(4)外出学习与培训机会对园长和教师的教育质量观念产生积极的影响。(5)不同群体家长在教育质量观念上存在明显的差异。(6)建构多元视角的评价标准和不同主体间沟通对话机制，有助于构建更为科学合理的教育质量评价体系。

一、研究背景与意义

随着我国学前教育普及化程度的迅速提升，学前教育质量问题越来越引起人们的关注。保障适龄儿童接受基本而有质量的学前教育成为我国学前教育政策的重点之一。[①] 在此背景下，如何构建科学的幼儿园教育质量评估体系，推动学前教育质量提升，成为我国学前教育事业发展面临的重要课题。

从理论上看，托幼机构教育质量观念和评价视角必然是多元的，是与不同主体的立场和需求相关的。从主体—需求的角度来看，托幼机构教育质量反映了托幼机构的教育服务满足相关主体需求的特性与程度。[②] 托幼机构教育所涉及的相关主体很多，主要包括幼儿、教师、园长、举办者、家长、政府管理部门、社区机构等。由于各自的立场、利益诉求、价值观念、知识经验的不同，对托幼机构教育审视的角度、关注的重点、理解和评价自然也会不同，从而形成对托幼机构教育质量的多元观念和评价视角。正如丽莲·凯茨所概括的，托幼机构教育质量的评价大致有五个视角[③]：(1)自上而下的视角，评价主体一般为机构的举办者/管理者、政府的教育行政部门或立法/执法部门，他们通常关注的是机构的结构性(条件)质量以及管理制度和程序的规范性。(2)自下而上的视角，评价主体为机构中的幼儿，这一视角关注的是幼儿的感受、体验与生活质量。(3)外部—内部视角，评价的主体为家长，家长往往会从自身的感受、参与机会以及自身需求的满足程度来看待托幼机构的教育质量。(4)内部视角，即托幼机构中工作人员(如教师、保育员等)的视角，她们往往会从自己与雇主(管理者)、同事、家长之间的关系的角度以及自身需求得到满足的程度来评价托幼机构的教育质量。(5)外部视角，评价的主体为机构所处社区的居民和民意代表，他们往往从托幼机构的服务是否满足社区内所有家庭的需要的角度来评价托幼机构的教育质量。这五个视角所关注的质量大致可以理解为条件和管理的质量、幼儿体验的质量、家长服务的质量、教师支持的质量以及社区服务的质量。可以想见，不同主体的评价视角及其所形成的不同质量观念存在错综复杂的关系，可能存在某种共性，但必然存在差异，有时甚至发生冲突。

从实践层面来看，自20世纪80年代以来，我国各地逐步形成了各具地方特色的幼儿园评估体系。这些评估体系一般是由地方各级教育行政部门制定幼儿园评价标准，然后自上而下地对当地幼儿园进行分等定级的评估验收工作。但是这种幼儿园评估在实施中存在诸多问题，比如评价标准自身不合理，评价主体单一

---

① 国务院．国务院关于当前发展学前教育的若干意见[Z]．2010.

② 李克建，胡碧颖．国际视野中的托幼机构教育质量评价——兼论我国托幼机构教育质量评价观念的重构[J]．比较教育研究，2012，(7)：15-20.

③ 丽莲·凯茨．早期教育方案质量的多维视角[M]//朱家雄．国际视野下的学前教育[C]．上海：华东师范大学出版社，2009：99-113.

化，评估过程缺乏监控；①“少数领导和专家控制整个评价过程，广大教育工作者很少有机会参与评价活动”。② 这些问题易造成学前教育资源配置的不均衡，导致教师和幼儿发展机会的不公平，助推家长的择园行为等。③ 显而易见，现有的评价体系尚不能充分反映相关利益主体的观念和利益诉求，对于现有的评价实施过程，不同评价主体参与程度很低。目前，各地的幼儿园评价标准大多是从管理者视角或者是从专家视角进行评价，较少考虑园长、教师和家长等重要的相关评价主体的需求。园长和教师作为幼儿园教育服务的提供者和内部的利益相关者，家长作为幼儿园教育服务的使用者，他们的利益诉求及其对幼儿园教育质量的理解，在评价标准制订和评价实施过程中应当得到充分尊重。

无论从理论还是从实践上看，探究不同评价主体各自独特的托幼机构教育质量观念以及相互之间的共性与差异，有助于促进不同主体对自身质量观念的反思与更新，推动多元主体间平等对话机制的建立，构建更加科学合理的托幼机构教育质量评价体系。同时，调查和了解不同评价主体的托幼机构教育质量评价观念，对于托幼机构教育质量评价标准的建立和评价工具的研制也具有基础性的重要价值。

二、研究问题与方法

(一)研究目的与问题

本章研究将聚焦我国幼儿园教育三类不同评价主体(园长、教师、家长)的教育质量观念，立足了解不同主体的教育质量观念特征，探索不同评价主体教育质量观念的影响因素，比较分析不同主体之间在教育质量观念上存在的共性和差异，从而为我国托幼机构教育质量评价工具的研制奠定基础。

具体而言，本研究致力于回答以下三个方面的研究问题：

(1)园长、教师和家长三类评价主体各自的幼儿园教育质量观念如何?

(2)园长、教师和家长三类评价主体幼儿园教育质量观念的影响因素是什么?

(3)园长、教师和家长三类评价主体在幼儿园教育质量观念上一致性程度如何？存在哪些差异?

---

① 刘丽湘．当前我国幼儿园教育质量评价工作的误区及调整策略[J]．学前教育研究，2006，(Z1)：85-87.

② 蔡敏．论教育评价的主体多元化[J]．教育研究与实验，2003，(1)：21-25.

③ 黄小莲，陈妍琳．幼儿园等级评估制度现状考察与批判——基于教育公平的视角[J]．学前教育研究，2014，(3)：15-21.

(二)研究方法

1. 样本

本研究采用分层随机抽样的方法，抽取了浙江和湖南两个省 112 所幼儿园 218 个班级的园长、教师和家长群体。浙江省包括杭州、宁波、湖州、金华、衢州、丽水 6 个地区(经济发展水平高、中、低地区各两个)；湖南省包括长沙、娄底和张家界 3 个地区(分别代表经济发展水平高、中、低的地区)。各群体问卷发放和回收情况见表 1-1。

表 1-1　调查问卷发放与回收情况

问卷类型	发放数量(份)	回收数量(份)	有效数量(份)	回收率(%)	有效率(%)
园长版	112	111	97	99.12	87.39
教师版	350	341	291	97.43	85.34
家长版	1120	966	873	86.25	90.37

2. 工具

本研究主要采用《托幼机构教育质量观念调查问卷》和《幼儿园情况调查表》两个工具。《托幼机构教育质量观念调查问卷》分为园长、教师和家长三个版本。针对不同主体的调查问卷均包括两大部分：第一部分是填写人的基本信息，包含 17 个题项。第二部分是对高质量幼儿园教育的理解。这一部分的调查内容和问卷题项是依据《中国托幼机构教育质量评价量表》(以下简称《量表》)编写。① 该《量表》是借鉴国际知名评价工具的过程性质量观，基于长期本土化实证研究而编制的适宜我国文化背景下幼儿园班级教育质量的观察评价工具；效度验证结果表明，该《量表》具有良好的测量信度和效度。② 与《量表》的评价内容框架保持一致，该部分问卷包含 51 个项目，涉及幼儿园教育的 8 个方面(空间与设施、保育、课程计划与实施、集体教学、游戏活动、语言推理、人际互动、家长与教师)，请填写者对 51 个项目(问卷中对每个项目的内涵进行了简要清晰的界定和描述)的重要性进行评价。评价采用李克特 5 点评分制，1～5分分别代表从“不重要”到“很重要”。《幼儿园情况调查表》由园长来填写，涉及幼儿园的基本信息，包括园所基本情况、教师队伍、各项收入和支出的项目与金额等。

---

① 李克建，胡碧颖．中国托幼机构教育质量评价量表(第一试用版)[Z]．2012，未出版评价工具．

② Li，K.，Hu，B. Y.，Pan，Y.，et al.. Chinese early childhood environment rating scale (trial)：a validity study[J]. *Early Childhood Research Quarterly*，2014，(29)：268-282.

3. 数据采集过程

各类调查问卷是由课题组的调查员发放和回收。在调查当天，调查员到达幼儿园向园长发放《园长版问卷》和《幼儿园情况调查表》；随机抽取样本班级，向班级教师发放《教师版问卷》；同时在教师和园长的协助下，在每个样本班级随机选取若干名家长，请这些家长在接送幼儿的时间填写《家长版问卷》；对于年龄较大、文化程度较低的家长，由调查员向家长口头解释说明问卷中有关题项的内容和可能的选项，确保填写的完整性，提高家长问卷的回收率和有效率。各类问卷一般是调查员在离开幼儿园之前收回；少量问卷当天无法回收，请幼儿园教师协助邮寄给调查员。

研究者对调查数据进行编码、录入、整理后，围绕研究问题进行了多层面的数据分析。在下面的研究结果部分，首先呈现园长、教师、家长三类主体各自的幼儿园教育质量观念，然后再呈现这三类主体在幼儿园教育质量观念上差异比较的结果。

三、园长的幼儿园教育质量观念

(一)园长特征的描述性统计

1. 样本分布情况

园长问卷最终进入分析的有效样本量是97份，具体样本分布情况见表1-2。统计结果显示，本次调查的园长群体绝大多数为女性(91.8%)，平均年龄为40.35岁，平均拥有20年的教育经验；将近一半(49.5%)园长有事业编制；有81.3%的园长拥有幼儿园教师资格证，其中拿到园长岗位培训证书的人占90.6%；大部分园长(73.2%)拥有职称；园长普遍(93.8%)能够获得外出培训或进修的机会；从学历来看，园长们的第一学历基本处于中师及以下水平(占81.3%)，所学专业以学前教育专业为主(68.4%)；大多数园长通过函授(53.1%)等途径获取了本科及以上(54.6%)学历，但所学专业半数以上为非学前教育(52.6%)。园长们的平均年收入为5.6万元，但不同园长间差距较大(SD=2.59)。

表 1-2　园长问卷样本分布情况

		浙江		湖南	
		N	%	N	%
办园性质	教育部门办园	15	20.83	4	16.00
	其他部门办园	18	25.00	6	24.00
	小学附设园	5	6.95	1	4.00
	民办园	34	47.22	14	56.00
园所等级	准办园	12	16.67	12	48.00
	县示范/省三级	26	36.11	5	20.00
	市示范/省二级	25	34.72	3	12.00
	省示范/省一级	9	12.50	5	20.00
所在地性质	城市	20	27.78	9	36.00
	县城	20	27.78	4	16.00
	乡镇中心/城郊	18	25.00	7	28.00
	村	14	19.44	5	20.00
	总计	72	100.00	25	100.00

2. 园长基本信息

表 1-3　园长基本信息表

变量		样本量	百分比(%)
性别(N＝97)	女	89	91.8
事业编制(N＝95)	有	47	49.5
幼师资格证(N＝96)	有	78	81.3
园长岗位培训证书(N＝96)	有	87	90.6
培训进修机会(N＝97)	有	91	93.8
职称(N＝97)	有	71	73.2
第一学历(N＝96)	中师(专)及以下	78	81.3
	大专及以上	18	18.7
第一学历所学专业(N＝95)	学前教育	65	68.4
	非学前教育	30	31.7
最高学历(N＝97)	大专及以下	44	45.3
	本科及以上	53	54.6
最高学历所学专业(N＝97)	学前教育	46	47.4
	非学前教育	51	52.6

续表

变量	样本量	均值	标准差	范围
平均年收入(万元)	95	5.6	2.59	1～18
年龄(年)	97	40.35	7.18	26～58
教龄(年)	95	20.14	7.37	16～48

(二)园长的幼儿园教育质量观念

在高质量教育内涵上，园长们的总量表均值为4.79，标准差为0.31。子量表均值范围是4.67～4.90；以量表总分均值4.79为参照，可以看出在8个子量表中，园长们认为“保育”最为重要(M＝4.90，SD＝0.31)，其次是“课程计划与实施”(M＝4.85，SD＝0.32)以及“家长与教师”(M＝4.84，SD＝0.28)；相对而言，“空间与设施”(M＝4.67，SD＝0.40)与“游戏活动”(M＝4.67，SD＝0.43)得分偏低。为简化图表，在这里不再呈现项目上的得分，具体到51个项目层面上的均值均大于4，得分范围介于4.13～4.96；总体而言，园长们认为质量评价的每个项目都比较重要。但与均值相比，项目之间仍存在细微的差异：其中，达到4.90分以上的项目分别是“安全”(M＝4.96)、“健康”(M＝4.94)、“教师专业成长支持”(M＝4.94)、“家园沟通与合作”(M＝4.92)、“进餐”(M＝4.91)以及“一周课程计划”(M＝4.91)；得分相对较低的项目分别是“安抚和独处空间与设施”(M＝4.16)以及“音像设备和电脑的使用”(M＝4.13)。

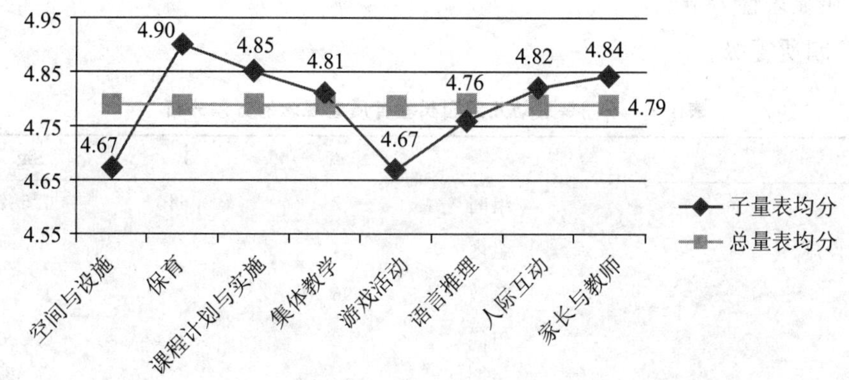

图1-1 园长教育质量观念在子量表和总量表上的对比图

(三)影响因素分析

本研究探索的影响因素主要是从园所特征和园长自身特征两个层面进行，其中园所特征包括办园性质、园所等级和所在地性质三个变量。具体的划分如下：

办园性质的划分包括公办园和民办园，其中公办园包括教育部门办园、其他部门办园和小学附设园；办园等级是按照高、中、低等级进行划分，其中高等级幼儿园是指省一级/省示范，中等级幼儿园是指省二级/市示范，低等级是指省三级/县示范和准办园；所在地性质的划分包括城镇和乡村，其中城镇包括城市和县城，乡村包括乡镇中心/城郊和村。

1. 园所层面

(1)办园性质

表 1-4　不同性质幼儿园园长教育质量观念独立样本 *t* 检验

	t	df	均值差	Sig.
空间与设施	0.753	95	0.062	0.453
保育	0.737	95	0.046	0.463
课程计划与实施	0.855	95	0.056	0.395
集体教学	0.932	95	0.061	0.352
游戏活动	−0.442	95	−0.039	0.660
语言推理	0.188	95	0.016	0.851
人际互动	0.864	95	0.058	0.390
家长与教师	0.061	95	0.004	0.951
总量表	0.523	95	0.033	0.603

在公办园与民办园之间，园长的教育质量观念在 8 个子量表和总量表评分上均不存在显著性差异。

(2)园所等级

表 1-5　不同等级幼儿园园长教育质量观念的方差分析

		df	F	Sig.
空间与设施	组间	2	0.545	0.582
	组内	94		
	总数	96		
保育	组间	2	1.234	0.296
	组内	94		
	总数	96		
课程计划与实施	组间	2	0.508	0.604
	组内	94		
	总数	96		

续表

		df	F	Sig.
集体教学	组间	2	0.74	0.480
	组内	94		
	总数	96		
游戏活动	组间	2	2.168	0.120
	组内	94		
	总数	96		
语言推理	组间	2	2.446	0.092
	组内	94		
	总数	96		
人际互动	组间	2	0.87	0.422
	组内	94		
	总数	96		
家长与教师	组间	2	1.634	0.201
	组内	94		
	总数	96		
总量表	组间	2	1.366	0.260
	组内	94		
	总数	96		

不同园所等级的园长教育质量观念在8个子量表和总量表上均不存在显著性差异。

(3)所在地性质

表 1-6　不同所在地性质园长教育质量观念独立样本 *t* 检验

	t	df	均值差	Sig.
空间与设施	−1.5	95	−0.123	0.137
保育	−0.687	95	−0.043	0.494
课程计划与实施	−0.978	95	−0.064	0.331
集体教学	−1.086	95	−0.071	0.280
游戏活动	−1.125	95	−0.099	0.263
语言推理	−0.09	95	−0.008	0.928
人际互动	−0.919	95	−0.062	0.360
家长与教师	−0.553	95	−0.032	0.582
总量表	−0.996	95	−0.063	0.322

不同所在地性质的幼儿园园长教育质量观念在8个子量表和总量表上均不存在显著性差异。研究结果表明，幼儿园的办园性质、园所等级以及所在地性质(城乡)并没有成为显著影响幼儿园园长的教育质量观念的条件性要素。

2. 园长特征

表1-7的相关矩阵结果显示，是否有幼儿园教师资格证和是否有外出学习机会这两个变量与园长教育质量观念多项指标呈显著正相关。

表1-7　园长特征与园长教育质量观念之间的相关系数

	空间与设施	保育	课程计划与实施	集体教学	游戏活动	语言推理	人际互动	家长与教师	总量表
年龄	−0.126	−0.058	−0.173	−0.036	−0.147	−0.177	−0.128	−0.082	−0.137
教龄	−0.111	−0.04	−0.183	−0.072	−0.134	−0.154	−0.144	−0.074	−0.133
担任园长年限	0.11	0.076	0.069	0.084	−0.068	0.048	0.151	0.083	0.072
职称	−0.101	−0.07	−0.051	−0.019	−0.081	−0.034	−0.02	−0.044	−0.061
事业编制	0.081	0.026	0.056	−0.008	−0.035	−0.083	−0.032	−0.043	−0.007
幼师资格证	0.248*	0.202*	0.219*	0.138	0.191	0.273**	0.092	0.165	0.222*
园长培训证书	−0.056	0.05	0.077	0.03	−0.036	−0.006	0.105	0.008	0.019
外出学习机会	0.391**	0.358**	0.384**	0.401**	0.320**	0.427**	0.276**	0.358**	0.416**
第一学历	−0.013	−0.03	−0.06	−0.044	−0.03	0.047	0.018	0.035	−0.01
最高学历	0.038	0.023	−0.039	−0.072	0.084	0.135	−0.051	0.013	0.026
第一学历专业	−0.083	−0.088	−0.11	−0.017	−0.031	−0.063	−0.125	−0.026	−0.076
最高学历专业	0.066	0.05	0.012	−0.031	0.003	0.008	−0.059	0.031	0.012
是否参与评估	0.074	0.039	0.073	0.158	0.005	0.027	0.039	0.077	0.056

注：1. 相关分析中各变量的分类编码方式：

事业编制、幼师资格证、园长培训证书、外出学习机会、是否参与评估：1=有(是)，0=无(否)

职称：1=无职称，2=幼(小)教二级，3=幼(小)教一级，4=幼教高级，5=小中高

专业：1=除"2"和"3"以外的其他专业，2=教育/心理专业，3=学前教育

第一学历/最高学历：1=初中及以下，2=普通高中，3=职业高中，4=中师(专)，5=高职院校大专，6=普通高校(含师范院校)大专，7=本科，8=硕士及以上

2. 显著性水平：* $p<0.05$，** $p<0.01$，*** $p<0.001$

进一步以这两个变量作为预测变量进行回归分析，结果如下：

表1-8　园长特征与园长教育质量观念的回归分析

	预测变量	R^2	调整后 R^2	F	标准化回归系数(d)
模型一	外出学习机会	0.246	0.234	19.589	0.496***

注：1. 标准化回归系数：在有显著性的前提下，可以大致看作回归分析中预测变量对因变量的预测效应，以"*d*"表示，该系数在0.1左右为弱预测效应，达到0.3为中等强度，达到0.5为强预测效应。

2. 显著性水平：*** $p<0.001$

表 1-8 显示，以是否有幼儿园教师资格证书、是否有外出学习机会两个变量为预测变量，以园长的教育质量观念得分为因变量，最终进入回归模型的变量是“是否有外出学习机会”($d=0.496$，$p<0.001$)，可解释园长教育质量观念 24.6%的变异量。该结果表明，是否有外出学习机会是影响园长的教育质量观念的重要因素。

四、教师的幼儿园教育质量观念

(一)教师特征的描述性统计

1. 样本分布情况

教师问卷最终有效样本是 291 份，在班级分布中：托班 2 个，小班 69 个，中班 100 个，大班 118 个，学前班和混龄班各 1 个。具体抽样分布情况见表 1-9。

表 1-9　教师问卷样本分布情况

		浙江		湖南	
		N	%	N	%
办园性质	教育部门办园	83	35.17	9	16.36
	其他部门办园	59	25.00	10	18.18
	小学附设园	8	3.39	2	3.64
	民办园	86	36.44	34	61.82
园所等级	准办园	15	6.36	31	56.36
	省三级/县示范	72	30.51	10	18.18
	省二级/市示范	93	39.41	3	5.45
	省一级/省示范	56	23.73	11	20.00
所在地性质	城市	87	36.86	14	25.45
	县城	64	27.12	9	16.36
	乡镇中心/城郊	52	22.03	16	29.09
	村	33	13.98	16	29.09
	总计	236	100.00	55	100.00

2. 教师基本信息

统计结果显示(表 1-10)，本次调查中幼儿园教师样本绝大多数为女性(99.7%)，平均年龄为 28 岁，有 7 年教龄；65.6%的教师拥有职称；教师的第一学历最多的是中师及以下(57.4%)，所学专业以学前教育为主(72.8%)；大多数教师通过全日制(32.6%)和函授(33.3%)等途径获得大专(38.9%)或本科

(25.7%)学历，所学专业仍然以学前教育为主(71.1%)；大多数教师没有事业编制(74.9%)；持有幼师资格证的教师比例为73.3%；大多数教师(83%)能够获得外出学习和培训的机会；教师的平均年收入为3.06万元，其中收入最高为10万元，最低仅为1万元，相互之间差距明显(SD=1.43)。

表 1-10　教师基本信息表

	变量	频数	频率(%)
性别(N=291)	女	290	99.7
事业编制(N=288)	有	70	24.1
幼师资格证(N=288)	有	211	73.3
外出学习机会(N=283)	有	235	83
职称(N=160)	有	105	65.6
第一学历(N=289)	中师(专)及以下	166	57.4
	大专及以上	123	42.7
第一学历所学专业(N=287)	学前教育	209	72.8
	非学前教育	78	27.2
最高学历(N=288)	大专及以下	20	6.94
	本科及以上	262	93.06
最高学历所学专业(N=284)	学前教育	202	71.1
	非学前教育	82	28.9

变量	样本量	均值	标准差	范围
平均年收入(万元)	238	3.06	1.43	1～10
年龄(年)	291	28.67	6.51	17～50
教龄(年)	284	7.4	6.69	0～34

(二)教师的幼儿园教育质量观念

由图1-2可见，教师的总体教育质量观念(所有项目重要性评分)均值为4.82，子量表分值范围是4.73～4.89，总体而言，教师们认为幼儿园教育质量的每个方面均重要。以均值4.82为参照，可以看出在8个子量表中，教师们认为“保育”最为重要(M=4.89，SD=0.22)，其次是“课程计划与实施”(M=4.86，SD=0.26)、“人际互动”(M=4.85，SD=0.33)以及“家长与教师”(M=4.85，SD=0.28)；相对而言，“空间与设施”(M=4.74，SD=0.38)与“游戏活动”(M=4.73，SD=0.40)的得分偏低，但是教师的重要性得分之间差距并不是很大。具体到51个项目层面上，得分范围介于4.36～4.92，均大于4，其中得分较高的项目分别是“健康”(M=4.93)、“安全”(M=4.93)、“进餐”(M=4.92)、“一周

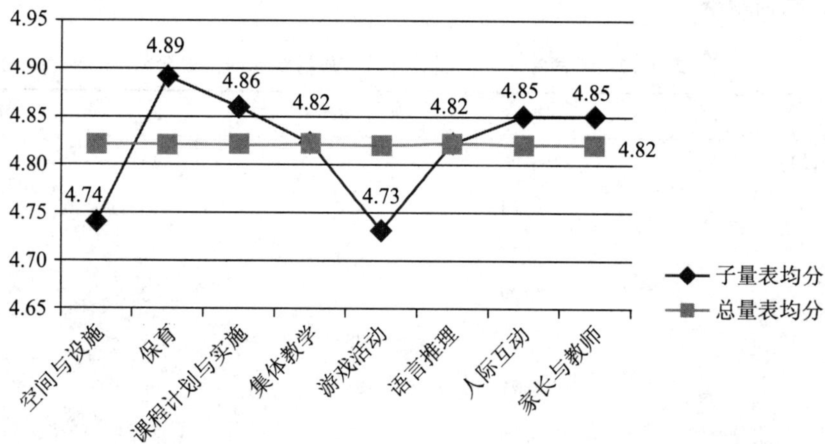

图 1-2　教师教育质量观念在子量表和总量表上的对比图

课程计划”(M＝4.91)以及“教师专业成长支持”(M＝4.89)；得分较低的项目分别是“安抚和独处空间与设施”(M＝4.36)、“音像设备和电脑的使用”(M＝4.45)、“沙/水”(M＝4.62)、“发展概念与推理”(M＝4.69)以及“满足教师需求的空间与设施”(M＝4.69)。

(三)影响因素分析

1. 园所层面

(1)办园性质

表 1-11　不同性质幼儿园教师教育质量观念独立样本 *t* 检验

	df	均值差	*t*	Sig.
空间与设施	283	－0.020	－0.443	0.658
保育	283	0.005	0.191	0.848
课程计划与实施	283	－0.041	－1.303	0.207
集体教学	283	0.004	0.102	0.919
游戏活动	283	－0.019	－0.391	0.696
语言推理	283	－0.031	－0.762	0.447
人际互动	283	－0.063	－1.587	0.127
家长与教师	282	－0.020	－0.586	0.558
总量表	283	－0.023	－0.759	0.449

在公办园与民办园之间，教师的教育质量观念在 8 个子量表和总量表上均不存在显著性差异。

(2)园所等级

表 1-12　不同等级幼儿园教师教育质量观念的方差分析

		df	F	Sig.
空间与设施	组间	2	2.531	0.081
	组内	282		
	总数	284		
保育	组间	2	3.499*	0.032
	组内	282		
	总数	284		
课程计划与实施	组间	2	8.426***	0.000
	组内	282		
	总数	284		
集体教学	组间	2	3.19*	0.043
	组内	282		
	总数	284		
游戏活动	组间	2	5.109**	0.007
	组内	282		
	总数	284		
语言推理	组间	2	5.549**	0.004
	组内	282		
	总数	284		
人际互动	组间	2	4.679*	0.01
	组内	282		
	总数	284		
家长与教师	组间	2	5.113**	0.007
	组内	281		
	总数	283		
总量表	组间	2	6.796***	0.001
	组内	282		
	总数	284		

不同园所等级的教师教育质量观念除在园所设施上不存在显著性差异外，在其余 7 个子量表和总量表上均存在显著性差异。

进一步做事后多重比较，结果见表 1-13。

表 1-13　不同园所等级教师教育质量观念的事后多重比较

因变量	(I)等级	(J)等级	均值差（I-J）	Sig.
空间与设施	低等级	中等级	−0.113*	0.029
		高等级	−0.023	0.683
	中等级	高等级	0.090	0.136
保育	低等级	中等级	−0.078*	0.009
		高等级	−0.042	0.208
	中等级	高等级	0.037	0.290
课程计划与实施	低等级	中等级	−0.142*	0.000
		高等级	−0.086*	0.026
	中等级	高等级	0.056	0.180
集体教学	低等级	中等级	−0.102*	0.016
		高等级	−0.011	0.817
	中等级	高等级	0.091	0.067
游戏活动	低等级	中等级	−0.170*	0.002
		高等级	−0.090	0.129
	中等级	高等级	0.081	0.201
语言推理	低等级	中等级	−0.151*	0.001
		高等级	−0.043	0.402
	中等级	高等级	0.109*	0.044
人际互动	低等级	中等级	−0.127*	0.005
		高等级	−0.004	0.932
	中等级	高等级	0.123*	0.019
家长与教师	低等级	中等级	−0.116*	0.002
		高等级	−0.020	0.631
	中等级	高等级	0.096*	0.030
总量表	低等级	中等级	−0.125*	0.000
		高等级	−0.040	0.287
	中等级	高等级	0.085*	0.034

由表 1-13 可知，低等级和中等级的教师教育质量观念在 8 个子量表和量表总分(所有项目均分)上存在显著性差异；而中等级和高等级的教师教育质量观念在语言推理、人际互动、家长与教师以及量表总分上存在显著性差异。本研究结果表明，不同等级的幼儿园教师在教育质量观念上存在差异，办园等级是制约和影响幼儿园教师教育质量观念的条件性因素。当然，这些结果有待于未来研究的进一步检验。

(3)所在地性质

表 1-14 不同所在地性质教师教育质量观念独立样本 t 检验

	df	均值差	t	Sig.
空间与设施	283	0.006	0.128	0.899
保育	283	0.004	0.155	0.877
课程计划与实施	283	0.039	1.221	0.223
集体教学	283	−0.025	−0.673	0.501
游戏活动	283	0.047	0.973	0.331
语言推理	283	0.025	0.607	0.544
人际互动	283	0.021	0.513	0.608
家长与教师	282	0.010	0.302	0.763
总量表	283	0.016	0.515	0.607

不同所在地性质幼儿园的教师教育质量观念在 8 个子量表和总量表上均不存在显著性差异。

2. 教师特征

表 1-15 教师特征与教师教育质量观念之间的相关系数

	空间与设施	保育	课程计划与实施	集体教学	游戏活动	语言推理	人际互动	家长与教师	总量表
年龄	−0.021	0.002	0.014	−0.101	0.003	−0.005	−0.004	−0.02	−0.021
教龄	0.013	−0.023	0.022	−0.119*	−0.042	−0.011	−0.018	−0.012	−0.03
第一学历	−0.005	0.000	0.015	0.045	0.111	0.026	0.071	0.104	0.060
最高学历	−0.08	−0.07	−0.101	−0.042	−0.123*	−0.09	−0.085	−0.125*	−0.112
第一学历专业	−0.009	0.003	0.033	0.02	0.099	−0.004	0.033	0.116	0.046
最高学历专业	0.012	0.004	−0.019	−0.067	−0.059	−0.043	−0.037	−0.127*	−0.051
职称	0.049	0.035	0.055	−0.081	−0.082	0.001	0.025	0.004	−0.003
编制	0.036	0.106	0.156**	0.088	0.095	0.089	0.084	0.097	0.113
幼师资格证	0.037	0.034	0.104	0.077	0.100	0.066	0.142*	0.184**	0.114
外出学习机会	0.232**	0.119*	0.181**	0.178**	0.157**	0.179**	0.115	0.244**	0.219**

注：1. 相关分析中各变量的分类编码方式：

第一学历/最高学历：1=初中及以下，2=普通高中，3=职业高中，4=中师(专)，5=高职院校大专，6=普通高校(含师范院校)大专，7=本科，8=硕士及以上

第一学历/最高学历专业：1=学前专业，0=非学前专业

职称、事业编制、幼师资格证、外出学习机会：1=有，0=无

2. 显著性水平：* $p<0.05$，** $p<0.01$，*** $p<0.001$

相关矩阵结果显示，外出学习机会、幼师资格证两个变量与教师的教育质量观念呈显著正相关。进一步以这两个变量为预测变量进行回归分析，结果如下：

表 1-16 教师特征与教师教育质量观念的回归分析

	预测变量	R^2	调整后 R^2	F	标准化回归系数(d)
模型一	外出学习机会	0.037	0.029	4.747	0.191*

注：显著性水平，* $p<0.05$

表 1-16 显示，以是否持有幼师资格证、是否有外出学习机会两个变量作为预测变量，以教师的教育质量观念得分(所有项目均分)为因变量，进行多元线性回归分析，最终进入回归模型的变量是“外出学习机会”($d=0.191$，$p<0.05$)，但解释力非常微弱(仅能解释教师教育质量观念 3.7%的变异量)。

五、家长的幼儿园教育质量观念

(一)家长特征的描述性统计

1. 样本分布情况

家长问卷共收回 873 份，其中湖南省 150 份，浙江省 723 份。回收家长问卷的班级分布比例如表 1-17 所示。

表 1-17 家长问卷所在班级样本分布情况

		频数	百分比(%)
家长问卷数(N=873)	托班	8	0.92
	小班	219	25.09
	中班	291	33.33
	大班	338	38.72
	学前班	3	0.34
	混龄班	14	1.60

2. 家长基本信息

表 1-18　家长基本信息

	变量	个数	百分比(%)
填写人性别(N=873)	女	573	65.60
	男	300	34.40
角色(N=866)	父亲	249	28.80
	母亲	586	67.70
	祖父母	22	2.50
	其他监护人	9	1.00
变量	**均值**	**标准差**	**范围**
家庭年收入(万元)(N=779)	10.80	12.59	1～100
幼儿园每月缴费(元)(N=762)	598.89	398.76	40～1000

从家长的抽样样本中可以看出，填写人女性占65.6%；填写人大部分是孩子的母亲(67.7%)或父亲(28.8%)，也有一些是祖父母或其他监护人；家庭年收入均值为10.8万元，其中家庭年收入差距较大(SD=12.59)；幼儿园每月缴费平均598.89元，但不同幼儿园之间差距较大(SD=398.76)。

(二)家长的幼儿园教育质量观念

图1-3显示，从家长的教育质量观念总体状况来看，各子量表的评分处于4.51～4.84；质量观念的总体均值为4.71，以此为参照，“保育”(M=4.84，SD=0.35)、“语言推理”(M=4.77，SD=0.44)、“人际互动”(M=4.77，SD=0.44)、“集体教学”(M=4.76，SD=0.42)相对较高(被认为更加重要)；而“游戏活动”(M=4.51，SD=0.58)以及“空间与设施”(M=4.66，SD=0.48)评分相对较低(被认为相对次要)。在51个项目的评分上，得分相对较高的项目有“健康”(M=4.89)、“安全”(M=4.88)、“进餐”(M=4.87)、“鼓励幼儿沟通”(M=4.85)、“如厕/盥洗/饮水”(M=4.84)；得分相对较低的项目有“沙/水”(M=4.13)、“音像设备和电脑的使用”(M=4.20)、“安抚和独处空间与设施”(M=4.41)、“角色戏剧游戏”(M=4.87)。

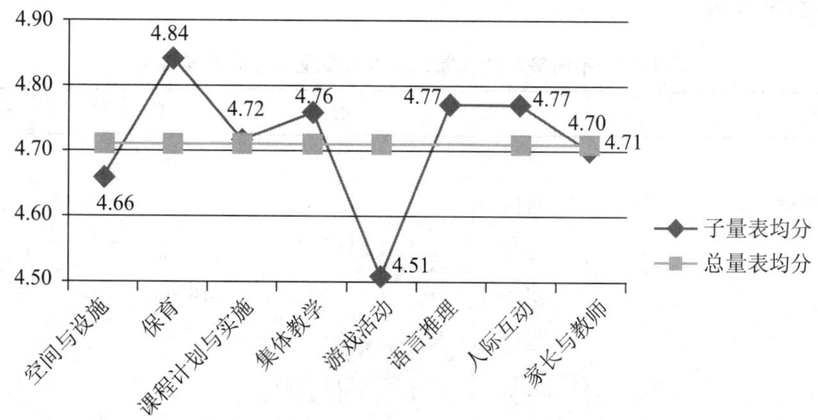

图 1-3　家长的教育质量观念在子量表和总量表上的对比图

(三)影响因素分析

1. 办园性质

表 1-19　公办园、民办园幼儿家长教育质量观念独立样本 t 检验

	df	均值差	t	Sig.
空间与设施	843	−0.090	−0.996	0.320
保育	843	−0.120	−1.380	0.172
课程计划与实施	841	−0.222	−2.046*	0.044
集体教学	842	−0.186	−1.720	0.086
游戏活动	843	−0.221	−1.903	0.057
语言推理	839	−0.011	−0.100	0.920
人际互动	842	−0.121	−1.182	0.237
家长与教师	839	−0.095	−0.730	0.465
总量表	844	−0.131	−1.443	0.149

从表 1-19 可知，总体而言，公办园与民办园家长在教育质量观念上差异不大(仅在课程计划与实施一个方面存在显著差异)。

2. 园所等级

表 1-20　不同等级幼儿园家长教育质量观念的方差分析

		df	F	Sig.
空间与设施	组间	2	27.558***	0.000
	组内	842		
	总数	844		
保育	组间	2	16.635***	0.000
	组内	842		
	总数	844		
课程计划与实施	组间	2	18.104***	0.000
	组内	840		
	总数	842		
集体教学	组间	2	18.789***	0.000
	组内	841		
	总数	843		
游戏活动	组间	2	24.151***	0.000
	组内	842		
	总数	844		
语言推理	组间	2	19.287***	0.000
	组内	838		
	总数	840		
人际互动	组间	2	19.609***	0.000
	组内	841		
	总数	843		
家长与教师	组间	2	8.036***	0.000
	组内	838		
	总数	840		
总量表	组间	2	25.029***	0.000
	组内	843		
	总数	845		

方差分析结果显示(见表 1-20)，不同等级幼儿园的幼儿家长教育质量观念在 8 个子量表和总量表上均存在显著性差异。进一步的事后多重比较结果显示(见表 1-21)，任何两个等级幼儿园之间，家长的教育质量观念均存在显著差异(低等级和中等级幼儿园之间仅在对家长和教师支持上不存在显著性差异)，园所等级

越高，家长对教育质量的重视程度越高(对项目的评分等级越高)。这些结果可能说明，园所等级构成了家长群体内部的重要分界线，不同经济社会背景、不同教育观念的家长为孩子选择不同办园水平的幼儿园。当然，这些因素之间的关系和作用机制有待未来研究的探索。

表 1-21　不同等级幼儿园家长教育质量观念的事后多重比较

因变量	(I)等级	(J)等级	均值差（I-J）	Sig.
空间与设施	低等级	中等级	-0.484^{***}	0.000
		高等级	-0.786^{***}	0.000
	中等级	高等级	-0.302^{*}	0.013
保育	低等级	中等级	-0.312^{**}	0.002
		高等级	-0.613^{***}	0.000
	中等级	高等级	-0.300^{*}	0.011
课程计划与实施	低等级	中等级	-0.352^{**}	0.005
		高等级	-0.811^{***}	0.000
	中等级	高等级	-0.459^{**}	0.002
集体教学	低等级	中等级	-0.293^{*}	0.017
		高等级	-0.825^{***}	0.000
	中等级	高等级	-0.531^{***}	0.000
游戏活动	低等级	中等级	-0.485^{***}	0.000
		高等级	-0.981^{***}	0.000
	中等级	高等级	-0.496^{**}	0.002
语言推理	低等级	中等级	-0.309^{*}	0.012
		高等级	-0.835^{***}	0.000
	中等级	高等级	-0.525^{***}	0.000
人际互动	低等级	中等级	-0.314^{**}	0.007
		高等级	-0.793^{***}	0.000
	中等级	高等级	-0.478^{***}	0.001
家长与教师	低等级	中等级	-0.049	0.741
		高等级	-0.632^{***}	0.000
	中等级	高等级	-0.583^{***}	0.001
总量表	低等级	中等级	-0.330^{***}	0.001
		高等级	-0.789^{***}	0.000
	中等级	高等级	-0.458^{***}	0.000

3. 所在地性质

表 1-22　不同所在地幼儿园家长教育质量观念独立样本 t 检验

	df	均值差	t	Sig.
空间与设施	843	0.771	8.662***	0.000
保育	843	0.594	6.849***	0.000
课程计划与实施	841	0.847	7.867***	0.000
集体教学	842	0.864	8.110***	0.000
游戏活动	843	1.008	8.857***	0.000
语言推理	839	0.885	8.326***	0.000
人际互动	842	0.638	6.241***	0.000
家长与教师	839	0.557	4.212***	0.000
总量表	844	0.776	8.734***	0.000

t 检验结果显示(见表 1-22)，不同所在地(城镇—乡村)幼儿园的家长教育质量观念在 8 个子量表和总量表上均存在极其显著的差异；从数据上看，城乡家长之间在游戏活动、空间与设施、语言推理、集体教学方面的教育质量观念差异相对较大。

六、不同主体幼儿园教育质量观念的差异比较

(一)三类主体教育质量观念差异的总体比较

为了解园长、教师和家长三类主体的教育质量观念差异，研究者依据各自的教育质量观念在各子量表上的均分绘制折线图，将三者进行并置和比较，结果见图 1-4。

图 1-4 显示，园长和教师在教育质量观念的各个方面总体上差异不大，但家长与园长、教师之间差异相对较大，各方面教育质量观念评分总体上低于园长和教师；与园长、教师相比，家长重视程度相对不足的是课程计划与实施、家长与教师，尤其是游戏活动。这一结果也印证了一个日常社会现象：家长普遍注重让孩子在幼儿园学习知识技能，而不是进行游戏。

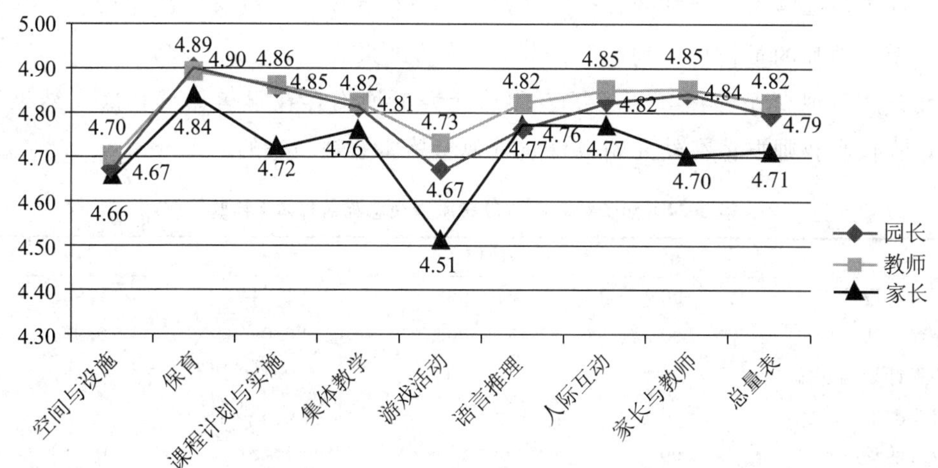

图 1-4　三类主体教育质量观念的对比图

表 1-23　三类主体教育质量观念的方差分析

	园长		教师		家长		F
	M	SD	M	SD	M	SD	
空间与设施	4.67	0.40	4.74	0.38	4.66	0.48	3.455*
保育	4.90	0.31	4.89	0.22	4.84	0.35	2.904
课程计划与实施	4.85	0.32	4.86	0.26	4.72	0.47	14.88***
集体教学	4.81	0.32	4.82	0.31	4.76	0.42	3.249*
游戏活动	4.67	0.43	4.73	0.40	4.51	0.58	19.627***
语言推理	4.76	0.41	4.82	0.34	4.77	0.44	1.544
人际互动	4.82	0.33	4.85	0.33	4.77	0.44	4.793**
家长与教师	4.84	0.28	4.85	0.28	4.70	0.49	16.451***
总量表	4.79	0.31	4.82	0.25	4.71	0.39	10.265***

注：$^{*}p<0.05$，$^{**}p<0.01$，$^{***}p<0.001$

方差分析结果显示（见表 1-23），园长、教师和家长的教育质量观念除了保育、语言推理两方面没有显著差异；在空间与设施、课程计划与实施、集体教学、游戏活动、人际互动、家长与教师以及总量表上均存在显著性差异；差异明显较大的是游戏活动、家长与教师、课程计划与实施。

(二)园长和教师教育质量观念的差异分析

为比较教师和园长在幼儿园教育质量评价观念上的异同，首先把同一所幼儿园教师在每个项目上的教育质量观念评分进行平均，然后在园所层面将教师与园长的教育质量观念得分逐一匹配，最后进行配对样本 t 检验。

从均值差来看，教师的教育质量观念评分仅在保育子量表上低于园长，在其他方面，教师的重视程度均高于园长。t 检验结果表明(见表 1-24)，教师和园长的教育质量观念评分在 8 个子量表和总量表上均不存在显著差异，这一结果说明，园长和教师群体在幼儿园教育质量观念总体上是一致的。

表 1-24　园长和教师的教育质量观念配对样本 t 检验

	df	均值差	t	Sig.
空间与设施	90	−0.092	−1.844	0.069
保育	90	0.003	0.095	0.924
课程计划与实施	90	−0.006	−0.150	0.881
集体教学	90	−0.015	−0.352	0.726
游戏活动	90	−0.074	−1.421	0.159
语言推理	90	−0.058	−1.106	0.271
人际互动	90	−0.039	−0.907	0.367
家长与教师	90	−0.029	−0.804	0.424
总量表	90	−0.039	−1.039	0.302

研究者进一步在 51 个项目层面进行配对样本 t 检验，结果显示，存在显著性差异的四个项目分别是“午睡空间设施”($t(89)=-2.062$，$p<0.05$)、“安抚独处空间与设施”($t(90)=-2.112$，$p<0.05$)、“满足教师合理需求的空间与设施”($t(90)=-2.768$，$p<0.05$)和“沙/水”($t(90)=-2.596$，$p<0.05$)，在这四个项目上，教师对其重要性的认识显著高于园长。

(三)园长和家长教育质量观念的差异分析

按照同样的方法，研究者首先把同一所幼儿园的幼儿家长的教育质量观念评分进行平均，然后在园所层面将家长与园长的教育质量观念得分逐一匹配，最后进行配对样本 t 检验，结果见表 1-25。

表 1-25　园长和家长的教育质量观念配对样本 t 检验

	df	均值差	t	Sig.
空间与设施	88	0.040	0.627	0.533
保育	88	0.109	1.981	0.051
课程计划与实施	88	0.187	3.299***	0.001
集体教学	88	0.094	1.755	0.083
游戏活动	88	0.228	3.232**	0.002
语言推理	88	0.059	0.937	0.351
人际互动	88	0.116	1.911	0.059
家长与教师	88	0.213	3.498***	0.001
总量表	88	0.13	2.345*	0.021

表 1-25 显示，从均值差来看，无论是在子量表还是在总量表上，园长的教育质量观念得分是高于家长的；t 检验结果表明，园长和家长的教育质量观念在课程计划与实施、游戏活动、家长与教师教育以及总量表上存在显著性差异。

在 51 个项目层面上进行配对样本 t 检验，从均值差来看，园长的教育质量观念得分仅在 6 个项目上是低于家长的；存在显著性差异的项目一共有 27 个(限于篇幅这里不再一一说明)，占项目总数的 52.94%。

(四)教师和家长教育质量观念的差异分析

表 1-26　教师和家长的教育质量观念配对样本 t 检验

	df	均值差	t	Sig.
空间与设施	138	0.05	1.275	0.204
保育	139	0.05	1.867	0.064
课程计划与实施	139	0.12	3.322***	0.001
集体教学	139	0.05	1.447	0.150
游戏活动	139	0.20	4.593***	0.000
语言推理	139	0.03	0.775	0.440
人际互动	139	0.09	2.537**	0.012
家长与教师	139	0.14	4.442***	0.000
总量表	139	0.09	3.050**	0.003

为检验教师和家长教育质量观念的差异，在班级层面上进行配对样本 t 检验。表 1-26 显示，从均值差来看，教师在量表总体及每个方面的教育质量观念得分均高于家长；教师和家长在课程计划与实施、游戏活动、人际互动、家长与教师以及总量表上，均存在显著差异。

在 51 个项目层面上，教师教育质量观念得分仅在“安抚和独处空间与设施”“如厕/盥洗/饮水”“幼儿表现”和“课堂文化”四个项目上低于家长，在其余项目上教师的教育质量观念评分均高于家长；配对样本 t 检验结果表明，教师与家长的教育质量观念在 28 个项目上具有显著性差异(限于篇幅不再一一说明)，主要集中在课程计划与实施、游戏活动、人际互动、家长与教师四个子量表上。

七、讨论与建议

无论从理论还是从实践上看，对不同评价主体的托幼机构教育质量观念及其共性与差异的探究，对于托幼机构教育质量评价工具的研制以及评价体系的构建，对于理解不同主体的专业成长需求，都具有重要的意义。本研究基于对我国经济社会发展不同水平的两个省 112 位园长、350 位教师、1120 位家长的问卷调查，通过他们对幼儿园教育不同方面重要性的评价，探究其教育质量观念的结构特征；通过对不同类型主体间教育质量观念的比较，分析其一致性与差异性。研究结果表明，园长、教师、家长在幼儿园教育质量上存在某些共同的理解，但各具特点；总体而言，园长与教师的教育质量观念一致性程度更高，她们与家长之间的教育质量观念存在明显差异。下面，研究者对这些研究结果的成因以及改进建议进行更为细致的讨论和分析。

(一)园长、教师与家长均高度重视保育的价值，相对忽视游戏的价值

本调查研究结果发现，无论园长、教师还是家长，对保育方面的重视程度普遍偏高(在幼儿园教育质量的八个方面中重要性评分最高)，相对而言，对游戏活动的重视程度却偏低(在八个方面中重要性评分最低)，已有的一些调查研究也有类似发现。比如，有研究者对河南省某市幼儿园游戏活动的调查发现，教师在实践中并未把游戏活动放在重要的位置，家长也忽视孩子游戏活动的价值。①

从理论上说，保育的主要功能是满足儿童的基本生理需求，而游戏活动能够满足儿童的多种高层次发展需求，包括认知、活动/运动、社会交往、情感归属、创造、自我实现等。因而，对于儿童的发展而言，游戏活动应当占有更为重要的地位。从我国的幼儿园教育政策和规范上看，无论是《幼儿园工作规程》还是《幼儿园教育指导纲要(试行)》，在坚持“保教并重”原则的同时，突出强调了游戏的价值，指出“游戏是幼儿园教育的基本活动”。即使按照“保教并重”原则，保育也不应是最重要的方面。游戏被放到了最不重要的地位，造成这种状况的原因为何呢？家长作为非专业工作者，未必认识到游戏对于儿童发展的价值。作为家长，首先关心孩子在幼儿园的生活状况是情理之中，如是否吃饱睡好。家长并没有接受过学前教育专业的教育和训练，不清楚游戏对于儿童发展的价值，也不难理解。园长和教师作为幼儿教育的专业工作者，却持有与非专业工作者类似的观念。这一方面说明，在我国现阶段，幼儿园园长和教师的专业化水平不高，无证教师、非学前教育专业教师、低学历教师在幼儿园教师队伍中都有相当的比例，导致幼儿园教师队伍整体的专业化素养不高；另一方面说明，园长和教师的专业立场不稳固、专业信念不坚定。尤其在学前教育高度市场化的背景下，“客户是上帝”的理念在民办园中大行其道，也影响渗透到其他类型的幼儿园。家长被看作幼儿园的“上帝”，于是，幼儿园努力满足家长的需求、顺应家长的观念自然就

① 孙甲茜．幼儿园游戏开展的现状与对策研究[D]．河南师范大学，2015.

不难理解了，有时可能会不坚持专业理念，甚至放弃专业的立场和原则。

基于以上分析，研究者建议：第一，相关管理部门应采取有力措施（如提高幼儿园教师地位和待遇，提高学前教育专业师资的职前培养质量和职后培训质量），提升幼儿园园长和教师队伍整体的专业化水平，逐步减少并消除无证教师，提高学前教育专业师资的比例，提升学历水平。第二，园长和教师应不断提升自身的专业水平，反思自身的教育理念和实践，在处理各种关系和事务的过程中学会合理地坚持专业原则和信念，守住专业的立场和底线。第三，幼儿园应加强对家长的教育工作，通过各种途径（日常交流、家长会、家长学校、家访、科学育儿信息推送等）帮助家长理解儿童发展的科学知识，引导家长树立科学的教育理念。无论园长、教师还是家长都应努力提升自我，树立科学的教育质量观念，重新认识保育与游戏在儿童成长和发展中的价值，摆正保育与游戏的关系，在保教结合的基础上，让儿童在充分的、丰富多样的游戏活动中获得更好的发展。

（二）园长与教师之间在教育质量观念上较为一致

通过对园长和教师教育质量观念的对比，研究者发现园长和教师的教育质量观念不存在较大的差异和分歧，两者对幼儿园教育质量各方面的重要性评价得分具有较高的一致性，排序也完全相同，从高到低依次是：保育—课程计划与实施—家长与教师—人际互动—集体教学—语言推理—空间与设施—游戏活动。

园长和教师的教育质量观念之所以一致，可能的原因有：第一，评价视角的内部一致性。根据美国学者丽莲·凯茨[①]对托幼机构五种评价视角的划分，园长和教师同属于内部视角。根据我国研究者张世义[②]对评价主体的划分，教师和园长作为受过一定专业训练的幼儿园内部人员，均属于专业的内部视角。所以，评价视角的一致性与专业训练的类同性，有利于在教育质量观念上达成共识。第二，专业化的学习和培训带来的交流机会。本研究发现，外出学习与培训的机会对于园长和教师的教育质量观念具有显著的作用。专业化的学习和培训能够改善人们对问题的一些想法和看法，使得观念不断更新和变化，也会给教师和园长带来交流的机会，教育思想相互交流、碰撞，从而推动她们对教育质量的理解和在观念上达成一致。第三，园长作为幼儿园的专业引领者，对教师的专业成长具有较强的影响力。[③] 园长引领本园教师的专业成长和发展方向，因此教师能够在一

① Katz, L. G. Early childhood programs: multiple perspectives on quality. [J]. *Childhood Education*, 1992, (12): 66-71.

② 张世义．幼儿园教育质量评价主体的分类及其意义[J]．幼儿教育，2015，(9)：22-25.

③ 陈学群．浅谈园长专业引领对幼儿园教师成长的影响力[J]．早期教育：教育科研版，2012，(3)：36-38.

定程度上与园长保持较为一致的教育质量观念。

幼儿园要保持并不断提升教育质量，园长与教师保持良好的沟通与交流，不断更新教育质量观念并达成一致，是非常重要的。为此，研究者建议：首先，园长要经常走进班级，以教师的微观视角观察和理解教育实践。园长深入保教工作第一线加强指导，是对园所内部加强管理的有效措施，是提高保教工作质量和效率的有效方式，也是幼儿园生存和发展的基本保证。[①] 园长作为领导和管理者，对自身园所发展的优势和不足需要有明晰的定位，有效的实地观察能够促进教育实践全面地、持续地、有效地展开。因此，建议园长在幼儿园发展和管理的过程中，应深入班级、走进班级，加强对班级一日活动过程的观察、指导与反馈，聚焦班级教育质量，提升过程性教育质量；园长还应深入班级内部，与班级教师研讨班级教育质量提升的实践和行动路径，以点带面，带动园所教育质量的提升；园长通过持续与教师沟通，了解园所和班级教育质量发展的现状，寻找存在的问题和制约因素，探索突破制约瓶颈、提升质量的有效路径。其次，教师应学会换位思考，从整个幼儿园教育的系统性、动态性与复杂性来理解园长的管理工作。园长与教师良好的互动有利于建立融洽的园所氛围，是幼儿园工作顺利开展和保教质量不断提升的重要保证。[②]

(三)家长与园长、教师之间在教育质量观念上存在明显分歧

本研究结果发现，家长与园长、教师之间在幼儿园教育质量观念上存在显著差异。在八个质量方面重视程度的总体评分上，家长显著低于园长和教师，尤其在课程计划与实施、家长与教师、游戏活动三个方面，家长的重视程度(重要性评分)显著低于园长和教师。

造成这三个方面分歧较大的可能原因有：第一，在课程计划与实施方面，家长参与较少，很难有直接的观察和体验，同时幼儿园教师和家长在课程方面沟通不到位。调查过程中通过对家长的随机访谈发现，家长对幼儿园教育过程中的课程、教育活动的开展等方面普遍存在不了解的状况，不明确幼儿园的课程和教学是如何开展的。托幼机构的服务应该保障家长的知情权、评论权以及决策权。[③] 虞永平[④]指出，家长是基本的教育者，也应当是幼儿园课程的重要参与者。但实

① 刘苏，赵萍．园长“看班”有不同[J]．早期教育：教师版，2005，(5)：26.

② 陈小慧．园长与教师互动存在问题与对策[J]．内蒙古师范大学学报：教育科学版，2011，24(12)：82-84.

③ 经济合作与发展组织(OECD)教育团，强壮开端Ⅲ：儿童早期教育与保育质量工具箱[M]．北京：北京师范大学出版社，2015：219.

④ 虞永平．幼儿园课程中的家长参与和家长发展[J]．学前教育研究，2006，(6)：56-58.

践中，一方面，幼儿园在课程方面向家长的开放程度不高（有些幼儿园并不希望家长真正了解幼儿园的课程，并不希望家长真正参与课程），家长参与幼儿园活动的机会较少；另一方面，大部分家长忙于工作，无暇了解和参与幼儿园的课程，也有部分家长不关心幼儿园的课程和孩子在园学习情况。第二，在游戏活动方面，家长作为非专业工作者，没有认识到游戏对孩子发展的价值。在家长的观念里，普遍把游戏看作“玩耍”，不是“学知识、学本领”，甚至可能与“调皮捣蛋”和“不务正业”联系起来。王英、成云通过调查发现，家长评判幼儿园的好坏仍以孩子学到什么知识为标准，家长的此类观念容易导致课程功利化。[①] 爱玩是孩子的天性，家长应该解决的紧迫问题之一是提升对游戏价值的认识，改变对孩子游戏的漠视和排斥。[②] 第三，在对家长和教师的支持方面，家长、园长和教师的立场和利益诉求不同导致差异较大。角色是他人对相互作用中处于一定地位的个体行为的期望系统，也是占有一定地位的个体对自身行为的期望系统。因此，角色的定位是根据所承担的职责来决定的。[③] 角色往往也决定了其立场和需求。无论是家长、园长还是教师，所承担的角色和职责不同，所站的角度和立场也不同，在利益诉求上自然优先从自身出发。因此，在“对家长和教师支持”的观念上存在分歧显然是可以理解的。

为了减少家长与园长、教师之间的分歧，需要三方的共同努力和协作。首先，幼儿园应增强课程的开放性，以家长看得懂的方式提供幼儿园教育理念、近期的课程活动信息，增加向家长开放的时间和次数，通过家长助教、家长评教等方式，引导家长参与课程决策和活动组织，增强家长参与幼儿园课程的广度和深度。其次，幼儿园园长和教师应切实发挥自身的专业领导力，加强与家长的沟通交流，通过多种途径帮助家长改变不科学的游戏观，树立正确的儿童观、游戏观、家园合作观，从而与家长形成教育观念的一致性，增强教育合力，使幼儿园教育和家庭教育相互促进、共同提升质量。再次，家长应增强参与幼儿园课程的主动性。家长应学会换位思考，主动学习和理解幼儿园教育的理念和方法。目前，我国家长参与学校教育的权利还十分薄弱、有限，家长参与幼儿园教育方面存在的问题主要包括家长参与的表面性、被动性、单向性、虚假性、非理性五个方面；其中家长自身因素主要有参与意识薄弱、参与能力较低、工作压力大等。[④] 要在学前教育中发挥家长的作用和价值，让家长真正深入地参与机构教

---

① 王英，成云．浅论游戏在当前幼儿园课程中的问题及对策——以雅安市天全县第一幼儿园为例[J]．文教资料，2014，(21)：157-158.

② 方柏芦．在幼儿教育中家长应改变的几种观念[J]．时代教育，2014，(20)：211.

③ 杨飞龙，张尧．《幼儿园教师专业标准》定位下的幼儿教师角色[J]．教育探索，2014，(8)：101-102.

④ 吴诗源．家长参与幼儿园教育的问题及反思研究[D]．河北师范大学，2016.

育，必须提高家长参与的主动性，改善家长教育观念，提高家长教育能力和水平。[①] 在参与幼儿园课程和教育过程中，家长应主动了解幼儿园的课程和管理信息，通过适当的方式(如家长委员会、家长意见反馈、填写家长评价问卷等)参与幼儿园的决策和评价；同时，在家园合作过程中，家长应当树立权利与义务并重的意识，实现由“旁观者”转变为“参与者”和“责任共担者”，成为教师、园长的合作伙伴。最后，幼儿园教师和家长应双向互动，共同努力，形成教育合力，营造更加良好的儿童成长环境。教师和家长都要树立双向互动的合作观，从根本上改变合作双方单纯以幼儿园教育为主或以家庭教育为主的偏见，形成正确的教育模式。[②] 家园双向互动的合作对于幼儿的发展具有重要意义，双方应发挥各自的优势，充分利用已有的教育资源形成教育合力，共同担负教育责任。[③] 家园双方应当相互信任、相互学习、共同进步，携手营造良好的教育成长环境。

(四)外出学习与培训对园长和教师的教育质量观念有积极影响

本研究中的相关分析与回归分析结果均表明，外出学习与培训机会是影响园长和教师的教育质量观念的共同因素，对其产生显著的积极影响。外出学习与培训对园长和教师教育质量观念能够产生积极影响的原因可能包括：第一，外出学习和培训是园长和教师专业成长的重要机会，能够促进其教育观念的更新，学习新的方法和经验。教师培训通过提供完整的、连续的学习经验和活动来促进教师的专业发展。[④] 教师培训是教师继续教育的一种方式，虽然屡遭质疑，但教师培训仍然是教师接受和认可的促进教师专业发展的活动。[⑤] 第二，学习培训有利于教师之间形成学习型组织，[⑥] 从而相互学习、相互交流和相互影响，促进专业理念的发展。

从本研究结果来看，外出学习和培训是使园长和教师获得新的知识和理念、

① 刘小蕊，庞丽娟，沙莉．尊重家长权利，促进家长参与——来自美国学前教育法的启示[J]．学前教育研究，2008，

② 金丹．家园合作发挥合力 ——浅析家庭和幼儿园对幼儿共育的有效途径[J]．新教育时代电子杂志：教师版，2016(3).

③ 石伟峰．家园合作的必要性及对策[J]．赤峰学院学报：自然科学版，2010，(7)：218-220.

④ 管楠．基于学习组织理论的骨干教师培训策略研究——以南宋市兴宁区骨干教师“训练营”为例[D]．广西师范学院，2014.

⑤ 彼得·圣吉．第五项修炼——学习型组织的艺术与实践[M]．张成林，译．北京：中信出版社．2009.

⑥ 刘径言，陈明选．教师培训中的教师学习特征分析[J]．中国电化教育，2013，(4)：65-69.

影响其教育质量观念的有效途径。基于此，研究者建议，在今后的师资队伍管理上，应该重视和加强继续教育，提高学习与培训的实效性。第一，保障农村园、民办园、低等级园的园长和教师的继续教育培训机会。多项研究指出，①②③ 农村园、民办园、低等级园在资源分配上处于劣势地位，教师培训机会较少，但这些幼儿园的教师又是最需要接受培训和学习的群体。因此，今后的继续学习培训机会应该适当向这些薄弱群体倾斜。第二，改进和优化培训的组织方式，适当增加远程和在线培训课程的比例，增加专家走进基层培训的机会，采取导师制与师徒结对等方式，增强培训与指导的个别化程度。传统的培训模式基本采用理论学习、观摩交流等方式，培训的内容和形式比较单一。在“互联网＋”时代，培训应该借助互联网的随时性、方便性、及时更新性等特点，增加网络化培训的比例。当然，一线教师渴望专家的引领和指导，专家的指导应该更贴近幼儿园实际，所以专家应该主动走进基层开展培训。总之，无论是培训内容还是培训形式，均应增强多样化、丰富性和有效性，从而更好地保证培训的质量。

(五)不同群体家长在教育质量观念上存在明显差异

本研究结果显示，家长群体内部的教育质量观念存在一定的差异，不同等级幼儿园之间、城镇和乡村之间家长的教育质量观念存在显著差异。

研究者认为，造成不同群体家长教育质量观念不同的原因是：第一，不同等级幼儿园家长群体大致对应了不同的社会分层。不同的社会分层意味着家庭的经济社会地位、家长的受教育程度等不同，经济地位、受教育程度、职业声望等因素制约着家长的教育质量观念。一些研究表明，家长的受教育程度、收入、职业影响其教育价值观，并且不同性质、不同级别幼儿园的家长在教育选择和教育观念上存在差异。④⑤ 家长群体社会分层的复杂性决定了家长群体内的差异，导致不同的家长亚群体在幼儿教育质量观念上的差异。第二，城乡发展差异是导致城乡家长群体的幼儿园教育质量观念差异的主要原因。受城乡二元结构的制约，我国经济和社会发展水平呈现明显的城乡差异；城乡差异导致城乡居民在社会环境、经济和生活模式、平均受教育程度、心理需求和对子女的期望上也存在明显差异。在此背景下，我国城乡学前教育发展差异显著。一项问卷调查发现，受城

---

① 陈永忠，胡久江．农村民办幼儿园教师培训的需求分析——以江西省农村幼儿教师短期集中培训南昌师专班为例[J]．大江周刊(论坛)，2013，(2)：144-145.

② 杨雪萍．河南省农村幼儿园教师培训资源配置在的问题及对策[J]．教育探索，2013，(7)：143-144.

③ 罗海燕．农村民办园教师培训存在问题及对策建议[J]．东方教育，2013，(8)：58-59.

④ 陈淑华．上海市幼儿园家长教育选择之研究[D]．华东师范大学，2007.

⑤ 肖灿．幼儿家长择园影响因素研究——以武昌区为例[D]．华中师范大学，2014.

乡家长各自的文化水平、职业地位与家庭经济收入等背景因素的影响，城市家长对幼儿园教育价值的理解更多看重儿童的全面发展，而乡镇家长更希望借助教育改变孩子的命运，更希望幼儿园多教知识与技能。①

基于此，研究者建议，幼儿园教育工作者应注意以下两个方面：一方面，尊重家长作为幼儿园教育的利益相关主体和评价主体的权利和立场，理解不同家长群体对幼儿园教育的不同需求和期望，在教育实践和质量评价的过程中，能够倾听家长们的声音，尊重和满足其合理需求；另一方面，必须认识到家长作为非专业工作者，他们对幼儿园教育质量的理解具有片面性和局限性，受到自身和社会情境因素的诸多制约。因此，应通过多种途径和措施加强对家长的教育和引导，转变其不合理观念，引导其树立科学的儿童发展观、教育观和质量观，改善家庭教育环境，与幼儿园教育形成良性互动与合力。但在教育内容和工作方法上，要研究和适应不同家长群体的特点，提高家长沟通与教育工作的针对性和有效性。

(六)建立多元视角的评价标准和不同主体间沟通与对话机制，构建更为科学合理的质量评价体系

本研究对幼儿园教育三类不同主体(园长、教师、家长)的教育质量观念进行了调查研究，倾听其关于幼儿园教育质量的不同理解。研究发现，不同主体在幼儿园教育质量观念上既有共同的理解，也有观念的分歧；既有合理的成分，也存在各自的局限性。这些研究结果充分证明，建立不同主体间的沟通对话机制对于构建科学合理的质量评价体系具有重要性。

为构建科学合理的质量评价体系，研究者建议：首先，构建多元视角的教育质量标准。教育质量标准是价值判断的过程，是价值的基准线，由于评价主体、评价指标、评价方式的不同，其标准所体现的价值取向也具有较大的差异性。多元视角的教育质量标准能够全面地、多角度地衡量托幼机构的教育质量，满足幼儿身心健康和全面发展的需求以及多方评价主体的需求，彰显价值的多元化，保证评价标准的公平性、公正性，强化教育评价的功能，促进评价结果的使用，提高评价质量。因此，研究者在制定托幼机构教育质量评价标准、研制质量评价工具的过程中，需要通过深入细致的调查研究以及其他路径，倾听不同主体的内在声音，理解其质量观念，把不同主体的合理诉求和观念融合到教育质量评价标准之中。其次，形成多主体参与的教育质量评价过程。美国评价学家派特提出了“多元主体参与”的评价概念。他认为应该把需要使用评价信息的人都请到评价中来，让他们提出自己的意见和看法，而评价结果也应该尽量满足他们的需要。

① 胡彩云，李志宇．城乡家长对幼儿园期望的比较[J]．学前教育研究，2009，(6)：48-50.

《幼儿园教育指导纲要（试行）》（2001）明确指出“管理人员、教师、幼儿及其家长均是幼儿园评价工作的参与者”，“幼儿园教育工作评价应建立以教师自评为主，园长以及有关管理人员、其他教师和家长等参与评价的制度”。多主体参与的教育质量评价可以汇聚多方视角、凝聚多方力量，从不同的视角反映教育质量。比如熊小潮以东凤镇中心幼儿园为例，研究上级领导和幼教专家、儿童、家长、员工、社区五种视角下的农村幼儿园教育质量，指出多维视角评价有利于建立平等协作的评价关系，提高评价结果的质量和评价结果的效用。① 发展多元主体参与的评价能够打破单一主体评价的独霸话语权，在不同层面上推进教育民主与社会民主的进程。最后，建立多主体沟通对话的过程机制。由于不同主体在教育质量观念上存在差异，可能导致不同主体评价结果的不一致。在构建托幼机构教育质量评价体系中，应把不同评价主体之间的沟通对话机制作为该体系建设的重要内容和重要过程，促进多元主体通过对话与反思形成对幼儿园教育质量的科学理解，逐步达成共识，增强评价的一致性与有效性。

（七）研究的局限性和未来研究方向

1. 样本

由于研究条件的限制，本调查中的样本不具有全国代表性，且两个省之间样本量不够均衡。希望在未来的研究中，能够获取更具代表性的全国样本对此问题加以更好的探究。

2. 研究工具

教育质量观念具有高度的抽象性和动态性，具有较高的研究难度。本研究采用高度结构化的调查问卷和李克特等级评分方式，难以真实有效地获得被调查者的主观观念和数据背后的深层原因。在未来的研究中，需要更好的观念和调查工具（如 Q-SORT 问卷设计），辅以质性研究的方法（如结构化和半结构化的深度访谈）以获得更具真实性和丰富性的信息。

3. 数据分析方法

本研究中所涉及的变量众多且相互关系复杂。本研究采用了描述性统计、相关分析、方差分析、回归分析等方法，但在数据分析技术上存在一定的局限性（比如在回归分析模型中未能充分考虑不同层级变量的嵌套效应），对数据的挖掘不够深入和细致。未来的研究可以采用更好的数据分析技术，比如多层模型、结构方程等，可能会有更加深入的研究发现。

① 熊小潮．多维视角下的农村幼儿园办园质量评价研究[D]．四川师范大学，2011.

第二章

跨文化视野下中国托幼机构教育质量观念及其整合

——基于美国 ECERS-R 对中国文化适宜性的探索

本章概要

研究背景： 在学前教育研究领域，关于托幼机构教育质量评价工具跨文化运用的可行性一直存在争议。美国《幼儿学习环境评价量表》(修订版)(ECERS-R)是国际上运用最广泛的托幼机构教育质量评价工具之一。对于中国的文化教育情境而言，ECERS-R 是否是一个有效且文化适宜的工具，能否直接用于中国托幼机构教育质量测量与评价？本研究致力于回答这一问题并通过对 ECERS-R 试用于中国幼儿园班级观察测量结果的多层面分析，检验 ECERS-R 在中国的文化适宜性；基于实证探索的结果，讨论中西方文化情境与托幼机构教育质量评价工具之间的关系；进而在跨文化视野下探讨中国托幼机构教育质量评价观的建构。

ECERS-R 的中国文化适宜性研究： 本研究运用 ECERS-R 对浙江杭州 105 个幼儿园班级的教育环境质量进行了观察测量。研究结果表明，ECERS-R 在中国幼儿园教育情境的试用中，在量表的内部一致性信度、得分分布和同时效度上，均显示出不同程度的偏差。研究者认为，导致 ECERS-R 在我国文化适宜性不足的主要原因是中美两国托幼机构教育模式的不同及其背后文化价值观的差异。

托幼机构教育质量观念与文化情境关系的思考： 基于儿童发展心理学的社会文化历史学派、社会建构主义、生态系统理论以及文化人类学和批判理论，研究者对托幼机构教育质量评价与文化情境的关系进行了讨论与思考，认为儿童发展是基于特定社会文化情境的，托幼机构教育质量的观念在本质上是社会建构的结果。ECERS-R 的评价指标及其所蕴含的质量标准是建立在美国个体主义文化价值观基础之上的。

中国托幼机构教育质量观的建构：基于跨文化的考察以及对我国文化传统的理解，研究者认为，在我国当前国情下，“有质量的托幼机构教育”可以界定为：以培养现代中国人为价值导向，以适宜国情的结构性条件和均衡的课程为基础，以有效教学与互动为核心，以促进学前儿童身心全面协调发展为宗旨的教育。基于这一教育质量观念，研究者提出了以互动与均衡性为核心的六个教育质量标准。这些教育质量标准是跨文化视野下的本土建构，体现了集体主义和个体主义从对立走向融合的托幼机构教育质量观，适宜我国文化和学前教育的未来发展方向。

一、研究背景与问题

2010年11月，《国务院关于当前发展学前教育的若干意见》提出：“保障适龄儿童接受基本的、有质量的学前教育”，“建立幼儿园保教质量评估监管体系”。[①] 但目前各地自行制定的幼儿园评估标准基本未经信效度检验，过分强调硬件和管理因素，对作为质量核心的教育过程性要素关注不够，在评价的操作过程和结果处理等方面缺乏科学性。[②③④] 在此背景下，研发适应我国国情的、科学的托幼机构教育质量评价工具，成为学前教育研究工作者的重要使命。[⑤] 众所周知，教育质量评价工具的研发是一个要求高、耗费大、周期长、见效慢的艰巨工程。那么，能否直接运用国外的托幼机构教育质量评价工具来评价我国的幼儿园教育质量呢？或者说，国外的托幼机构教育质量评价工具来到我国，是否会遭遇“文化休克”呢？这是本研究所关心并致力于探讨的问题。

幼儿教育的质量与文化情境有无关系？是否存在跨越不同文化而依然有效的质量评价工具？以科学主义为导向的教育测量与评价理论认为，教育质量是一种

---

① 中华人民共和国国务院．国务院关于当前发展学前教育的若干意见[EB/OL]．http://www.gov.cn/zwgk/2010-11/24/content_1752377.htm.

② 李克建，胡碧颖．国际视野中的托幼机构教育质量评价——兼论我国托幼机构教育质量评价观念的重构[J]．比较教育研究，2012，(7)：15-20.

③ 刘丽湘．当前我国幼儿园教育质量评价工作的误区及调整策略[J]．学前教育研究，2006，(7-8).

④ 刘焱．试论托幼机构教育质量评价的几个问题[J]．学前教育研究，1998，(3)：14-17.

⑤ Hu，B. & Li，K.．The quality rating system of Chinese preschool education：prospects and challenges [J]．*Childhood Education*，2012，88(1)：14-22.

与文化价值无关的客观存在[①②]，跨越文化情境衡量教育质量的共同标准与工具是可能的——存在的只是语言和翻译问题。[③] 但也有学者从生态学、文化人类学的角度，揭示了儿童的发展和教育与其所处的文化情境之间存在互动的密切关系。特定社会的"质量标准"应当反映本土的文化价值和关切，但未必能够跨越自身的边界而运用于其他文化。[④] 研究者们认为：一方面，儿童发展作为人类个体的自然成长过程，存在一定的普遍性规律，这是教育质量评价工具一定程度上能在跨文化情境中使用的基础；另一方面，儿童作为特定文化群体中的个体，儿童发展与教育作为社会化的过程必然具有文化情境的特异性，这又为教育质量评价工具的跨文化应用带来制约。

在国际早期教育质量评价研究领域，ECERS-R 是著名的托幼机构教育质量评价工具之一，在国际上运用最为广泛，并在一些"跨文化"研究中被证明是有效的。[⑤] 自 20 世纪 80 年代末，国内学前教育界开始关注 ECERS 及ECERS-R。[⑥⑦⑧] 21 世纪初以来，国内开始有了一些不同规模的运用 ECERS-R 的实证性研究。[⑨⑩⑪⑫] 但这些研究并没有真正回答：对于中国的文化教育情境而言，

---

① 杜瑛．西方教育评价理论发展的社会文化基础探析[J]．教育测量与评价，2012，(10)：22-27.

② Geisinger，K. F. Cross-cultural normative assessment：translation and adaptation issues influencing the normative interpretation of assessment instruments[J]. *Psychological Assessment*，1994，304-312.

③ Butcher，J. J. N. Cross-national application of psychological tests[J]. *The Personnel and Guidance Journal*，1978，472-475.

④ Tobin，J. Quality in early childhood education：an anthropologist's perspective[J]. *Early Education & Development*，2005，421-434.

⑤ Sheridan，S.，Giota，J.，Han，Y. & J. Kwon. A cross-cultural study of preschool quality in South Korea and Sweden：ECERS evaluations[J]. *Early Childhood Research Quarterly*，2009，142-156.

⑥ 刘焱，何梦焱，李苏，胡娟．"托幼机构环境评价量表"述评[J]．学前教育研究，1998，(3).

⑦ 郑晓边．学前教育机构环境质量评价——Harms-Clifford 环境评价介绍[J]．教育研究与实验，1998，(4)：40-42.

⑧ 朱家雄．幼儿园环境教育专稿之六幼儿园环境的评价(下)[J]．早期教育，1995，(6)：31.

⑨ Harms，T.，Clifford，R. M. & D. Cryer. 幼儿学习环境评量表——修订版(ECERS-R)[M]．郭李宗文，陈淑芳，译．台北：心理出版社，2006.

⑩ 胡碧颖．幼儿园学习环境质量评估对全纳教育的启示[J]．中国特殊教育，2010，(9)：9-15.

⑪ 胡碧颖，朱宗顺．美国《幼儿学习环境评量表》及其在中国的初步应用[J]．幼儿教育：教育科学版，2008，(9)：47-51.

⑫ Rao，N.，Sun，J.，Zhou，J. & L. Zhang. Early achievement in rural China：the role of preschool experience[J]. *Early Childhood Research Qulartерly*，2012，66-76. doi：10.1016/j.ecresq.2011.07.001.

ECERS-R是否是一个可靠有效且具有文化适宜性的工具，能否直接用于中国托幼机构教育质量的测量与评价？

自 2010 年起，我们进行了该项研究，致力于回答这一问题。本研究通过对 ECERS-R 试用于中国幼儿园班级观察测量结果的多层面分析，评估 ECERS-R 在中国的文化适宜性，基于实证探索的结果，讨论中西方文化情境与托幼机构教育质量评价工具之间的关系，进而在跨文化的视野下探讨中国托幼机构教育质量评价观的建构。

二、美国 ECERS-R 的中国文化适宜性研究

(一)研究方法

1. 样本

本研究采用分层随机抽样的方式，选取了浙江省杭州市两个市辖区 16 所幼儿园的 105 个班级作为观察测量的样本。样本幼儿园的选取主要根据浙江省目前的办园等级评价标准(由高到低分别为省一级、省二级、省三级)，高、中、低等级的幼儿园数量大致相当(其中省一级 5 所，省二级 6 所，省三级 5 所)；同时考虑到办园性质，涵盖了教育部门办园(5 所)、其他部门办园(4 所)、民办园(7 所)三种性质。样本班级的选择主要考虑班级的幼儿年龄组，从每个年龄组随机选取 2 个班级作为观察对象，一共获得了 105 个班级样本，其中托班(2～3 岁)12 个，小班(3～4 岁)35 个，中班(4～5 岁)33 个，大班(5～6 岁)25 个。

2. 工具

本研究中的托幼机构教育质量评价工具是 1998 年版的 ECERS-R。ECERS-R 是一个班级观察量表，适用于对 2.5～5.5 岁的幼儿班级总体质量进行观察评价。为增强评分者对量表理解的准确性和一致性，提高评分的效度，我们还同时为评分者提供了该量表的繁体中文翻译版以供参照。① 从量表的结构上看，ECERS-R 包含 7 个子量表、43 个评价项目，分别为：(1)空间与设施(8 个项目)；(2)保育(6 个项目)；(3)语言推理(4 个项目)；(4)活动(10 个项目)；(5)互动(5 个项目)；(6)作息结构(4 个项目)；(7)家长与教师(6 个项目)。ECERS-R 采用李克特式 7 点评分模式：1 分代表“不适宜”，3 分代表“最低可接受”，5 分代表“良好”，7 分代表“优秀”。在量表的内部一致性信度上，根据作者们在量表出版前的试测研究报告，

① Harms，T.，Clifford，R. M. & D. Cryer. 幼儿学习环境评量表——修订版(ECERS-R)[M]. 郭李宗文，陈淑芳，译. 台北：心理出版社，2006.

量表总体的 Cronbach's α 系数为 0.92，7 个子量表介于 0.71～0.88。①

3. 数据采集

2010 年 6 月，研究者对 25 名学前教育相关专业的硕士研究生进行了 ECERS-R的培训。培训包括一周的量表内容学习和一周的实地班级观察测量，最终每位受训者与培训者在项目水平上获得 0.85 及以上的一致性。2011 年 3—6 月，研究团队进行了 105 个班级的观察数据采集。每次班级观察过程大约 4 小时(一般为上午儿童入园至午睡，另外还包括对班级教师和家长的访谈，以获取无法直接观察的部分信息)。每个观察班级有 2 位评分员同时进入，各自独立进行观察和评分，最终给出小组一致的评分。这一做法被研究证实能够有效提高观察测量的信度。②③

(二)研究结果

1. 量表的内部一致性信度

根据 105 个班级的观察评分数据，我们分析了 ECERS-R 的内部一致性(internal consistency)信度，结果见表 2-1。

表 2-1　ECERS-R 的内部一致性信度

子量表	项目数	Cronbach's α
空间与设施	8	0.743
保育	6	0.697
语言推理	4	0.600
活动	10	0.775
互动	5	0.861
作息结构	4	0.491
家长与教师	6	0.864
总量表	43	0.830

① Harms, T., Clifford, R. M. & D. Cryer. *Early Childhood Environment Rating Scale* (Revised Edition)[M]. New York: Teachers College Press, 1998.

② Chen, D., Hu, B., Fan, X., & K. Li. Measurement Quality of the Chinese Early Childhood Program Rating Scale (CECPRS): An investigation using multivariate generalizability theory [J]. *Journal of Psychoeducational Assessment*, 2014, 32 (3): 236-248. DOI: 10.1177/0734282913504813.

③ Smith, E. V. Jr. & J. M. Kulikowich. An application of generalizability theory and many-facet rasch measurement using a complex problem-solving skills assessment [J]. *Educational and Psychological Measurement*, 2004, 617-639.

由表 2-1 可见，整个量表的 Cronbach's α 系数为 0.83，7 个子量表介于 0.49～0.86；无论是量表总体还是 7 个子量表，在内部一致性信度上均明显低于量表作者在美国本土试测中报告的结果。从子量表的层面来看，在 7 个子量表中，有 2 个子量表("互动""家长与教师")的 α 系数在 0.80 以上，具有较好的内部一致性；2 个子量表("空间与设施""活动")的 α 系数处于 0.70～0.80，达到可接受水平；有 1 个子量表("保育")的 α 系数低于但接近可接受临界值 0.70。必须注意的是，有 2 个子量表("语言推理"和"作息结构")的 α 系数明显低于可接受水平(分别为 0.60 和 0.49)。这意味着，在我国情境中运用这两个子量表可能难以得到可靠的测量结果。

从内部一致性最低的子量表"作息结构"来看，该子量表共包含 4 个评价项目：一日活动时间规划、自由游戏、团体时间、满足特殊需求。该子量表在 ECERS-R中的 Cronbach's α 系数为 0.77,[①] 具有不错的内部一致性，但为何在我国内部一致性大幅降低了呢？通过对评价项目的内容分析，研究者认为，有两个可能的原因带来了这一结果。第一，在我国幼儿园教育情境中，幼儿在园一日生活一般以集体活动为主，自由游戏时间有限；而 ECERS-R 在"团体活动"和"自由游戏"方面的高质量定义与我国刚好相反，强调以自由游戏为主，必须有效控制团体活动的时间。第二，"满足特殊需求"这一项目在我国幼儿园中目前基本上是无法适用的。

2. 量表得分的总体情况

首先，我们对 ECERS-R 在 105 个班级测量结果的总体得分情况进行了初步的描述性统计。7 个子量表和总量表的得分情况见表 2-2。

表 2-2 ECERS-R 及子量表得分的描述性统计

子量表	样本量	全距	最小值	最大值	均值	标准差
空间与设施	105	5.00	1.12	6.12	3.49	0.899
保育	105	4.67	1.33	6.00	4.08	1.260
语言推理	105	5.00	1.00	6.00	3.49	1.083
活动	105	2.67	1.22	3.89	2.33	0.625
互动	105	5.60	1.40	7.00	5.05	1.399
作息结构	105	4.67	1.33	6.00	3.15	1.099
家长与教师	105	4.50	2.33	6.83	5.14	1.242
总量表	105	3.06	2.20	5.26	3.71	0.750

① Harms, T., Clifford, R. M. & D. Cryer. *Early Childhood Environment Rating Scale* (Revised Edition)[M]. New York: Teachers College Press, 1998.

表 2-2 显示，本次测量的样本班级 ECERS-R 总量表得分的均分为 3.71，根据原量表作者对量表总得分的界定：3 分以下为“低质量”，3～5 分为“中等”，5 分以上为“高质量”，样本幼儿园的总体质量处于中等偏低的水平。

在 7 个子量表中，两个子量表(“互动”“家长与教师”)的平均得分超过了 5 分，达到“良好”水平；一个子量表(“保育”)得 4.08 分，处于“合格”与“良好”之间；但其余 4 个子量表得分均在 3 分，显示较低的质量水平。另外，在 7 个子量表中，得分最高的是“家长与教师”。这一结果与 ECERS-R 已有的相关研究结果一致。①② 可能的原因是，一方面，相对于其他子量表对教师专业水平的高要求而言，该子量表中的评价项目和指标相对容易达到；另一方面，该子量表依据访谈进行评分，访谈者与被访谈者的主观性均可能对评分结果产生一定的影响。

3. 对“活动”子量表的进一步分析

从表 2-2 可见，“活动”子量表得分最低，尚未达到 3 分(最低可接受水平)，得分高度集中在低端。这一结果显然值得关注和进一步分析。因此，我们计算了各等级幼儿园班级在“活动”子量表及其各个项目上的得分，结果见表 2-3。

由表 2-3 可见，各等级幼儿园班级在“活动”子量表的 10 个项目上得分都偏低，绝大部分项目得分都在 3 分以下，且有 1 个项目(“鼓励和接纳差异”)均分仅 1.24 分；省一级(最高等级)幼儿园班级仅有 2 个项目得分刚刚达到 3 分。进一步对“活动”子量表评价内容的分析发现，该子量表主要考察幼儿主动发起的活动，尤其是自由游戏。几乎每个项目都要求“一天中大部分时间”(除去生活环节以外的大部分时间，如果一天按 8 小时计算，要求至少 2.6 小时以上)幼儿能够进行自由游戏活动。③ 通过我们的观察发现，绝大部分样本幼儿园班级以集体活动为主，一天中幼儿真正可以用于自由游戏的时间不足 1 小时。因此，“活动”子量表中的评价内容和标准，尤其是其中对自由游戏时间的规定，对于我国幼儿园教育评价来说在适宜性上存在明显的问题。

---

① Cassidy, D. J., Hestenes, L. L., Hegde, A., Hestenes, S. & S. Mims. Measurement of quality in preschool child care classrooms: an exploratory and confirmatory factor analysis of the early childhood environment rating scale-revised[J]. *Early Childhood Research Quarterly*, 2005, 345-360.

② Perlman, M., Zellman, G. L. & V. Le. Examining the psychometric properties of the early childhood environment rating scale-revised (ECERS-R)[J]. *Early Childhood Research Quarterly*, 2004, 398-412. doi: 10.1016/j.ecresq.2004.07.006.

③ Harms, T., Clifford, R. M. &D. Cryer. Early Childhood Environment Rating Scale (Revised Edition)[M]. New York: Teachers College Press, 1998.

表 2-3 各等级幼儿园班级“活动”子量表及项目得分的描述性统计

项目	幼儿园等级	样本量	均值	标准差	最小值	最大值
小肌肉活动	省一级	37	3.68	0.75	2	6
	省二级	39	3.46	0.82	2	6
	省三级	29	2.69	1.20	1	6
艺术	省一级	37	2.65	0.79	1	4
	省二级	39	2.18	0.72	1	4
	省三级	29	2.17	1.26	1	7
音乐/律动	省一级	37	2.84	0.90	2	6
	省二级	39	2.31	0.83	1	4
	省三级	29	2.24	0.79	1	4
积木	省一级	37	2.35	1.25	1	4
	省二级	39	2.03	1.14	1	4
	省三级	29	1.48	0.83	1	4
沙/水	省一级	37	2.73	1.15	1	4
	省二级	39	2.15	1.14	1	4
	省三级	29	2.21	1.15	1	4
戏剧游戏	省一级	37	2.162	1.041	1	5
	省二级	39	1.718	1.05	1	4
	省三级	29	1.31	0.66	1	4
自然/科学	省一级	37	2.784	1.031	1	4
	省二级	39	2.487	1.189	1	6
	省三级	29	2.138	1.026	1	4
数学	省一级	37	2.81	1.45	1	7
	省二级	39	2.46	1.35	1	7
	省三级	29	2.14	0.83	1	4
音像设备和电脑的使用*	省一级	23	3.57	1.85	1	7
	省二级	29	3.31	1.97	1	7
	省三级	9	2.33	2.18	1	7
鼓励和接纳差异	省一级	37	1.24	0.64	1	4
	省二级	39	1.08	0.35	1	3
	省三级	29	1.07	0.26	1	2

续表

项目	幼儿园等级	样本量	均值	标准差	最小值	最大值
"活动"子量表得分	省一级	37	2.65	0.54	1.70	3.78
	省二级	39	2.29	0.59	1.22	3.67
	省三级	29	1.96	0.58	1.30	3.89

注：1. 根据样本幼儿园的等级分布情况，省三级、省二级、省一级幼儿园的班级数分别是29个、39个、37个；

2. *"音像设备和电脑的使用"上缺失值较多，原因是许多班级被评为"不适用"。

经过进一步思考，研究者认为，样本幼儿园班级在ECERS-R的"活动"子量表上得分偏低，更为深刻的原因是中美两国在托幼机构教育模式上的差异。总体而言，目前我国的幼儿园教育以教师主导的活动为主，集体教学占有重要的地位；① 而美国的托幼机构教育以幼儿主导的活动为主，自主游戏占有重要的地位。② 尽管我国的《幼儿园工作规程》和《幼儿园教育指导纲要(试行)》中也指出幼儿园教育应该"以游戏为基本活动"，但仅要求"保证幼儿每天有适当的自主选择和自由活动时间"③，并非ECERS-R所要求的"一天中大部分时间"幼儿都能进行自主的游戏活动；由于种种现实因素的制约，国家的幼儿园教育指导性原则在实践中的贯彻执行情况未必尽如人意，不同地方和幼儿园之间千差万别。基于我国的历史文化传统和教育现实，研究者认为，一方面，我国幼儿园教育中教师主导的高结构的集体活动过多，这是一个有待改进的问题；另一方面，我国的幼儿园教育总体上也很难放弃以教师为主导的集体教学模式，而走向以幼儿为中心、以自由游戏为主的课程模式。④⑤⑥⑦ 这意味着，使用ECERS-R来评价我国的托幼机构教育质量，特别是课程教学的过程质量，在很大程度上将偏离靶心。从这一角度而言，ECERS-R无法对集体教学的质量进行评价，也无法适应以集体活动

① Hu, B., Li, K., Fan, X., & S. Ieong. Why is group teaching so important to Chinese children's development[J]. *Australasian Journal of Early Childhood*, 2015, 40(1): 4-12.

② Tobin, J. J., Hsueh, Y. & M. Karasawa. *Preschool in Three Cultures Revisited: China, Japan, and the United States*[M]. Chicago: University of Chicago Press, 2009.

③ 中华人民共和国教育部．幼儿园教育指导纲要(试行)[M]．北京：北京师范大学出版社，2001：10.

④ Tobin, J. J., Wu D. Y. H. & D. H. Davidson. *Preschool in Three Cultures: Japan, China, and the United States*[M]. New Haven, CT: Yale University Press, 1989.

⑤ Tobin, J. J., Hsueh, Y. & M. Karasawa. *Preschool in Three Cultures Revisited: China, Japan, and the United States*[M]. Chicago: University of Chicago Press, 2009.

⑥ Ng, S. S. N. & N. Rao. Teaching mathematics in Hong Kong: a comparison between the pre-primary and early primary years[J]. *Hong Kong Journal of Early Childhood*, 2005, 30-36.

⑦ Li, H. & N. Rao. Influences on literacy attainment: evidence from Beijing, Hong Kong and Singapore[J]. *International Journal of Early Years Education*, 2005, 235-253.

为主的教育形态，这是 ECERS-R 在中国文化适宜性上的最大障碍。

4. ECERS-R 得分与幼儿园等级之间的相关性

在该研究中使用的浙江省幼儿园等级评定办法和标准是自 2008 年起施行的，并得到了各地良好的反馈。[①] 由于这一标准是本土文化的产物，所以，ECERS-R 评分结果(包括总量表得分和子量表得分)与样本幼儿园的办园等级之间的相关系数，可以在一定程度上反映 ECERS-R 的同时效度及其对我国的文化适宜性程度，分析结果如表 2-4 所示。

表 2-4　ECERS-R 得分与幼儿园等级之间的相关系数

斯皮尔曼相关系数 (Spearman Correlation Coefficients)		
子量表	办园等级	p 值
空间与设施	0.63	$p<0.0001$
保育	0.39	$p<0.0001$
语言推理	0.22	$p<0.05$
活动	0.47	$p<0.0001$
互动	0.11	—
作息结构	0.39	$p<0.0001$
家长与教师	0.68	$p<0.0001$
总量表	0.58	$p<0.0001$

从表 2-4 可见，ECERS-R 总体得分与浙江省的办园等级之间呈现了中等程度的显著正相关 ($r=0.58$)，说明 ECERS-R 总分趋势与浙江省等级评价结果基本一致，但同时也存在一定程度的差异。在 7 个子量表中，有两个子量表(“空间与设施”和“家长与教师”)与办园等级相关程度中等；在反映班级保教过程的 4 个子量表(“保育”“语言推理”“活动”“作息结构”)上相关系数较低(均在 0.5 以下)，其中“语言推理”得分与办园等级之间相关系数较低($r=0.22$)。值得注意的是，在反映保教过程中一个重要的维度“互动”上，两者之间没有显著相关性。这一结果意味着，运用“语言推理”和“互动”子量表，尤其是后者，将很难或无法对不同等级的幼儿园教育质量进行有效区分。

结合表 2-4 我们发现，“语言推理”均分较低(仅 3.49)，而“互动”得分却相对较高(达到 5.05)。从具体的评价内容来看，“语言推理”子量表要求班级要有丰富多样、几乎随处可取的图书，幼儿一天中有大量的自由阅读时间，倡导教师每天

① 李克建．科学发展观视野下的幼儿园等级评定——来自浙江的经验[J]．幼儿教育：教育科学，2010，(4)：1-5.

多次读书给孩子听或者和幼儿一起阅读，专门设计和组织促进不同发展水平的幼儿沟通活动，日常生活中随时和幼儿进行个别化交流，以及随时支持幼儿的推理活动，帮助幼儿发展概念。[①] 这些要求显然适用于班级规模小、生师比小、以自由游戏为主的模式，而难以适用于中国大班额、高生师比、以集体活动为主的幼儿教育模式。

在“互动”子量表中，前 3 个项目(对大肌肉活动的导护、对一般活动的导护、纪律)强调的是对幼儿活动的安全监护与对幼儿行为的有效管理，这可以说是中国式幼儿教育的特征之一，[②③④⑤] 无论幼儿园等级高低，显然都非常重视这一点；后两个项目(“师幼互动”“同伴互动”)中强调的是教师对待幼儿的温和态度、尊重和爱，以及对幼儿建立良好同伴关系的指导与支持，这些应该说是我国幼教领域中一直倡导的理念和相对普遍的做法。因此，样本班级在“互动”子量表上得分较高且没有区分度就不难理解了。

需要指出的是，对 ECERS-R 的试用研究具有一定的局限性。在取样上，样本幼儿园数量少且仅限于城区，缺乏农村样本，代表性存在一定的不足；由于是跨文化的测量，限于所使用的测量工具的版本、语言，培训者和观察者对量表内容的理解可能有一定程度的偏差。在未来的相关或类似研究中，有必要扩大样本量，增加样本的代表性；在使用 ECERS-R 的同时，需要运用不同的但具有类似功能并经过信效度检验的测量工具，以更好地验证其同时效度。另外，研究者还可结合儿童发展评估，验证 ECERS-R 的效标关联效度和预测效度等。

三、托幼机构教育质量评价与文化情境的关系思考

从上述研究结果来看，在世界范围内具有广泛影响力、得到众多研究支撑的美国 ECERS-R，在中国幼儿教育情境下试用的信效度表现并没有达到令人满意的水平。在该量表的内部一致性信度、得分分布和同时效度上，尤其是在部分子

---

① Harms，T.，Clifford，R. M. &D. Cryer. *Early Childhood Environment Rating Scale* (Revised Edition)[M]. New York：Teachers College Press，1998.

② Tobin，J. J.，Wu D. Y. H. & D. H. Davidson. *Preschool in Three Cultures*：*Japan*，*China*，*and the United States*[M]. New Haven，CT：Yale University Press，1989.

③ Tobin，J. J.，Hsueh，Y. & M. Karasawa. *Preschool in Three Cultures Revisited*：*China*，*Japan*，*and the United States*[M]. Chicago：University of Chicago Press，2009；Ng，S. S. N. & N. Rao. Teaching mathematics in Hong.

④ Kong：A comparison between the pre-primary and early primary years[J]. *Hong Kong Journal of Early Childhood*，2005，30-36.

⑤ Li，H. & N. Rao. Influences on literacy attainment：evidence from Beijing，Hong Kong and Singapore[J]. *International Journal of Early Years Education*，2005，235-253.

量表(如"活动""语言推理""互动""作息结构")和诸多项目上，均显示出不同程度的问题。

教育的过程也是文化传递的过程，托幼机构的教育与其所处的文化有着密不可分的关系。[①②③] 不同教育模式的背后是其所处的社会情境中主导的不同价值观。研究者认为，中美两国托幼机构教育模式上的不同及其背后的文化价值观差异是ECERS-R在中国适用性不足的主要原因。本研究的结果促使我们对托幼机构教育质量与文化情境的关系、不同的质量评价工具背后的文化价值观差异以及我国托幼机构教育质量评价工具的研发路径等问题进行更加深入的思考，并对不加修订、未经审慎思考就直接搬用国外托幼机构教育质量评价工具的做法提高警觉。

(一)托幼机构教育质量观念与文化情境的关系

托幼机构教育质量观念与文化情境有无关系？是否存在举世公认的托幼机构教育质量的定义？跨文化的托幼机构教育质量评价工具是否可行？关于这些问题，国际早期教育研究者并未达成共识，但认识在不断深化，视域在不断拓展。众所周知，幼儿教育与儿童发展理论有着十分紧密的关系，在一段时期，发展心理学曾对幼儿教育学科具有支配性的影响。早期的发展心理学是以科学主义为基础的，采用严格实验性、去情境化的方法研究儿童(尤其是儿童个体)发展的"普遍规律"，并据此对儿童教育问题提出原则性意见和建议，它以普遍论的范式将儿童发展描绘成抽象的与文化、阶层或历史没有关系的过程。[④] 从而使"儿童"和"儿童期"被不断"标准化"，似乎在任何社会文化情境中的儿童都是一样的，并且可以用相同的方式来抚养、教育和评价。自20世纪初以来，在科学主义的影响下，幼儿教育学科领域越来越依赖并建基于发展心理学，接受甚至不假思索地采纳来自发展心理学的意见和建议，以彰显其科学化的努力。在幼儿教育领域，蒙台梭利教学法[⑤]以及美国幼教协会(NAEYC)早期的"发展适宜性实践(DAP)"[⑥]应

① Tobin，J. Quality in early childhood education：an anthropologist's perspective[J]. *Early Education & Development*，2005，421-434.

② Tobin，J. J.，Wu D. Y. H. & D. H. Davidson. *Preschool in Three Cultures：Japan，China，and the United States*[M]. New Haven，CT：Yale University Press，1989.

③ Tobin，J. J.，Hsueh，Y. & M. Karasawa. *Preschool in Three Cultures Revisited：China，Japan，and the United States*[M]. Chicago：University of Chicago Press，2009.

④ 朱家雄．从对科学主义的崇拜到主张学前教育走向生态——对学前教育理论和实践的反思[A]//朱家雄．中国视野下的学前教育[C]. 上海：华东师范大学出版社，2007：114-127.

⑤ 蒙台梭利．蒙台梭利幼儿教育科学方法[M]. 任代文，译．北京：人民教育出版社，2001.

⑥ Bredecamp，S.（Ed.）. *Developmentally Appropriate Practice in Early Childhood Programs from Birth through 8*[M]. Washington，DC：National Association for the Education of Young Children，1987.

该说是这种科学主义努力的典范和延续。在科学主义视野下，西方的幼儿教育测量与评价理论自然认为存在跨越文化情境的衡量幼儿教育质量的共同标准。[①] ECERS第一版于1980年出版，声称以美国幼儿教育协会的“发展适宜性理论”为基础，自然延续了这种科学主义的努力，成为可以跨国、跨文化用于托幼机构教育质量评价的标准化工具[②③]，并且已经引介和运用于包括中国在内的其他文化情境中。[④⑤]

早期发展心理学这种去情境化的研究范式，以及建基于早期发展心理学的幼儿教育质量观念和评价方式，一直存在着来自外部和内部的多方批判。在发展心理学内部，社会历史学派以及后来兴起的社会建构论和生态发展论都从不同角度批判和超越了早期的发展心理学，也带来了对儿童发展和教育的新视野。早在20世纪初，与皮亚杰几乎同一时期的苏联心理学家维果茨基就强调了历史文化和社会交往在形塑人的心理发展机制中的重要性。维果茨基认为，人的发展，尤其是高级心理机制的形成和发展与人所处的环境和社会文化有着密不可分的关系，因而在不同的社会历史和文化环境中，人的心理活动和心理发展具有不同的模式。[⑥] 维果茨基的这一理论在20世纪后半期在世界心理学界产生了深远的影响，得到了许多实证研究的证实，并形成了社会文化认知学派。[⑦] 20世纪70年代以后，在维果茨基理论的基础上，社会建构主义逐渐兴起并成为建构主义中的重要一支。社会建构主义也把学习或意义的获得看作个体自己建构的过程，但它更关注社会性的客观知识对个体主观知识建构过程的中介作用，更重视社会的微观和宏观背景与自我的内部建构、信仰/观念和认知之间的相互作用，并视它们为不可分离的、循环发生的、彼此促进的、统一的社会过程。[⑧] 在社会建构主义

---

① 杜瑛．西方教育评价理论发展的社会文化基础探析［J］．教育测量与评价，2012，(10)：22-27.

② Harms，T. & R. Clifford. *Early Childhood Environment Rating Scale*［M］. New York：Teachers College Press，1980.

③ Harms，T.，Clifford，R. M. & D. Cryer. *Early Childhood Environment Rating Scale* (Revised Edition)［M］. New York：Teachers College Press，1998.

④ Harms，Clifford & Cryer. 幼儿学习环境评量表——修订版(ECERS-R)［M］. 郭李宗文，陈淑芳，译．台北：心理出版社，2006.

⑤ Harms，Clifford & Cryer. 幼儿学习环境评量表(修订版)ECERS-R［M］. 赵振国，周晶，周欣，译．上海：华东师范大学出版社，2015.

⑥ Vygotsky，L. S. *Mind in Society：The Development of Higher Psychological Proceses*［M］. Cambridge，MA：Harvard University Press，1978.

⑦ Wertsch，J. V.. *Vygotsky and The Social Formation of Mind*［M］. Cambridge，MA：Harvard University Press，1985.

⑧ Saxe，Geoffrey B. *Culture and Cognitive Development：Studies in Mathematical Understanding*［M］. Hillsdale，N. J.：L. Erlbaum Associates，1990.

看来，知识是社会建构的结果，学习是个体在社会文化和交往互动中建构意义的过程。布朗芬布伦纳(Urie Bronfenbrenner)的发展生态理论强调，发展中的个体处于相互影响的一系列环境系统之中，这些系统与个体相互作用并影响着个体发展。他先后确认了五个系统，包括微观系统(Microsystem)、中间系统(Mesosystem)、外层系统(Exosystem)、宏观系统(Macrosystem)和历时系统(Chronosystem)。[①②] 布朗芬布伦纳的发展生态理论进一步揭示了儿童发展与其所处的社会生态系统复杂的互动关系。

在发展心理学之外，文化学、人类学、社会学等这些同样以"人"为研究对象的学科，揭示了一个非常不同的儿童发展图景，从而引发了对早期的发展理论的质疑。人类学家苏泊尔(Charles M. Super)与哈克内斯(Sara Harkness)批判，传统的发展心理学关注的对象是"去情境化的""普遍化的"抽象儿童，进而提出了以"发展生态位"(Developmental Niche)这一概念作为检视儿童发展的文化结构的分析框架。[③] 研究者们以其在肯尼亚一个农业社区的研究为例，来阐释其"发展生态位"的理论。"发展生态位"包含三个重要的子系统：(1) 儿童生活的物质和社会环境；(2) 儿童养育的风俗习惯；(3) 养育者的心理。在统合机制的作用下，这三个子系统倾向于和谐一致并与儿童的发展水平和个性特征相适宜。子系统内外的规制、主题的连续性以及跨越童年期的生态位发展变化是儿童发展的重要来源和基础，儿童据此获取社会、情感和认知的种种法则。尽管研究领域和方法大相径庭，我们不难发现，"发展生态位"这一概念与维果茨基的文化历史理论、社会建构主义、布朗芬布伦纳的发展生态理论不谋而合，都在强调儿童的发展、抚养和教育与其所处的具体而复杂的文化情境须臾不可分割，抛开文化情境谈儿童的发展和教育是不可取的。

教育人类学者托宾(J. Tobin)等于 20 世纪 80 年代中后期采用文化人类学的视角与方法，生动形象地描绘了中、日、美三种不同文化下机构化的幼儿教育日常图景的巨大差异，极其深刻地揭示了各自的文化传统对幼儿教育观念和实践潜隐但强大的制约作用。[④] 托宾等在近 20 年后重访了这些幼教机构，通过跨时空和

---

① Bronfenbrenner, U. *The Ecology of Human Development: Experiments by Nature and Design*[M]. Cambridge, MA: Harvard University Press, 1979.

② Bronfenbrenner, U. & P. A. Morris. The ecology of developmental processes [A]. In W. Damon & R. M. Lerner (Eds.), *Handbook of Child Psychology, Vol. 1: Theoretical Models of Human Development* [C]. New York: John Wiley and Sons, Inc. 1998, pp. 993-1023.

③ Super, C. M. & Harkness, S. The developmental Niche: a conceptualization at the interface of child and culture[J]. *International Journal of Behavioral Development*, 1986, (9): 545-569.

④ Tobin, J. J., Wu D. Y. H. & D. H. Davidson. *Preschool in Three Cultures: Japan, China, and the United States*[M]. New Haven, CT: Yale University Press, 1989.

跨文化的比较分析发现，尽管三个国家的幼教机构的教育观念和实践发生了不同程度的变化，但在根本意义上，三个国家的幼儿教育保持了相当大的稳定性和各自的特色。① 人类学研究表明，幼儿教育的质量标准是文化建构的结果。美国幼儿教育的一些核心标准(比如低生师比、多元文化课程等)在日本或法国就未必适用，这是因为美国的这些标准只是特定人群在特定时间和特定背景下持有的特定价值观，而不是全球通用或与文化无关的，特定社会的“质量标准”应当反映本土的文化价值和关切，并且不应跨越自身的边界强加于其他文化(无论是通过何种途径)。②

20 世纪 90 年代初，一些研究者对盛行的“发展适宜性实践理论”进行了批判。比如，斯波代克(B. Spodek)指出，幼儿教育(课程与实践)具有三个来源：人的发展、知识的性质和文化价值观。因而，“发展适宜性实践理论”仅从儿童发展这一个视角来考虑幼儿教育的实践问题是片面的。③ 同时，一些研究者基于后现代主义(包括后结构主义、女性主义等)视角，对普遍论的质量话语进行了批判。达尔伯格指出，关于儿童(期)及其教育的太多讨论发生在社会的、政治的、文化的“真空”中，似乎“儿童”生存于这个世界之外，似乎儿童发展及其教育质量与历史、价值观和情境无关；但实际上，“‘质量’是一个被建构的概念，而不是一个等着被发现的客观事实。”④达尔伯格等认为，幼儿教育的质量是基于价值观的，对幼儿教育质量的界定关系到特定国家的政治、经济制度和时下的政策焦点，关系到特定社会的文化传统和具体情境，基于此，他们提出应当超越“特定的质量话语”(比如代表美国主流的白种人中产阶级的幼儿教育观念)，基于特定的文化和社区走向关于幼儿教育质量观念与实践的对话。⑤

以上这些不同学科、不同角度的研究和批判性思考无疑拓宽了视域，深化了关于儿童发展、幼儿教育及其质量的理解。在这样的背景下，无论是“发展适宜性实践理论”还是 ECERS 本身都在不断调整自身，以适应“文化多样性”观念的挑战，修正原有的理论偏差。在 20 多年的发展历程中，美国幼儿教育协会不断对其“发展适宜性实践理论”的架构进行修正，在 2009 年新版的《关于儿童早期发展

---

① Tobin, J. J., Hsueh, Y. & M. Karasawa. *Preschool in Three Cultures Revisited: China, Japan, and the United States*[M]. Chicago: University of Chicago Press, 2009.

② Tobin, J. Quality in early childhood education: an anthropologist's perspective[J]. *Early Education & Development*, 2005, 16(4): 421-434.

③ Spodek, B. *Handbook of Research on The Education of Young Children*[M]. McMillan Publishing Co. 1993.

④ Dahlberg, G., Moss, P. & A. R. Pence. *Beyond Quality in Early Childhood Education and Care: Languages of Evaluation* (2nd ed.)[M]. London; New York: Routledge, 2007, (5).

⑤ Dahlberg, G., Moss, P. & A. R. Pence. *Beyond Quality in Early Childhood Education and Care: Languages of Evaluation* (2nd ed.)[M]. London; New York: Routledge, 2007, (5).

适宜性教育实践的立场声明》中指出，“发展和学习在多种社会文化情境中发生并受其影响”是儿童发展的一条重要原则，[①] 对儿童生活的社会文化情境的理解被作为发展适宜性教育的三个主要考量之一，它是指“对于来自家庭、社区的那些形塑了儿童及其生活的价值观、期望以及言行举止的风俗传统等，实践者都必须努力加以理解，以保证托幼机构的学习经验对于该儿童及其家庭而言是有意义、有关联且受尊重的。”[②]自 1980 年以来，对特殊需求儿童的融合教育以及对多样文化的敏感性已经成为美国乃至国际托幼机构教育质量评价领域的重要议题。[③] 出于此虑，在 1998 年推出的 ECERS-R 中，除了增加并完善“尊重多样性”(Respect for diversity)这一评价项目，还对整个量表中的若干指标进行调整，以反映美国的文化多样性现实以及尊重多样性的诉求。[④] 另外，英国的席尔瓦(Sylva)等人指出，幼儿教育质量的观念与特定国家的文化传统、政策密切相关。基于此，席尔瓦等人根据英国的文化传统、政策环境和早期教育情境，在 ECERS-R 的基础上研发了《幼儿学习环境评价》(扩展版)。[⑤] 这些发展变化充分显示了幼儿教育质量概念框架中文化之维的重要价值。

(二)美国 ECERS-R 背后的文化价值观

ECERS-R 的作者们声称，该量表是在美国幼儿教育协会提出的“发展适宜性实践理论”的基础上研发的，运用 ECERS 及 ECERS-R 的大量实证研究推动该量表得以不断修订和完善。[⑥] 但应该看到，无论是发展适宜性实践理论还是这些实证研究都是植根于美国文化情境的。

在美国强调个体主义价值观的文化背景下，高质量的托幼机构教育意味着：

---

① NAEYC. Developmentally Appropriate Practice in Early Childhood Programs Serving Children from Birth through Age 8：A Position Statement of the National Association for the Education of Young Children. Online：www. naeyc. org/positionstatements/dap，2009：13.

② NAEYC. Developmentally Appropriate Practice in Early Childhood Programs Serving Children from Birth through Age 8：A Position Statement of the National Association for the Education of Young Children. Online：www. naeyc. org/positionstatements/dap，2009：10.

③ Harms，T.，Clifford，R. M. & D. Cryer. *Early Childhood Environment Rating Scale (Revised Edition)* [M]. New York：Teachers College Press，2005：1.

④ Harms，T.，Clifford，R. M. & D. Cryer. *Early Childhood Environment Rating Scale (Revised Edition)* [M]. New York：Teachers College Press，2005：2.

⑤ Sylva，K.，Siraj-Blatchford，I. &B. Taggart. *ECERS-E：The Four Curricular Subscales Extension to Early Childhood Environment Rating Scale* (*ECERS-R*). *4th Edition*[M]. New York：Teachers College Press，2011.

⑥ Harms，T.，Clifford，R. M. & D. Cryer. *Early Childhood Environment Rating Scale (Revised Edition)*[M]. New York：Teachers College Press，2005：1.

以幼儿为中心的方式养育幼儿；保教人员应友好、温和而不是强制、粗暴；在保护幼儿健康和安全的同时，为幼儿提供丰富的、通过游戏来学习的经验；充分鼓励幼儿的个性和创造性而不是一致或服从。① 基于这种以儿童为中心的教育质量观，ECERS-R 的作者们提出了八个质量标准：自由选择、独立性、创造性、多样性、计划性、积极氛围、监护和成人角色。②③ 这些质量标准之间的内在关系如图 2-1 所示。

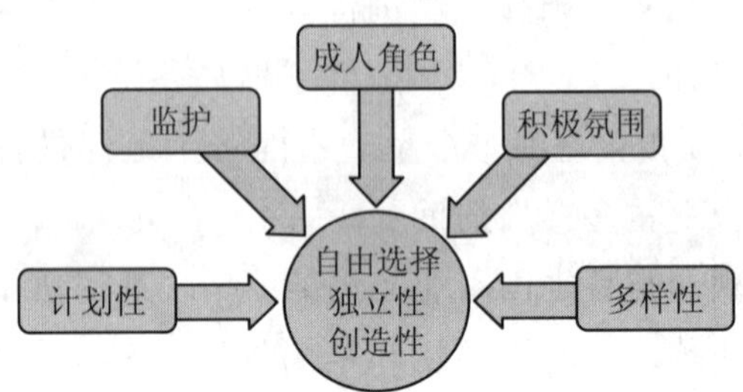

图 2-1　ECERS-R 中教育环境质量概念框架

这些质量标准渗透于 ECERS-R 所有的项目和指标之中。在这样的质量概念框架下，高质量的托幼机构教育意味着：成人有意识地提供充足的空间、丰富多样的材料与活动（计划性、成人角色），以保证幼儿能够根据自己的意愿进行活动（自由选择和独立性），一天之中最主要的时间是用于自由游戏（独立性和创造性），成人的角色主要是提供必要的监护并与每个幼儿进行积极有效的个别化互动（成人角色、监护、积极氛围、多样化），促进每个幼儿的最优化发展。这就是 ECERS-R所确立的高质量幼儿学习环境。这种教育质量观无疑是以较低的生师比为保证的，建立在美国政治经济、地理人口等条件基础上的，是与美国社会文化价值观（如民主、自由、平等）相一致的。

基于人类学的考察，托宾等发现，在美国尽管关于提供什么样的早期教育服务以及应该采用何种范式（是强调自主游戏的"发展适宜性实践"还是更强调前学习技能的直接教学）的争议进行得如火如荼，但另一些实践却从未被提起，包括对自由选择和自我表达的强调以及重视教师与每个幼儿的亲密互动关系。这种共同的文化信念的力量和作用就是：把日本人认为适宜的幼儿园生师比（30∶1）引进到美国将会是不可想象的——在美国人的观念中，高质量的教育总是与较低的

---

① Cryer, Debby. Defining and assessing early childhood program quality[J]. *Annals of The American Academy of Political and Social Sciences*, 1999, 563(1): 39-55.

② Harms, T., Clifford, R. M. & D. Cryer. *Early Childhood Environment Rating Scale (Revised Edition)*[M]. New York: Teachers College Press, 1998.

③ Harms, Clifford & Cryer. 幼儿学习环境评量表——修订版(ECERS-R)[M]. 郭李宗文，陈淑芳，译. 台北：心理出版社，2006.

生师比联系在一起的，因为这意味着教师对儿童个体的足够关注、更少的教室管理问题以及类似亲子的师生关系。因此，建立于较低生师比之上的师生间个别化的亲密关系、强调幼儿的自由选择和自我表达，是美国幼儿教育中不言自明、不易觉察也最不易改变的"隐性的文化逻辑"①。

四、跨文化视野下中国托幼机构教育质量观的建构

(一)中国幼儿园教育实践背后的文化价值观及其演变

文化的生命力在于其成员在行动和实践中无意识的状态下遵循着该文化潜隐的逻辑，从而再生产了该文化。② 中国有着五千多年的文明史，中国文化有着强大的生命力，历经磨难，弦歌不断，历久弥新。中国文化的生命力无疑会渗透和体现在中国幼儿教育的日常实践中。

中国传统文化是一种建立在宗法家族制度基础上的社群主义文化，强调个人对群体(从家庭、宗族到国家)的顺从，在处理各种事务和关系的过程中强调"中庸"与"和合"。③ 新中国成立以来，社会主义的意识形态与传统的社群主义相结合并逐渐演变为"集体主义"，同时逐渐吸收和融合了传统的儒释道思想，成为一种新的混合型文化形态。在此文化背景下，集体活动和集体教学便成为中国幼儿园中最重要也是日常的教育活动形态。④ 作为社会化、体制化的机构，中国的幼儿园不言自明的重要目的(在很大程度上是无意识的)是培养能够适应和延续这种文化的"群体/集体中的一员"，而不是西方文化教育情境中个体主义意义上的"个体的最大化发展"。⑤

20 世纪 80 年代中期，通过中、美、日三国幼儿园(保育中心)一日活动形态的跨文化的人类学考察，托宾等发现，中国幼儿园典型的文化特征和教育实践包括集体的活动形态与集体观念的灌输，对常规与纪律的强调，重视学业学习，教

---

① Tobin, J. J., Hsueh, Y. & M. Karasawa. *Preschool in Three Cultures Revisited: China, Japan, and The United States*[M]. Chicago: University of Chicago Press, 2009: 244-245.

② P. 布尔迪约，J. C. 帕斯隆 . 再生产 ——一种教育系统理论的要点[M]. 邢克超，译 . 北京：商务印书馆，2002；皮埃尔·布迪厄 . 实践感[M]. 蒋梓骅，译 . 南京：译林出版社，2003.

③ 杜维明 . 亚洲价值与多元现代性[M]. 北京：中国社会科学出版社，2001；Pohl, K. H. 与中国作跨文化对话[M]. 卜松山，译 . 北京：中华书局，2000.

④ Hu, B., Li, K., Fan, X., & S. Ieong. Why is group teaching so important to Chinese children's development[J]. *Australasian Journal of Early Childhood*, 2015, 40(1): 4-12.

⑤ Tobin, J. J., Hsueh, Y. & M. Karasawa. *Preschool in Three Cultures Revisited: China, Japan, and The United States*[M]. Chicago: University of Chicago Press, 2009.

师的严肃和耐心，课程中对读、写、算的知识技能以及艺术活动（音乐、美术、舞蹈）的重视。① 20年后，托宾等人重访同一所幼儿园发现，尽管改革开放后中国社会发生了巨大变化，幼儿园的物质面貌、课程形态等也发生了较大改变，但有些特征几乎没有变化，比如，对常规与纪律的强调（对幼儿行为的管理和控制），例行的集体活动（包括上课、早操、如厕和午睡等），关注知识和技能（包括艺术）的掌握，倾向于批评而不是赞赏，注重榜样和示范的作用——这些没有变化的实践正是“潜隐的文化逻辑”以及强大的文化传统力量的体现。② 可见，强调集体、秩序、知识传递与技能掌握的中国文化教育传统并不是仅仅存在于过去和历史书卷中，而是存在于活生生的幼儿园日常教育实践中，这种传统在不断调整和适应新时代的同时也保持着旺盛的生命力。

自20世纪80年代以来，学习和借鉴西方的学前教育理论和实践成为我国学前教育改革的推动力量之一，我国的学前教育领域也越来越多地使用诸如“儿童中心”“活动课程”“自由游戏”和“创造性发展”等源自西方理论的术语，教育实践也在逐渐朝向儿童更多主动活动和自由游戏的方向发展。③④ 有学者指出，经过了近30年的以西方化理念（如“活动课程”“自由游戏”）为导向的改革之后，幼儿教育实践领域的变化仍然是表浅的。⑤ 因为这种“割裂文化传统的改革”的最终结果是：虽然在客观上已经确立了以儿童为中心、以游戏为基本途径的主流话语，但在教育实践中还是未能做到，“以教师主导的集体活动和集体教学”仍然是实践中主导的课程实施路径。⑥ 如同转型期中国社会的复杂性，中国目前的幼儿教育价值观是中国传统文化、西方文化与社会主义三种文化价值观的混合体，三者相

---

① Tobin, J. J., Wu D. Y. H. & D. H. Davidson. *Preschool in Three Cultures: Japan, China, and The United States*[M]. New Haven, CT: Yale University Press, 1989: 122.

② Tobin, J. J., Hsueh, Y. & M. Karasawa. *Preschool in Three Cultures Revisited: China, Japan, and The United States*[M]. Chicago: University of Chicago Press, 2009: 242-245.

③ 刘焱，潘月娟，孙红芬．中国大陆近二十年来幼儿园教育改革的历程回顾与现状分析[A]//朱家雄．中国视野下的学前教育[C]．上海：华东师范大学出版社，2007：21.

④ 李辉．普遍论抑或相对论：中国学前教育改革之文化学反思[A]//朱家雄．中国视野下的学前教育[C]．上海：华东师范大学出版社，2007：57.

⑤ 刘焱，潘月娟，孙红芬．中国大陆近二十年来幼儿园教育改革的历程回顾与现状分析．[A]//朱家雄．中国视野下的学前教育[C]．上海：华东师范大学出版社，2007：30.

⑥ Liu, Y. & X. X. Feng. Kindergarten educational reform during the past two decades in China: achievements and problems[J]. *International Journal of Early Years Education*, 2005, 13(2): 93-99.

互影响、相互作用。[①②] 这一文化样态显然具有转型期社会的过渡特征，它将走向何方，如何继续演化有待进一步观察。

在全球化的今天，随着文化教育交流广度和深度的增强，各国的幼儿教育理念和实践可能会相互借鉴，从而出现一些类似的做法，但无论这种教育实践如何吸收来自其他文化的元素，在形式上如何复杂而多元，其核心价值观基本保持不变。[③] 我们有理由相信，中国的幼儿园教育不会放弃引导儿童成为群体/集体一员的价值观，教师不会失去其在整个教育过程中的主导地位，集体活动和集体教学不会失去其重要地位。[④]

(二)跨文化视野下中国托幼机构教育质量观的建构

上述多学科的研究充分证明，托幼机构教育质量观念与其所处的文化情境有着不可分割的重要联系——无论这种联系是显性的还是隐性的。在一定程度上，可能存在跨文化的关于优质教育实践的共识，但不存在唯一的跨文化的质量评价标准。因而，在研发我国托幼机构教育质量评价工具的过程中，我们必须保持对文化的敏感性。这既涉及对我国文化传统的批判性继承及其在学前教育理论与实践中的应用与发展，又涉及全球化时代对来自其他文化的托幼机构质量观念与评价工具的批判性选择与借鉴；既需要建基于我国的国情和文化传统，也需要全球视野、兼收并蓄。

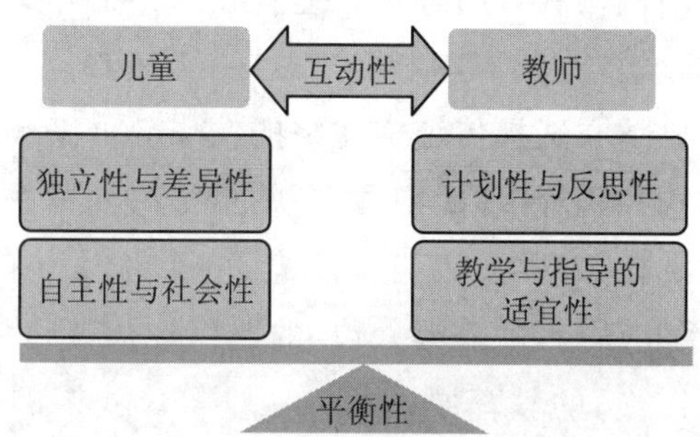

图 2-2　中国托幼机构教育质量观念框架

① Zhu，J. & Wang，X. C. Contemporary early childhood education and research in China[A]. In Spodek，B.，& Saracho，O. N. *International Perspectives on Research in Early Childhood Education*[C]. Greenwich，CT：Information Age Pub. 2005. pp. 55-77.

② 李辉．普遍论抑或相对论：中国学前教育改革之文化学反思[A]//朱家雄．中国视野下的学前教育 [C]. 上海：华东师范大学出版社，2007：58.

③ Tobin，J. J.，Hsueh，Y. & M. Karasawa. *Preschool in Three Cultures Revisited*：*China*，*Japan*，*and The United States*[M]. Chicago：University of Chicago Press，2009：236-238.

④ 李辉．普遍论抑或相对论：中国学前教育改革之文化学反思[A]//朱家雄．中国视野下的学前教育 [C]. 上海：华东师范大学出版社，2007：58.

基于跨文化视野下对托幼机构教育质量观念以及我国文化传统演变的考察，研究者认为，中国托幼机构教育应当以培养现代中国人为价值导向，以适宜国情的结构性条件和均衡的课程为基础，以有效教学与互动为核心，以促进学前儿童身心全面协调发展为原则和宗旨。基于此，研究者提出中国托幼机构教育质量的六个评价标准，从儿童的角度看包括：独立性与差异性，自主性与社会性；从教师的角度看包括：计划性与反思性，教学与指导的适宜性；在两者之间是最重要的两个质量标准：互动性与均衡性(这些标准之间的相互关系见图 2-2)。从互动性的角度来看，成人与幼儿在教育的过程中，始终处于动态的关系与互动之中，教育过程也是人际互动的过程，人际互动(包括师幼互动、同伴互动等)的性质与状态对教育过程质量有着至关重要的影响。师幼互动是教育过程中人际互动的核心，基于尊重与理解而形成的温暖的、支持性的师幼关系，能够保持平等对话、共同探究与思考的师幼互动过程，是幼儿有效学习的重要前提与关键推动机制。因而，师幼关系与互动的质量是考察和衡量托幼机构教育过程质量的关键要素之一。均衡性，是指一种动态的平衡机制，在托幼机构教育质量评价的过程中，既要衡量课程领域之间的均衡、幼儿身心各方面发展的均衡，也要考虑各种活动形态之间的均衡，尤其是成人主导的活动(如集体活动与集体教学)与幼儿自主活动(如自由游戏、探究性项目学习)之间的相对均衡与动态转换。以互动性和均衡性为核心的六个质量标准是跨文化视野下的本土建构，体现了集体主义和个体主义从对立走向融合的托幼机构教育质量观，适宜我国国情和文化以及学前教育的未来发展方向。

同时，我们也需要精心选择传统文化中的精华部分来丰富和滋养今天的幼儿教育理论和实践，建构和阐释“现代中国人”的精神内涵，并融合进托幼机构教育质量评价的概念框架，比如“君子以自强不息”的个体独立自主发展观，“和而不同”的社会一个体关系互动论，“兼容并包”的课程整合观和多元文化观，“顺其自然”“因材施教”“授人以渔”的教育原则和方法论等。我国的传统文化是丰富的宝藏，这里所提及的仅是沧海一粟，对于我国传统文化中蕴含的对儿童教育有价值的思想和其他资源，需要专门的研究加以系统挖掘、整理、转化、应用和提升。

当然，必须指出，文化传承并不是固守僵化的教条，必须警惕传统文化中的消极成分(师生等级观，对儿童权利和心理特征的忽视，对行为规训与静态知识技能的过分强调，对游戏的曲解等)对幼儿教育的不利影响。[①] 我们反对全盘西化的、疾风骤雨式的文化和教育革命，同时也反对“文化复辟”，把过去所有的东西统统看成圣典；我们反对以所谓“主流文化”进行文化大一统的控制，倡导文化

① 刘焱，何梦焱，李苏，胡娟.“托幼机构环境评价量表”述评[J]. 学前教育研究，2007，(2)：20-21.

多样性，同时也反对以保护文化多样性为名的“文化守旧”。无论是对待传统文化中的幼儿教育思想，还是对待西方的教育理论和实践；无论是对待主流文化，还是对待多样的地方文化，都必须根据时代的精神和社会进步的方向，批判性地继承、借鉴、吸收和创新。[①] 同时应该看到，中国文化具有强大的生命力，包容性是其重要的特质。这为吸收和借鉴全球文化和多元文化奠定了基础，也为选择“中庸之道”走渐进改良道路提供了可能。我国学前教育变革的方向应该是在本土化的科学实证研究基础上建构中国自己的“发展/文化适宜性实践”。[②] 在保持和强化中国文化特色的同时，对全球文化兼容并包，这是我国学前教育保持活力和可持续发展的明智选择。[③]

---

① 华爱华．对中国学前教育改革若干问题的文化性思考[A]//朱家雄．中国视野下的学前教育[C]．上海：华东师范大学出版社，2007：65-77.

② 刘丽薇，伍瑞颜，埃玛·皮尔森．学前教育学：中国传统理念与现代适宜性观念的融合[A]//朱家雄．中国视野下的学前教育[C]．上海：华东师范大学出版社，2007：78-98.

③ 李辉．普遍论抑或相对论：中国学前教育改革之文化学反思[A]//朱家雄．中国视野下的学前教育[C]．上海：华东师范大学出版社，2007：59-60.

第二部分

《中国托幼机构教育质量评价量表》的研发

第三章

《中国托幼机构教育质量评价量表》第一版的编制

本章概要

理论基础： 儿童发展生态系统理论从儿童与环境的动态相互作用机制出发理解儿童发展，对于建构系统的和动态的托幼机构教育质量评价工具的概念框架具有重要的启示。发展适宜性实践理论从三个维度理解支持幼儿学习的有效实践（适宜幼儿年龄和能力的学习；适宜个体的学习；适宜儿童所处的家庭和社区文化的学习），对于编制和检验托幼机构课程与教学指标的有效性具有重要价值。需求层次理论对于理解托幼机构依据儿童需求的轻重缓急提供支持性教育服务、衡量特定指标对于儿童学习和发展的价值、建构质量评价指标的层级性具有重要的启示意义。文化人类学的研究深刻揭示了任何特定的教育质量评价标准或工具都具有它所产生的文化情境和价值观念的烙印。基于中国文化传统与核心价值凝练的质量评价观念，基于中国的国情和实际研制适切的衡量标准，对于中国托幼机构教育质量评价工具的研制至关重要。

实证研究基础： ECERS-R 在国际上得到广泛应用的同时，为适应不同社会的文化情境也在不断被修订。基于 105 个中国幼儿园班级的试用研究结果表明，ECERS-R 在中国幼儿教育情境中文化适宜性不足，在多个测量学指标上存在不同程度的问题。这些研究发现以及实践者和评分员的反馈均表明，ECERS-R 如果不加任何修订直接用作中国托幼机构的教育质量测量工具，在文化适宜性以及测量的可靠性与有效性上均存在不足。基于此，研究者认为，中国的学前教育研究者必须在充分理解、研究、借鉴国际优秀的托幼机构教育质量评价工具的基础上，研发适合我国国情和文化的托幼机构教育质量评价工具，以更好地服务于我国的幼儿园教育质量评价实践。

中国量表的编制过程： (1) 中国托幼机构教育质量观念的建构：在批判性分

析 ECERS-R 中 8 个教育质量观念的基础上，研究者提出以“互动性—均衡性”为统领的中国托幼机构教育质量观念。(2)集体教学子量表的研制：基于我国集体教学优质实践的考察，借鉴美国的互动质量评价工具 CLASS 的概念框架，研究者编制出包含 7 个评价项目的集体教学质量评价工具。集体教学子量表的研制是本研究重要的理论创新。(3)量表的内容架构和评分方式：初步编制完成的第一版量表包含 8 个子量表、51 个评价项目，采用 7 点评分。(4)《量表》对 ECERS-R 的修订与改变：《量表》的一个重大改变是为每个项目建构了评价的维度，称为“子项目”。子项目的增设加强了评价项目内容的逻辑性，为《量表》在测量学特性上超越 ECERS-R 的局限性提供了良好的基础。《量表》对 ECERS-R 的修订和改变还包括修订部分指标的解释及举例以增强文化适宜性；调整部分指标的评分尺度以适应我国国情，提升其反应的灵敏度；去除与中国文化教育情境无关或暂不适用的部分指标。(5)专家实践者对《量表》的内容效度评价：基于来自全国 176 位专家型实践者的问卷调查结果显示，《量表》比 ECERS-R 更适应中国文化和教育情境，能够全面反映和评价中国的幼儿园教育质量。专家们肯定了《量表》对 ECERS-R 的修订与改变，尤其对“集体教学”子量表的增设和子项目(评价维度)的建构持高度肯定态度。这些证据表明《量表》具有良好的内容效度。(6)《量表》与 ECERS-R 的内容比较：基于指标层面严格的比较分析结果表明，《量表》第一版共包含 685 个具体评分指标，其中 53.4%的指标是基于 ECERS-R 中的相应指标修订而来，其余 46.6%的指标是原创的。

一、理论基础

(一)儿童发展生态系统理论

在诸多的儿童发展理论中，儿童发展生态系统理论从儿童与环境的动态相互作用机制出发理解儿童发展，对托幼机构教育质量评价具有重要的启示。布朗芬布伦纳指出，儿童实际上是嵌入在一个多层级的复杂的社会生态环境系统，包括微观系统、中间系统、外系统、宏观系统；随着时间的推进，儿童、所处环境中的要素及其相互关系都会发生变化；儿童是在与环境要素的相互作用过程中发展的，在微观系统中儿童与身边情境要素(尤其是人)的互动过程是驱动儿童发展的重要中介要素。[①②] 美国的 ECERS 系列量表可以看作儿童发展生态系统理论在托幼机构环境评价中的操作化应用的典范。ECERS-R 构建了一个包含 43 个评价项目、指标众多的班级观察等级评分量表，从空间与设施、保育、语言推理、活动、互动、作息结构、家长与教师 7 个方面(子量表)对幼儿的班级生活、学习环境进行客观的观察和评价。[③]

(二)发展适宜性实践理论

美国幼儿教育协会于 1987 年首次提出"发展适宜性实践"的儿童早期教育理论和方法。后来历经两次修订，增加了"文化适宜性实践"(Culturally Appropriate Practice，CAP)的维度，仍然统称为"发展适宜性实践"[④]。发展适宜性实践是在儿童发展与学习以及关于儿童早期教育的有效实践的科学研究基础上建构和发展起来的一套早期教育教学理论与方法。它指出教师应准确把握幼儿(作为个体以及作为群体一员)现有的发展水平(阶段)，帮助每一位幼儿实现富有挑战性和可达到的学习目标。发展适宜性实践理论涉及三个核心的维度：认识幼儿的发展与学习(认识在每个年龄和发展阶段的典型特点是至关重要的，基于科学研究的知识能够帮助教师决定哪些经验对于儿童的发展和学习而言是最佳选择)；认识个体适宜性(通过持续观察幼儿的游戏及其与周边环境和他人的互动，教师能够了解每位儿童的兴趣、能力、成长进步，对个体幼儿的了解帮助教师在保育和教育的过程中把儿童当作独特的个体来对待)；认识文化的重要性(教师必须努力认识儿童的家庭，了解其价值观、期望以及影响其家庭和社区的因素，这些背景信息帮助教师为每一位儿童及其家庭提供有意义、有关联的重要学习经验)。[⑤]

发展适宜性实践理论是全美幼儿教育协会所有工作的基础，包括出版、培训项目、学术会议、托幼机构认证等。发展适宜性实践理论是美国早期教育领域最重要的指导性理论和方法，成为包括 ECERS-R 在内很多托幼机构教育质量评价

---

① Bronfenbrenner U，Morris P A. *The Ecology of Human Development*.[M]*Cambridge Human Development*：Harvard University Press，1979.

② Bronfenbrenner U，Morris P A. The ecology of developmental processes[J]. *Handbook of Child Psychology*，1998，1：993-1028.

③ Harms T，Clifford R M，Cryer D. Early childhood environment rating scale. revised edition[J]. *European Early Childhood Education Research Journal*，1998，184(6)：819-842.

④ Copple C E，Bredekamp S E. *Developmentally Appropriate Practice in Early Childhood Programs Serving Children from Birth through Age* 8(third edition)[J]. National Association for the Education of Young Children，2009：352.

⑤ 资料来源：www. naeyc. org.

工具的理论基础之一，也对世界其他各国的早期教育理论和实践产生了重要影响。

(三)需求层次理论

美国人本主义心理学家马斯洛(A. H. Maslow)认为，人类需求满足的迫切性和顺序性有一个从低级到更高级依次推进的过程。他把人类需求由低到高分成五个层级：生理需求(Physiological needs)、安全需求(Safety needs)、爱和归属感(Love and belonging)、尊重(Esteem)和自我实现(Self-actualization)。马斯洛指出，人在一个时期，某一种需求会占主导地位，其他需求会处于相对从属地位。① 马斯洛的需求层次理论对于理解托幼机构依据儿童需求的轻重缓急提供支持性教育服务、衡量特定指标，对于儿童发展和学习的价值、建构质量评价指标的层级性具有重要的启示意义。

(四)教育文化人类学

许多文化人类学研究者在对世界各地不同族群文化的研究中涉及教育领域，并用极其生动的素材无可辩驳地证明特定的教育理念和实践模式有其文化边界，未必放之四海而皆准。美国的文化人类学家玛格丽特·米德(Margaret Mead)在《萨摩亚人的成年》一书中，揭示了在萨摩亚的部落中儿童成长的历程与美国当代青少年的成长历程的不同是多么巨大而有趣，且美国当代社会的教育比起"原始的"萨摩亚部落并无显著的优势。② 苏泊尔(Charles M. Super)与哈克内斯(Sara Harkness)使用"发展生态位"这一概念来分析影响儿童发展的文化结构，强调儿童的发展、抚养和教育与其所处的具体而复杂的文化情境须臾不可分割，抛开文化情境谈幼儿的发展和教育是不可取的。③ 托宾等时隔 20 年再度比较了美、中、日三种不同文化下的幼儿教育，发现三个国家的幼儿教育保持了相当大的稳定性和各自的特色，因为各自的文化传统对幼儿教育观念和实践有着潜隐且强大的制约作用。④⑤ 托宾进而指出，特定社会的"质量标准"应当反映本土的文化价值和

① 亚伯拉罕·马斯洛．动机与人格(第三版)[M]．许金声，译．北京：中国人民大学出版社，2007.

② 玛格丽特·米德．萨摩亚人的成年[M]．北京：商务印书馆，2008.

③ Super C M, Harkness S. The developmental niche: a conceptualization at the interface of child and culture[J]. *International Journal of Behavioral Development*, 1986, 9(4): 545-569.

④ Tobin, J. J., Wu D Y H, Davidson D H. Preschool in three cultures: Japan, China, and the United States[J]. *The China Journal*, 1992, 19(6): 172-173.

⑤ Cave P. Preschool in three cultures revisited: China, Japan, and the United States (review)[J]. *Journal of Japanese Studies*, 2011, 37(1).

关切，并且不应跨越自身的边界强加于其他文化——无论通过何种途径。[①] 文化人类学家的这些研究发现与发展心理学中维果茨基的文化历史理论以及后来的社会建构主义不谋而合。正是基于这些文化人类学的理论和研究，研究者深刻认识到，我们必须对以“拿来主义”的方式照搬国外(尤其是西方的)评价工具的做法保持谨慎批判的态度。融合托幼机构教育质量的国际共通理解，基于中国文化传统以及今天的核心价值观凝练中国的托幼机构教育质量观念，基于中国的国情和学前教育实际情境研制适切的质量衡量标准，这对研制中国托幼机构教育质量评价工具至关重要。

二、实证研究基础

(一)美国 ECERS-R 的跨文化应用及其修订

基于当代人类发展生态学“环境即人与物质、社会、文化的交互作用过程”[②]的思想观念，美国北卡大学教堂山分校 FPG 儿童发展研究所的哈姆斯(T. Harms)等人研制了 ECERS[③] 及其修订版 ECERS-R。[④] 到目前为止，ECERS-R 是美国也是国际上研究最充分、使用最广泛的托幼机构教育质量测量工具之一。[⑤] 不同版本的 ECERS-R 已应用于 20 多个不同国家和社会情境中。[⑥] 但在不同社会文化背景中，研究者们在使用 ECERS/ECERS-R 时进行了各种改编和修订，如智利[⑦]和

① Joseph Tobin. Quality in early childhood education: an anthropologist's perspective[J]. *Early Education & Development*, 2010, 16(4): 421-434.

② Bronfenbrenner U, Morris P A. The Ecology of Human Development[M]. Cambridge, MA: Harvard University Press, 1979.

③ Harms T., Clifford, R. M., *Early Childhood Environment Rating Scale* [M]. New York, NY: Teachers College Press, 1980.

④ Harms T., Clifford R M, Cryer D. *Early childhood environment rating scale (revised edition)*[M]. New York, NY: Teachers College Press, 1998.

⑤ Mine Gol-Guven. Evaluation of the quality of early childhood classrooms in Turkey[J]. *Early Child Development & Care*, 2009, 179(4): 437-451.

⑥ Myers R G. In Search of Quality in Programmes of Early Childhood Care and Education (ECCE)[J]. A paper prepared for the 2005 EFA Global Monitoring Report, 2005.

⑦ Villalon M, Suzuki E, Herrera M O, et al. Quality of Chilean Early Childhood Education from an International Perspective Qualite de l'Education Prescolaire Chilienne dans une Perspective Internationale Calidad de la Educacion Preescolar Chilena desde una Perspectiva Internacional[J]. *International Journal of Early Years Education*, 2002, 10(1): 49-59.

韩国[①]删除了一些特定的评价项目（如关于满足特殊儿童需求）；瑞典在使用ECERS时减少了项目的数量；[②] 孟加拉[③]、印度[④]使用时删除了与社会文化无关的项目并添加了一些新的文化关联度更高的项目，进行了大量的内容修订。以上研究性文献印证了一个普遍的共识：在跨文化运用时，需要对ECERS/ECERS-R进行特定的修订以提高其在不同社会文化背景下的文化适宜性。

（二）ECERS-R 在我国的试用研究

对于中国文化教育情境而言，ECERS-R 是否是一个文化适宜且有效的评价工具？能否直接用于中国托幼机构教育质量的测量？ECERS-R 中所包含的质量观念有哪些能够与中国的社会文化情境是相容共通的？为了回答这些问题，2010年至 2011 年，研究者组织评分员团队运用 ECERS-R 对浙江省杭州市 105 个幼儿园班级进行了观察测量。研究结果发现，[⑤] 蕴含在美国 ECERS-R 中的一些学前教育质量观念（如以自由游戏为主的课程模式、舒适区域和隐私空间、接纳多元文化等）并没有被中国学前教育实践工作者普遍认可。另外，一些在中国社会文化和教育情境中具有重要价值的质量观念（如集体主义文化与集体教学）在ECERS-R中没有体现。同时，在本次试用中，ECERS-R 的测量学指标表现总体上并不令人满意，在总量表与子量表的得分分布、内部一致性信度和同时效度上，尤其是在部分子量表（如“活动”“语言推理”“互动”“作息结构”）和诸多项目上，均存在不同程度的问题。有多方面的原因可以解释 ECERS-R 在中国缺乏文化适宜性，其中最主要的原因是中美两国在核心的社会文化价值观上的差异。在美国幼儿教育实践中，基于游戏的课程与教学、个别化互动等至关重要的质量观念是建立在美国个体主义的核心价值观基础上的。在我国，集体活动以及集体教学作为社会（集体）主义文化价值传递的主要路径，在幼儿园教育实践中盛行则成为非常独特的文化教育现象。

---

① Lim J. T.. A preliminary study on validation of ECERS[J]. *Journal of Education*, 1983, 10: 107-143,

② Kärrby G.. *A Swedish Research Version of the Early Childhood Evironment Rating Scale* (ECERS)[Z]. Göteborg, Sweden: University of Gothenburg, Department of Education, 1989.

③ Aboud F E., Evaluation of an early childhood preschool program in rural Bangladesh[J]. *Early Childhood Research Quarterly*, 2006, 21(1): 46-60.

④ Isley B. J., *Tamil Nadu Early Childhood Environment Rating Scale*(TECERS)[Z]. Madras, India: M. S. Swaminathan Research Foundation, 2000.

⑤ 李克建，胡碧颖，潘懿，秦金亮．美国《幼儿学习环境评价量表（修订版）》(ECERS-R)之中国文化适宜性探索［J]．幼儿教育：教育科学版，2014，(11)：3-8.

ECERS-R在我国幼儿教育情境中的试用研究为中国托幼机构教育质量评价工具的研制提供了重要的实证研究基础。这些研究发现以及实践者和评分员的反馈均表明，ECERS-R如果不加任何修订直接用作中国托幼机构的教育质量测量工具，在文化适宜性以及测量的可靠性与有效性上存在不足。基于此，研究者认为，中国的学前教育研究者必须在充分理解、研究、借鉴国际优秀托幼机构教育质量评价工具(包括但不限于ECERS-R)的基础上，研发适合我国国情和文化的托幼机构教育质量评价工具，以更好地服务于我国的幼儿园教育质量评价实践。

三、编制过程

《量表》以浙江师范大学杭州幼儿师范学院的研究团队为主进行研发，技术支持来自一个更大范围的跨学科国际合作团队，成员包括澳门大学、美国北卡大学教堂山分校FPG儿童发展研究所、美国得克萨斯州克里斯汀大学、浙江大学的多名相关领域研究学者。整个研究团队历时三年多进行概念框架建构、项目筛选、指标编制和标准化。在借鉴了ECERS-R、CLASS等工具过程质量观的基础上，该《量表》构建了适应中国社会文化背景的托幼机构教育质量的概念框架，萃取了中国幼儿园教育有证据支持的优质实践，经过了严谨的研发步骤，致力于使该《量表》成为能够全面衡量中国托幼机构教育质量的有效评价工具。

(一)中国托幼机构教育质量观念的建构

ECERS-R作者们对于幼儿学习环境质量提出了八个衡量标准(质量观念)：自由选择性、独立性、创造性、多样性、计划性、积极氛围、监督管理和成人角色。这些质量标准和观念广泛渗透于ECERS-R的评价指标之中。毋庸置疑，ECERS-R中的这些质量观念是建立在美国文化价值观和学前教育情境的基础上的。通过批判性借鉴ECERS-R、CLASS等国际知名评价工具中的质量观念，基于中国文化传统、现实国情和学前教育实际，研究者们提出了中国托幼机构质量的六个评价标准：从儿童的角度包括：独立性与差异性，自主性与社会性；从教师的角度包括：计划性与反思性，教学与指导的适宜性；在两者之间是最重要的两个质量标准：互动性与均衡性(具体阐释见第二章相关内容)。以互动性和均衡性为核心的六个质量标准是跨文化视野下的本土建构，体现了集体主义和个人主义从对立走向融合的托幼机构教育质量观，适宜我国国情和文化以及学前教育的未来发展方向。同时，以互动性和均衡性为核心的中国托幼机构教育质量观念框架既保证《量表》的评价指标能够建立在优质幼儿教育国际共识的基础上，又保证了《量表》对我国文化教育情境的适宜性。质量观念上的共通性与差异使得中国《量表》与ECERS-R等国际知名评价工具既能够保持对话，又保持了各自的特色与相对独立性。

(二)"集体教学"子量表的研制

基于集体教学在我国幼儿园教育中的重要地位，我们研制了《集体教学评价量表》，并作为《量表》中的一个子量表。研究者首先对国内有关集体教学评价以及集体教学有效性的相关文献①②进行了系统梳理和总结，以确立集体教学子量表的项目构架。美国的班级人际互动评价工具CLASS③也为我们提供了有益的借鉴。CLASS从情感支持、课堂组织和教学支持三个维度对班级中的人际互动进行测量，这些维度对于集体教学的评价同样重要。经过充分的研讨和审慎考虑，新创建的集体教学子量表包含七个评价项目。(1)教学目标与内容：内容的适宜性，清晰的教学目标，目标和内容符合儿童的兴趣和经验。(2)情感支持：课堂情绪情感氛围，教师对儿童情绪需求的回应能力，儿童和教师之间的相互尊重。(3)教学设计与组织：教学准备的充分性，组织教学活动，空间、设备和材料的运用。(4)教学过程：课堂管理(行为、时间)、效率。(5)教学支持：教学方法、促进幼儿语言和思维/技能的发展，对幼儿学习的反馈。(6)幼儿表现：幼儿的参与、专注、态度、社会情感行为。(7)课堂文化：集体教学的价值导向，教学过程中的问题平等和公平(如教师接受个体差异)。集体教学子量表是评价中国托幼机构教育质量必需的重要内容，也是我们重要的创新性研究成果。

(三)《量表》的内容框架和评分方式

在增设了集体教学子量表之后，《量表》第一版共包含8个子量表、51个评价项目，分别为：(1)空间与设施(9个项目)；(2)保育(6个项目)；(3)课程计划与实施(5个项目)；(4)集体教学(7个项目)；(5)游戏活动(9个项目)；(6)语言推理(4个项目)；(7)人际互动(5个项目)；(8)家长与教师(6个项目)(《量表》的项目概览见表3-1)。

在评分方式上，《量表》与ECERS-R同样运用了7点评分的李克特式量表，每个项目下的指标分别被组织到1分(不适当)、3分(合格)、5分(良好)或7分

---

① 虞永平．幼儿园教学活动的评价．早期教育，2005，(3)：8-9.

② 杨佳丽、王春燕．对幼儿园有效教学的思考．幼儿教育：教育科学版，2013，(4)：17-20.

③ Pianta R C, La Paro K M, Hamre B K. *Classroom Assessment Scoring System*[M]. Paul H. Brookes, 2008.

(优秀)的等级序列下。“1分”指标是消极性的，这些指标往往被认为会对幼儿的安全、健康和身心发展造成直接的或较大的伤害，是教育者需要力图避免的做法；“3分”指标被认为是对于幼儿的身心发展而言的基础性要求；“5分”指标一般是被研究证明有利于幼儿学习和发展的良好实践；“7分”指标则是那些“百尺竿头，更进一步”的做法，以期望更好地促进幼儿的独立性、社会性、创造性、领导力等。这四个等级指标之间实际上是一种递进式的关系：第一，不要伤害；第二，做好基础性工作；第三，履行发展适宜性实践；第四，追求卓越。

这种等级评分指标易于让人产生误解，比如高等级的指标更为重要；高等级的指标更难达到，等等。实际上，必须看到，相对于儿童身心发展需求而言，低等级的指标聚焦于幼儿更为基础性的生存和发展需要，从这一意义上说更加迫切而重要；当然并不是说高等级的指标不重要，只是不同的等级指标轻重缓急程度不同。另外，等级分值的高低与难度系数并非成正比，满足相对基础性指标的要求(如避免1分指标和达到3分指标)与达到更高级指标的要求相比未必更容易；当然，等级分值与难度系数并不是完全的反比关系——两者之间的关系是非线性的、错综复杂的。这也是我们对托幼机构教育质量的评价采取由低到高的递进原则进行评分的原因。

表3-1 第一版项目概览

子量表一 空间与设施	子量表二 保育	子量表三 课程计划与实施	子量表四 集体教学
1. 教室 2. 家具教学设备 3. 卫生间 4. 午睡空间与设施* 5. 活动区角 6. 安抚和独处空间与设施* 7. 环境装饰和幼儿作品展示 8. 户外体育活动场地与设施 9. 满足教师需求的空间与设施	10. 入园/离园* 11. 如厕/盥洗/饮水 12. 进餐* 13. 午睡/休息* 14. 健康 15. 安全	16. 一周课程计划 17. 一日活动安排与组织 18. 自由游戏 19. 集体活动 20. 户外体育活动	21. 目标与内容 22. 情感支持 23. 教学设计与组织 24. 教学过程 25. 教学支持 26. 幼儿表现 27. 课堂文化*

续表

子量表五 游戏活动	子量表六 语言推理	子量表七 人际互动	子量表八 家长与教师
28. 角色/戏剧游戏 29. 建构游戏 30. 精细操作活动 31. 数学 32. 自然/科学 33. 音乐/律动 34. 美术 35. 沙/水 36. 音像设备和电脑*	37. 图书和阅读 38. 鼓励幼儿沟通 39. 日常交流 40. 概念与推理	41. 指导和监护 42. 常规和纪律 43. 师幼互动 44. 同伴互动 45. 尊重和欣赏差异*	46. 服务家长 47. 家园沟通与合作 48. 满足教师合理需求 49. 教师间互动与合作* 50. 教师工作督导与评价* 51. 教师专业成长支持

注："*"的项目，表示在特定条件下允许不适用。

(四)《量表》对 ECERS-R 的修订与改变

相对于 ECERS-R 原有项目的内容架构而言，《量表》的一个重大改变是为每个项目建构了评价的维度——在《量表》中称为"子项目"。"子项目"是对特定项目进行评价的不同角度或不同层面。比如，子量表四"集体教学"下的项目 25"教学支持"由以下五个子项目组成：语言方式、教学方式、教学机智、促进幼儿思维/技能发展、反馈评价(见表 3-2)。每一个子项目均由 1 分(不适当)、3 分(合格)、5 分(良好)、7 分(优良)四个等级的具体指标来进行界定。这样，对于每个子项目而言，四个相应的等级指标实际上构成了一个特定方面质量水平变化的连续体，可能的分数为 1、3、5 或 7。

子项目的增设加强了评价项目内容的逻辑性，同时也引起了每个项目评价内容的重构和指标数量的增加：子项目的不同等级指标未必能够全部从 ECERS-R 项目下原有的指标中找到，因而，需要为子项目创编和补充新的等级指标。因此，即使许多项目保留了原来的名称和内容，其结构和内容也因子项目的增设而作了一些或者较大的调整。经过这样的修订与调整，作者们为《量表》的 51 个评价项目创设了 177 个子项目(每个项目下平均包含 3～4 个评价维度)。

这一新特性使得《量表》的评分过程比 ECERS-R 相对简易和准确，同时实现"对所有指标评分"的目的，防止由 ECERS-R 中所采用的"终止评分程序"所造成的“质量信息丢失”和“指标等级混乱”问题。① 因此，使用《量表》不仅能够得到项目分数(ECERS-R 的分析主要基于项目得分)，还能得到更精准的子项目得分(1，3，5 或 7)和所有指标的评分结果(“是”或“否”)。这为进一步深入分析《量表》的内容和测量学特性提供了良好的基础性架构。

除了“集体教学”子量表的增设、为每个项目创设不同的评价维度(子项目)以外，《量表》对 ECERS-R 的修订和改变还包括：(1) 对于测量反应灵敏但文化适宜性不足的指标，修订其解释及举例以体现文化适宜性。(2) 对于测量反应不够灵敏的指标，调整(适当提高或降低)其评分尺度以适应我国国情(如重新界定了儿童自由游戏各个项目中“最低要求”“良好”和“优秀”指标中对于时间的要求)，提升其反应的灵敏度。(3) 去除与中国文化和教育情境无关或暂不适用的指标(比如鉴于融合教育在我国尚未普遍开展的国情，我们去除了分散在 ECERS-R 各评价项目中关于支持特殊需求儿童的指标)。

表 3-2 《量表》评价项目举例：项目 25 教学支持

等级 子项目	不适宜 1	2	最低要求 3	4	良好 5	6	优秀 7
25.1 语言方式	25.1.1 教师使用不规范的语言(如在非少数民族幼儿园，教师一直使用本地方言而不是普通话)；教师的语言表达不清楚。		25.1.3 教师语言基本规范，表达基本清楚。		25.1.5 教师语言规范，表达流畅清晰且生动形象，有利于幼儿的理解；教师积极利用各种机会与幼儿进行语言交流。		25.1.7 教师善于运用各种策略(如提出开放性问题，复述与拓展幼儿的发言和回答等)，丰富幼儿的语言，提升幼儿的语言能力。
25.2 教学方式	25.2.1 以单纯讲授为主，组织形式单一(均为集体学习，没有小组和个别的学习)；教学方式有明显的“小学化”“成人化”倾向；教学方法与教学目标或内容完全不相适宜。		25.2.3 采用了两种以上教学方法；对幼儿的学习特点有一定考虑，但仍以面向集体的讲解演示为主；教学方法适宜部分教学目标或内容。		25.2.5 采用了多种教学方法，适应幼儿的学习特点；在集体教学活动中融入小组活动或幼儿的自主操作活动；教学方法与教学目标和内容基本适宜。		25.2.7 通过多样而适宜的教学方法，灵活的组织形式(集体、小组、个体活动之间灵活转换)，多层次的操作材料，有效地支持每位幼儿的学习。

① Gordon R A，Fujimoto K，Kaestner R，et al. An assessment of the validity of the ECERS-R with implications for measures of child care quality and relations to child development[J]. *Developmental Psychology*，2013，49(1)：146-60.

续表

等级 子项目	不适宜 1	2	最低要求 3	4	良好 5	6	优秀 7
25.3 教学机智	25.3.1　教师僵硬地执行既定教学计划，忽略或没有读懂幼儿的现场反应，导致教师教学与幼儿学习状态或情绪反应脱节。		25.3.3　教师对教学计划的执行具有一定的灵活性；能够从大部分幼儿的现场反应看出预设目标或内容的适宜性，并对目标要求或活动内容作出一定的调整。		25.3.5　教师对教学计划的执行具有较高的灵活性；能够根据幼儿的现场反应，及时对活动的目标要求、内容重点、材料呈现方式或教学方法作出适宜的调整，增强教学效果。		25.3.7　教师注意把握预设与生成的平衡；善于根据幼儿现场的反应和表现推动教学活动的发展；鼓励幼儿的提问和表达，激发、满足或拓展幼儿的兴趣和学习需要。
25.4 促进幼儿思维/技能发展	25.4.1　教师没有关注幼儿的思维/技能发展；教学方法完全不适应幼儿的年龄特点和发展水平；教学活动对幼儿思维/技能发展基本没有作用。		25.4.3　教师能够关注到幼儿的思维/技能发展；教学活动对幼儿的思维或技能的发展能够起到一定的作用。		25.4.5　教师通过多种方法与途径，帮助幼儿形成或巩固核心概念（如类别与顺序，原因与结果，平衡与对称，变化与守恒等）或关键技能（包括智慧技能与动作技能）。		25.4.7　教师有意识地运用各种有效策略（如多感官感知体验，比较与对比，发现式学习，小组合作学习等），促进幼儿的高级思维能力（如分析与综合、问题探究以及创造性表达/表现等）或复杂技能的发展。
25.5 反馈评价	25.5.1　教师没有向幼儿提供必要的反馈和评价或者反馈与评价方式完全是否定性的、令人沮丧的。		25.5.3　教师对部分幼儿在某些环节的表现给予积极的反馈和评价或者给予幼儿的反馈和评价是集体的、笼统的。		25.5.5　教师对大多数幼儿的学习和表现给予及时的反馈或鼓励与肯定，多次对幼儿的学习和表现给予个别化的反馈和评价（至少3次）。		25.5.7　教师通过必要的信息提示、持续追问等方式，为幼儿提供学习与思考的框架；教师的反馈和评价对活动进展或幼儿的学习起到积极的推动作用。

(五)专家实践者对《量表》内容和编制质量的评价

2011年下半年，研究者邀请了176位来自全国的专家型实践者(教研员、园长或骨干教师)对《量表》进行评价，主要是审视其能否作为中国幼儿园教育质量适宜的评价工具。评价者要对整个量表和每个子量表的内容适宜性及编制质量进行评价，并对每个子量表与ECERS-R相比较后的修订提出建议。调查结果表明，[①] 绝大多数(90.5%以上)评价者认为，《量表》比ECERS-R更适宜中国文化和教育情境，是迄今为止最适宜的、最好的幼儿园教育质量评价工具；评价者肯定了《量表》对ECERS-R的修订，尤其对"集体教学"子量表的增设和子项目(评价维度)的建构持高度肯定态度。这些证据表明了《量表》具有良好的内容效度。同时，评价者也对《量表》的一些具体指标表示了疑问或提出了具体的建议。这些疑问和建议的合理成分被吸收进后续的《量表》内容和指标的修订中。

(六)《量表》与ECERS-R的内容比较

为厘清《量表》与ECERS-R的关系与异同，研究者在指标层面上对两个评价工具进行了内容分析。内容分析由两位经验丰富的评分员各自独立进行，两位评分员对ECERS-R与《量表》的内容与运用非常熟悉；然后，《量表》的第一作者与两位评分员就其间存在的分歧进行讨论，直到三位均消除分歧、达成一致意见。指标分析结果表明，《量表》的第一版共包含685个具体评分指标，其中53.4%的指标是基于ECERS-R中的相应指标修订而来(修订的方式包括翻译、解释与举例的改编以及评分标准的调整)，而其余46.6%的指标是《量表》独有的、原创的。

经过以上一系列的努力之后，2012年年初，《量表》第一版编制完成，有待于在一定规模的数据采集中使用，对其测量学性能(信度与效度)进行检验。

---

① Hu B. Y., Vong K., Chen Y., et al. Expert practitioner's views about the Chinese early childhood environment rating scale[J]. *European Early Childhood Education Research Journal*, 2015, 23(2): 229-249.

第四章

《中国托幼机构教育质量评价量表》第一版效度验证研究[①]

本章概要

研究背景：无论从学前教育评价研究的理论来看，还是从我国学前教育发展的实践需求来看，建构适宜中国国情、具有良好测量学特性的托幼机构教育质量评价工具都十分重要而迫切。浙江师范大学组建的研究团队在借鉴国内外知名托幼机构教育质量评价工具(如 ECERS-R、CLASS)的基础上，依据我国幼儿园教育倚重集体教学的特征，编制了《量表》第一版，并致力于使其成为测量中国托幼机构教育总体质量的有效评价工具。

研究设计与方法：本研究采用分层随机抽样的方法，从浙江省 6 个地市(经济发展水平高、中、低各 2 个)18 个县区抽取了 91 所幼儿园、178 个样本班级(包括 45 个小班，53 个中班，74 个中班，6 个混龄班)；两名受过训练的评分员运用《量表》对每个样本班级进行了观察测量；同时，另一名受过训练的评分员从每个样本班级随机抽取 5～6 名儿童(男女各半)，运用《CDCC 中国儿童发展量表(3～6 岁)》进行儿童发展测试，共获得 1012 名 3～6 岁儿童的有效数据。研究者运用了方差分析(单因素方差分析和多元方差分析)、相关分析、探索性因素分析(EFA)等方法，以获得《量表》在测量信度(评分者间一致性、内部一致性)、测量效度(包括同时效度、校标关联效度、结构效度)多项测量学指标上的证据。

研究结果：(1)样本班级在 8 个子量表质量得分上，大多刚刚达到合格水平

---

① 注：本章的主要内容发表于美国《儿童早期研究季刊》2014 年第 3 期。源文献：Li, K., Hu, B., Pan, Y., Qin, J., & Fan, X. Chinese early childhood environment Rating Scale (trial) (CECERS): a validity study. *Early Childhood Research Quarterly*, 2014, 29(3): 268-282. doi: dx. doi. org/10. 1016/j. ecresq. 2014. 02. 007.

(3分)，量表各项得分(总量表和子量表得分)之间均显著相关。(2)《量表》相比于ECERS-R作者们报告的结果，在项目、子量表和总量表水平上评分者间一致性更加出色。(3)整个量表和8个子量表均显示了较好的内部一致性。(4)多元方差分析和单因素方差分析结果发现，《量表》评分结果与浙江省幼儿园等级评价结果之间具有稳定的一致性，为《量表》的同时效度提供了有力证据。(5)二元相关分析(包括控制儿童年龄与父母受教育背景的偏相关分析)结果表明，《量表》各项得分指标与儿童语言、早期数学、社会认知的发展结果之间呈现稳定一致的关系模型，表明《量表》具有良好的校标关联效度。(6)探索性因素分析(EFA)结果清晰地揭示了《量表》的两因子结构模型，这两个因子分别被命名为“学习条件”和“教学与互动”，表明量表具有良好的结构效度。

讨论与结论：研究者从多个角度检验了《量表》的测量信度和效度。本研究显示，《量表》相比于ECERS和ECERS-R的有关研究结果，多项测量学指标更加令人满意。这一系列的证据支持我们得出结论：《量表》具有良好的测量学特性，能够在中国文化和学前教育情境中正常发挥对托幼机构教育质量的区分和测量功能，为托幼机构教育质量提供有效的衡量指标。研究者认为，在本研究基础上，通过不断的努力与探索，《量表》有望成为中国社会和文化背景下优秀的托幼机构教育质量测量工具，引领中国学前教育的实践改进和质量提升。

一、研究目的

本研究旨在获得广泛的实证性证据来检验《量表》多个方面的测量学特性，包括(但不限于)评分者间一致性信度，《量表》内部一致性信度，《量表》和幼儿园等级评价结果之间的关系(同时效度)，《量表》和儿童发展结果之间的关系(校标关联效度)，以及《量表》潜在因子结构的证据(构想效度)。

基于Messick[①]的有关理论，我们将《量表》的效度验证看作一个宽泛的概念和持续的过程，各种形式的证据都可以用来支持《量表》使用的合理性和解释测量的分数。本次大规模研究就是为了检验《量表》的测量学属性，所获得的证据都有助于检视该《量表》在测量中国托幼机构教育质量方面的有效性。

① Messick, S, Validity. In R. L. Linn (Ed.), *Educational Measurement* [C]. New York, NY: Macmillan, 1989: 13-103.

二、研究方法

（一）样本

基于分层随机抽样程序，从浙江省6个地市（经济发展水平高、中、低各2个）18个县区抽取了91所幼儿园。这些幼儿园的分布情况如下：(1) 依据浙江省现有的办园等级，17所高等级园（省一级），32所中间等级园（省二级），42所低等级园（其中32所省三级、10所准办园①）；其中，高、中等级的抽样比例略高于实际，以便在每个质量层级获取足够的样本。(2) 依据所在地，城区幼儿园33所，县城幼儿园23所，乡镇中心区域幼儿园23所，村幼儿园12所。(3) 依据办园性质，公办园（包括教育部门办园、其他部门办园、集体办园）44所，民办园47所；其中公办园比例略高于该省实际水平。尽管样本幼儿园的分布结构在严格意义上或许不能完全代表总体，但已具有足够的丰富性和代表性。每所幼儿园随机选取两个不同年龄段的班级进行质量观察评价，这样，共获取了178个样本班级的质量观察数据。年龄班分布情况如下：45个小班（3～4岁组），53个中班（4～5岁组），74个中班（5～6岁组），另外有6个混龄班（3～6岁）。每个样本班级随机抽取6名儿童（男女各半）进行儿童发展测试，内容主要包括语言、早期数学、社会认知和动作技能四个领域，最终，共获得1012名儿童的发展结果测试数据。需要指出的是，本研究中的数据采集内容和过程是在地方教育行政部门、样本幼儿园、样本班级教师、儿童家长知情同意的基础上进行的。

（二）工具

1.《量表》第一版

《量表》②作为本验证研究的目标工具，用于样本班级的质量观察数据采集。如第三章所述，《量表》是为中国的托幼机构教育质量评价而研发的班级观察量表，包含8个子量表、51个评价项目、177个子项目、685个具体的评分指标。该《量表》延续了ECERS-R的李克特式7点评分：1分（不适宜），3分（最低要求），5分（良好），7分（优秀）。本研究中数据分析的基础是《量表》的项目得分。项目得分是依据该项目下等级指标的评分结果由低到高进行推算。子量表得分是

① “准办园”是指取得办园许可证但没有通过省三级评估的幼儿园，本研究中被归为低等级园。

② 李克建，胡碧颖．中国托幼机构教育质量评价量表（第一版）．2012，未出版评价工具．

该子量表下所有被评项目的均分。量表总分是所有被评项目的均分，用以代表该托幼机构班级的整体教育质量。

2. 浙江省幼儿园等级评价体系

浙江省幼儿园等级评价体系是2008年建立并施行的。依据该评价体系，通过等级评估的幼儿园被分成三个等级，由高到低分别是：省一级(优秀)、省二级(良好)、省三级(合格)。等级评价标准的内容包括办园条件、园所管理和教师队伍建设、安全与卫生保健、教育工作、家长与社区工作、示范辐射作用。评价方法主要采用查阅档案、园长报告、实地查看、座谈等。因而，这种评价侧重的是园所层面的结构性(条件性)质量，但无法充分反映班级层面的过程性质量。①

3.《CDCC中国儿童发展量表(3~6岁)》

《CDCC中国儿童发展量表(3～6岁)》(以下简称"CDCC量表")是20世纪90年代初由北京师范大学张厚粲带领的团队研发的。② 该量表是一套用于评价3～6岁儿童总体发展水平的常模参照测验，包含语言、早期数学③、社会认知和动作技能四个分测验。(1)语言，25个测试题目，内容涉及词汇、理解、语言表达与使用。(2)早期数学，56个测试题目，涵盖分类、排序、图形、关系模式与推理、数数与计算。(3)社会认知，25个测试题目，涉及基本的社会常识、人物关系辨识、初步的道德判断。(4)动作技能，包括4个大肌肉动作测试项目和1个精细动作测试项目。根据研发者当时的研究报告，CDCC量表的内部一致性信度区间为0.71～0.95，重测信度为0.89；内容效度、同时效度(CDCC量表得分与同时使用的斯坦福-比奈智力量表得分的相关系数为0.603)、校标关联效度(CDCC量表得分与学校的学业成绩测验得分的相关系数为0.704)良好。④ 值得指出的是，该量表是为数不多的我国自主研发并经过效度验证的儿童发展测试工具之一。为避免常模老化带来的偏差，本研究没有使用依据常模计算的标准分，而是采用测验的原始分用于后面的数据分析。

① 李克建．科学发展观视野下的幼儿园等级评定制度：来自浙江的经验[J]. 幼儿教育：教育科学版，2010，(4)：1-5.

② 张厚璨，周容，陈帼眉，赵钟岷，王晓平．中国儿童发展量表(3～6岁)手册．1992.

③ CDCC原量表中使用的名称为"认知"，鉴于该分测验的内容主要是在儿童的早期数学学习领域，且为了区别后一个分测验的名称("社会认知")，本文中，该分测验我们使用"早期数学"这一名称。

④ 周容，张厚璨．CDCC中国儿童发展量表(3～6岁)的编制[J]. 心理科学，1994，17(3)：137-192.

（三）数据收集

在正式的数据采集之前，《量表》第一作者带领 8 名培训者①将 20 名学前教育专业硕士研究生培训成合格的评分员。培训包括四天量表内容学习和五天实地的班级观察评分练习。在每天的班级观察训练中，一名培训者带领 2～3 名学员组成一个小组进入同一个班级进行观察，各自独立观察和评分结束后进行小组一致性讨论和评分，每位学员计算自己的评分与培训者评分之间的一致性百分比（在项目水平上）。在每天的班级观察训练中，培训者与受训者的小组均进行重组，以避免固定趋势效应。整个培训结束时，每位受训者与培训者之间项目水平的一致性信度达到了 0.85 以上。28 名培训合格的评分员（8 名培训者以及 20 名新培训的评分员）参与了后面正式的数据采集。

2012 年上半年，研究者组织评分员团队运用《量表》对 178 个样本班级进行了一日活动过程的观察和评分。每所幼儿园由评分员到达现场后随机选择 2 个不同年龄组的班级。每个班级一般安排 2 名评分员，各自独立进行观察和评分。每个班级的观察时间大约 6.5 小时（一般为上午班级观察 4 小时，幼儿午休期间大约半小时对班级教师的访谈以便对无法直接观察的项目指标进行评分，下午班级观察 2 小时）。各自的评分结束后，再进行小组合议，对评分不一致的子项目进行讨论，直至达成一致意见，给出小组评分。

同时，另一名经过 CDCC 量表培训的测试员从所观察的样本班级中随机抽取 6 名儿童（男女各半），运用 CDCC 量表，采用一对一的方式逐个进行测试（内容包括语言、早期数学、社会认知、动作技能）。测试在幼儿熟悉、独立且不受干扰的房间进行。这样，在 178 个样本班级共采集了 1012 名 3～6 岁儿童的发展结果数据。

三、研究结果

（一）描述性统计

班级特征变量的描述性统计结果表明，178 个样本班级，平均班额为 35 名幼儿（范围 11～63），生师比均值为 18∶1（范围 3∶1～46∶1）；班级教师平均年龄为 31 岁，教龄为 9 年；其中 38％为本科及以上学历，76％持有幼师资格证。

---

① 这 8 名培训者是经过事先培训的“黄金标准评分员”（golden-standard raters），在训练和试测中，每个评分员的评分与《量表》第一作者的评分之间的一致性信度在 0.9 以上。

表 4-1 样本班级《量表》得分的描述性统计与相关系数(N=178 班级)

子量表	1	2	3	4	5	6	7	8	量表总分
空间与设施(9)	1.00								
保育(6)	0.86	1.00							
课程计划与实施(5)	0.77	0.81	1.00						
集体教学(7)	0.64	0.76	0.73	1.00					
游戏活动(9)	0.85	0.80	0.82	0.66	1.00				
语言推理(4)	0.75	0.80	0.82	0.81	0.78	1.00			
人际互动(5)	0.69	0.80	0.75	0.80	0.67	0.81	1.00		
家长与教师(6)	0.83	0.85	0.77	0.70	0.80	0.80	0.77	1.00	
总量表(51)	0.89	0.93	0.90	0.85	0.89	0.91	0.88	0.91	1.00
得分均值	3.41	3.62	3.05	3.51	2.51	3.01	3.43	4.13	3.33
标准差	1.12	1.15	1.04	0.99	0.94	0.89	1.04	1.10	0.93

注：子量表名称后括号内的数字为该子量表所含项目数。

在《量表》得分上，由表 4-1 可见，178 个样本班级的量表总分均值为 3.33；基于 7 点评分量表的界定(1 分=不适宜，3 分=合格，5 分=良好，7 分=优秀)，这一得分意味着样本班级总体质量水平不高，刚刚达到合格水平。在 8 个子量表得分上，大多刚刚达到合格水平；其中“游戏活动”子量表得分最低(M=2.51)，未达到合格水平；“家长与教师”子量表得分最高(M=4.13)，接近但仍未达到良好水平。总体而言，子量表得分之间的相关系数相对较高(r=0.64～0.86)，表明这些子量表密切相关，但又不太过类似。

(二)测量信度

1. 评分者间一致性

本研究采用同组的两位评分员的原始评分(合议之前各自的独立评分)，在子项目、项目、子量表和总量表水平上分别计算了量表的评分者间一致性。纳入统计的 173 个子项目中，两位评分者评分完全一致的比例为 75%。51 个项目中，两位评分者评分完全一致的比例为 64%，1 分以内一致性的比例为 91%；项目水平的评分者间一致性系数上，仅 1 个项目低于 0.60(“游戏活动”子量表第 36 个项目“音像设备和电脑的使用”，因为该项目在 82%的样本班级被评为“不适用”)，4 个项目得分在 0.60～0.70；其余 46 个项目的评分者间一致性信度估计值为 0.70～0.90(总体均值为 0.77)。考虑到该类观察性量表单个项目的测量误差通常较大，因此本研究中项目水平上的评分者间一致性信度表现已相当令人满意。

8个子量表的评分者间一致性信度估计值处于0.85～0.94，均值为0.89。在量表总分水平上，评分者间一致性信度是0.94。对于这样的观察性等级评分量表而言，这些估计值显示了较高的评分者间一致性信度。与ECERS-R作者们报告的数据相比，[①] 本量表的评分者间一致性信度表现更加出色。

2. 内部一致性

由表4-2可见，整个量表的Cronbach's α为0.98，显示了很高的内部一致性。8个子量表的α系数均大于0.83(0.83～0.93)，具有较好的内部一致性。这些证据表明，不仅《量表》总体上可以用于托幼机构的教育质量评价，每个子量表也可相对独立使用，用以测量托幼机构特定方面的教育质量。

表4-2 《量表》的内部一致性系数

子量表	Cronbach's α
空间与设施	0.93
保育	0.89
课程计划与实施	0.90
集体教学	0.93
游戏活动	0.90
语言推理	0.83
人际互动	0.90
家长与教师	0.89
总量表	0.98

注：在计算Cronbach's α的时候，有5个项目由于被评为“不适用”或缺失的比例超过班级样本总量的10%而被去除。这5个项目分别是：安抚与独处的空间与设施；课堂文化；音像设备和电脑的使用；尊重和欣赏差异；教师间互动与合作。

(三)测量效度

1. 同时效度

本研究中的91所幼儿园，有81所通过了浙江省幼儿园等级评定(17所省一级园，32所省二级园，32所省三级园)；其余10所幼儿园有办学许可证但没有通过等级评定，这10所无等级园的数据没有被采用。在目前的幼儿园管理体系下，办园等级对于样本幼儿园来说是唯一有效且易于获得的质量指标。幼儿园的

① Harms, T., Clifford, R. M., & Cryer, D. *Early Childhood Environment Rating Scale* (*Rev. ed.*)[M]. New York, NY: Teachers College Press. 2005: Ⅰ-Ⅲ.

等级评价过程和结果是独立于本研究的，样本幼儿园的等级信息也没有透露给评分员。本研究分析了《量表》得分与幼儿园等级的相关性，以作为同时效度的一个证据。

由图 4-1 可知，浙江省幼儿园等级评定结果与《量表》的评价结果一致。三个等级幼儿园在 8 个子量表上的得分明显不同，得分变化趋势与办园等级高低完全一致：幼儿园等级越高，在各个子量表上的得分越高；反之亦然。

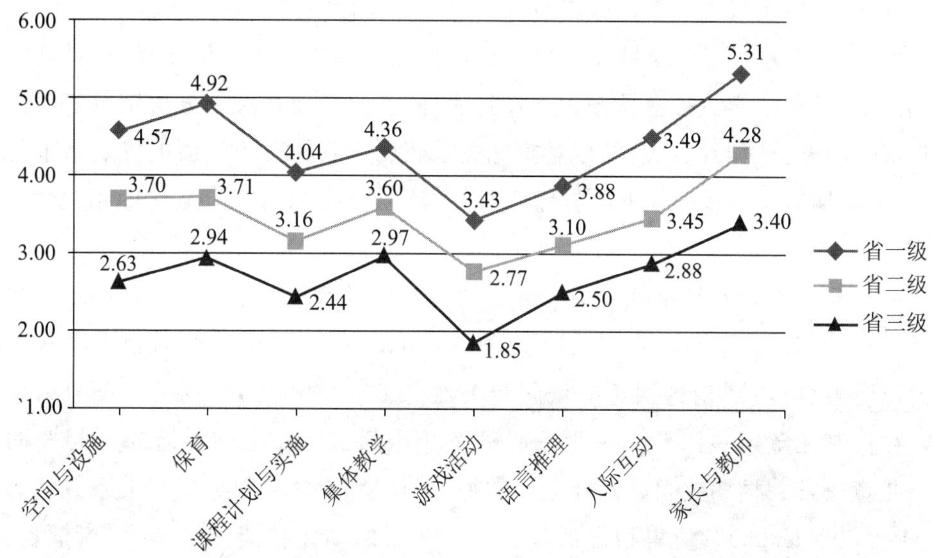

图 4-1 不同等级幼儿园在 8 个子量表上的得分

研究者运用多元方差方法分析三个等级幼儿园在《量表》得分上是否存在显著差异。多元方差分析结果表明，三个等级幼儿园在 8 个子量表上的得分具有显著性差异($Wilk's\ \lambda=0.415$，$F_{(df1=16, df2=302)}=10.43$，$p<0.001$)。此外，幼儿园的三个等级在每个子量表得分上的两两比较也具有显著性差异($p<0.001$)。在效应量方面，多元 R^2 接近 0.585，表明幼儿园的三个等级在 8 个子量表上的得分解释了将近 59%的变量。在教育研究中，这是一个相当大的效应量。①

此外，单因素方差分析模型下的效应量(比较幼儿园的三个等级在每个子量表上的得分)也是非常大的，对于这 8 个子量表而言，R^2 的范围从 0.28 ～0.50。毫无疑问，幼儿园的三个等级在《量表》总分上也具有显著性差异($p<0.001$)，同时也得到了一个相当大的效应量($R^2=0.48$)。这些分析结果显示，两个独立的质量评价体系(即《量表》与浙江省幼儿园等级评价体系)的评价结果具有良好的聚合

① Fan，X，Statistical significance and effect size：two sides of a coin[J]. *Journal of Educational Research*，2001，(5)：275-282.

性。这些结果为《量表》的同时效度提供了强有力的证据。

2. 校标关联效度

本研究中使用了 CDCC 量表对样本班级随机抽取的 5～6 名儿童进行了语言、早期数学、社会认知、动作技能方面的测试，共获取了 1012 名 3～6 岁儿童的发展测试数据。研究者首先对数据进行了筛选，排除了 77 名入园时长少于 6 个月的儿童(理由是时间过短，幼儿园教育环境对儿童发展难以产生可观测的影响作用)，这样，用于最终分析的样本量为来自 163 个班级的 935 名儿童。

表 4-3 的上半部分为《量表》得分(8 个子量表得分与量表总分)与儿童发展结果(语言、早期数学、社会认知、动作技能)的零阶二元相关。分析结果表明，除了儿童的动作技能与《量表》的质量指标关系较弱，其他三个方面的发展结果得分(语言、早期数学、社会认知)与《量表》的各项质量指标均具有显著的相关性(r=0.20～0.30)。

由于儿童年龄及其家庭社会经济背景可能在《量表》得分和儿童发展结果之间产生一定的作用，进而，我们采用了偏二元相关的分析方法，以控制儿童年龄及其父母受教育背景[①]对这两组变量间相关性的影响。由表 4-3 的下半部分结果可见，在控制儿童年龄以及父母平均受教育年限后，相比之前零阶二元相关的结果，儿童语言、早期数学以及社会认知得分与《量表》各项得分的相关系数略有降低(r=0.10～0.20)。值得指出的是，尽管儿童的动作技能测试结果与《量表》各项得分呈现较弱的关系，但与量表总分以及“集体教学”“语言推理”“人际互动”三个子量表得分呈显著相关。

总体而言，《量表》的校标关联效度水平略优于同类研究中报告的 ECERS[②] 和 ECERS-R[③] 的有关结果。

---

① 父母受教育背景，这里采用的是父母的平均受教育年限——这是研究者能够获取的与家庭社会经济水平相关的唯一可靠的变量。

② Peisner-Feinberg, E. S., Burchinal, M. R., Clifford, R. M., Culkin, M. L., Howes, C., Kagan, S. L., and Yazejian, N, The relation of preschool child-care quality to children's cognitive and social developmental trajectories through second grade, Child Development, 2001, 72: 1534-1553. doi: 10.1111/1467-8624.00364.

③ Burchinal, M., Howes, C., Pianta, R., Bryant, D., Early, D., Clifford, R., & Barbarin, O, Predicting child outcomes at the end of kindergarten from the quality of pre-kindergarten teacher-child interactions and instruction, Applied Developmental Science, 2008, 12: 140-153. doi: 10.1080/10888690802199418.

表 4-3 《量表》评分与儿童发展结果的相关性(N=935，来自 178 个班级)

儿童发展量表	子量表和量表总分								
	空间与设施	保育	课程计划与实施	集体教学	游戏活动	语言推理	人际互动	家长与教师	总分
零阶相关									
语言	0.23**	0.22**	0.21**	0.26**	0.19**	0.26**	0.22**	0.27**	0.26**
早期数学	0.23**	0.23**	0.19**	0.26**	0.18**	0.27**	0.24**	0.26**	0.26**
社会认知	0.24**	0.24**	0.19**	0.25**	0.22**	0.25**	0.22**	0.30**	0.26**
动作技能	0.02	0.04	0.02	0.07*	0.00	0.08*	0.08*	0.05	0.05
偏相关(控制幼儿年龄、父母教育背景)[a]									
语言	0.13**	0.15**	0.08**	0.15**	0.14**	0.14**	0.14**	0.16**	0.15**
早期数学	0.14**	0.17**	0.11**	0.13**	0.13*	0.15**	0.17**	0.18**	0.17**
社会认知	0.13**	0.14**	0.08**	0.10**	0.10**	0.13**	0.13**	0.18**	0.14**
动作技能	0.01	0.02	0.02	0.09**	0.03	0.09**	0.10**	0.03	0.11**

注：1. 偏相关控制了幼儿年龄、父母的教育水平(受教育年限)。

2. * $p<0.05$，** $p<0.01$，*** $p<0.001$

3. 结构效度

为了探明《量表》的结构效度，我们运用本次测量数据进行了探索性因素分析(Exploratory Factor Analysis，EFA)。在分析中，最后一个子量表“家长与教师”被去除，因为该子量表的项目评价内容与儿童发展并不直接相关；同时也去除了缺失值较多的项目(超过10%的班级在这些项目上被评为“不适用”)，这些项目分别是：安抚和独处的空间与设施(来自子量表“空间与设施”)、课堂文化(来自子量表“集体教学”)、音像设备和电脑(来自子量表“游戏活动”)以及尊重和欣赏差异(来自子量表“人际互动”)。这样，最终纳入探索性因素分析的是 178 个样本班级 41 个项目的得分数据。

在因素分析中，基于传统特征根值大于 1 的办法，共可以提取四个因子①；然而，特征根值碎石图的拐点效应却表明只可以提取两个因子。平行分析法，即把真实的数据特征根值与随机抽样的数据特征根值做比较，② 表明应该只保留前

① Horn, J. L, A rationale and test for the number of factors in factor analysis[J], *Psychometrika*, 1965, (2): 179-185; Thompson, B, Exploratory and confirmatory factor analysis: Understanding concepts and applications, Washington, DC: American Psychological Association, 2004.

② Widaman, K. F, Exploratory factor analysis and confirmatory factor analysis. In H. Cooper, P. M. Camic, D. L. Long, A. T. Panter, D. Rindskopf, & K. J. Sher (Eds.), APA handbook of research methods in psychology . Washington, DC: American Psychological Association, 2012, (3): 361-389.

两个因子(如图 4-2)。基于以上分析，本研究共提取了两个因子，这两个因子的方差贡献率为 61%。

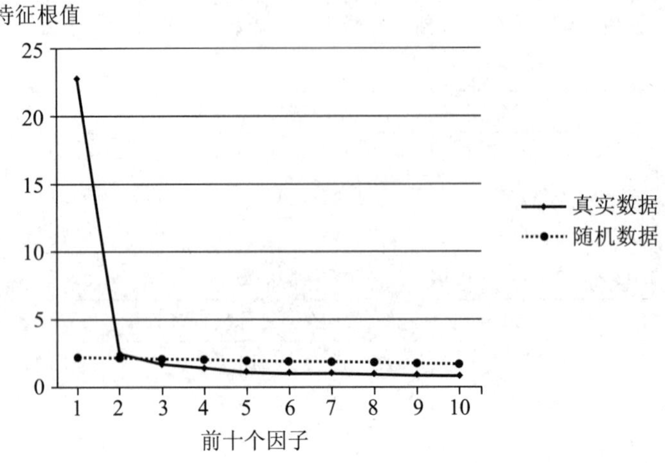

图 4-2　探索性因素分析中的前十个特征根值

斜交旋转呈现了一个清晰的量表因子结构，两个因子之间的相关系数是 0.76，表明这两个质量因子密切相关但不同。同时，这两个因子的成分相当明确(详见表 4-4)：组成因子Ⅰ的项目主要来自空间与设施和游戏活动 2 个子量表；组成因子Ⅱ的项目主要来自集体教学、语言推理和人际互动 3 个子量表。基于两个因子成分项目的内容分析，我们把因子Ⅰ命名为“学习条件”，即为幼儿的学习所提供的各类条件，涉及各类空间、设施、材料及其使用，以及对各类游戏活动的安排(包括空间、材料、机会与时间、设计与指导等)；把因子Ⅱ命名为“教学与互动”，主要涉及幼儿参与其中的各类学习活动过程，包括集体教学、师幼互动、同伴互动与各类活动的指导与监护。

表 4-4　《量表》两因子结构(N=178)

子量表	项　目	因子(r=0.76)	
		Ⅰ	Ⅱ
空间与设施 (9) (项目 6 被排除)	1. 班级室内空间	0.841	
	2. 家具教学设备	0.769	
	3. 卫生间	0.571	
	4. 午睡的空间与设施	0.447	
	5. 活动区角	0.812	
	7. 环境装饰和幼儿作品展示	0.664	
	8. 户外体育活动场地与设施	0.870	
	9. 满足教师需求的空间与设施	0.904	

续表

子量表	项　目	因子(r=0.76)	
		Ⅰ	Ⅱ
保育（6）	10. 入园/离园		0.450
	11. 如厕/盥洗/饮水	0.426	0.450
	12. 进餐	0.402	0.393
	13. 午睡/休息	0.557	
	14. 健康	0.497	0.359
	15. 安全	0.649	
课程计划与实施（5）	16. 一周课程计划	0.424	0.374
	17. 一日活动安排与组织	0.467	0.414
	18. 自由游戏	0.558	
	19. 集体活动	0.355	0.494
	20. 户外体育活动	0.589	
集体教学（7） （项目 27 被排除）	21. 目标与内容		0.832
	22. 情感支持		0.912
	23. 教学设计与组织		0.803
	24. 教学过程		0.977
	25. 教学支持		0.816
	26. 幼儿表现		0.766
游戏活动（9） （项目 36 被排除）	28. 角色/戏剧游戏	0.762	
	29. 建构游戏	0.707	
	30. 精细操作活动	0.662	
	31. 数学	0.813	
	32. 自然/科学	0.761	
	33. 音乐/律动	0.393	
	34. 美术	0.709	
	35. 沙/水	0.851	
语言推理(4)	37. 图书和阅读	0.586	
	38. 鼓励幼儿沟通	0.405	0.461
	39. 日常交流		0.773
	40. 概念与推理		0.558
人际互动（5） （项目 45 被排除）	41. 指导和监护		0.724
	42. 常规和纪律		0.735
	43. 师幼互动		0.721
	44. 同伴互动		0.865
家长与教师（6）	6 个项目均被排除；这些项目内容与儿童发展不直接相关；这些项目的评分是通过访谈得到，而不是根据直接的班级观察		

研究者发现，这个因子结构具有实质性意义，同时，与 Sakai 等人[①]的关于 ECERS-R 的两因子结构有很大的相似性。这说明《量表》具有良好的结构效度，它既保持了与 ECERS-R 结构上的延续性，同时又能抓住中国托幼机构教育质量的核心要素（如集体教学），具有本土文化适宜性。但需要注意的是，子量表保育和子量表课程计划与实施中多个项目出现了交叉负载的现象，归属于哪个因子并不明确。在未来的《量表》修订中，有必要对这些项目的内容和指标进行深入检视和适当调整。

四、讨论与建议

在中国社会文化和教育情境中，迫切需要对幼儿园等各类托幼机构的教育质量进行有效的评价，以便把改进托幼机构教育质量的努力建立在科学实证的基础上。然而，对于早期教育实践工作者和研究者而言，缺乏具有良好测量学特性的评价工具是托幼机构发展和质量改进的主要障碍之一。《量表》的研发正是为了这一目标，致力于成为中国托幼机构教育质量评价的有效工具。基于 Messick[②] 关于测量工具效度验证的整合性理论框架，本文呈现并讨论了多角度的证据，以表明《量表》能够按照设计意图，正常发挥测量和区分中国托幼机构教育质量的功能。

（一）关于《量表》的测量信度

在测量信度方面，本研究考虑和计算了多种形式的信度指标，包括《量表》的内部一致性（比如 Cronbach's α），以及在多种测量水平上的评分者间一致性（比如项目得分水平、子量表得分水平和总量表得分水平）。多种实证性分析结果表明，《量表》具有相当不错的测量信度；同时，这些结果总体上优于类似的测量工具（比如 ECERS 或 ECERS-R）。[③④] 当然，《量表》的内部一致性有些偏高，也提示

---

① Sakai, L. M., Whitebook, M., Wishard, A., and Howes, C, Evaluating the Early Childhood Environment Rating Scale (ECERS): Assessing differences between the first and revised editions[J]. *Early Childhood Research Quality*, 2003, (4): 427-445.

② Messick, S, Validity. In R. L. Linn (Ed.), *Educational Measurement* [C]. New York, NY: Macmillan, 1989: 13-103.

③ Harms, T., Clifford, R. M., and Cryer, D, *Early Childhood Environment Rating Scale* (*Rev. ed.*)[M], New York, NY: Teachers College Press, 2005.

④ Peisner-Feinberg, E. S., Burchinal, M. R., Clifford, R. M., et al., The relation of preschool child-care quality to children's cognitive and social developmental trajectories through second grade, Child Development, 2001, 72: 1534-1553. doi: 10.1111/1467-8624.00364.

研究者在将来的修订中进一步检视《量表》各个项目中的评价指标和内容，把项目间可能的交叉重复降至最低程度。

(二)关于《量表》的测量效度

在测量效度方面，研究者运用了多种分析方法，努力获取了多种形式的证据，以验证这些不同形式的证据是否共同支持该《量表》的有效性。在传统意义上的同时效度方面，研究者采用了多元方差分析与单因素方差分析方法，检验样本班级的《量表》得分与所在幼儿园等级之间的相互关系。分析结果显示，《量表》得分与幼儿园的办园等级之间具有良好的一致性，表明《量表》较好地体现了设计意图，能够发挥测量和区分中国托幼机构教育质量的功能。

在校标关联效度上，研究者运用了多种分析方法检验了《量表》各项得分与儿童发展结果(语言、早期数学、社会认知)之间的相互关系模型。零阶二元相关以及偏相关(控制了儿童年龄、父母平均受教育水平——作为家庭社会经济地位的代表性指标)的结果显示了与预期一致的清晰的相互关系结果模型。二元相关分析(零阶相关和偏相关)的结果为《量表》的校标关联效度提供了有力的证据，表明该《量表》得分能够作为中国托幼机构教育质量的指标：托幼机构在《量表》上得分越高，质量越高，越有利于儿童语言、认识、社会性技能的发展。同时，两者相关性的程度优于本领域的一些权威测量工具所报告的结果，比如 ECERS 和 ECERS-R。

从这些相关系数上看，《量表》得分与儿童发展结果之间的相关性程度并不高(比如零阶相关系数为 0.20～0.30，偏相关系数为 0.10～0.20)，但在同类研究中，这种大小的效应量作为托幼机构教育质量测量工具的效度证据已经足够充分了。从儿童发展的生态学视角来看，儿童发展实际上受到一系列复杂因素的影响，构成了一个多层级的、动态的复杂环境系统；[①] 托幼机构教育仅仅是这一系统中很小的一部分，因而，与儿童发展结果相关性不高是可以理解的。

值得指出的是，在《量表》的 8 个子量表中，我们完全自主研制的“集体教学”子量表与儿童发展结果的每一个方面(包括语言、早期数学、社会认知和动作技能)均展现出一致的稳定关联。这些证据让我们相信“集体教学”这一子量表在中国社会文化背景中能够敏感地反映和评价托幼机构的教育质量。另外，研究结果显示，儿童的动作技能测试得分与《量表》得分关系非常微弱。这是一个值得关注的、具有中国特色的教育现象，多种社会和文化上的原因可能会导致这一结果，

① Bronfenbrenner，U，*The Ecology of Human Development*：*Experiments by Nature and Design*. Cambridge，MA：Harvard University Press，1979.

有两项研究专门对此问题进行了探讨。①② 最后，为探索《量表》的内部结构，研究者进行了探索性因素分析(EFA)，并采用了“最佳策略”(即“平行分析”)以决定因子数目的保留。探索性因素分析揭示了一个两因子的结构模型——这一结构在很大程度上与ECERS以及ECERS-R的一些研究结果相近，③ 并同样把这两个因子分别命名为“学习条件”和“教学与互动”。但鉴于类似评价工具(如ECERS与ECERS-R)因子分析的相关研究结论往往并不一致，④⑤⑥ 我们把本研究中的因子分析结果也看作试探性的。这一因子结构的稳定性和可推论性有待于未来新的样本数据的检验。

综上所述，我们以宽宏的视角从多个角度检验了《量表》第一版的测量信度和效度。本研究所呈现和讨论的这些证据与ECERS和ECERS-R的相关研究结果相比更加令人满意。这一系列的证据支持我们得出结论：《量表》具有良好的测量学属性；正如ECERS和ECERS-R在美国教育情境中所发挥的功能与作用，《量表》也能在中国教育情境中为托幼机构教育质量提供有效的衡量指标。

(三)研究局限与展望

当然，本研究存在一些局限性，这些局限性也预示着未来的研究方向。比如，本研究的样本量在同类研究中尽管已经不算小了，但仍难以同时支持探索性和验证性因素分析(如将样本分成两半，一半用于探索性因素分析，另一半用于验证性因素分析)。将来需要收集更大、更具代表性的班级样本数据，以检验本研究探索出来的因子结构是否具有普遍性和稳定性。同样重要的是，将来最好同时使用本《量表》和其他权威的托幼机构质量测量工具(如ECERS-R或CLASS)进

① 陈月文，胡碧颖，李克建．幼儿园户外活动质量与儿童动作发展的关系．学前教育研究，2013，(4)：25-32.

② Hu，B.，Li，K. J.，De Marco，A.，& Chen，Y.. Examining the quality of outdoor play in Chinese kindergartens[J]. *International Journal of Early Childhood*，2015，47(1)：53-77.

③ Sakai，L. M.，Whitebook，M.，Wishard，A.，and Howes，C，Evaluating the Early Childhood Environment Rating Scale (ECERS)：assessing differences between the first and revised editions[J]. *Early Childhood Research Quality*，2003，(4)：427-445.

④ Sakai，L. M.，Whitebook，M.，Wishard，A.，and Howes，C，Evaluating the Early Childhood Environment Rating Scale (ECERS)：assessing differences between the first and revised editions[J]. *Early Childhood Research Quality*，2003，(4)：427-445.

⑤ Gordon，R. A.，Fujimoto，K.，Kaestner，R.，Korenman，S.，and Abner，K，An assessment of the validity of the ECERS-R with implications for measures of child care quality and relations to child development[J]. *Developmental Psychology*，2013，(49)：146-160.

⑥ Perlman，M.，Zellman，G. L.，and Le，V，Examining the psy chometric properties of the early childhood environment rating scale-revised (ECERS-R)[J]. *Early Childhood Research Quarterly*，2004，(3)：398-412.

行数据采集，以进一步检验《量表》的同时效度。另外，使用纵向研究设计和更好的儿童发展评价工具，多次收集儿童发展结果数据，把儿童发展的起始水平(前测结果)纳入协变量，以检验《量表》得分对儿童发展的预测效度，这也是十分必要的。我们非常需要运用新的数据分析技术(如项目反应理论)，在不同层面、更深入具体地分析《量表》的心理测量学特性(比如在子项目或指标水平上)。

在本研究结果的基础上，通过以后持续不断的研究努力，《量表》有望成为中国社会和文化背景下优秀的托幼机构质量测量工具，对引领和提高中国的学前教育质量发挥重要作用。

第五章

《中国托幼机构教育质量评价量表》第一版的测量信度

——基于多元概化理论与项目反应理论的分析

本章概要

研究背景：《量表》第一版是借鉴国际知名评价工具(如 ECERS-R、CLASS)的概念框架，在大量本土化实证研究的基础上，为中国托幼机构教育质量的测量而研发的班级观察评价工具。但如何控制评价误差来源、减小测评误差、提高测量信度，是提高托幼机构质量评价科学性、权威性迫切需要解决的问题。基于现代测量理论的多元概化理论和项目反应理论超越了传统测量理论的局限，能够为《量表》的测量学特性分析提供新的技术和视角。

研究一：基于多元概化理论的分析

研究目的：研究者试图在多元概化理论(MGT)框架下，检验《量表》的测量信度，并探索最佳测评方案。

研究设计与方法：选取浙江省 6 个地市 91 所幼儿园的 176 个幼儿园班级，采用《量表》对其进行了空间与设施、保育、课程计划与实施、集体教学、游戏活动、语言推理、人际互动、家长与教师 8 个维度的质量评价。采用 mGENOVA 软件，基于多元概化理论分析数据，进行 G 研究(绝对决断的概化信度研究)和 D 研究(最优化测评方案决策研究)。

研究结果：G 研究结果显示：(1)不同的子量表在“测量目标”上的方差分量不同；相对而言，样本班级在空间与设施质量上差异最大，在语言推理质量上差异最小。(2)子量表之间的相关系数最低为 0.65，这表明《量表》的 8 个质量维度之间密切相关，在此基础上构成了一个复杂的量表。D 研究结果显示：(1)在原测量情境下(两位评分员一个班级)，在总量表及 8 个子量表上均表现出优秀的测量信度水平。(2)在评分员数量变化情境下，一位评分员与两位评分员之间的信度水平增幅最大，多于两位评分员的情境中信度增幅减缓并出现“边际效益递减”效应。

讨论与启示：(1)《量表》总体和8个子量表都表现了出色的测量信度。(2)不同的测量情境和活动过程会导致不同程度的测量信度。(3)为了测量信度与成本/效益之间的平衡，建议一个班级安排两名评分员运用《量表》进行观察测评。

研究二：基于项目反应理论多侧面Rasch模型的分析

研究目的：本研究试图运用项目反应理论多侧面Rasch模型，分析在托幼机构教育质量评价中的评分员偏差。

研究设计与方法：选取东部某省91所幼儿园的174个幼儿园班级，共计28名评分员采用《量表》对其进行空间与设施、保育、课程计划与实施、集体教学、游戏活动、语言推理、人际互动、家长与教师8个维度的质量评价。采用Facets for Windows 3.68.1软件包，基于项目反应理论多侧面Rasch模型，分析在托幼机构教育质量评价中28位评分员的宽严度及自身内部一致性、评分员与班级/项目的偏差。

研究结果：(1)28名评分员评分宽严度差异显著，其中3名评分员内部一致性较差，其余25名评分员内部一致性较稳定。(2)评分员与评价班级的交互作用不显著，与评价项目的交互作用显著。

讨论与启示：(1)在将来的评分员培训中，应进一步明晰概念、增加实例和模拟测评机会，并增加观察测评策略技巧的培训。(2)对项目内容、评价指标与评分方法进行适当修订，减少对访谈信息的依赖。

一、研究背景

对于一个测量工具而言，可靠的信度是其科学性与有效性的重要基础。目前，托幼机构教育质量评价的信度指标常常采用经典测验理论(CTT)中的克隆巴赫α系数进行分析与报告。①② 在《量表》的初步效度验证研究中，研究者计算了

① Cassidy, D. J., Hestenes, L. L., Hegde, A., Hestenes, S., & Mims, S. Measurement of quality in preschool child care classrooms: An exploratory and confirmatory factor analysis of the early childhood environment rating scale-revised[J]. *Early Childhood Research Quarterly*, 2005, 20(3): 345-360.

② Perlman, M., Zellman, G. L., & Le, V. N. Examining the psychometric properties of the early childhood environment rating scale-revised (ECERS-R)[J]. *Early Childhood Research Quarterly*, 2004, 19(3): 398-412.

克隆巴赫 α 系数和 Kappa 系数作为《量表》的内部一致性和评分者间一致性信度的证据。[①] 但是，托幼机构教育质量评价是一种主观评价活动，通常采用评分员班级观察的方法进行测评(如 EOERS、ECCOM 量表)。[②] 评分员、评价情境(如几个评分员评价一个班级等)、评价工具等都将是评价误差的重要来源。[③] 如何控制评价误差来源、减小测评误差、提高测量信度，是提高托幼机构质量评价科学性、权威性迫切需要解决的问题。

运用经典测验理论(CTT)中的克隆巴赫 α 系数无法分解评价中各种误差的来源，难以考察测量情境关系变化所引起的误差相对变化，而且没有一个综合统一的评价指标对多维度的评价活动进行信度分析。正因如此，当实践中面对多个评分员进行多维度测评活动时，运用多元概化理论(Multivariate Generalizability Theory，MGT)将可以进行更深入、精确的分析。[④]

概化理论运用实验设计的思想，采用方差分析的统计分析技术，分析测评中的各种变异来源，并进行分解、估计与控制。近几十年来，概化理论应实践需要从单变量概化理论发展到多元概化理论。[⑤] 单变量概化理论主要用于针对单个维度的测评和分析，多元概化理论主要用于同时对多维度的测评工作。尤其是面对现实中多维度的复杂测量与评价情境，多元概化理论对其测评误差来源的分析与估计，对提高测量与评价的精度，改进测量与评价的质量具有重要的意义。

虽然 GT 对各误差源的方差分量进行了估计，用概化系数作为评价测评结果

---

① Li，K.，Hu，B.，Pan，Y.，Qin，J.，& Fan，X. Chinese Early Childhood Environment Rating Scale (trial) (CECERS)：a validity study[J]. *Early Childhood Research Quarterly*，2014，29(3)：268-282.

② Harms，T.，Clifford，R. M.，& Cryer，D. *Early childhood environment rating scale (Revised edition)*[M]. New York：Teachers College Press，1998；Stipek，D.，& Byler，P. The early childhood classroom observation measure[J]. *Early Childhood Research Quarterly*，2004，19(3)：375-397.

③ Chen，D.，Hu，B.，Fan，X.，& Li，K. Measurement quality of the Chinese Early Childhood Program Rating Scale (CECPRS)：an investigation using multivariate generalizability theory[J]. *Journal of Psychoeducational Assessment*，2014，32(3)：236-248.

④ 孙晓敏，张厚粲，薛刚，黎坚．多元概化理论在结构化面试中的应用研究[J]．心理科学，2009，(4)；杨志明，张雷．用多元概化理论对普通话的测试[J]．心理学报，2002，(1)；黎光明，张敏强．用概化理论分析高校教师教学水平评估[J]．高教发展与评估，2009，(2).

⑤ Cronbach，L. J.，Gleser，G. C.，Nanda，H.，Rajaratnam，N. *The Dependability of Behavioral Measurements*：*Theory of Generalizability for Scores and Profiles*[M]. New York：Wiley，1972.；Shavelson R J . Webb N M1 Generalizability theory：1973-1980[J]，*British Journal of Mathematical and Statistical Psychology*，1981 ，34：133-166；Jarjoura，D.，Brennan，R. L. A variance components model for measurement procedures associated with a table of specifications[J]. *Applied Psychological Measurement*. 1982，6(2)：161-171.

信度的指标，并为进一步测评方案的设计提供了信息，但是GT并没有改良CTT的项目参数系统，它更多的是从整个测验的宏观结构及其与外部测验条件的关系上做了深入的计量分析。① 有关CTT存在的诸如测评结果对样本的依赖性问题等，同是随机抽样理论的GT并没有从根本上解决。项目反应理论(Item Response Theory，IRT)克服了以上不足之处，为解决这些问题提供了新的思路和方法。近来，托幼机构教育质量评价的IRT研究渐成国外相关研究的热点和前沿。这些研究主要采用分步评分模型、等级反应模型和逻辑斯蒂克模型对评价班级的质量、项目的属性(如区分度和难度)以及记分系统等展开IRT分析。② 托幼机构教育质量评价常常是多人参与的多维评价活动，评分员是影响评价准确性的重要原因之一。虽然评分员的严格培训是减少评价误差的重要手段，但是评分员偏差依然存在。③ 忽略评分员偏差的相关分析是不妥当的，其结果也是不准确的。

多侧面Rasch模型(Many-Facet Rasch Model，MFRM)④是IRT模型之一，主要用于统计分析评分员评分宽严程度、评分一致性以及评分员与其他侧面(如评价班级和项目等)的偏差。这对有针对性地培训评分员、修订评价项目、减少评分误差、提高测评的可信性具有更重要的意义。MFRM已被广泛用于外语口语面试评分、教师资格考试、国家公务员考试等。⑤⑥ 从更广泛的意义上来讲，凡是存在多个评分员主观判断的测评情境(比如托幼机构教育质量评价)，MFRM几乎总能找到它的用武之地。⑦ 托幼机构教育质量评价就是一种由多位评分员参与的主观评价活动，当前国内外很少有采用MFRM分析托幼机构教育质量评价，

---

① 孙晓敏，薛刚．多面Rasch模型在结构化面试中的应用[J]．心理学报，2008，40(9)：1030-1039.；俞宗火，唐小娟，王登峰．GT与IRT的比较：北京奥运会男子10米跳台跳水分析[J]．心理学报，2009，41(8)：773-784.

② Gordon，R. A.，Fujimoto，K.，Kaestner，R.，Korenman，S.，& Abner，K. An Assessment of the validity of the ECERS-R with implications for measures of child care quality and relations to child development[J]. *Developmental Psychology*，2012，49(1)：146-160.

③ Cash，A. H.，Hamre，B. K.，Pianta，R. C.，& Myers，S. S. Rater calibration when observational assessment occurs at large scale：Degree of calibration and characteristics of raters associated with calibration[J]. *Early Childhood Research Quarterly*，2012，27(3)：529-542.

④ Linacre，J. M. *A User's Guide to Facets Rasch-Model Computer Programs*[M]. Chicago：MESA Press，2012.

⑤ Bonk，W. J.，& Ockey，G. J. A many-facet Rasch analysis of the second language group oral discussion task[J]. *Language Testing*，2003，20(1)：89-110.

⑥ Engelhard，G.，Jr.，Myford，C. M.，& Cline，F. Investigating assessor effects in national board for professional teaching board for professional teaching standards assessments for early childhood/generalist and middle childhood/generalist certification(*RR*-00-13)[Z]. Princeton，NJ：Center for Performance Assessment，Educational Testing Service，2000.

⑦ 孙晓敏，薛刚．多面Rasch模型在结构化面试中的应用[J]．心理学报，2008，40(9)：1030-1039.

仅有的研究只是在评价工具的子量表水平上进行(如ECERS-R的空间与设施、游戏活动、集体教学等子量表)，并没有在评价项目水平上展开研究与讨论。[①]

二、基于多元概化理论的分析[②]

(一)研究目的

《量表》是在借鉴国际权威的托幼机构教育质量评价工具(如ECERS-R、CLASS等)的质量概念和框架结构的基础上，基于中国情境为测量中国托幼机构教育质量而研发的班级观察评价工具。在其被我国的学前教育研究者和实践者大规模应用之前，对该工具的测量学特性进行系统性评估是当务之急。作为整个研究项目的一部分，本研究致力于《量表》测量学特性的拓展性研究。具体说来，本研究试图在多元概化理论(MGT)框架下检验《量表》的测量信度。

(二)概念框架

多元概化理论包括了评分者间信度、内部一致性信度、组内相关等信度方法，并提供了全面统一的框架，[③] 特别是针对复杂的测量情境。

1. 相对决断与绝对决断

经典测验理论关注常模参照性分数的解释，也就是说，信度是关于分数相对排名的一致性，而不是实际分数的一致性。在多元概化理论的框架下，这种解释被称为“相对决断”。标准参照的分数解释是关于个体相对排名和实际得分的一致性，因此多元概化理论称其为“绝对决断”。这两种类型的概化(信度)系数相当于这两种类型的决断：相对决断概化系数 ρ^2 和绝对决断概化系数 φ [④]。我们通常对

---

① Baştürk, R., & Işikoğlu, N. Analyzing process quality of early childhood education with many facet Rasch measurement Model[J]. *Educational Science: Theory and Practice*, 2008, 8(1): 25-32.

② 本部分基于本项目研究两篇已发表论文整理而成：(1) Chen, D. Z., Hu, B. Y., Fan, X. T., & Li, K. J. Measurement quality of the Chinese early childhood program rating scale: an Investigation using multivariate generalizability theory[J]. *Journal of Psycho Educational Assessment*, 2014, 32(3): 236-248. (2) 陈德枝，秦金亮，李克建．中国托幼机构教育质量评价的多元概化理论分析[J]．幼儿教育，2013，(10).

③ Fan, X., & Sun, S. Generalizability theory as the unified reliability framework in adolescence research[J]. *Journal of Early Adolescence*, 2014, 34(1): 38-65.

④ Brennan, R. L. *Generalizability theory*[M]. New York, NY: Springer, 2010.; Shavelson, R. J., & Webb, N. M. *Generalizability Theory: A Primer*[M]. Thousand Oaks, CA: SAGE Publications, 1991.

评分者间信度系数熟悉，它是一个"相对决断"的信度估计。但是在使用量表时，不仅要关注评分的相对一致性，也应该关注实际评分的一致性，因为这些分数代表托幼机构的质量差异。因此，最恰当的信度系数应该是"绝对决断"的概化系数 φ。

2. 制订最优化测评方案

传统的信度方法通常是进行事后检验，也就是测量信度依据事实基础进行计算。但是在制订最优化的测评方案上，多元概化理论可以充分发挥作用。多元概化理论包括两个阶段：G 研究和 D 研究。G 研究充当先行的研究用来提供信息(如不同来源的方差成分)并规划未来测量研究。在 D 研究中，来自 G 研究的信息被用于规划最佳测评方案的信息，这样可以实现最好的信度并平衡其他因素(如成本和效果)。这种便利性和预测能力在传统信度估计方法中一般无法实现。①

多元概化理论从单变量发展到拥有先进的多变量的方法。多元概化理论的应用适合于多维和复杂的测量情境。多元概化理论的应用提供了方法论上的优越性：在分析和评估过程中不仅考虑了方差(方差分量)，而且也考虑了维度的协方差结构。所有维度的信度同时估计，而不是孤立地估计每个维度(单变量多元概化理论)。

显然，使用《量表》对托幼机构的班级教育质量进行观察评价是一个多维度的复杂测量过程。传统的信度计算方法不能同时处理多个维度。另外，传统的方法也不能处理不同测量情境的一致性信度，即不同数量的评分员嵌套在班级中——在学前教育质量评估中，这是一种常见情况。正如前面的讨论所指出的，G 研究和 D 研究的过程为探索最佳测评方案提供了便利。基于这些考虑，多元概化理论更适合进行多维度的、涉及多个评分员的测量信度分析。②

---

① Fan, X., & Sun, S. Generalizability theory as the unified reliability framework in adolescence research[J]. *Journal of Early Adolescence*, 2014, 34(1): 38-65; Shavelson, R. J., & Webb, N. M. *Generalizability Theory: A Primer*[M]. Thousand Oaks, CA: SAGE Publications, 1991.

② Clauser, B. E., Harik, P., & Margolis, M. J. A multivariate generalizability analysis of data from a performance assessment of physicians' clinical skills[J]. *Journal of Educational Measurement*, 2006, 23(3): 173-191.; Yang, Z. M., Chang, L. & Ma, S. Y. Multivariate generalizability analysis of the Chinese college entrance comprehensive examination[J]. *Acta Psychologica Sinica*, 2004, 36: 195-200.

(三)研究方法

1. 样本

本研究在浙江省的6个地市(省内经济发展水平高、中、低各两个地市)选取了91所幼儿园。这91所幼儿园是根据目前浙江省的办园等级划分(高、中和低)、所在地(城市、县、乡镇、村)和办园性质(公办、民办)进行分层取样。最后，从91所幼儿园中随机抽取176个幼儿班级(每所幼儿园大致选取两个不同的年龄班)，其中小班45个(3～4岁)，中班51个(4～5岁)，大班74个(5～6岁)，混龄班6个(3～6岁)。

2. 工具

《量表》被用来观察和测量幼儿园班级的教育质量。《量表》包含8个子量表：(1)空间与设施；(2)保育；(3)课程计划与实施；(4)集体教学；(5)游戏活动；(6)语言推理；(7)人际互动；(8)家长与教师。该量表共包含51个评价项目，177个子项目，685个等级评分指标。该量表采用利克特7点评分：1分＝不适宜，3分＝合格，5分＝良好，7分＝优秀。子量表得分和量表总分为所评分项目得分的均值。

3. 数据采集过程

两位评分员(r)使用《量表》对每个样本班级(c)进行了观察评价。评分员是学前教育专业的研究生，他们在使用《量表》评估幼儿园班级教育质量上接受了严格的培训，包括4天的讲座培训和5天的实践练习。在培训结束时，这些评分员的评分者间一致性信度系数达到0.85。在班级观察测量情境中，评分员是一个“侧面”，也就是说，一个潜在的测量误差来源：评分员可能在评估一个班级到另一个班级时出现不一致现象(评分员与班级的交互效应)；同一个班级因不同评分员宽松或严格程度不同也可能出现不同的评分结果(评分员效应)。一般情况下，同一班级的评价在同一时间由2名评分员独立进行。我们把托幼机构班级作为评价目标，把评分员和《量表》作为测量侧面。其中，评价《量表》为固定侧面，评分员为随机侧面。考虑到该《量表》包含了8个子量表，即从8个方面进行评价，我们把测量设计看作单侧面的多元嵌套设计，即评分员嵌套于幼儿园班级(r∶c)。

(四)研究结果

1. G研究结果

如前所述，运用多元概化理论的研究包括G研究和D研究。作为第一步，G

研究包括设计、数据收集以及在设计情境下评估相关的方差分量。[①] 一旦所有数据来源的方差分量被估算出来，这些可以用于D研究中制订未来的测评方案。在本研究中，多元概化理论的分析采用的是 mGENOVA 软件。[②]

表 5-1 给出了 G 研究的结果，包括《量表》8 个维度(子量表)所有方差分量(对角元素)和协方差分量(即子量表之间的协方差)。每个方差分量表示在托幼机构教育质量的特定维度上不同班级"真实得分"($\sigma_c{}^2$)之间的方差估计值。[③] 研究结果显示，在第一个子量表"空间与设施"上，方差分量最大；其次是子量表"保育"和"家长与教师"。而方差分量最小的子量表是"语言推理"。这些信息表明，相对而言，幼儿园班级在空间与设施质量上差异最大，但在语言推理教育质量上差异最小。

子量表之间的相关系数最低为 0.65，这表明《量表》的 8 个质量维度之间密切相关，构成一个复杂量表的基础。评分员嵌套于班级效应的方差分量($\sigma^2_{rc,e}$)理论上由两部分组成：一部分是评分员效应的方差分量(σ^2_r)，它使评分员和班级之间交互作用的方差变量模糊；第二部分是残差($\sigma^2_{rc,e}$)。在 G 研究中，嵌套设计（即评分员和班级的嵌套)使这两个成分相互混淆并且无法分离。

表 5-1 G 研究方差和协方差分量估计值

来源	子量表							
	空间与设施	保育	课程计划与实施	集体教学	游戏活动	语言推理	人际互动	家长与教师
c	**1.21**	0.88	0.80	0.65	0.90	0.80	0.72	0.87
	1.03	**1.13**	0.86	0.79	0.86	0.86	0.84	0.91
	0.86	0.89	**0.96**	0.77	0.85	0.83	0.80	0.80
	0.65	0.77	0.69	**0.83**	0.68	0.83	0.85	0.76
	0.89	0.83	0.76	0.57	**0.83**	0.81	0.72	0.85
	0.73	0.76	0.67	0.63	0.61	**0.68**	0.86	0.86
	0.76	0.85	0.75	0.74	0.62	0.68	**0.91**	0.83
	0.97	0.98	0.80	0.70	0.79	0.72	0.80	**1.03**

① Shavelson, R. J., & Webb, N. M. *Generalizability Theory: A Primer*[M]. Thousand Oaks, CA: SAGE Publications, 1991.

② Brennan, R. L. *Generalizability Theory*[M]. New York, NY: Springer, 2010.

③ Fan, X., & Sun, S. Generalizability theory as the unified reliability framework in adolescence research[J]. *Journal of Early Adolescence*, 2014, 34(1): 38-65.; Shavelson, R. J., & Webb, N. M. *Generalizability Theory: A Primer*[M]. Thousand Oaks, CA: SAGE Publications, 1991.

续表

来源	子量表							
	空间与设施	保育	课程计划与实施	集体教学	游戏活动	语言推理	人际互动	家长与教师
r：c	**0.08**	0.47	0.22	0.33	0.45	0.36	0.19	0.16
	0.05	**0.12**	0.20	0.21	0.25	0.29	0.32	0.34
	0.02	0.02	**0.12**	0.35	0.28	0.37	0.21	0.17
	0.04	0.03	0.05	**0.14**	0.27	0.44	0.40	0.12
	0.04	0.03	0.03	0.03	**0.08**	0.38	0.23	−0.09
	0.04	0.04	0.05	0.06	0.04	**0.12**	0.37	0.16
	0.02	0.05	0.03	0.06	0.03	0.05	**0.16**	0.20
	0.02	0.05	0.02	0.02	−0.01	0.02	0.03	**0.17**

注：对角元素是方差分量；下方是协方差；上方是相关系数。

2. D研究结果

一旦G研究结果的方差分量是可用的，那么它同样适用于D研究中如何设计一个更好的测评方案。[①] 例如，可以通过增加或减少评分员的数量、增加或减少评价项目的数量等修改测评方案。这些修改能够影响测量的可靠性，这样，可以对“最佳”测评方案进行规划。接下来，我们将从两个方面讨论结果：(1)原来的测评方案；(2) 在嵌套设计中，通过改变评分员的数量形成新的测评方案。

(1)测量情境条件不变的D研究结果

表5-2显示了在用于G研究的测量情境不变的情况下D研究结果，也就是说，每个班级都由两个评分员进行评分，将评分员嵌套在班级里。在《量表》中，每个子量表(维度)的评分代表了幼儿园班级的质量水平，高分的班级质量高于低分的班级质量。正因如此，在测量信度的估算中仅仅通过考虑评分员评分排序的相对一致性是不够的，与评分员在实际评估得分中的一致性也是相关的。基于这些考虑，对于绝对决断来说，概化系数(φ)是一种适当形式的信度系数：

$$\varphi=\frac{\sigma_c^2}{\sigma_c^2+\left(\frac{\sigma_c^2}{n_r}+\frac{\sigma_{rc,e}^2}{n_r}\right)}=\frac{\sigma_c^2}{\sigma_c^2+\sigma_{rc}^2/n_r}$$

在上面的公式中，正如接下来要讨论的，σ_r^2是评分员效应的变异成分，$\sigma_{rc,e}^2$

① Brennan, R. L. *Generalizability Theory* [M]. New York, NY: Springer, 2010; Fan, X., & Sun, S. Generalizability theory as the unified reliability framework in adolescence research [J]. *Journal of Early Adolescence*, 2014, 34(1): 38-65; Shavelson, R. J., & Webb, N. M. *Generalizability Theory: A Primer*[M]. Thousand Oaks, CA: SAGE Publications, 1991.

是评分员和班级之间交互效应的方差分量以及残差。但是考虑到嵌套设计，不可能把评分员效应和评分员与班级的交互作用相分离，这两个效应和残差被混淆在$\sigma^2_{r:c}$之下。对于获得绝对决断概化系数 φ 这一目的而言，这种混淆是没问题的，因为这两种效应已经被 $\sigma^2_{r:c}$包含。

表 5-2 原测量情境下 D 研究结果

	子量表							
	空间与设施	保育	课程计划与实施	集体教学	游戏活动	语言推理	人际互动	家长与教师
真分数方差（σ^2_c）	1.21	1.13	0.96	0.83	0.83	0.68	0.91	1.03
误差方差（绝对决断）（σ^2_{rc}/n_r）	0.04	0.06	0.06	0.07	0.04	0.06	0.08	0.09
φ	0.97	0.95	0.94	0.92	0.95	0.92	0.92	0.92
信噪比（绝对决断）	29.73	18.12	15.83	11.91	20.32	11.20	11.08	12.01

在表 5-2 中，每个 φ 系数是真值方差和总方差的比值。φ 系数是每个量表的标准参照解释的信度估计系数(即“绝对决断”)。φ 系数值越大，测量精度越高。[①]从表 5-2 中我们可以看到，当两个评分员处于一个班级时，所有子量表的最低信度为 0.9172（子量表人际互动），而子量表空间与设施信度最高(φ=0.9674)。在子量表水平上，这些数值显示了较高的评分者间一致性。此外，总的 φ=0.9724（表 5-2 中没有显示），表明整个量表有非常高的测量信度。信噪比(S / N)是“真正的得分”方差（σ^2_c）与错误方差($\sigma^2_{r:c}$/ n_r）之比。例如，子量表课程计划与实施的 S/N 为 15.8281，这意味着“真正的分数”方差比误差方差大约 15 倍。

(2)测量情境条件改变的 D 研究结果

托幼机构教育质量的测评是一个非常艰巨、耗时的过程。为了探索更好的测评方案，我们需要考虑一系列假设的情境，也就是说，在量表使用中，评分员的数量是如何影响测量信度的。这个过程让我们在测量要求(信度等)和实际考虑(评分员数量、成本/效率等)之间保持平衡。

在假设的场景中，我们为每个班级设置 1～5 名评分员。在 D 研究中，使用不

① Brennan，R. L. *Generalizability Theory* [M]. New York，NY：Springer，2010；Fan，X.，& Sun，S. Generalizability theory as the unified reliability framework in adolescence research [J]. *Journal of Early Adolescence*，2014，34(1)：38-65.

同数量评分员的场景来判断评分员数量的变化对《量表》使用的信度影响。图 5-1 以图形方式呈现这些假设场景的结果，目的是检验使用不同数量的评分员对《量表》总体及其 8 个子量表的绝对测量信度估计值(φ)的影响。如图 5-1 所示，所有子量表的概化信度系数都在 0.8 以上，甚至仅使用一个评分员也如此。这表明，《量表》的信度在托幼机构教育质量评估中通常是良好的；当然，不同子量表的概化信度系数存在差异。

更多相关的模式如图 5-1 所示，理论上预期的信度估计随着评分员数量的增加而增加。然而，图中显示更有趣的信息是(同一个班级中)一位评分员与两位评分员之间的曲线最陡，信度水平增加幅度最大。多于两个评分员的场景中，φ 系数值增加逐渐变得平缓，进一步增加评分员的数量反而导致“边际效益递减”。更具体地说，从使用一个评分员到五个评分员信度全面提高，其中从一个评分员到两个评分员，信度提高幅度约占总数的 60％。在这之后，改进的百分比分别是 20％(从 2 个到 3 个评分员)，10％(从 3 个到 4 个评分员)和 6％(从 4 个到 5 个评分员)。依据信度提升的这一模型，研究者建议，在使用《量表》进行托幼机构教育质量评价的过程中，一个班级安排两个评分员可能会被认为是兼顾测量信度和成本/效率的最优测评方案(在成本可接受的情况下获得了较为理想的测量信度)。尽管使用更多的评分员可能会进一步增加测量的信度，但“边际效益递减”现象表明，一个班级安排多个(3 个及以上)评分员所投入的成本过高，但信度的增加并不太多。

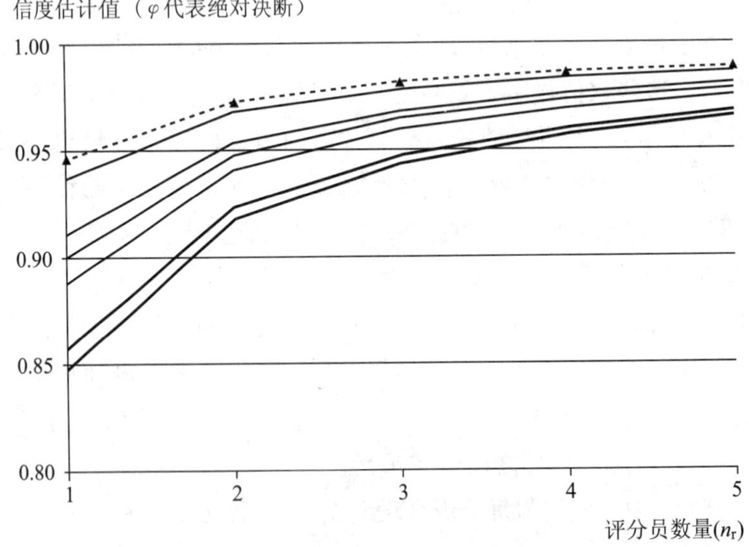

注：实际上，共有 9 条信度估计变化曲线(8 个子量表和量表总分)。由于其中两条曲线与另外两条高度重合，因而图中看起来似乎是 7 条曲线。

图 5-1　一个班级不同数量评分员条件下的测量信度变化

(五)讨论与启示

《量表》第一版是在借鉴国际上成熟的托幼机构教育质量评价工具的基础上，为测量中国文化背景下的托幼机构教育质量而研制的班级观察评价工具。初步的效度验证研究表明，《量表》具有良好的测量学特性。[①] 本研究致力于运用多元概化理论，对《量表》的测量信度进行更进一步的检验。

在多元概化理论分析中，有几个值得注意的发现。第一，不同的子量表(如"空间与设施"与"语言推理")在"测量目标"上的方差分量是不同的。这说明，幼儿园班级在某些维度上(如"空间与设施")比起其他维度(如"语言推理")质量差异更大。实质上，与其他一些维度相比，可能存在更容易被观察和评估的维度，从而导致不同程度的测量信度。例如，子量表空间与设施主要涉及对物理环境的观察测量，如室内或室外的空间、设施设备，相对容易观察和评估。这也许可以解释为什么"空间设施"子量表的信度高于"语言推理"子量表，因为各种情境和活动过程中的语言推理是评分员难以观察和评估的，从而导致相对较低的测量信度。第二，D研究结果显示"边际效益递减"的模式，这表明每个班级评分员的最佳数量可能是两个。使用两个以上的评分员将会显著增加评估工作的成本，但测量信度的增加幅度有限。

综上所述，与已有的研究结果基本一致，[②] 概化理论分析的研究结果表明，基于中国文化社会环境下对托幼机构的教育质量进行测量，《量表》都显示了良好的测量信度。同时，基于不同数量评分员测量信度变化的"边际效益递减"结果模型，研究者建议每个班级安排两名评分员，这样我们可能会在测量的信度和成本/效率上达到一个合理的平衡。由于多元概化理论的方法允许研究者考虑非现实的可能性，因而使用多元概化理论评估托幼机构质量观察评价工具的测量信度，是对传统的信度分析方法的突破。

---

① Li, K., Hu, B., Pan, Y., Qin, J., & Fan, X. Chinese Early Childhood Environment Rating Scale (trial) (CECERS): a validity study[J]. *Early Childhood Research Quarterly*, 2014, 29(3): 268-282.

② Li, K., Hu, B., Pan, Y., Qin, J., & Fan, X. Chinese Early Childhood Environment Rating Scale (trial) (CECERS): a validity study[J]. *Early Childhood Research Quarterly*, 2014, 29(3): 268-282.

三、基于项目反应理论多侧面 Rasch 模型的分析[①]

(一)研究目的

本研究采用多侧面 Rasch 模型，对 28 位评分员在运用《量表》进行托幼机构教育质量评价中的评分员偏差进行了分析，一来为培训评分员、修订项目、提高测评的科学性提供佐证；二来为使用项目反应理论(IRT)探讨托幼机构教育质量评价的测量学属性(psychometric property)拓展思路。

(二)概念框架

经典 Rasch 模型考虑被评价对象和评价项目两个变量对测评结果的影响。[②]多侧面 Rasch 模型[③]认为除这两个影响因素外，还受评分员等测评情景变量的影响。多侧面 Rasch 模型将这些影响因素或变量称为测量侧面。多侧面 Rasch 模型的一般表达式为：

$$\log\left(\frac{P_{nijk}}{P_{nij(k-1)}}\right)=B_n-D_i-C_j-F_k \tag{1}$$

P_{nijk} 是受评者 n 在项目 i 上被评委 j 评定为 k 等的概率；

B_n 是受评者 n 的能力参数(n=1，2，…，N)；

D_i 是项目 i 的难度参数(i=1，2，…，L)；

C_j 是评委 j 的宽严程度(j=1，2，…，J)；

F_k 是分部评分模型(Partial Credit Model)中被试得分从 $k-1$ 到 k 的等级难度，每个项目均有 K 级评分(k=1，2，…，K)。

多侧面 Rasch 模型提供每个测量侧面的参数估计值，估计标准误和 fit 值等。fit 值用于描述实际测评值与模型估计值差异的统计量。具体而言，fit 统计量包括 infit 和 outfit，它们的计算公式分别为：

$$infit=\left(\frac{Z_{1t}^2W_{1i}+Z_{2i}^2W_{2i}+\cdots+Z_{Ni}^2W_{Ni}}{W_{1i}+W_{2i}+\cdots+W_{Ni}}\right) \tag{2}$$

$$outfit=\sum_{n=1}^{N}\frac{Z_{ni}^2}{N} \tag{3}$$

---

① 本部分内容来源：陈德枝，秦金亮，李克建．托幼机构教育质量评价中评分员偏差的多侧面 Rasch 分析[J]．心理科学，2016，(3)．感谢《心理科学》杂志社授权使用本论文。

② Wright，B. D.，& Stone，M. H. *Best Test Design*[M]．Chicago：MESA Press，1979.

③ Linacre，J. M. *Many-Facet Rasch Measurement*[M]．Chicago：MESA Press，1994.

Z_{ni}^2表示受评者n在项目i上的标准化残差的平方；W_{ni}为权重，其大小为项目i的方差；infit 考虑了项目方差，受极端值影响小；fit 值范围为(0，$+\infty$)。如果多名评分员对受评者测评结果相差很大或是过于一致性，fit 值都会呈现这种差异。实际测评时，不同评分员对同一受评者的评价意见不可能完全一致，总是会有一定的差异。MFRM 认为只要这个差异在某个正常范围内即可。实际工作中，fit 值具体采用哪个取值范围通常根据测评目的和需要来确定。

此外，多侧面 Rasch 模型还可以进行偏差分析，即估计两侧面间的交互作用是否存在显著偏离模型估计值的评分，以此来分析评分员在各侧面的评分差异问题。例如评分员与班级的偏差分析，指分析评分员与班级的交互作用是否存在显著偏离模型估计值的评分，以此来判断评分员对班级的评分差异。MFRM 软件提供 Z 值进行判断，Z 值为模型期望值与实际观测值间差异的 logits 值除以估计标准误。当 Z 的绝对值大于 2 时，则认为差异显著，① 说明评价结果存在较大分歧。

多侧面 Rasch 模型相比 CTT 和 GT 具有一些独特的优势，比如，它可从评分员层面对评分员宽严程度、评价一致性以及各侧面间的交互作用等进行分析。② 鉴于此，我们尝试用多侧面 Rasch 模型对托幼机构教育质量评价的评分员偏差进行相关分析。

(三)研究方法

1. 样本

抽样幼儿园班级来自我国东部某省。采用分层抽样的方法，首先根据经济发展水平在该省抽取了 6 个地区(高、中、低各两个)；然后分别在这 6 个地区的市、县、乡镇、村随机抽取幼儿园，在每个幼儿园里随机抽取两个班级，共抽取了 91 所幼儿园的 174 个班级。

2. 测评工具

本研究采用的测评工具是《量表》。该《量表》采用 7 点式计分，包含 51 个项目，从空间与设施、保育、课程计划与实施、集体教学、游戏活动、语言推理、人际互动、家长与教师 8 个方面(子量表)对托幼机构的教育质量进行观察评价。

---

① Myford，C. M.，& Wolfe，E. W. Detecting and measuring rater effects using many-facet Rasch measurement：Part Ⅰ[J]. *Journal of Applied Measurement*，2003，4(4)：386-422；Myford，C. M.，& Wolfe，E. W. Detecting and measuring rater effects using many-facet Rasch measurement：Part Ⅱ[J]. *Journal of Applied Measurement*，2004，5(2)：189-227.

② 汪文义，刘铁川．多侧面 Rasch 模型//丁树良，罗芬，涂冬波．项目反应理论新进展专题研究[M]. 北京：北京师范大学出版社，2012：127-128.

3. 测评方法与过程

共有28名评分员对174个样本班级运用《量表》进行班级观察和评分。评分员均来自从事学前教育专业教学和研究的高校教师和研究生团队。他们都参与了《量表》的编制和修订研究工作，并且接受了严格的《量表》培训和施测练习。一般情况下，同一班级的评价在同一时间由两名评分员各自独立进行。

4. 数据结构设计

托幼机构教育质量评价通常采用评分员观察测评的方法进行，它是一种多人参与的多维主观评价活动。该评价活动维度多、内容复杂(8个子量表、51个评价项目)，评价历时较长(通常是对幼儿园班级一日活动进行6.5小时的观察评价)，而且观测对象具有现场性和动态性等特征。评分员、评价情景、评价维度、评价项目等都将是评价误差的重要来源。① 当前国内外仅有少量基于评价子量表或评价维度采用MFRM对托幼机构教育质量评价进行的研究②，还没有基于测评项目展开相关探讨。考虑该评价活动的复杂性以及测评项目也是影响评价误差的重要来源，而且关于这方面的探讨又很少，本研究建构了托幼机构班级、评分员和评价项目三个侧面来分析评分员偏差，包括评分员宽严度、评分员内部一致性、评分员与评价班级、评价项目的偏差等。从项目反应理论模型MFRM的分析视角，为托幼机构教育质量评价的评价误差来源，合格评分员库的建设及评分员培训的有效性等方面，提供科学依据。

5. 数据预处理和数据分析软件

本次测评共有28名评分员对174个班级进行了观察评价。在数据的初步整理中，研究者发现“安抚与独处的空间与设施”“课堂文化”“音像设备和电脑的使用”“尊重和欣赏差异”以及“教师间互动与合作”这五个项目有大量的缺失值(其中多个项目为“允许不适用”的项目或目前在我国尚不普遍的“增设项目”，因而许多班级被评为“不适用”从而导致缺失值)。因此，我们对这些项目和相关班级进行了删除处理，最后用于本研究的有效数据为28名评分员、46个项目、155个样本班级的观察测评结果。数据预处理采用SPSS软件，多侧面Rasch模型分析采用Facets for Windows 3.68.1软件包。

---

① Chen, D., Hu, B., Fan, X., & Li, K. Measurement quality of the *Chinese Early Childhood Program Rating Scale* (*CECPRS*): an investigation using multivariate generalizability theory[J]. *Journal of Psychoeducational Assessment*, 2014, 32(3): 236-248.

② Baştürk, R., & Işikoğlu, N. Analyzing process quality of early childhood education with many facet Rasch measurement Model[J]. *Educational Science*: *Theory and Practice*, 2008, 8(1): 25-32.

(四)研究结果

1. 评分员宽严度及自身内部一致性结果

对28位评分员的宽严程度进行Facets估计，所得结果如表5-3所示。值越大表明评分员评分越严格；反之，其值越小则越宽松。表5-3结果显示，12号评分员最严格(−0.28)，22号和24号评分员最宽松(−1.11)。估计标准误(*Model S.E*)值越大说明评价越不稳定，值越小则越稳定。表中结果表明：28号评分员评价最不稳定，7号、8号评分员评价较稳定。

表5-3 28名评分员宽严程度与一致性结果

评分员编号	宽严程度	*Model S.E*	平均测评值	校正均值	infit Mnsq	outfit Mnsq	评价班级数
12	−0.28	0.51	3.80	3.69	0.89	0.91	10
15	−0.36	0.38	3.50	3.63	0.85	0.84	18
21	−0.42	0.60	4.10	3.58	1.13	1.14	7
17	−0.43	0.40	3.30	3.57	0.83	0.85	17
4	−0.54	0.32	3.70	3.49	1.13	1.12	25
25	−0.55	1.16	3.60	3.49	1.13	1.13	2
5	−0.59	0.33	3.60	3.45	1.02	1.01	24
2	−0.62	0.54	4.00	3.43	1.36	1.37	9
19	−0.64	0.45	3.70	3.42	0.69	0.72	13
7	−0.67	0.31	3.70	3.39	0.99	1.01	27
13	−0.70	0.52	3.60	3.38	0.95	0.96	10
8	−0.71	0.31	3.50	3.37	1.09	1.1	27
14	−0.72	0.52	3.50	3.36	1.22	1.2	10
18	−0.76	1.17	3.40	3.33	1.28	1.27	2
20	−0.77	0.55	3.50	3.32	1.12	1.13	9
16	−0.78	0.59	2.90	3.32	0.92	0.89	8
27	−0.83	1.00	2.80	3.28	0.86	0.84	3
26	−0.84	0.83	3.40	3.27	1.02	1.03	4
3	−0.87	0.32	3.30	3.25	1.05	1.04	26
11	−0.94	0.96	3.20	3.20	0.75	0.78	3
10	−0.96	0.81	3.70	3.19	0.91	0.91	4
23	−0.99	0.75	2.60	3.17	0.74	0.75	5
1	−0.99	0.39	3.00	3.17	0.99	1.01	18

续表

评分员编号	宽严程度	*Model* *S. E*	平均测评值	校正均值	infit Mnsq	outfit Mnsq	评价班级数
9	−1.01	0.45	3.40	3.16	0.92	0.91	13
6	−1.01	0.40	3.10	3.15	0.97	0.97	17
28	−1.03	1.32	2.00	3.14	1.02	0.96	2
22	−1.11	0.64	2.80	3.08	1.08	1.10	7
24	−1.11	0.89	2.30	3.08	1.07	1.03	4
平均值	−0.76	0.62	3.32	3.33	1.00	1.00	
标准差	0.23	0.29	0.49	0.17	0.16	0.15	

注：RMSE (Model)＝0.68；AdjS. D＝2.16；Separation＝3.15；Separation Reliability＝0.91。

表5-3下备注部分RMSE指估计标准误均方根，其值在0～1，越小越好；AdjS. D是校正测量误差后的估计值标准差，其平方值即真实变异量。分离指数(Separation)是AdjS. D除以RMSE的结果，它表示测评的有效性；分离信度是真实变异占测评总变异的比例，其值介于0～1，值越大说明差异越大。表中分离信度值0.91，说明各评分员宽严程度存在较大差异；卡方检验结果表明28位评分员的宽严程度存在显著性差异($\chi^2(27)=533.3$，$p<0.001$)。

如前文所述，fit值用于描述实际测评值与模型估计值差异的统计量，其结果如表5-3中第六列、第七列所示。它是评分员测评稳定性的指标，用于说明就整体而言每位评分员在观察测评过程中的自身一致性程度。多侧面Rasch模型通过对fit值设定某个范围来拟合实际测评情况。有研究认为fit值介于0.5～1.5是可接受的范围，① 也有研究认为fit值在0.8～1.2更合适。② fit值设定范围越窄对测评工作要求越严格，越能体现测评工作的科学性和权威性。实际工作中，fit值具体采用哪个取值范围通常根据测评目的和需要来确定。鉴于托幼机构教育质量评价的权威性和高风险性，我们选择0.8～1.2。当fit值小于0.8时，说明评分员评价过于一致，仅用少数几个评价等级来进行评分；当fit值大于1.2时，表明评分员内部一致性较差。基于infit考虑了项目方差，其值受极端值影响小，我们主要采用infit值进行考量。由表5-3可知，28位评分员的infit值均大于0.8，意味着这次测评没有自身内部过于一致的评分员。fit值大于1.2的有三位评分员：14号、18号和2号。这说明，整体而言这三位评分员的自身内部

① Linacre, J. M. *A User's Guide to Facets Rasch-Model Computer Programs*[M]. Chicago: MESA Press, 2012.

② 孙晓敏，薛刚．多面Rasch模型在结构化面试中的应用[J]．心理学报，2008，40(9)：1030-1039.

一致性较差。分析自身一致性较差的评分员测评特征，一方面可以为评分员提供有针对性的培训；另一方面也可以为《量表》的编制等提供测量学参考与建议。

2. 自身内部一致性较差的评分员分析

从上表结果可知 2 号、14 号和 18 号三位评分员的 fit 值均大于 1.2，认为这三位评分员的自身内部一致性较差。我们对这三位的非期望测评结果(unexpected responses)进行了分析，如表 5-4 所示：MFRM 软件包分析处理的非期望测评的部分结果。MFRM 软件包将标准化残差绝对值大于 3 的均列出。

由表 5-4 可知，评分员 2、评分员 14 出现非预期评分的频次相对较高。其中，评分员 2 的异常值出现在两个班级的三个不同项目(包括“午睡空间与设施”“活动区角”“安全”)。其中，两位评分员(评分员 2 和评分员 18)在项目 4“午睡空间与设施”上均出现非期望测评结果。该项目主要从幼儿在园午睡/休息的空间、设施方面进行观察测评，之所以出现非期望值，可能是因为该项目一般是在组织幼儿午睡的环节进行观察，观察时间比较短暂；这一时间往往也是评分员即将吃午餐的时间，因此可能造成时间冲突，观察比较匆忙，甚至可能没有仔细观察午睡环境而仅凭模糊印象进行推测评分；另外，评分员经过一上午的观察测评，可能比较疲倦，也易产生测评误差。评分员 14 测评结果异常值出现在四个班级的四个不同项目(包括“卫生间”“如厕/盥洗/饮水”“角色/戏剧游戏”“教师督导与评价”)。产生这些偏差的可能原因是评分员对这些项目的评价内容和概念理解不准确、观察评价时机掌握不当、评价态度不够稳定等。基于此，需要对这些评分员(尤其是评分员 2 和评分员 14)展开相应项目的培训，以进一步掌握这些项目评价内容涉及的概念内涵、观察测评的时机与核心要点以及评分技术要领等，以便在将来的测评当中更好地把握这些项目的观察测评技术，提高观察测评的准确性与可靠性。

表 5-4 评分员 2、评分员 14 和评分员 18 的非期望测评结果

评分员编号	班级编号	项目	实际测评值	期望测评值	标准化残差值
2	18	午睡空间与设施	1	3.6	−3
2	18	安全	7	4.1	3
2	32	活动区角	1	3.9	−3
14	65	卫生间	1	3.6	−3
14	82	如厕/盥洗/饮水	6	3.4	3
14	88	角色/戏剧游戏	7	4.1	3
14	123	教师工作督导与评价	3	5.9	−3
18	77	午睡空间与设施	6	3.3	3

3. 评分员与班级的偏差分析

评分员与班级的偏差分析指，运用 MFRM 分析评分员与班级的交互作用是否存在显著偏离模型估计值的评分，以此来判断评分员对班级质量的评分差异问题。经统计，评分员与班级偏差显著的次数(26)占总的交互作用次数(362)的比率为 8.02%。托幼机构教育质量评价通常由评分员在幼儿园进行为时一天(约 6.5 小时)的现场观察与评价。该测评活动为时长，测评内容繁多且是对动态变化现场的即时测评，这可能是影响偏差显著次数所占比率较高的重要原因之一。Z 值小于－2 有 12 次(3.7%)，说明有 3.7%测评结果比较宽松；Z 值大于 2 的有 14 次，近 4.32%的测评结果比较严格。

表 5-5　评分员与班级的偏差(显著)结果汇总

评分员编号	1	2	3	4	5	6	7	8	9	10	11	12	13	14
偏差次数	1	2	2	6	2	0	0	2	1	1	0	0	2	1
班级数	18	9	26	25	24	17	27	27	13	4	3	10	10	10
偏差比	5.55	22.2	7.69	24	8.33	0	0	7.41	7.69	25	0	0	20	10
评分员编号	**15**	**16**	**17**	**18**	**19**	**20**	**21**	**22**	**23**	**24**	**25**	**26**	**27**	**28**
偏差次数	0	0	2	0	0	1	3	0	0	0	0	0	0	0
班级数	18	8	17	2	13	9	7	7	5	4	2	4	3	2
偏差比	0	0	11.76	0	0	11.11	42.86	0	0	0	0	0	0	0

如表 5-5 所示，21 号评分员发生评分显著性偏差次数比率最大(42.86%)。该评分员共评价了 7 个班级，发生了 3 次显著性偏差，偏差最大值(－3.56)是对编号 64 的班级评价结果。

表 5-6　21 号评分员与班级的偏差分析

评分员序号	班级序号	观测值	模型期望值	偏差值	标准误	Z 值	infit Mnsq	outfit Mnsq
21	60	156	175.8	5	1.66	3.2	1.60	1.60
21	87	258	244.5	－3	1.62	－2.11	1.20	1.20
21	64	215	192.4	－6	1.55	－3.56	0.70	0.80
21	55	183	193.4	3	1.6	1.64	0.80	0.90
21	124	214	218	1	1.55	0.62	1.10	1.10
21	138	92	93.5	0	1.73	0.26	1.00	1.00
21	81	202	202.4	0	1.56	0.07	1.00	1.00

从表 5-6 可知，评分员 21 对 64 号班级的评分低于模型期望值近 4 个标准差，对该班级的测评结果异常宽松；测评标准比较宽松的是对 87 号班级的测评。另

外，该评分员对编号 60 的班级测评结果显示 Z 值大于 2，这说明对 60 号班级的测评比较严格，评分较低。这表明 21 号评分员对测评项目各评价等级标准的把握还不是很稳定，主观性较强，在今后需要对这类评分员进行有针对性的补充培训与练习。类似地，可以对每位评分员与班级的偏差进行如此分析，限于篇幅，不再列举。卡方检验结果($\chi^2(324)=341.9$，$p>0.05$)表明，评分员与班级的交互作用不显著。也就是说，各评分员对不同班级在评分标准把握的宽严程度上并不存在显著差异。

4. 评分员与项目的偏差分析

评分员与项目的偏差分析是运用 MFRM 分析评分员与项目的交互作用是否存在显著偏离模型估计值的评分，以此来判断评分员对各项目的评分差异问题。如下图 5-2 所示为 2 号评分员在各项目上的评价偏差结果。该评分员的偏差项目个数最多(10 个)，其中偏差最大的是对第 6 题(环境创设与幼儿作品展示)的评价；其次是第 38 题(活动的指导与监护)。在这些偏差项目中，有 4 个项目是关于幼儿园物质环境的，如家具教学设施、活动区角、教师的空间与设施等；另 6 个项目是关于活动组织与评价，师幼互动，教师督导与评价等。无论是对班级物质环境创设的评价，还是对教学活动组织的评价，该评分员对部分测评项目内容的理解和等级评分技术的把握尚不够充分。在今后的正式观察测评之前，需对该类评分员在相应的项目上进行更具体深入、有针对性的培训。总体上，在 1288 次评分员与项目的交互作用中，有 106 次偏差显著，比率为 8.2%。评价量表项目内容的复杂性、概念的抽象性，托幼机构教育质量观察测评的现场性、动态性、观察评价的长时间性和多人参与的多维度的复杂性，或许是偏差显著比率较高的影响因素。卡方检验结果表明，评分员与项目的交互作用显著($\chi^2(1344)=1906.8$，$p<0.001$)。

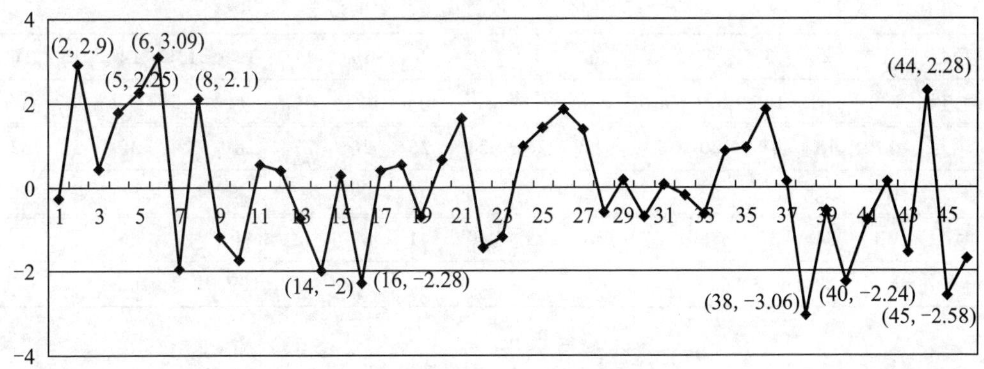

图 5-2 2 号评分员与项目的偏差分析

另外，运用 SPSS 软件对偏差显著的项目进行了统计，结果如表 5-7 所示。

分析结果显示第45题(教师督导与评价)显著偏差次数最多，比率最大，其次是第13题(健康)。项目45教师督导与评价，主要反映幼儿园平常对教师工作督导与评价的频率、评价的方法和反馈方式等方面的状况。仅凭评分员对班级一天的观察无法获得这些方面的信息，因而该项目主要依据对教师的访谈来获取相关信息；访谈的主观性与随意性、记忆和描述的模糊性，不同教师(幼儿园班级往往并不只有一位带班教师)反馈情况的不一致性等，都有可能对该项目评价的准确性造成影响。项目13“健康”，是从疾病预防和卫生习惯两方面进行测评。其中疾病预防主要是测评托幼机构和教师在平常所采取的措施，评分所需的信息部分来自当天的现场观察，部分需要依赖对班级教师或保育员的访谈进行评分。之所以存在较大的偏差，可能是因为评分信息来源的多样化以及这些信息之间的不一致，访谈对象的不确定性以及访谈信息的主观性和模糊性，都可能影响评分的准确性。总之，从评分员与项目交互作用的显著偏差来看，需要在部分项目上对评分员进行有针对性的增强型培训，以便在有限的时间内对这些项目进行尽可能客观准确地观察测评；同时，也需要对易于出现偏差的项目在随后的修订中加以调整，减少对访谈方法的依赖，或者改进访谈设计，便于评分员获取相对真实可靠和精确的评价依据。此外，有9个项目并不存在显著偏差，它们分别是：进餐、午睡/休息、教学设计与组织、幼儿表现、美术、发展概念与推理、常规和纪律、活动指导和监护、家园沟通与合作。这些项目有些是涉及一日生活环节，比如进餐与午睡/休息，相对易于观察测评。另一些项目涉及集体教学活动、区角游戏活动等。由于这部分评价项目的内容界定相对比较清晰，可操作性强；再加上评分员的专业背景，对幼儿园的集体教学活动和区域游戏活动的环境、组织方式和过程相对熟悉，日常的观摩经验比较丰富。因此，相比较而言，这部分的观察就会比较清晰，评分比较准确。

表5-7　评分员与项目偏差显著的汇总

项目	1	2	3	4	5	6	7	8	9	10	11	12	13	14	15	16
偏差比	1.9	1.9	1.9	5.7	4.7	3.8	2.8	3.8	6.6	0.9	0	0	8.5	1.9	0.9	1.9
项目	17	18	19	20	21	22	23	24	25	26	27	28	29	30	31	32
偏差比	1.9	0.9	1.9	0.9	1.9	0	0.9	1.9	0	0.9	0.9	1.9	5.7	0.9	4.7	0
项目	33	34	35	36	37	38	39	40	41	42	43	44	45	46		
偏差比	1.9	0.9	2.8	2.8	0	1.9	0	3.8	0	0.9	0	1.9	9.4	0.9		

(五)讨论

托幼机构教育质量评价通常是多人参与的多维复杂评价活动，观察测评时间长、测评内容较多。《量表》的使用要求评分员全天(大约6.5小时)在幼儿园班级内进行集中精力的观察测评。由于受到疲劳程度、测评经验和专业水平等个体因素的影响，评分员是影响评分准确性的重要因素之一。本研究采用MFRM模型对评分员宽严程度、评分员内部一致性、评分员与评价班级以及评价项目的交互作用等评分员偏差进行了分析。

1. 评分员宽严程度的影响

MFRM采用评分员宽严程度指标来区分评分过于严格或过于宽松的评分员。评分很宽松(或很严格)的评分员意味着班级获得高分(或低分)的可能更大。MFRM分析结果显示，28名评分员宽严程度存在显著性差异。有研究表明，评分员的个体特征，如对评价内容相关知识的熟悉性是影响评分员偏差的因素之一。[①] 或许这些评分员的性格特征或行为风格(如一丝不苟还是机动灵活)、专业态度(如严谨、认真还是随意、应付)、相关学科知识的储备量是导致部分评分员评分较严或较宽松的重要影响因素。建议将来在评分员选择方面，首先考虑有相关学科知识背景的；在培训工作中，强调评价工作的专业态度和精神；在观察评价过程中，通过动态抽检，及时识别评分误差较大的评分员并分析原因，及时进行反馈调整。这些举措或许能够在一定程度上减少因评分员个体特征造成的评分过于严格或过于宽松的问题，从而提高测评的准确性。

评分员内部一致性指某评分员对其所测评的班级、项目是否采用相同的测评标准。MFRM模型fit估计值显示25位评分员的内部一致性较好，3位评分员自身内部一致性较差。MFRM软件提供的非期望反应结果显示，两位评分员在几个班级、几个项目上出现了非期望测评结果。结果表明，出现期望反应的班级没有共同的特征，项目上也没有某些共同属性，托幼机构物质环境和教育过程性的评价项目均有可能出现偏差。出现这些非期望测评结果主要还是因评分员对这些测评项目的内容理解不透彻，对复杂现场情境的评分时机或评分尺度把握不准，难以进行准确测评。依据这些分析结果，我们建议在将来的评分员培训中，对于较为抽象的内容应进一步明晰概念、增加实例和模拟测评机会，针对专业背景不同或者实际经验缺乏的评分员，应增加观察测评策略和技巧的培训，提高培训的有效性。这些分析结果也进一步表明，与经典测量理论通常采用肯德尔W系数来报告整个评分员群体的一致性不同的是，项目反应理论的MFRM模型则可以对每个评分员自身的一致性进行分析。从评分员个体层面进行评分员宽严程度分析、评分员内部一致性分析，这些是项目反应理论MFRM的独特优势，是与经典测量理论无法媲美的。

---

① Tajeddin, Z., & Alemi, M. Pragmatic rater training: Does it affect Non-native L2 teacher' rating accuracy and bias? [J]. *Iranian Journal of Language Testing*, 2014, 4(1): 66-83.

2. 评分员与班级、项目的偏差

评分员与各侧面的偏差分析指评分员与各侧面的交互作用是否存在显著偏离模型估计值的评分情况。经 MFRM 分析显示，评分员与班级交互作用偏差显著的比率为 8.02%。因目前尚未有托幼机构教育质量评价的 MFRM 分析，对于该比率是否偏高或偏低无法进行同类研究的考究。相比较语言、公务员面试等 MFRM 的分析结果，该比率偏高。① 这可能与托幼机构教育质量评价活动较语言测试、公务员面试等测评情况具有更高的复杂性、现场性、动态性与费时性等因素有关。对于托幼机构教育质量评价而言，加强评分员培训，减少评分员测评主观性，或许是减少偏差显著比率的一项重要措施。我们对发生偏差显著较多的评分员做了进一步统计分析，结果发现 21 号评分员对 64 号班级的测评结果异常宽松，对 60 号班级又比较严格。发生偏差的班级并没有出现某些共同的特征。这也说明，评分员与班级的偏差不以班级特征为变量。总之，基于 MFRM 可以对评分员与班级的偏差进行评分员个体层面的分析。

评分员与项目的偏差分析结果显示，首先，可以在评分员个体层面上，对偏差展开分析讨论。比如 2 号评分员与项目的偏差比率最高，进一步分析表明，发生偏差显著的项目不仅有关于托幼机构教育质量物质环境方面的，还有教育活动实施过程方面的。这些结果显示，该评分员对这些项目的主要内容和各评分标准的理解还不是很透彻，对复杂现场的评分判断不准确，还需要在将来的测评培训当中，加强对这类评分员的针对性培训。其次，对存在偏差的项目进行统计分析发现，项目 45“教师督导与评价”发生的偏差次数最多，比率最大；其次是项目 13“健康”。之所以存在较高比率的偏差，可能是因为这两个项目主要采用对班级教师访谈的方式获取相关评分依据，其中部分细节信息教师也难以准确提供，导致评分员难以做出准确评价；另外，访谈的主观性、记忆和描述的模糊性都可能会对评价的准确性造成影响。这意味着，一方面要对评分员进行项目内容的针对性培训；另一方面也要对项目内容、评价指标与评分方法进行适当修订，适当减少对访谈信息的依赖，以便更易于准确地观察和测评。

3. 未来研究方向

虽然本文对 28 位评分员此次测评的评分员宽严程度、评分员自身一致性、评分员与班级、项目各侧面间的交互作用进行了分析与探讨，但如文中所述，对造成这些宽严度不一、内部一致性差的原因是否与评分员个体特征有关，比如是

---

① 姚若松，赵葆楠，刘泽，苗群鹰．无领导小组讨论的多侧面 Rasch 模型应用[J]．心理学报，2013，45(9)：1039-1049；Farrokhi，F.，Esfandiari，R.，& Schaefer，E. A many-facet Rasch measurement of differential rater severity/leniency in three types of assessment[J]. *Japan Association for Language Teaching*，2012，34(1)：79-102.

否与具有学前教育或儿童发展相关专业知识背景有关等(尽管本研究中的评分员均为来自学前教育专业的研究生，但他们的本科未必是学前教育专业，因而评分员之间在学前教育专业知识背景上并不完全一致)，这是我们将要进一步探讨的问题之一。对于托幼机构教育质量评价这种多人参与的多维主观现场测评活动，其交互作用的偏差比率控制在多大比较合适，以及如何从评分员层面去减少偏差比率等问题也有待于深入探究。

(六)结论

不同于经典测量理论仅能对评分员群体的一致性进行分析，项目反应理论的MFRM模型可以对评分员个体的评分偏差进行详细、具体的估计与分析。本研究采用MFRM模型对28位评分员在155个幼儿园班级、46个项目的教育质量评价中的评分员偏差进行分析。根据托幼机构教育质量评价活动特点、评价情境等建构了评分员、评价班级和评价项目三个侧面，分别对评分员的评分宽严程度、评分员内部一致性，以及评分员与评价班级、评价项目的交互作用进行了分析。研究结果表明，基于项目反应理论的MFRM模型的分析能够为托幼机构教育质量评价的评分员培训、评分员工作质量监测及合格评分员库的建立等提供科学依据，同时也为托幼机构教育质量评价的可信性、有效性和权威性等提供现代测量学依据。

第六章 《中国托幼机构教育质量评价量表》的持续优化及第三版的效度验证研究

本章概要

借用国际知名的托幼机构质量评价工具(ECERS-R、CLASS 等)的概念架构，研究者研制出《量表》第一版。研究者在不断试用的过程中，根据测量学属性的研究证据，结合我国学前教育评价的实际情况，不断修订和优化《量表》，研制出第二版与第三版。

《量表》的持续优化

与《量表》第一版相比，《量表》第二版将子量表整合成为 7 个子量表，53 个评价项目，160 个子项目；将一个等级指标拆分成若干个精细指标(共 814 个精细指标)，使子项目的评分从“1、3、5、7”变为 1～7 的自然数。实践证明，《量表》第二版的测量信度有所提升。为进一步增加《量表》对全国范围内不同区域学前教育质量评价的需要，增强其适应性和反应的灵敏性，《量表》第三版增设了一个新的等级“最低要求”，从而由原来的 7 点评分变为 9 点评分，增加了《量表》对低端质量的区分度；《量表》第三版精细指标数量增加到 1127 个，量表的评价内容进一步丰富。

《量表》第三版的效度验证研究

研究目的：基于全国范围取样的班级质量观察数据和儿童发展测试数据的基础上，对《量表》第三版的测量学特性进行检验。

研究设计与方法：从重庆、云南、安徽三个省的四个县区抽取 53 所幼儿园共计 125 个班级，经过严格训练的评分员分别利用《量表》第三版和 CDCC 量表测评其教育质量和儿童发展水平。从评分者间一致性信度、内部一致性信度、校标关联效度、结构效度四个角度来检验《量表》第三版的测量学特性，并将结果与《量表》第一版进行比较。

研究结果：(1)第三版《量表》的评分者间一致性信度处于较高水平，比第一版有所提升。(2)第三版《量表》的内部一致性信度处于较高水平，比第一版有所提升。(3)样本班级在第三版《量表》的各项评价得分上与儿童的语言、早期数学、社会认知存在一致且显著的相关性，与第一版的校标关联效度结果基本一致。(4)验证性因素分析(CFA)结果表明，《量表》两因子结构具有较好的模型拟合指数，这两个因子分别为"学习条件"与"教学与互动"，这说明《量表》第三版在因子结构上与第一版保持一致。

讨论：通过持续不断的修订与优化，《量表》第三版的多项测量信度与效度指标有了进一步提升，已经能够作为中国社会和文化背景下托幼机构教育质量的有效测量工具加以使用。

自2010年起历时三年，我们的研究团队研制出《量表》第一版，① 随后对其进行了一系列的信效度检验研究②和应用研究③。随着各项研究的进展，基于新的研究发现和证据，研究团队不断对《量表》的指标内容进行修订，对《量表》结构和评分方式持续进行优化，从而研制出《量表》的第二版与第三版，使其更加适应我国国情以及不同区域的学前教育质量评价需要，具有更加灵敏和优越的测量学特性。基于全国范围取样的班级质量观察数据和儿童发展测试数据的基础上，研究者再次对《量表》第三版的测量学特性进行检验。研究结果显示，《量表》第三版在各项信度和效度指标上表现出色，总体上优于前面的两个版本。这些证据表明，《量表》第三版在测量学特性上已经比较成熟，可以作为我国背景下托幼机构教育质量的有效测量工具。

---

① 李克建，胡碧颖．中国托幼机构教育质量评价量表(第一版)．未出版评价工具，2012.

② 信效度检验研究已发表论文包括：Li，K.，Hu，B.，Pan，Y.，Qin，J.，& Fan，X. Chinese Early Childhood Environment Rating Scale (trial) (CECERS)：A validity study[J]. *Early Childhood Research Quarterly*，2014，29(3)，268-282.；Chen，D.，Hu，B.，Fan，X.，& Li，K. Measurement quality of the Chinese Early Childhood Program Rating Scale (CECPRS)：an investigation using multivariate generalizability theory[J]. *Journal of Psychoeducational Assessment*，2014，32(3)：236-248；陈德枝，秦金亮，李克建．托幼机构教育质量评价的多元概化理论分析[J]．幼儿教育，2013，(5)；陈德枝，秦金亮，李克建．托幼机构教育质量评价中评委偏差的多侧面Rasch分析[J]．心理科学，2016，(3).

③ 该量表应用研究的已发表论文包括：Li，K.J.，Pan，Y.，Hu，B.Y.，Burchinal，M.，De Marco，A.，Fan，X.，& Qin，J. Early childhood education quality and child outcomes in China：Evidence from Zhejiang Province[J]. *Early Childhood Research Quarterly*，2016，36(3)：427-438；Hu，B.，Zhou，Y.，Li，K.J.，& Roberts，S.K. Examining Program Quality Disparities Between Urban and Rural Kindergartens in China：Evidence from Zhejiang[J]. *Journal of Research in Childhood Education*，2014，28(4)：461-483；Hu，B.，Li，K.J.，De Marco，A.，& Chen，Y. Examining the quality of outdoor play in Chinese kindergartens[J]. *International Journal of Early Childhood*，2015，47(1)：53-77.

一、第一版的持续优化

(一)《量表》第一版

《量表》第一版是在适宜我国文化和国情的托幼机构教育质量观指导下，通过对美国 ECERS-R[①] 指标内容的大幅度修订，并增设全新的“集体教学”子量表的基础上编制而成。《量表》第一版包含 8 个子量表、51 个评价项目，分别为：(1)空间与设施(9 个项目)；(2)保育(6 个项目)；(3)课程计划与实施(5 个项目)；(4)集体教学(7 个项目)；(5)游戏活动(9 个项目)；(6)语言推理(4 个项目)；(7)人际互动(5 个项目)；(8)家长与教师(6 个项目)。

为增强每个项目下评价内容的逻辑性，《量表》作者为每个项目下创设了若干“子项目”——评价的维度。这是《量表》区别于 ECERS-R 的重要结构性特征之一。每个子项目均包含“1－3－5－7”四个等级指标来界定不同水平的质量。这样，《量表》第一版共包含 177 个子项目，685 个等级指标。

在评分方式上，《量表》第一版沿用了 ECERS-R 的李克特 7 点评分：1 分＝不适宜；3 分＝合格；5 分＝良好；7 分＝优秀。子项目的可能评分是：1、3、5 或 7。项目的评分是依据各个子项目(等级指标)的得分情况，采用由低到高推理规则进行计算，可能的得分是 1～7 的自然数。子量表得分为本子量表下被评分项目得分的均值(某些项目如果被评为“不适用”则不计入均分)；量表总分为所有被评分项目得分的均值(而不是子量表得分的均值)。

研究团队采集了一定规模的数据，运用多种理论和方法对其进行各种信度和效度指标的检验。[②③④⑤] 各种证据表明，第一版《量表》具有良好的测量学特性，有潜力成为中国文化情境中优秀的托幼机构教育质量测量工具。该《量表》随后也

---

① Harms，T.，Clifford，R. M.，& Cryer，D.. *Early Childhood Environment Rating Scale (revised edition)*[M]. New York：Teachers College Press，1998.

② Li，K.，Hu，B.，Pan，Y.，Qin，J.，& Fan，X. Chinese Early Childhood Environment Rating Scale (trial) (CECERS)：a validity study[J]. *Early Childhood Research Quarterly*，2014，29(3)：268-282.

③ Chen，D.，Hu，B.，Fan，X.，& Li，K. Measurement Quality of the Chinese Early Childhood Program Rating Scale (CECPRS)：an investigation using multivariate generalizability theory[J]. *Journal of Psychoeducational Assessment*，2014，32(3)：236-248.

④ 陈德枝，秦金亮，李克建. 托幼机构教育质量评价的多元概化理论分析[J]. 幼儿教育，2013，(5).

⑤ 陈德枝，秦金亮，李克建. 托幼机构教育质量评价中评委偏差的多侧面 Rasch 分析[J]. 心理科学，2016，(3).

被应用于一系列的研究之中。①②③

(二)《量表》第二版的优化

基于《量表》第一版效度验证研究的结果④和数据采集过程中的评分员反馈评价，我们对《量表》结构和评分方式进行了调整和优化，编制出《量表》第二版。

《量表》第一版的探索性因素分析结果表明，“语言推理”子量表下的四个项目分别归属不同的因子，比如“图书和阅读”归属因子1“学习条件”，而其他三个项目(鼓励沟通、日常交流、概念与推理)归属因子2“教学与互动”。通过内容分析，《量表》作者们认为，这几个项目的确应当分别归属不同的子量表，因而，“图书和阅读”被重新命名为“语言”放入“游戏活动”子量表；“鼓励沟通与表达”“概念与推理”被归入“集体教学”子量表；“日常交流”被归入“人际互动”子量表。这样，第一版中的“语言推理”子量表的评价内容在第二版中被保留，但不再作为一个独立的子量表。在项目结构上的调整还包括：“户外体育活动的场地与设施”被分成了两个项目“户外体育活动的场地”“户外体育活动的设施”；“活动指导与监护”分拆成两个项目“室内一般活动的导护”“户外体育活动的导护”；把“空间与设施”子量表的“满足教师需求的空间与设施”项目，放入子量表“家长与教师”的项目“满足教师的个人需求”中。经过调整后，《量表》第二版包含7个子量表、53个评价项目，分别为：(1)空间与设施(9个项目)；(2)保育(6个项目)；(3)课程计划与实施(5个项目)；(4)集体教学(9个项目)；(5)游戏活动(10个项目)；(6)人际互动(7个项目)；(7)家长与教师(7个项目)。(《量表》第二版项目概览见表6-1)

---

① Li, K.J., Pan, Y., Hu, B.Y., Burchinal, M., De Marco, A., Fan, X., & Qin, J. Early childhood education quality and child outcomes in China: Evidence from Zhejiang Province [J]. *Early Childhood Research Quarterly*, 2016, 36(3): 427-438.

② Hu, B., Zhou, Y., Li, K.J., & Roberts, S.K. Examining program quality disparities between urban and rural kindergartens in China: evidence from Zhejiang[J]. *Journal of Research in Childhood Education*, 2014, 28(4): 461-483.

③ Hu, B., Li, K.J., De Marco, A., & Chen, Y. Examining the quality of outdoor play in Chinese kindergartens[J]. *International Journal of Early Childhood*, 2015, 47(1): 53-77.

④ Li, K., Hu, B., Pan, Y., Qin, J., & Fan, X. Chinese Early Childhood Environment Rating Scale (trial) (CECERS): a validity study[J]. *Early Childhood Research Quarterly*, 2014, 29(3): 268-282.

表 6-1 《量表》第二版项目概览

子量表一：空间与设施	子量表二：保育	子量表三：课程计划与实施	子量表四：集体教学
1. 室内空间 2. 家具教学设备 3. 卫生间 4. 午睡空间与设施* 5. 活动区角 6. 安抚和独处的空间与设施△ 7. 环境装饰和幼儿作品展示 8. 户外体育活动的场地 9. 户外体育活动的设施	10. 入园/离园* 11. 如厕/盥洗/饮水 12. 进餐* 13. 午睡/休息* 14. 健康 15. 安全	16. 一周课程计划 17. 一日活动安排与组织 18. 自由游戏 19. 集体活动 20. 户外体育活动	21. 目标与内容 22. 情感支持 23. 教学设计与准备 24. 教学过程 25. 教学支持 26. 语言理解和表达 27. 概念与推理 28. 幼儿表现 29. 价值取向

子量表五：游戏活动	子量表六：人际互动	子量表七：家长与教师
30. 角色/戏剧游戏 31. 建构游戏 32. 精细操作活动 33. 语言 34. 数学 35. 自然/科学 36. 音乐/律动 37. 美术 38. 沙/水 39. 音像设备和电脑△*	40. 室内一般活动的导护 41. 户外体育活动的导护 42. 常规和纪律 43. 师幼互动 44. 同伴互动 45. 日常语言交流 46. 接纳多元文化和差异△	47. 服务家长 48. 家园沟通与合作 49. 满足教师个人需求 50. 满足教师工作需求 51. 教师间互动与合作* 52. 教师工作督导与评价 53. 教师专业成长支持

注：1.“*”表示该项目在特定条件下允许不适用；
2.“△”表示该项目为增设项目，允许不计人量表总分。

研究发现，《量表》第一版内容略显繁多冗赘，其中一个原因是若干子项目在内容上存在交叉重复，因此，作者们努力对内容进行“瘦身”，尽可能避免和减少子项目之间不必要的交叉重复。比如，经过调整，项目 25“教学支持”下的子项目从上一版本中的 5 个减少到 4 个(见表 6-2)。经过子项目的调整与修订，《量表》的子项目数量从第一版的 177 个减少到第二版的 160 个。

表 6-2 《量表》第二版评价项目举例：项目 25 教学支持

等级 子项目	不适宜 1	2	最低要求 3	4	良好 5	6	优秀 7
25.1 教学方法	25.1.1 a. 采用机械训练或灌输的教学方法，有明显"小学化""成人化"倾向。		25.1.3 a. 采用两种以上教学方法，适合幼儿的年龄和能力。		25.1.5 a. 采用多种教学方法，有效地激发幼儿的学习兴趣或探究欲望，有利于幼儿对学习任务的理解与掌握。		25.1.7 a. 教学方法多样而适宜，有利于幼儿积极主动和创造性地学习，有效地支持幼儿思维和技能的发展。
25.2 教学机智	25.2.1 a. 教师僵硬地执行既定教学计划，忽略幼儿现场的学习状态或情绪反应。		25.2.3 a. 教师对教学计划的执行具有一定的灵活性(如能够从大部分幼儿的现场反应看出预设目标或内容难度过高或过低，并作出一定调整)。		25.2.5 a. 教师对教学计划的执行具有较高的灵活性(如根据幼儿的现场反应，及时对活动的目标、内容、材料呈现方式或教学方法作出适宜的调整，增强教学效果)。		25.2.7 a. 教师注意把握预设与生成的平衡，善于根据幼儿现场的反应推动教学活动的发展，提升幼儿学习的效果。
25.3 学习与选择机会	25.3.1 a. 幼儿完全被动接受，没有任何操作、探索、表达或创造活动的机会。		25.3.3 a. 至少部分幼儿有一些操作、探索、表达或创造活动的机会。		25.3.5 a. 大部分幼儿能够获得适宜的操作、探索、表达或创造活动的机会； b. 教学过程中提供了一定的选择机会(至少 1 种)。		25.3.7 a. 几乎所有幼儿都能获得操作、探索、表达或创造活动的机会； b. 教学过程中提供了多种选择机会(至少 3 种，如材料、小组或合作伙伴、学习方式、完成任务的时间等)。
25.4 促进思维/技能发展*	25.4.1 a. 教师没有关注幼儿思维/技能的发展，或者教学方法完全不适应幼儿的思维/技能发展水平。		25.4.3 a. 教师关注幼儿思维/技能的发展，教学方法适于幼儿的思维/技能发展水平。		25.4.5 a. 教师通过多种方法与途径，有效促进幼儿思维(如逻辑与顺序、因果推理、分类与比较等)或技能(包括智慧技能与动作技能)的发展。		25.4.7 a. 教师有意识地运用各种有效策略(如多感官感知体验，比较与对比，发现式学习，小组合作学习等)，促进幼儿的高级思维或复杂技能的发展。

《量表》第二版中另一个重要改变是精细指标的引入。在《量表》第一版使用的

过程中，尽管由于子项目的引入使得《量表》的评分比起 ECERS-R 相对容易，但仍然会有纠结的状况，原因是：一个等级指标涵盖的内容要点往往不止一个，所观察的班级可能仅达到了指标的部分要求，这时整个指标到底评为“是”还是“否”，往往让评分员非常纠结；这也增加了同一班级两位评分员之间出现分歧的可能性。依据评分员的反馈，《量表》作者们决定把包含了若干个相对独立评分要点的一个等级指标拆分为若干个精细指标，要求评分员依据观察对每个精细指标进行评分。这样，在《量表》第二版中，每个子项目下的四个等级指标(分别为 1 分、3 分、5 分、7 分)各自包含了数目不等的精细指标(项目举例见表 6-2)。精细指标成为整个量表最小的基础性评价单位。精细指标评价内容相对单一，指向性更加明确，易于观察和判断，可以有效地降低评分者判断的模糊性，减少评分员评分时的纠结状况，有利于提升评分者间一致性信度。统计结果表明，《量表》第二版中共包含 814 个精细指标。

由于精细指标的引入，带来了评分方式的变化。在《量表》第一版中，子项目的得分是等级指标决定的，可能为 1—3—5—7 四个分值中的一个。而在《量表》第二版中，作者们决定依据精细指标的评分情况，采用由低到高推理的规则来对子项目进行评分，允许出现 2—4—6 这样的中间分值，这样，子项目的分值在 1～7 变化(自然数)。项目得分取若干子项目的得分均值(保留两位小数)。子量表得分、《量表》总分的计算方法与第一版保持一致。这样的评分方式增加了子项目水平上《量表》对班级质量反应的灵敏性和评价的精确性，有助于提高测量信度(如内部一致性)。

表 6-3 《量表》第一版与第二版内部一致性系数比较

子量表	Cronbach's α	
	第一版[1](N=178 班级)	第二版(N=225 班级)
空间与设施	0.93	0.90
保育	0.89	0.91
课程计划与实施	0.90	0.91
集体教学	0.93	0.94
游戏活动	0.90	0.91
人际互动	0.90	0.93
家长与教师	0.89	0.91
总量表	0.98	0.96

注：1.《量表》第一版一致性信度数据来自文献：Li，K.，Hu，B.，Pan，Y.，Qin，J.，& Fan，X. Chinese Early Childhood Environment Rating Scale (trial) (CECERS)：a validity study[J]. *Early Childhood Research Quarterly*，2014，29(3)：268-282.

2. 在计算《量表》第二版 Cronbach's α 的时候，有两个项目由于被评为“不适用”或缺失比例超过班级样本总量的 10%而被去除。这两个项目分别是：安抚与独处的空间与设施、音像设备和电脑的使用。

《量表》第二版于2013年年初编制完成，并于当年用于湖南省、吉林省、四川省、贵州省和上海市等地的班级观察数据采集。初步的数据分析结果显示，《量表》第二版的测量信度有所提升，实现了改进意图。在内部一致性信度上，从《量表》第一版与第二版的比较中看出(见表6-3)，大部分子量表的内部一致性有不同程度的增加；量表总体的内部一致性仍然保持在优秀水平(Cronbach's α为0.96)。综合来看，《量表》第二版的内部一致性信度优于第一版。

(三)《量表》第三版的优化

通过对《量表》第一、第二版所采集幼儿园教育质量数据分析，研究者发现，现阶段我国幼儿园教育质量普遍偏低，有较高比例的班级教育质量在《量表》所界定的“合格”水平之下(在7点评分量表上得分在1～3之间)，在总体得分分布上高度聚集于低端。尤其考虑到我国中西部地区、农村地区学前教育发展水平相对滞后(参阅本书第七章有关研究结果)，这一问题将更加凸显。为进一步增加《量表》对全国范围内不同区域学前教育质量评价需要的适应性和反应的敏感性，增加对低端质量的区分度，我们决定在“合格”水平以下、“不适宜”水平以上，增设一个中间等级：“最低要求”，即在幼儿教育实践中不应突破的底线要求。这样，《量表》第三版变为9点评分，由低到高分别为：1分=不适宜，3分=最低要求，5分=合格，7分=良好，9分=优秀(项目举例见表6-4)。经过多次实地调研和试测，反复尝试和推敲指标内容与标准高低，历时数月，2014年5月，《量表》第三版最终编制完成。经过修订，《量表》第三版项目数量(53个)和子项目数量(160个)保持不变，但精细指标数量增加到1127个(第二版为814个)。2014年5—6月，新编制完成的《量表》第三版在联合国儿基会-中国教育部合作进行的“农村学前教育师资培训基线调研”项目中用于对云南、重庆两省(市)的幼儿园教育质量评估。①

与前面两个版本的《量表》相比，第三版《量表》的最大变化是从7点评分变为9点评分，即子项目下设计的等级指标从四个等级(1—3—5—7)增加到五个等级(1—3—5—7—9)。而在子项目评分的规则、项目得分、子量表得分、量表总分的计算方法上，《量表》第三版则与第二版基本保持一致。

① 秦金亮，李克建．联合国儿基会-教育部“农村学前教育师资培训基线调研项目”——云南剑川、重庆忠县幼儿园教育质量调查报告．未出版，2014.

表 6-4 《量表》第三版评价项目举例：项目 25 教学支持

等级 子项目	不适宜 1	2	最低要求 3	4	合格 5	6	良好 7	8	优秀 9
25.1 教学方法	25.1.1 a. 采用机械训练或灌输的教学方法，有明显“小学化”“成人化”倾向。		25.1.3 a. 教学方法没有明显的不适宜。		25.1.5 a. 教学方法适合幼儿的年龄和能力。		25.1.7 a. 采用至少两种教学方法，有效地激发幼儿的学习兴趣或探究欲望，有利于幼儿对学习任务的理解与掌握。		25.1.9 a. 教学方法有利于幼儿积极主动和创造性地学习，有效地支持幼儿思维和技能的发展。
25.2 教学机智	25.2.1 a. 教师的教学刻板僵化，完全忽略幼儿现场的学习状态或反应。		25.2.3 a. 教师有时能够顾及幼儿现场的学习状态或反应，处理基本得当。		25.2.5 a. 教师对教学计划的执行具有一定的灵活性（如能够从大部分幼儿的现场反应看出预设目标或内容难度过高或过低，并作出一定调整）。		25.2.7 a. 教师对教学计划的执行具有较高的灵活性（如根据幼儿的现场反应，及时对活动的目标、内容、材料呈现方式或教学方法作出适宜的调整，增强教学效果）。		25.2.9 a. 教师注意把握预设与生成的平衡，善于根据幼儿现场的反应推动教学活动的发展，提升幼儿学习的效果。
25.3 学习与 选择机会	25.3.1 a. 幼儿完全被动接受，没有任何操作、探索、表达或创造活动的机会。		25.3.3 a. 多名（至少 3 名）幼儿有现场演示、操作体验、回答问题的机会。		25.3.5 a. 至少部分（1/3 以上）幼儿有一些操作、探索、表达或创造活动的机会。		25.3.7 a. 大部分幼儿能够获得适宜的操作、探索、表达或创造活动的机会； b. 教学过程中提供了一定的选择机会（至少 1 种）。		25.3.9 a. 几乎所有幼儿都能获得操作、探索、表达或创造活动的机会； b. 教学过程中提供了多种选择机会（至少 3 种，如材料、小组或合作伙伴、学习方式、完成任务的时间等）。
25.4 反馈评价	25.4.1 a. 幼儿的学习得不到任何反馈和评价，或者反馈与评价方式明显不当。		25.4.3 a. 多名（至少 3 名）幼儿得到教师积极的反馈与评价。		25.4.5 a. 至少部分（1/3 以上）幼儿得到教师积极的反馈和评价。		25.4.7 a. 大多数幼儿的学习和表现得到教师积极的反馈或评价。		25.4.9 a. 大多数幼儿得到个别化的、具体而有意义的反馈和评价，有效地推动和支持幼儿的学习。

由上可见，“集体教学”子量表的增设，是《量表》内容上的重大创新，使得《量表》更加贴近中国文化和幼儿园教育实践。而每个项目下子项目(评价维度)的建构，每个精细指标进行评价的方式，是《量表》结构和评分方式上的重大改变和创新；尤其是《量表》第三版的9点评分方式，丰富了评价的内容，增加了评价指标的层级，进一步增强了项目、子项目反应的灵敏性和对不同质量水平的区分度，明显突破了ECERS-R的结构框架，为实现对其测量学特性的全面超越奠定了基础。

二、第三版效度验证研究

(一)研究目的

本研究旨在获得广泛的实证性证据来检验《量表》第三版多个方面的测量学特性，包括评分者间一致性信度、内部一致性信度、校标关联效度(《量表》和儿童发展结果之间的关系)以及结构效度(《量表》因子结构的证据)。同时，在可能的情况下，本研究获得的证据将与《量表》第一版的有关结果进行比较和分析，以检验《量表》第三版在测量学性能上的变化。所获得的证据都将有助于检视《量表》第三版在测量中国托幼机构教育质量方面的有效性。

(二)研究方法

1. 样本

基于分层随机抽样程序，从重庆、云南、安徽三个省(市)的四个县区(经济发展水平在本省处于中等水平)抽取了53所幼儿园。这些幼儿园的分布情况如下：(1)依据各省市现有的办园等级，2所高等级(省级示范园或省一级)，9所中等级(市级示范园或省二级)，42所低等级(县级幼儿园或准办园)。需要说明的是，之所以中、高等级园所样本量偏少，是因为这些地方中、高等级园所数量本身很少。(2)依据所在地，城区幼儿园3所，县城幼儿园15所，乡镇中心区域幼儿园16所，村幼儿园19所。(3)依据办园性质，公办园(包括教育部门办园、其他部门办园、集体办园)24所，民办园29所。每所幼儿园随机选取2～3个不同年龄段的班级进行质量观察评价；这样，共获取了125个样本班级的质量观察数据。年龄班分布情况如下：44个小班(3～4岁组)，29个中班(4～5岁组)，51个大班/学前班(5～6岁组)(其中7个为小学附设学前班)，另外有1个混龄班(3～6岁)。每个样本班级随机抽取6名儿童(男女各半)进行儿童发展测试，内容主要包括语言、早期数学、社会认知和动作技能四个领域；最终，共获得538名儿童的发展结果测试数据。需要指出的是，本研究中的数据采集内容和过程是在地方教育行政部门、样本幼儿园、样本班级教师、儿童家长知情同意的基础上进行的。

2. 工具

(1)《量表》第三版

《量表》第三版[①]是为中国的托幼机构教育质量评价而研发的班级观察量表，作为本次验证研究的目标工具，用于样本班级的质量观察数据采集。《量表》第三版包含7个子量表、53个评价项目、160个子项目、1127个精细指标。《量表》采用李克特式9点评分：1分＝不适宜，3分＝最低要求，5分＝合格，7分＝良好，9分＝优秀。子项目得分依据精细指标评分结果由低到高进行推算，为1～9的自然数；项目得分为子项目得分的均值(保留两位小数)；子量表得分是表下所有被评项目的均分；量表总分是所有被评项目的均分，用以代表该托幼机构班级的整体质量。

(2)CDCC量表

CDCC量表是一套用于评价3～6岁儿童总体发展水平的常模参照测验，包含四个分测验：(1)语言，25个测试题目，内容涉及词汇、理解、语言表达与使用。(2)早期数学，56个测试题目，涵盖分类、排序、图形、关系模式与推理、数数与计算。(3)社会认知，25个测试题目，涉及基本的社会常识、人物关系辨识、初步的道德判断。(4)动作技能，包括4个大肌肉动作测试项目和1个精细动作测试项目。根据研发者当时的研究报告，CDCC量表具有良好的评分者间一致性、内部一致性和重测信度；还具有良好的内容效度、同时效度和校标关联效度。[②] 同样，为避免常模老化带来的偏差，本研究没有使用依据年龄常模计算的标准分，而是采用测验的原始分用于后面的数据分析。

3. 数据采集过程

正式的数据采集之前，《量表》第一作者培训了30名学前教育专业硕士研究生成为《量表》第三版合格的评分员。培训包括4天量表内容学习和5天实地的班级观察评分练习。每天的班级观察培训中，一名培训者(熟练的评分员)带领三名学员组成一个小组进入同一个班级进行观察；各自独立的观察和评分结束后进行小组一致性讨论和评分，每位学员计算自己的评分与培训者评分之间的一致性百分比(在项目水平上)；在每天的班级观察训练中，培训者与受训者的小组均进行重组，以避免固定趋势效应。整个培训结束时，每位受训者与培训者之间项目水

---

① 李克建，胡碧颖．中国托幼机构教育质量评价量表(第三版)[Z]．未出版评价工具，2014．

② 周容，张厚粲．CDCC中国儿童发展量表(3～6岁)的编制[J]．心理科学，1994，17(3)：137-192．

平的一致性信度达到了0.85以上。

2014年6月至2015年4月，研究者组织评分员团队运用《量表》第三版分别调查了53所样本幼儿园，对125个样本班级进行了一日活动过程的观察和评分。每所幼儿园由评分员到达现场后随机选择2个不同年龄组的班级。每个班级一般安排2名评分员，各自独立进行观察和评分。每个班级的观察时间大约为6.5小时(一般为上午班级观察4小时，幼儿午休期间大约半小时对班级教师的访谈以便对无法直接观察的项目指标进行评分，下午班级观察2小时)。各自的评分结束后，再进行小组合议，对评分不一致的子项目和项目进行讨论，直至达成一致意见，给出小组评分。

同时，另一名经过CDCC量表培训的测试员从所观察的样本班级中随机抽取约6名儿童(男女各半)，运用CDCC量表，采用一对一的方式逐个进行测试(内容包括语言、早期数学、社会认知、动作技能)。测试在幼儿熟悉、独立且不受干扰的房间进行。最终，共获取了538名3～6岁儿童发展测试的有效数据。

(三)研究结果

1. 评分者间一致性信度

本研究采用同组(同一班级进行观察)的两位评分员的原始评分数据(合议之前各自的独立评分)，在项目水平和子量表水平上分别计算了评分者间一致性信度估计系数。在项目水平上，53个评价项目的评分者间一致性信度估计系数(Kappa)均高于0.6，处于0.611～0.883，均值为0.778；在7个子量表上，评分者间一致性信度估计系数处于0.833～0.954，均值为0.89。对于这类复杂的观察性评价量表而言，这样的评分者间一致性信度可以认为处于较高水平。与《量表》第一版相比，《量表》第三版的评分者间一致性信度水平(尤其是在项目水平上)有所提升。

2. 内部一致性信度

由表6-5可见，《量表》第三版7个子量表的内部一致性信度系数处于0.886～0.953，总量表为0.967，均处于较高的水平。这些证据表明，不仅《量表》总体上可以用于托幼机构的质量评价，每个子量表也可相对独立使用，用以测量托幼机构特定方面的教育质量。同时，与第一版、第二版相比，第三版《量表》的内部一致性信度水平也有所提升。

表 6-5 《量表》第三版内部一致性系数

子量表	项目数	Cronbach's α
空间与设施	8	0.94
保育	6	0.92
课程计划与实施	5	0.89
集体教学	9	0.95
游戏活动	9	0.92
人际互动	7	0.94
家长与教师	7	0.91
总量表	51	0.97

注：在计算《量表》第三版 Cronbach's α 的时候，有两个项目由于被评为"不适用"或缺失比例超过班级样本总量的 10%而被去除。这两个项目分别是：子量表"游戏活动"中的"音像设备和电脑的使用"；子量表"人际互动"中的"多元文化与差异"。

3. 校标关联效度：与儿童发展结果的相关性

本研究中使用了 CDCC 量表对样本班级随机抽取的 5～6 名儿童进行了语言、早期数学、社会认知、动作技能方面的测试，共获取了 538 名 3～6 岁儿童的发展测试数据。研究者首先对数据进行了筛选，排除了 18 名入该园时长少于 6 个月的儿童(依据是时间过短，幼儿园教育环境对儿童发展难以产生可观测的影响作用)；这样，用于最终分析的样本量为来自 116 个班级的 520 名儿童($M_{年龄}$＝4.94 岁，SD＝0.82)。

表 6-6 的上半部分为《量表》各项得分(7 个子量表得分与量表总分)与儿童发展结果(语言、早期数学、社会认知、动作技能)的零阶二元相关。分析结果表明，《量表》各项质量得分指标与儿童的语言、早期数学、社会认知这三个方面的测试得分存在一致且显著的相关性(r＝0.16～0.50)。但儿童的动作技能与《量表》各项得分的关系不尽一致且相对较弱(仅与量表总分和 4 个子量表得分存在相关性，r＝0.15～0.31)。这一关系模型与《量表》第一版的校标关联效度验证结果基本一致。

表 6-6 《量表》得分与儿童发展结果的相关性($N_{儿童}$＝520，来自于 116 个班级)

儿童发展	子量表和量表总分							
	《量表》总分	空间与设施	保育	课程计划与实施	集体教学	游戏活动	人际互动	家长与教师
	零阶相关							
语言	0.356**	0.361**	0.286**	0.289**	0.364**	0.204**	0.310**	0.503**
早期数学	0.295**	0.255**	0.187**	0.327**	0.350**	0.157**	0.266**	0.392**
社会认知	0.346**	0.318**	0.260**	0.322**	0.374**	0.228**	0.282**	0.441**
动作技能	0.219**	0.090	0.111	0.307**	0.270**	0.145*	0.219**	0.123

续表

儿童发展	子量表和量表总分							
	《量表》总分	空间与设施	保育	课程计划与实施	集体教学	游戏活动	人际互动	家长与教师
偏相关 (控制儿童年龄、母亲受教育程度、城乡三个变量)								
语言	0.279*	0.232*	0.293*	0.089	0.219+	0.202+	0.179	0.352**
早期数学	0.326**	0.142	0.313**	0.288*	0.307**	0.230*	0.253*	0.319**
社会认知	0.270*	0.136	0.332**	0.072	0.197+	0.228*	0.071	0.409**
动作技能	−0.090	−0.147	−0.032	−0.076	−0.024	−0.093	−0.145	−0.030

注：+ $p<0.1$，* $p<0.05$，** $p<0.01$，*** $p<0.001$

由于儿童年龄、家庭社会经济地位、社区背景因素可能在《量表》得分和儿童发展结果之间产生一定的作用，研究者又进行了偏相关分析，以控制这些变量对《量表》得分与儿童发展之间关系的影响。依据已有相关研究的发现和变量选择，研究者采用母亲受教育年限来作为家庭社会经济地位的代表性指标。由表6-6的下半部分结果可见，在控制儿童年龄、母亲受教育程度、城乡三个变量后，大多数《量表》得分的质量指标与儿童的语言、社会认知，尤其是早期数学测试得分之间仍然存在显著相关，相关系数与上面的零阶相关相比略低但基本持平(r=0.23～0.41)，这些结果略优于《量表》第一版所报告的相关系数水平；与以往的研究相一致，儿童的动作技能发展与所有的质量指标均不相关。①

总体而言，《量表》第三版的校标关联效度验证研究结果与《量表》第一版基本保持一致。与以前的研究结果有所不同的是，某些子量表得分与儿童的语言、早期数学、社会认知发展结果相关不显著，这些结果值得关注。

4. 结构效度：验证性因素分析

《量表》第一版的探索性因素分析中发现了量表的两因子结构模型：因子一被命名为“学习条件”，包含21个项目，主要来自空间与设施、游戏活动两个子量表；因子二被命名为“教学与互动”，包含13个项目，主要来自集体教学、人际互动两个子量表；并且，这两个因子高度相关(r=0.76)②。为进一步探明《量表》第三版的结构效度，我们进行了多个模型的验证性因素分析(Confirmatory Fac-

① Li, K., Hu, B., Pan, Y., Qin, J., & Fan, X. Chinese Early Childhood Environment Rating Scale (trial) (CECERS): a validity study[J]. *Early Childhood Research Quarterly*, 2014, 29(3): 268-282.

② Li, K., Hu, B., Pan, Y., Qin, J., & Fan, X. Chinese Early Childhood Environment Rating Scale (trial) (CECERS): a validity study[J]. *Early Childhood Research Quarterly*, 2014, 29(3): 268-282.

tor Analysis，CFA）。

为了获得足够样本量的班级质量观察数据来支撑验证性因子分析，[①] 研究者按照等值原则和数据的分布比率，对《量表》第二版采集的班级质量数据按照《量表》第三版的格式进行了转换，[②] 即从 7 点评分转换成 9 点评分。经过转换与整理，最终 350 个样本班级的质量观察数据被用于本研究。

在参与分析的项目上，为了和《量表》第一版验证性因子分析的结果保持一致，最后一个子量表“家长与教师”的 7 个项目被去除，因为该子量表的项目评价内容与儿童发展并不直接相关；同时也去除了那些缺失值较多的项目（缺失比例达到 10%以上）。这样，最终纳入验证性因子分析的是 350 个样本班级 6 个子量表的 36 个项目得分数据。[③]

研究者进行了三个模型的验证和探索。模型一（M1），按照原定义的一阶两因子模型（对《量表》第一版探索性因子分析结果的两因子模型进行验证）；模型二（M2），调整后的一阶两因子模型（在原来的两因子模型基础上，允许部分项目归属另一个因子或者同时归属两个因子）；模型三（M3），二阶两因子模型（第一阶是一个总因子，第二阶是两个质量因子），原定义未调整。这三个模型的验证性因子分析的结果见表 6-7。

表 6-7　三个模型的验证性因子分析结果

模型	Minimum Function Test Statistic	df	P-value (Chi-square)	SRMR	RMSEA	CFI	TLI	AIC
M1	1989.542	593	0	0.049	0.082	0.878	0.871	39778.65
M2	870.271	522	0	0.031	0.044	0.970	0.963	38801.38
M3	1989.542	592	0	0.049	0.082	0.878	0.870	39780.65

按照 AIC 选择模型，数值越小越好，则 M2 为最佳模型，即调整后的一阶两因子模型。该模型总体上确证并支持原有的两因子模型。这些证据表明，修订后的新

① 一般认为，因子分析的样本量越多越好，至少要达到参与分析项目数的 5 倍。《量表》第三版的项目总数为 53 个，最终参与分析的项目数为 36 个，因此，至少需要 180 个样本班级的质量数据来进行该验证性因子分析。

② 需要说明的是，《量表》第二版与第三版在项目—子项目结构上完全一致，“合格”水平在第二版中为 3 分，在第三版中为 5 分，因而，具备转换条件。同时，《量表》第二版的班级质量数据没有用于以前的探索性因素分析，可以用于本验证性因子分析的研究。

③ 《量表》第一版探索性因素分析结果中，共 34 个项目进入了两因子结构；由于量表在后来的修订过程中，部分项目可能拆分成两个项目（比如，“户外体育活动的场地与设施”，在《量表》第二版、第三版中成为两个项目：户外体育活动的场地；户外体育活动的设施）。因此，在《量表》第三版中，与原来的 34 个项目内容对应的是 36 个项目。

版《量表》仍然具有两因子结构模型；经过仔细的项目内容综合分析，研究者认为，该两因子结构是有意义的。两个版本《量表》的因子结构分析结果的比较见表 6-8。

表 6-8 《量表》两因子结构模型的前后比较

子量表	项目	《量表》第一版		《量表》第三版	
		因子Ⅰ	因子Ⅱ	因子Ⅰ	因子Ⅱ
	1. 班级室内空间	0.841		0.811	
	2. 家具教学设备	0.769		0.708	
	3. 卫生间	0.571		0.813	
空间与设施	4. 午睡的空间与设施	0.447		0.614	
	5. 活动区角	0.812		0.823	
	6. 环境装饰和幼儿作品展示	0.664		0.751	
	7. 户外体育活动场地	0.870		0.753	
	8. 户外体育活动设施	0.870		0.759	
	9. 入园/离园		0.450	0.479	
保育	10. 午睡/休息	0.557		0.431	
	11. 安全	0.649		0.596	
课程计划与实施	12. 自由游戏	0.558		0.612	
	13. 户外体育活动	0.589		0.726	
	14. 目标与内容		0.832		0.800
	15. 情感支持		0.912		1.042
	16. 教学设计与准备		0.803		0.774
集体教学	17. 教学过程		0.977		0.634
	18. 教学支持		0.816		0.845
	19. 语言理解和表达		0.773		0.872
	20. 概念与推理		0.558		0.811
	21. 幼儿表现		0.766		0.856
	22. 角色/戏剧游戏	0.762		0.793	
	23. 建构游戏	0.707		1.061	
	24. 精细操作活动	0.662		0.727	
	25. 语言	0.586		0.744	
游戏活动	26. 数学	0.813		0.757	
	27. 自然/科学	0.761		0.772	
	28. 音乐/律动	0.393		0.568	
	29. 美术	0.709		1.027	
	30. 沙/水	0.851		1.012	

续表

子量表	项目	《量表》第一版		《量表》第三版	
		因子Ⅰ	因子Ⅱ	因子Ⅰ	因子Ⅱ
人际互动	31. 室内一般活动的导护		0.724		0.869
	32. 户外体育活动的导护		0.724		0.564
	33. 常规和纪律		0.735		0.905
	34. 师幼互动		0.721		0.852
	35. 同伴互动		0.865		0.862
	36. 日常语言交流		0.773		0.834

注：1. 这里的项目编号和名称以《量表》第三版为准。

2.《量表》第一版的因子分析结果数据来源：Li，K.，Hu，B.，Pan，Y.，Qin，J.，& Fan，X.. Chinese Early Childhood Environment Rating Scale (trial) (CECERS)：A validity study[J]. *Early Childhood Research Quarterly*，2014，29(3)，268-282. 由于两个版本的量表项目进行了结构上的微调，《量表》第一版部分项目从单个项目分拆成了《量表》第三版中的两个项目(参阅上文修订部分)，则这两个项目使用原来同样的因子负荷数据。

3. 为了简化信息，检验不显著的($p>0.05$)以及小于0.3的因子负荷数据没有在表格中呈现。

由表6-8可见，原来归属因子Ⅰ"学习条件"的所有项目，在验证性因子分析中，仍然归属因子Ⅰ；这些项目主要来自"空间与设施""游戏活动"两个子量表，另外有几个项目分别来自"保育""课程计划与实施"两个子量表；这一因子的评价内容主要涉及幼儿学习的外部环境条件，包括各类空间、设施及其管理、使用，对幼儿的生活照料，各类游戏活动的材料、空间及其管理维护，游戏活动的机会与时间以及指导。同样，原来归属因子Ⅱ"教学与互动"的绝大部分项目仍然归属该因子；这些项目全部来自"集体教学""人际互动"两个子量表，主要涉及集体教学活动的目标、内容、过程、对幼儿语言学习与概念推理学习的支持质量，以及各类活动中的监护、指导，师幼互动、同伴互动的过程质量，以及日常活动中的言语交流等。一个细节变化是，"入园/离园"项目的归属从因子Ⅱ"教学与互动"变化到因子Ⅰ"学习条件"。分析结果表明，两个因子之间高度相关(r＝0.89)。

三、讨论与建议

在我国致力于"保障适龄儿童接受基本而有质量的学前教育"的政策背景下，迫切需要有适宜我国文化和国情、具有良好测量学特性的学前教育机构质量评价工具。《量表》的研发正是为了这一目标，致力于成为中国文化背景下托幼机构教育过程性质量的有效评价工具。但由于我国国情的复杂性与教育质量本身的复杂性，托幼机构教育质量测量工具的研发是一个复杂的长期的过程，需要通过科学的程序对其内容、结构、测量学各项特性不断检验和优化。在本章，我们梳理了《量表》从第一版至第三版持续的修订与优化过程，并提供了《量表》第三版的效度验证的证据。下面，研究者将对这些方面的结果进行简要讨论。

(一)《量表》内容与结构的持续优化

《量表》第一版是在吸收和借鉴多个权威评价工具的质量概念，基于我国文化、国情和幼儿园教育实际而研制的。《量表》借用了 ECERS-R 的总体架构，原创并增设了集体教学评价的子量表。在项目的内部结构上，《量表》为每个项目创设了"子项目"——评价的维度，为每个子项目设计了由低到高的四个等级指标：1 分=不适宜，3 分=合格，5 分=良好，7 分=优秀，从而使得《量表》的评价项目既有"经度"(1～7 分的等级指标)、又有"纬度"(代表不同评价维度的"子项目")，逻辑结构更加严密。由于这些大幅度的修订，使得《量表》第一版成为基于但显著不同于 ECERS-R 的新工具，以适应和满足中国文化和国情背景下托幼机构教育质量评价的需要。①

基于《量表》第一版的试测结果，研究者对《量表》进行了调整和修订，研制出《量表》的第二版。与第一版相比，第二版对整个量表的架构进行了优化，子量表从 8 个整合成为 7 个；对内容进行了适当"瘦身"，子项目数量从 177 个减少到 160 个，以尽可能避免和减少交叉重复的内容。为增进评价的精准性，包含较多评价要点的一个等级指标被拆分成数量不等的若干个精细指标，依据精细指标的评分结果推算子项目的得分。第一版中，子项目的可能得分仅为 1、3、5 或 7；第二版中，子项目得分为 1～7 的自然数，项目得分取不同子项目得分的均值。精细指标评分的方式以及子项目、项目得分计算方法的变化增强了《量表》对托幼机构班级质量反应的精确度与敏感性。另外，《量表》第二版中把几个在实践中未得到足够重视、经常被评为不适用的项目设置为"增设项目"(如"安抚和独处的空间与设施""音像设备和电脑的使用""接纳多元文化和差异"等)，既保持《量表》对实践的引领性，也允许这些项目在一些利害攸关的评价中暂不纳入统计分析。"允许不适用项目"以及"增设项目"的设置进一步增强了《量表》对我国复杂的国情和幼儿园教育情境的适应性。

基于《量表》在我国不同区域的试测和反应情况，研究者对《量表》的结构做了进一步的突破性调整，编制出第三版。与前面两个版本相比，第三版的最大变化是在原来的"不适宜"与"合格"等级之间，增设了一个新的等级"最低要求"，从而

① Li, K., Hu, B., Pan, Y., Qin, J., & Fan, X. Chinese Early Childhood Environment Rating Scale (trial) (CECERS): a validity study[J]. *Early Childhood Research Quarterly*, 2014, 29(3): 268-282.

由原来的7点评分改变为9点评分。评分等级的增加必然带来评分指标的相应增加，精细评价指标从第二版的814个增加到1127个，进一步丰富了评价的内容。毫无疑问，经济社会发展水平是教育发展水平和教育质量水平的重要制约因素之一。我国与发达国家的最大不同国情是，中国是世界上最大的发展中国家，经济社会发展水平不高，人均资源严重不足，因而相当高比例的托幼机构处于低质量水平。从得分分布的角度来看，我国托幼机构班级教育质量高度聚集在低端，这一现象在农村和中、西部地区尤为明显。对于我国的托幼机构质量评价工具而言，必须能够对合格水平以下的低端质量进一步作出精准的合理区分。因而，研究者认为，《量表》第三版从7点评分调整为9点评分，增加了质量区分的层级，是《量表》深度本土化、全面适应我国国情和不同区域学前教育质量评价需求复杂性的关键一步。

研究者组织评分员团队运用《量表》第三版采集了多个省份的幼儿园班级教育质量观察数据，进行了多角度的数据分析，以检验第三版《量表》的测量信度与效度。

(二)《量表》第三版的测量信度与效度

在测量信度方面，研究者分析了《量表》第三版项目水平与子量表水平上的评分者间一致性，以及量表的内部一致性。各项数据分析结果显示，《量表》第三版的测量信度表现出色，且总体上优于前面的两个版本。这些证据表明，《量表》在测量信度方面的性能优化是有效的。

在测量效度方面，研究者重点分析了《量表》第三版的校标关联效度和结构效度。在校标关联效度上，研究者运用了相关分析检验了第三版《量表》各项得分(量表总分以及7个子量表得分)与儿童发展结果(语言、早期数学、社会认知)之间的相互关系模型。零阶二元相关以及偏相关(控制了儿童年龄、母亲受教育水平、城乡3个协变量)的结果显示了与预期一致的清晰的相互关系结果模型：托幼机构在《量表》上得分越高，质量越高，越有利于儿童语言、认识、社会性技能的发展。这些结果为《量表》的校标关联效度提供了有力的证据，表明该量表得分能够作为中国托幼机构教育质量的指标。从相关系数上看，第三版《量表》的校标关联效度也略优于第一版《量表》(如第三版《量表》各项得分与儿童语言、早期数学、社会认知测试得分的偏相关系数为0.23～0.41，而第一版《量表》与儿童这些方面发展结果的偏相关系数为0.10～0.20)，表明通过修订《量表》在测量效度的主要指标上有进一步提升。与《量表》第一版的相关分析结果基本一致，儿童的动作技能发展结果与第三版《量表》各项得分不存在显著相关。

另外，值得指出的是，偏相关结果显示，某些子量表得分与儿童的语言、早期数学、社会认知不相关，比如：儿童语言发展与课程计划与实施、人际互动子量表得分不相关，与集体教学、游戏活动质量的关系仅存在边际效应；儿童的早期数学与班级的空间设施质量不相关；儿童的社会认知与空间与设施、课程计划与实施、人际互动质量不存在相关性，与集体教学质量仅存在边际效应。这些结果是否是由于本研究的样本量和样本分布的局限性所致(如中高等级的园所比例太低)，亦或是由于协变量中增加了对城乡因素的控制，值得后续采用分布更加合理的大样本数据加以检验和进一步探索。

在《量表》第三版结构效度的验证上，基于《量表》第一版的探索性因素分析(EFA)结果，[①] 研究者进行了多个模型的验证性因素分析(CFA)。CFA 的分析结果基本支持并证实了《量表》第一版的探索性因素分析结果：《量表》是由两个高度相关的潜在因子构成，一个因子是“学习条件”，从各类空间设施、各类游戏活动的空间与材料及其管理和使用效率、机会与时间、对儿童各类学习与发展需求满足的程度来衡量托幼机构的教育质量；另一个因子是“教学与互动”，主要是评价集体教学活动过程以及各类活动过程中的人际互动(师幼互动、同伴互动等)的有效性(如能否有效满足儿童的情绪、情感需求及其变化，能否有效促进儿童的语言、概念与思维、社会交往技能的发展)。本研究结果为《量表》潜在因子结构的稳定性与一致性提供了有力的证据。

本次验证性因子分析(CFA)的结果与以前探索性因子分析(EFA)结果相比，一个细微变化是，“入园/离园”项目的因子归属从“教学与互动”因子调整到“学习条件”因子。通过对该项目的指标内容分析，研究者认为，这一调整和变化可能是有道理的；尽管“入园/离园”环节涉及一些师幼之间与同伴之间的互动，但从总体上，该项目更多反映的是入园活动与离园活动安排的合理性，涉及游戏活动的机会与时间，而这些评价内容与“学习条件”因子的质量评价维度更加吻合。

(三)研究局限与未来研究方向

本研究存在着若干方面的局限性，有待于在未来的研究中加以有效解决。

第一，本研究的数据采集是在完成不同目的的研究项目的过程中完成的，因而，本研究的样本并非单独为《量表》第三版的效度验证而设计，样本的分布结构不够理想，比如，低质量样本偏多，而中、高端质量的样本数量不足，这对部分数据分析的结果可能会产生一定的影响(比如《量表》得分在幼儿园不同等级上的差异性与区分度，不同水平的班级质量得分与儿童发展的相关性等)。另外，用

---

① Li, K., Hu, B., Pan, Y., Qin, J., & Fan, X. Chinese Early Childhood Environment Rating Scale (trial) (CECERS): a validity study. *Early Childhood Research Quarterly*, 2014, 29(3): 268-282.

于验证性因素分析的部分班级样本数据来自于对《量表》第二版评分数据的等值转换；尽管数据转换遵循了尽可能严谨科学的程序，但仍然可能对分析结果的准确性产生一定程度的影响。

第二，由于研究资源(人力、物力)的限制，在数据采集的过程中，未能把同类功能的质量评价工具的使用纳入研究计划，以便获取有力的同时效度证据。

第三，与《量表》第一版有相同的遗憾，本研究中也未能使用更好的儿童发展评价工具，以便更好地获取《量表》的校标关联效度证据。

第四，在未来采集更大规模、分布结构更好样本数据的基础上，有待于在子项目和指标的层面上，采用 IRT 等现代测量学分析技术，对《量表》第三版进行更加深入的分析。

综合而言，本研究结果充分证明，通过持续不断的修订与优化，第三版《量表》的多项测量信度与效度指标有了进一步提升。尽管仍然存在进一步发展和完善的空间，其信效度证据也有待更进一步的积累，但《量表》已经能够作为中国社会和文化背景下托幼机构教育质量的有效测量工具，为持续引领和推动中国学前教育的质量提升做出贡献。

第三部分

中国幼儿园教育质量评价研究

第七章

中国幼儿园教育质量总体评价研究

本章概要

研究背景： 自2012年春季至2015年春季，本研究通过全国范围内多个省份的大规模抽样调查与观察评价，旨在较为深入地了解我国当前幼儿园教育质量状况，揭示东中西部、城乡、不同性质、不同等级幼儿园教育质量的具体差异；在问题讨论和原因分析的基础上，提出有针对性的政策建议，以期为国家学前教育质量保障政策的制定提供实证性依据。

研究设计与方法： 采用分层随机抽样方法，在我国东、中、西部地区确定8个样本省市，从不同经济社会发展水平的18个地市抽取193所样本幼儿园，对428个班级进行了质量观察评价。本研究中主要的质量评价工具是浙江师范大学研究团队自主研发的《中国托幼机构教育评价量表》。本研究中数据分析的主要方法是描述性统计与方差分析。

研究结果： 通过对我国幼儿园教育质量进行调查分析，结果发现(1)我国幼儿园教育质量总体偏低。从总体平均水平来看，尚没有达到《中国托幼机构教育评价量表》所界定的合格水平；53%的班级无法提供有质量的教育。(2)我国幼儿园教育过程质量偏低，游戏活动质量堪忧。课程计划与实施未达到合格水平，班级常态的集体教学质量并不高，从集体教学设计的合理性到组织实施的有效性均不足；一日各类活动中，师幼互动和同伴互动的质量均有待提升。而游戏活动质量平均得分处于最低要求水平，游戏区角数量有限、空间不足、玩具材料数量匮乏，游戏机会与时间严重不足。(3)我国学前教育质量区域差距明显，中、西部幼儿园教育质量低下。东部地区幼儿园教育质量大都处于合格到良好之间；中部地区的幼儿园教育质量大致接近合格水平；西部地区幼儿园教育质量均远未达到合格水平。(4)我国幼儿园教育质量城乡差距过大，大部分农村幼儿园无法提供有质量的学前教育。城镇幼儿园教育质量基本达到了合格水平；乡村幼儿园无论总体质量还是每个方面的质量均远未达到合格水平。(5)我国不同性质幼儿园教育质量差异显著，民办幼儿园和小学附设园质量偏低。(6)低等级幼儿园质量过低，无法提供有质量的学前教育。

讨论与建议：研究者认为造成我国幼儿园教育质量总体偏低的主要原因是：我国经济社会发展总体水平不高，严重制约学前教育质量；我国的学前教育资源严重不足，仍处于数量规模迅速扩张的时期，还没有进入全面提升和保证质量的阶段；无论是政府还是社会大众，对学前教育质量的重要性认识不充分、不全面，对劣质学前教育对儿童发展的危害认识不足，从而导致许多地方只关注入园率、低质量普及学前教育的做法。为提高学前教育质量，研究者提出一些改进建议：(1)明确政府"保公平、保底线"的责任，公共财政、教育部门办园应优先确保各类弱势儿童能够接受有质量的学前教育。(2)加大对学前教育质量的投入，尤其是加大对教师队伍的投入，把班级规模控制在合理的范围内，有效降低在场生师比。(3)中央政府设立专项经费，加大对中、西部欠发达地区的统筹支持力度，缩小东、中、西部的区域差距。(4)中央和地方各级政府的学前教育政策、投入和资源配置应当优先倾斜农村，以缩小城乡差距。(5)逐步形成以公办园为主体、民办园为补充的办园体制，建立和实施对民办园实施分类管理的机制，加强对民办园的质量监管。(6)推进小学附设园的独立建制，提升学前教育专业教师的比例，改变小学附设园质量低下的现状。(7)由国家研制并推行幼儿园教育基本质量标准，把我国幼儿园教育的基本质量提升到有利于儿童发展的"底线"以上。

一、抽样框架和评价工具①

(一)抽样框架

据2012年国家统计局数据推算，我国东、中、西部人口数占全国人口总数的比例分别为38.9%，38.5%，22.6%。为保证幼儿园班级样本的东、中、西部区域分布大致合理，本研究主要采用分层随机抽样方法，在我国东、中、西部地区确定了8个样本省，最终抽取193所样本幼儿园。如表7-1所示，东部地区选取了浙江省6个地市的86所幼儿园；中部地区选取了安徽、吉林和湖南3省6个地市的43所幼儿园；西部地区则选取了四川、云南、贵州和重庆4省市6个

① 第三部分各章的抽样框架和评价工具相同。以下章节不再一一说明。

地市的64所幼儿园。由抽样情况可知，本研究适当加大了西部地区的抽样比重，以便对西部欠发达地区的学前教育状况进行更加深入细致的探析。

表7-1　全国及东、中、西部区域幼儿园——班级抽样框架

区域分布	省市	地级市	幼儿园	班级
东部	浙江	6	86	167
	合计	6	86 (44.5%)	167 (39.0%)
中部	安徽	1	12	24
	吉林	2	5	14
	湖南	3	26	52
	合计	6	43 (22.3%)	90 (21.0%)
西部	四川	2	12	35
	云南	1	11	22
	贵州	2	11	33
	重庆	1	30	81
	合计	6	64 (33.2%)	171 (40.0%)
总计	8	18	193	428

依据我国的行政区域划分方式，把幼儿园所在地划分为四类：城区、县城、乡镇中心/城郊、村；结合我国教育事业统计中的分类方法以及本研究中幼儿园样本的实际，基于本研究的特定意图，[①] 把办园性质分成四类：教育部门办园、其他公办园、小学附设园、民办园；依据各样本省的办园等级评价标准，把幼儿园等级大致分为三个层次：高(如省级示范园、省一类园)、中(如市级示范园、省二级园)、低(达到基本办园标准)。在抽样的过程中，研究者尽可能使样本能够反映所在地区域分布、办园性质分布、等级分布的总体结构特征。本研究中幼儿园样本的所在地性质、园所性质、办园等级分布情况如表7-2所示。

① 国家教育统计数据中一般把办园性质分成四种类型：教育部门办园、其他部门办园、集体办园、民办园。这里的划分与之不同，是从本研究的实际样本结构和所发现的实际问题出发进行的。为了凸显小学附设园的问题，本研究中，研究者把幼儿园样本被划分为各自独立、互不交叉的四类：教育部门办园、其他公办园(含国有企事业单位办园、集体办园)、小学附设园、民办园。

表 7-2 全国及东、中、西部区域样本幼儿园分布情况

		东部	中部	西部	全国
所在地	城区	28(32.56%)	12(27.91%)	10(15.63%)	50(25.91%)
	县城	24(27.91%)	9(20.93%)	18(28.13%)	51(26.42%)
	乡镇中心/城郊	19(22.09%)	14(32.56%)	17(26.56%)	50(25.91%)
	村	15(17.44%)	8(18.60%)	19(29.69%)	42(21.76%)
办园性质	教育部门办园	20(23.26%)	7(16.28%)	11(17.19%)	38(19.69%)
	其他公办园	22(25.58%)	10(23.26%)	2(3.13%)	34(17.62%)
	小学附设园	5(5.81%)	6(13.95%)	12(18.75%)	23(11.92%)
	民办园	39(45.34%)	20(46.51%)	39(60.94%)	98(50.78%)
园所等级	高	15(17.44%)	6(13.95%)	5(7.81%)	26(13.47%)
	中	30(34.88%)	9(20.93%)	10(15.63%)	49(25.39%)
	低	41(47.67%)	28(65.12%)	49(76.56%)	118(61.14%)
总计		86	43	64	193

从所在地性质来看，在全国水平上，城区、县城、乡镇中心/城郊，幼儿园分布比例相当，村幼儿园比例略低。从东、中、西部来看，东部地区城区幼儿园比例最高，中部地区乡镇中心/城郊幼儿园比例最高，而西部地区村幼儿园比例最高。

从办园性质来看，最明显的是，无论是全国还是东、中、西部，都是民办园比例最高；相对而言，东部地区的教育部门办园和其他公办园比例较高；而小学附设园，在中西部地区，比例仍然相对较高。

从园所等级来看，无论是全国还是东、中、西部区域，均呈现金字塔型分布，即低等级园比例最高，中间等级、高等级园比例逐渐降低。相对而言，东部地区，高等级园比例高于中、西部地区；而西部地区，低等级园的比例远高于东、中部地区。

(二)评价工具

1.《量表》第三版

本研究采用了李克建等研制的《量表》第三版①。该量表借鉴了 ECERS-R、CLASS 等国际知名托幼机构质量评价工具的概念框架，是基于中国幼儿园教育情境而研发的班级教育质量观察评价工具。《量表》第三版采用“子量表－项目－子项目－等级指标－精细指标”的层级架构，包含 7 个子量表(空间与设施、保

① 李克建，胡碧颖．中国托幼机构教育质量评价量表[Z]. 未出版评价工具. 2014.

育、课程计划与实施、集体教学、游戏活动、人际互动、家长与教师)、53个评价项目、160个子项目、1127个精细指标。每个子项目采用李克特9点评分方法，由低到高分别为：1分=不适宜，3分=最低要求，5分=合格，7分=良好，9分=优秀；子项目得分为1～9的自然数；项目得分为所包含的多个子项目得分的均值；子量表得分为所含的多个项目得分的均值；量表总分(综合得分)为整个量表所有被评价项目得分的均值；因而，项目得分、子量表得分和量表总分均处于1～9分，这样的分值能够直观反映所观察班级的质量水平。

效度验证研究结果表明，[①]《量表》第一版已经表现出良好的测量学特性，包括具有良好的评分者间一致性信度(K≥0.6)和内部一致性信度(子量表及总量表的Cronbach's α处于0.826～0.964)；同时，具有良好的内容效度、同时效度、效标效度、结构效度和区分能力，与儿童发展结果具有显著的相关性；因而，《量表》是我国文化背景下幼儿园教育质量的有效评价工具。

在本研究中，《量表》第三版表现出更加卓越的测量信度。在53个评价项目上，评分者间一致性信度系数(Kappa)处于0.611～0.883，均值为0.778；在7个子量表上，评分者间一致性信度系数处于0.833～0.954，均值为0.888。7个子量表的内部一致性信度系数处于0.886～0.953，总量表为0.967。对于这类复杂的观察性评价量表而言，这样的评分者间一致性信度和内部一致性信度可以被认为处于较高水平。优秀的信度水平保证了本研究中观察评分数据的可靠性。

2. 调查问卷

在对样本班级进行观察评价的同时，通过调查问卷对园所、班级、教师的基本信息进行收集。运用《幼儿园情况调查表》对幼儿园的所在地、办园性质、园所等级等相关信息的了解和经费(收入、支出)数据的收集；通过《量表》的评分表中的基本信息表，获取班级和教师层面的变量数据。

3. 数据采集和处理

自2012年春季至2015年春季，整个调查过程采集历时三年，先后共计148名经过《量表》培训的班级观察员参与了班级观察质量数据的采集。为提高班级观察评价的客观性和评分信度，一般采用两名评分员同时进入一个班级，各自独立进行观察和评分；各自独立评分结束后，进行小组协商评分；对于评分不一致的项目和指标，进行充分讨论并达成一致，最终确定该班级的小组评分结果。每次班级观察的时间大约为6.5小时(一般是上午4小时、下午2小时，在幼儿午休

① Li, K., Hu, B., Pan, Y., Qin, J., & Fan, X.. Chinese Early Childhood Environment Rating Scale (trial) (CECERS): a validity study. *Early Childhood Research Quarterly*, 2014, 29(3): 268-282.

期间对班级教师进行约半小时的访谈，以获取无法直接观察的相关信息）。在班级观察当天，请园长和相关教师填写调查问卷并回收。

数据采集完成后，通过小组交换的方式对数据进行层层核查，及时查漏补缺。核查数据汇总后，再进行整体的数据清理。由于数据采集于不同年份，采用了《量表》三个不同版本，前两个版本是7点评分数据，第三版是9点评分数据；因而，由数据统计专家运用R软件，依据得分匹配原则和得分分布概率推算方法，将前两个版本的班级质量观察评分(7点评分)转换成9点评分数据。

二、幼儿园教育质量总体水平与分布状况

(一)幼儿园教育质量总体状况

从评价结果来看(见表7-3、图7-1)，我国幼儿园教育总体质量(以量表总分来衡量，M=4.90，SD=1.33)接近但未达到合格水平(5分)；就总体平均水平而言，样本幼儿园尚不能为学龄前儿童提供有质量的教育服务。在幼儿园教育质量的具体方面，5个子量表(空间与设施、保育、集体教学、人际互动、家长与教师)得分达到“合格”水平(5分)；但课程计划与实施子量表平均得分为4.63分，略低于“合格”水平；游戏活动子量表平均得分为3.59分，仅略高于“最低要求”(3分)。由此可见，我国幼儿园课程计划与实施质量相对较低，尤其是游戏活动质量亟待改善。

表7-3 我国幼儿园教育质量总体状况

	样本量	平均值	标准差	最小值	最大值
空间与设施	428	5.12	1.41	1.95	8.53
保育	428	5.25	1.54	1.42	8.89
课程计划与实施	428	4.63	1.48	1.47	8.43
集体教学	428	5.07	1.44	1.43	8.81
游戏活动	428	3.59	1.61	1.00	8.42
人际互动	428	5.12	1.37	2.15	8.17
家长与教师	403	5.59	1.43	2.27	8.27
总体质量	428	4.90	1.33	2.25	8.67

注：样本量为班级样本量。

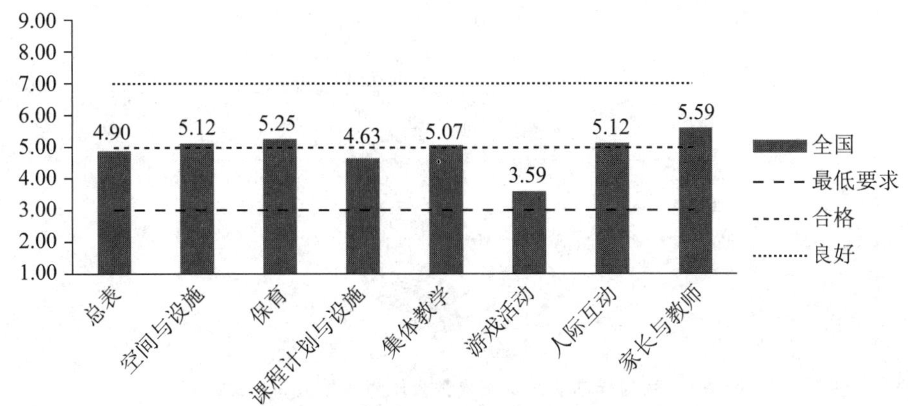

图 7-1　我国幼儿园教育质量柱状图

(二)幼儿园教育质量分布状况

为直观地呈现样本幼儿园班级总体质量水平(量表总分)的分布状况，我们按照两种分层方法，分别绘制了全国幼儿园教育总体质量分布饼图。

1. 五级分层

根据量表本身对分值的界定，可以把质量分为五个层级：不适宜＝1.00～2.99 分，最低要求＝3.00～4.99 分，合格＝5.00～6.99 分，良好＝7.00～7.99 分，优秀＝8.00～9.00 分。

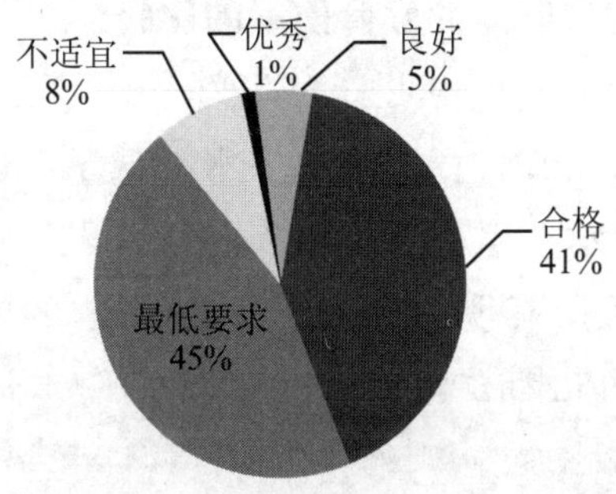

图 7-2　我国样本幼儿园班级教育质量水平分布(五层级)

在此种分层方法下，我国样本幼儿园班级教育质量主要集中在“最低要求”(45%)和“合格”(41%)。428 个样本班级中，仅 2 个班级达到“优秀”(不足 1%)，23 个班级达到“良好”(5%)。值得注意的是，有 34 个班级处于“不适宜”(8%)水平，意味着这些班级的环境和保育教育过程存在明显的伤害儿童健康、安全和全面发展的因素。

2. 三级分层

依据量表对分值的界定，结合我国目前的学前教育政策分析需求，把样本班级的总体质量(量表总分)分为三个层级：低质量＝1.00～4.99 分，有质量＝

5.00～6.99 分，高质量＝7.00～9.00 分。

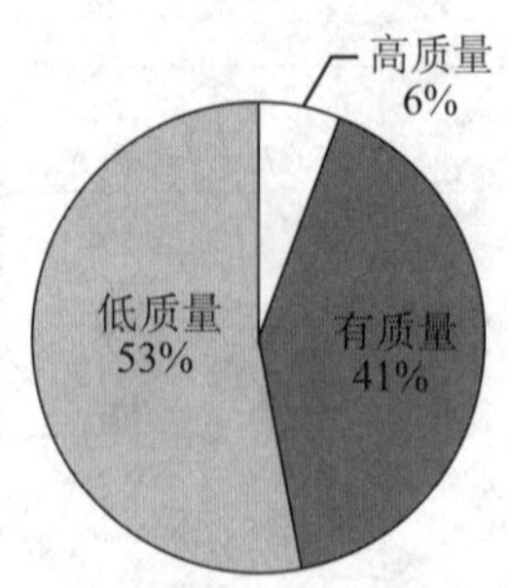

图 7-3　我国样本幼儿园班级教育质量水平分布(三层级)

图 7-3 显示，我国 428 个样本班级中有半数以上(53%)的班级教育质量处于“低质量”(低于量表界定的合格水平)，41%的样本班级处于“有质量”(达到合格水平)，仅 6%的样本班级处于“高质量”(达到良好及以上水平)。由此可见，我国目前大多数幼儿园总体质量不高。

三、幼儿园教育质量的区域差异

(一)东、中、西部幼儿园教育质量得分比较

1. 东、中、西部幼儿园总体教育质量的比较

数据显示，东部地区量表平均得分为 5.79 分，高于全国幼儿园教育质量的平均水平，而中、西部幼儿园教育质量总体水平低于全国幼儿园教育质量水平。其中，西部相对最弱，其幼儿园教育质量平均得分仅为 4.15 分，距离 5 分的“合格”水平、相对东部地区仍有明显差距。而中部地区的幼儿园教育质量得分(4.68)虽然略低于全国幼儿园教育质量的发展水平(4.90)，但仍未达到“合格”水平。

表 7-4　我国东、中、西部幼儿园教育质量状况与差异比较

	全国		东部地区		中部地区		西部地区		F
	M	SD	M	SD	M	SD	M	SD	
空间与设施	5.12	1.41	6.03	1.23	5.20	0.98	4.18	1.14	110.12***
保育	5.25	1.54	6.15	1.23	5.29	1.22	4.35	1.46	78.89***
课程计划与实施	4.63	1.48	5.47	1.26	4.09	0.93	4.11	1.41	53.51***
集体教学	5.07	1.44	6.00	1.05	4.72	0.93	4.34	1.50	81.33***
游戏活动	3.59	1.61	4.48	1.48	3.20	1.26	2.94	1.50	52.33***

续表

	全国		东部地区		中部地区		西部地区		F
	M	SD	M	SD	M	SD	M	SD	
人际互动	5.12	1.37	6.00	1.04	4.96	1.00	4.33	1.32	89.66***
家长与教师	5.59	1.43	6.39	1.19	5.56	1.16	4.80	1.30	69.93***
总体质量	4.90	1.33	5.79	1.09	4.68	0.96	4.15	1.19	95.09***

注：1. N为班级样本量。

2. *** $p<0.001$

2. 东、中、西部幼儿园7个子量表得分的比较

《量表》主要由7个子量表组成，分别是：空间与设施、保育、课程计划与实施、集体教学、游戏活动、人际互动、家长与教师。这些因素基本能够涵盖托幼机构教育中静态和动态的质量要素，同时能够反映中国幼儿园教育的特色(如“集体教学”)。从图7-4中比较7个子量表的得分情况可以看到，无论是从全国的样本幼儿园教育质量来看，还是从不同区域的情况来看，幼儿园的空间与设施、保育、课程计划与实施、人际互动、家长与教师这5个子量表的得分相对较高。其中“家长与教师”在7个子量表中得分最高，且从全国和东部、中部数据来看，家长与教师这一方面均超过“合格”，其中东部地区这一得分为6.39分，接近7分的“良好”水平；而西部地区幼儿园相对于全国(或东中部地区)幼儿园在家长与教师这一方面得分相对低一些，为4.8分，接近“合格”水平(5分)。

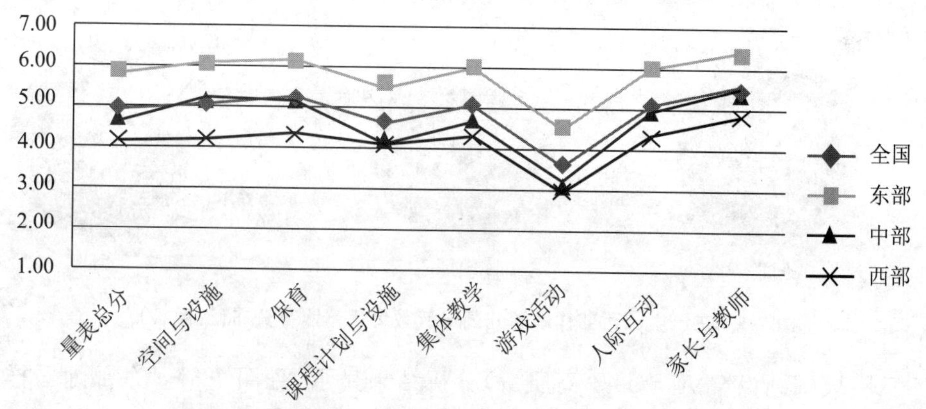

图7-4 全国及东、中、西部区域样本幼儿园教育质量状况

图7-4显示，东部地区幼儿园的教育质量水平均明显高于全国及中部和西部地区的幼儿园教育质量，且除在游戏与活动中的得分低于“合格”水平外，其他6个子量表均达到“合格”水平，向“良好”水平靠近。中部地区幼儿园教育质量接近全国幼儿园教育质量水平，而西部地区幼儿园7个子量表得分基本都低于东部和中部地区及全国水平。

从7个子量表得分来看，“游戏活动”不论在何区域内均得分都是最低的——处于“合格”水平之下，中、西部更是已接近甚至低于“最低标准”；其次得分较低的是“课程计划与实施”，除东部地区外，中、西部和全国得分均处于“合格”水平之下。从区域水平来看，东部地区各子量表得分远高于中、西部地区，除“游戏活动”外，其余均处于“合格”水平之上。中、西部基本低于全国平均水平。中部地区除“课程计划与实施”“集体教学”“游戏活动”与全国水平差异较明显，基本全国水平一致。西部地区得分最低，仅“家长与教师”这一部分接近“合格”，而“游戏活动”未达到“最低标准”。

(二)东、中、西部幼儿园总体质量分布比较

研究者使用上述的两种分层方法对东、中、西部样本幼儿园班级的总体质量进行分析。五层级(不适宜—最低要求—合格—良好—优秀)分析结果显示(见图7-5)，东部地区样本幼儿园班级主要集中在“合格”水平(58%)，且有13%达到“良好”；中、西部地区样本班级主要集中在“最低要求”(59%、56%)，其次是“合格”水平，且均无“良好”水平幼儿园；此外，西部地区“不适宜”比例最高(17%)，东、中部仅1%、3%。总体而言，东部地区处于合格水平及以上的幼儿园班级比例最高，而中、西部地区大部分班级的教育质量处于不合格水平，其中、西部地区有相当比例的班级质量堪忧(处于最低要求甚至不适宜水平)。

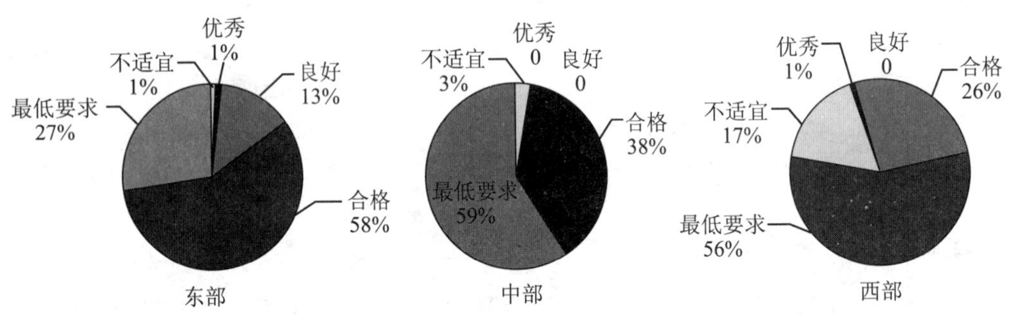

图7-5　东、中、西部样本幼儿园班级教育质量水平分布(五层级)

三层级(低质量—有质量—高质量)分析结果显示(见图7-6)，东部地区样本班级主要集中在“有质量”(58%)，且“高质量”班级有14%；而中、西部地区，样本班级主要集中在“低质量”(比例分别为62%、73%)，而“高质量”幼儿园几乎没有。由此可见，目前我国东部地区有质量幼儿园比例最高；西部地区大部分为低质量幼儿园；中部地区的质量水平分布状况处于东部与西部之间。

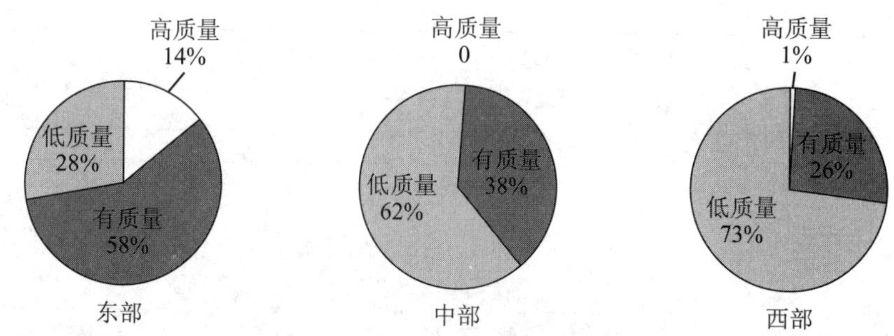

图 7-6　东、中、西部样本幼儿园班级教育质量水平分布(三层级)

(三)东、中、西部幼儿园教育质量的差异分析

东、中、西部样本幼儿园的教育质量总分的单因素方差分析结果显示(见表7-4)，东、中、西部间幼儿园的教育质量水平存在显著差异($F=95.09$，$p<0.001$，$\eta^2=0.309$)。进一步多重比较结果显示，东部地区样本幼儿园教育质量显著高于中部和西部地区幼儿园的教育质量($p<0.001$)，中部地区幼儿园教育质量显著高于西部地区幼儿园的教育质量($p<0.001$)。

从7个子量表的分析来看，东、中、西部幼儿园的教育质量在各个方面均存在显著差异。进一步的多重比较分析发现，东部地区在7个方面均显著优于中、西部。而中部地区除“课程计划与实施”和“游戏活动”质量得分与西部地区差异不显著外，其余方面的质量得分(包括空间与设施、保育、集体教学、人际互动、家长与教师)均显著优于西部地区。

四、幼儿园教育质量的城乡差异

根据国家统计局对地区性质的分类方法，依据所在地性质，将样本幼儿园划分为两类：城镇和乡村。其中城镇包括城市和县城，乡村包括乡镇中心/城郊和村。我国城乡幼儿园教育质量的描述性统计结果见表7-5。

表 7-5　我国城乡幼儿园教育质量比较

	城镇(N=238)		乡村(N=189)		均值差	t
	M	SD	M	SD		
空间与设施	5.76	1.31	4.31	1.08	1.45	12.329***
保育	5.91	1.41	4.42	1.28	1.49	11.418***
课程计划与实施	5.09	1.48	4.06	1.27	1.03	7.647***

续表

	城镇(N=238)		乡村(N=189)		均值差	t
	M	SD	M	SD		
集体教学	5.54	1.41	4.47	1.26	1.07	8.301***
游戏活动	4.16	1.62	2.89	1.28	1.27	8.823***
人际互动	5.62	1.35	4.49	1.12	1.13	9.276***
家长与教师	6.27	1.24	4.71	0.63	1.56	13.069***
总体质量	5.47	1.27	4.19	1.03	1.28	11.524***

注：1. N为班级样本量。
2. *** $p<0.001$

(一)我国城乡幼儿园教育质量比较

1. 城乡幼儿园教育质量的描述性统计结果

由表7-5可知，我国城镇幼儿园班级总体质量均值(M=5.47，SD=1.27)达到了合格水平；而乡村幼儿园班级总体质量尚未达到合格水平(M=4.19，SD=1.03)，两者差距明显。在7个子量表得分上，城镇与乡村幼儿园班级教育质量存在不同程度的差距，均为城镇高于乡村；具体而言，两者在空间与设施、保育、家长与教师三个方面质量差距相对较大。

2. 城乡幼儿园教育质量的差异检验结果

t检验结果显示(表7-5)，我国样本幼儿园中班级总体质量的城乡差异显著，城镇幼儿园教育总体质量显著优于乡村幼儿园($t=11.524$，$p<0.001$)。同样，城镇幼儿园在空间与设施、保育、课程计划与实施、集体教学、游戏活动、人际互动、家长与教师7个方面的质量，均显著优于乡村幼儿园($t=7.647\sim13.069$，$p<0.001$)。

(二)城乡幼儿园教育总体质量的分布情况比较

为直观地呈现我国城乡幼儿园教育总体质量的具体分布状况，按照上述两种质量分层方法，分别绘制了我国城乡幼儿园教育总体质量(量表总分)分布饼图。

1. 五级分层

根据五级分层分析结果，由图7-7可知，城镇幼儿园班级总体质量合格率为55%，有10%的班级达到良好水平；但仍有34%的班级在合格水平以下(其中30%为最低要求，4%为不适宜)。而乡村幼儿园教育的总体质量集中于“最低要求”(64%)，合格率仅24%，有12%的班级处于“不适宜”(可能存在严重的健康和安全隐患)，且没有任何乡村幼儿园的教育总体质量达到“良好”或“优秀”水平。

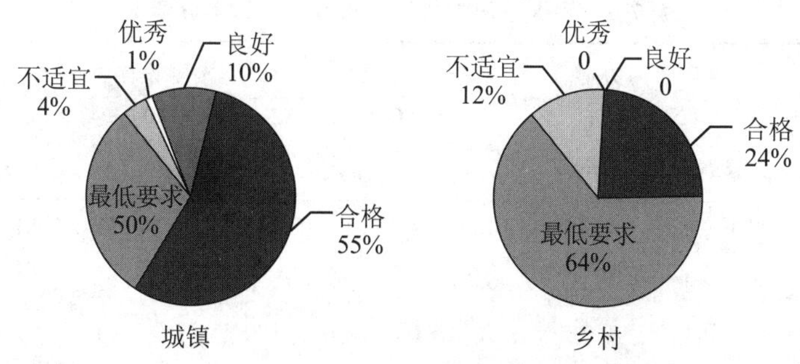

图 7-7　我国城乡幼儿园班级教育质量分布(五层级)

2. 三级分层

根据三级分层分析结果，由图 7-8 可知，城镇幼儿园班级总体质量在"有质量"及以上的占比为 66%，其中 11%的班级达到了"高质量"；而乡村幼儿园班级总体质量集中于"低质量"(76%)，"有质量"的班级比例仅 24%，且并没有班级能够达到"高质量"水平。

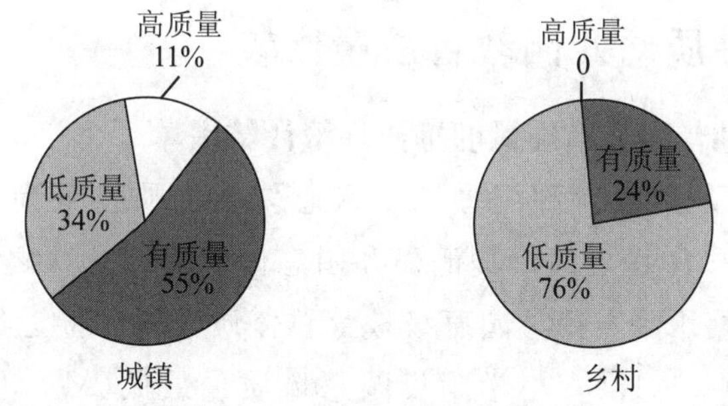

图 7-8　我国城乡幼儿园班级教育总体质量分布(三层级)

由此可见，我国幼儿园教育质量城乡差距很大，大部分城镇幼儿园班级能够提供有质量的教育，而绝大部分乡村幼儿园无法提供有质量的学前教育。

五、不同性质幼儿园教育质量的差异

本研究中，根据办园性质和特定的研究意图，样本幼儿园被分为相互独立的四种类型：(1)教育部门办园；(2)其他公办园；(3)小学附设园；(4)民办园。不同性质幼儿园班级质量得分的描述性统计结果见表 7-6。

表 7-6　我国不同性质幼儿园教育质量得分情况

	教育部门办园 (N=95)		其他公办园 (N=68)		小学附设园 (N=50)		民办园 (N=215)	
	M	SD	M	SD	M	SD	M	SD
空间与设施	6.22	0.93	6.00	1.10	3.85	0.93	4.64	1.27
保育	6.30	1.17	6.07	1.25	4.05	0.98	4.81	1.49
课程计划与实施	5.64	1.18	5.34	1.45	3.71	1.07	4.18	1.36
集体教学	5.94	1.10	5.75	1.17	4.00	1.09	4.71	1.43
游戏活动	4.77	1.41	4.43	1.63	2.55	1.08	3.05	1.35
人际互动	5.98	1.17	5.78	1.13	3.96	0.93	4.79	1.29
家长与教师	6.76	0.96	6.31	1.18	4.12	1.02	5.16	1.26
总体质量	5.93	0.98	5.65	1.15	3.75	0.83	4.48	1.18

注：N 为班级样本量。

(一)不同性质幼儿园教育质量比较

1. 不同性质幼儿园教育质量的描述性统计结果

表 7-6 结果显示，教育部门办园班级总体教育质量最高(M=5.93，SD=0.98)，处于合格与良好之间；其他公办园总体质量得分次之(M=5.65，SD=1.15)，达到了合格水平；民办园班级教育总体质量得分接近但尚未达到合格水平(M=4.48，SD=1.18)；小学附设园总体质量最低(M=3.75，SD=0.83)，达到《量表》界定的最低要求水平。本研究发现，小学附设园虽具有公办园性质，但与教育部门办园和其他类型公办园(如国有企事业单位、集体办园)的总体质量有很大差距(绝对差值分别为 2.18 和 1.90，低了 2.3～2.6 个标准差)，甚至低于民办园(差值为 0.73，低了 0.9 个标准差)。

在 7 个子量表的得分上，教育部门办园、其他公办园得分均明显高于民办园和小学附设园；教育部门办园和其他公办园各子量表得分均超过 5 分，两者得分接近，但教育部门办园略占优势。民办园和小学附设园所有得分都低于 5 分，但民办园各方面均优于小学附设园。各类性质幼儿园在“空间与设施”“保育”和“家长与教师”三个方面得分相对较高，其中“家长与教师”得分最高，但各类性质幼儿园均是在“游戏活动”上得分最低。

2. 不同性质幼儿园教育质量的差异检验结果

单因素方差因素方差分析结果表明，不同性质幼儿园的总体教育质量(量表总分)存在显著差异($F=67.10$，$p<0.001$)。进一步对四类性质的幼儿园进行多重比较发现，教育部门办园和其他公办园的教育质量均显著优于小学附设园和民

办园($p<0.001$)；民办园显著优于小学附设园($p<0.001$)；但教育部门办园和其他公办园之间，总体质量差异不显著。

在7个子量表得分上的单因素方差分析结果表明，不同性质幼儿园的教育质量在各个方面均存在显著差异。进一步多重比较分析发现，教育部门办园与其他公办园之间，在各方面得分上差异均不显著。两者在这7个方面质量均显著优于小学附设园和民办园。而民办园则除“课程计划与实施”和“游戏活动”两方面与小学附设园的差异不显著，其余5个方面质量得分(空间与设施、保育、集体教学、人际互动、家长与教师)都显著优于小学附设园。

(二)不同性质幼儿园总体质量分布情况比较

为直观地呈现我国不同性质幼儿园教育总体质量的分布状况，我们按照上述两种质量分层方法，分别绘制了我国不同性质幼儿园教育总体质量(量表总分)的分布饼图。

1. 五级分层

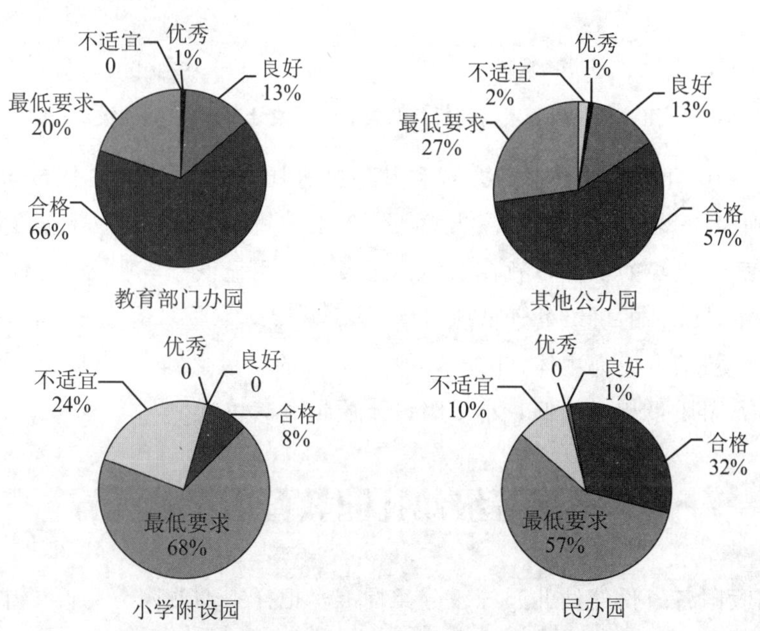

图7-9　我国不同性质幼儿园总体质量分布情况(五层级)

由图7-9可以看到，公办幼儿园中，教育部门办园和其他公办园总体质量主要集中于“合格”水平(分别为66%和57%)，且有部分达到“良好”或“优秀”；教育部门办园中有20%的班级处于“最低要求”水平，但未出现“不适宜”；其他公办园相对来说“合格”水平比例较低，“最低要求”比例更高(27%)，且有2%的班级质量为“不适宜”。小学附设园总体质量分布集中于“最低要求”水平(68%)，有较高比例的班级处于“不适宜”水平(24%)，仅有8%的班级质量达到合格水平。民办园中，最高比例的班级处于“最低要求”(57%)，且有10%的班级处于“不适宜”水平；但有33%的班级达到了合格及以上水平。

2. 三级分层

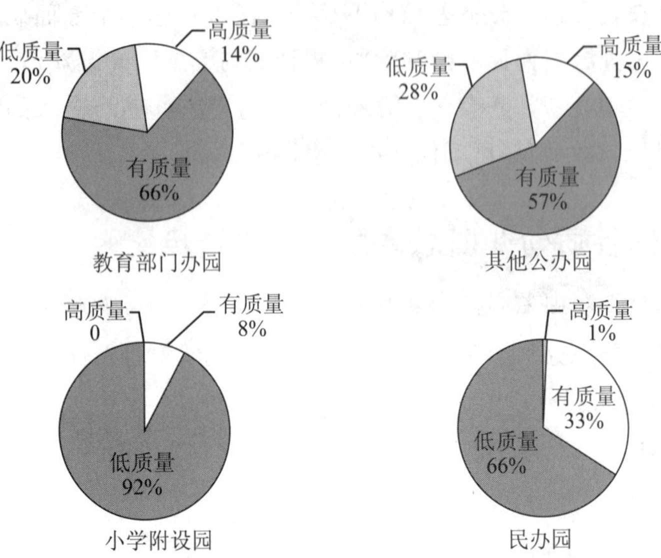

图 7-10 我国不同性质幼儿园总体质量分布情况(三层级)

由图7-10可见，教育部门办园和其他公办园总体质量集中分布于“有质量”水平(分别为66%与57%)；在“高质量”水平上，两者接近但其他公办园略高；但处于低质量班级的比例，教育部门办园(20%)明显低于其他公办园(28%)。小学附设园中，92%的班级处于低质量水平，仅8%达到了“有质量”水平。民办园中，以“低质量”班级为主体(66%)，但有33%的班级达到了“有质量”水平。由此可见，民办园质量相对偏低，小学附设园质量尤其堪忧。

六、不同等级幼儿园教育质量的差异

依据我国各省份的幼儿园等级分类标准，把样本幼儿园分为高—中—低三个等级。各等级幼儿园班级教育质量得分的描述性统计结果见表7-7。

表 7-7 我国不同等级幼儿园教育质量得分描述性统计

	高等级 (N=66)		中等级 (N=108)		低等级 (N=254)	
	M	SD	M	SD	M	SD
空间与设施	6.59	1.05	5.89	1.07	4.40	1.11

续表

	高等级 (N=66)		中等级 (N=108)		低等级 (N=254)	
	M	SD	M	SD	M	SD
保育	6.79	1.24	5.88	1.32	4.58	1.29
课程计划与实施	6.01	1.29	5.26	1.27	4.01	1.24
集体教学	6.25	1.17	5.63	1.21	4.52	1.32
游戏活动	5.22	1.66	4.38	1.32	2.84	1.19
人际互动	6.35	1.23	5.61	1.22	4.59	1.17
家长与教师	7.07	1.00	6.35	1.16	4.88	1.14
总体质量	6.31	1.12	5.55	1.09	4.26	1.02

注：N 为班级样本量。

(一)不同等级幼儿园的质量

1. 不同等级幼儿园教育质量状况

从表 7-7 可见，高等级幼儿园各项得分均最高；其班级教育质量总体得分为 6.31 分(SD=1.12)，有 6 个子量表得分在 6 分之上，接近良好水平；其中“家长与教师”得分最高，达到良好水平；而“游戏活动”质量得分最低(M=5.22，SD=1.66)，刚刚达到合格水平。中等级幼儿园班级总体质量和 7 个子量表得分均低于高等级幼儿园；量表总分和 5 个子量表得分在 5～6 分，达到合格水平；“家长与教师”得分最高，达到 6 分以上；“游戏活动”得分最低(M=4.38，SD=1.32)，未达到合格水平。低等级幼儿园各项得分均最低，量表总分和 6 个子量表得分在 4～5 分，均接近但未达合格水平；“游戏活动”的得分尤其偏低(M=2.84，SD=1.19)，尚未达到最低要求，处于不适宜水平，意味着低等级幼儿园幼儿室内基本没有游戏的空间与材料，一天中基本没有自由游戏的机会与时间；因而，自由游戏活动的匮乏可能对低等级幼儿园的在园儿童各方面发展造成明显的不利影响。

2. 不同等级幼儿园教育质量的差异检验

不同等级幼儿园教育总体质量的单因素方差分析结果显示，不同等级幼儿园的教育质量存在显著差异($F=127.739$，$p<0.001$)。进一步对三个等级的幼儿园进行多重比较发现，高等级幼儿园总体质量得分显著优于中等级和低等级幼儿园($p<0.001$)，中等级显著优于低等级幼儿园($p<0.001$)。在教育质量的 7 个具体方面(以子量表得分衡量)，不同等级幼儿园之间均存在显著差异($p<0.001$)。进一步的多重比较分析发现，高等级幼儿园均显著优于中等级和低等级幼儿园($p<$

0.001)，中等级显著优于低等级幼儿园($p<0.001$)。这一结果与办园等级的理论预设是一致的。

更进一步来看，不同等级幼儿园之间的质量差异，在空间与设施、保育、游戏活动、家长与教师等与条件性质量相关度高的方面，差异量更大；在课程计划与实施、集体教学、人际互动等过程性质量方面，差异量相对较小。由此可以推测，我国各地现有的办园等级在条件性质量方面区分度较高，但在过程性质量方面，区分度相对较小。

(二)不同等级幼儿园总体质量的分布情况比较

为直观地呈现我国不同等级幼儿园教育总体质量的具体分布状况，我们按照上述两种分层方法，分别绘制了我国不同等级幼儿园教育总体质量(量表总分)分布饼图。

1. 五级分层

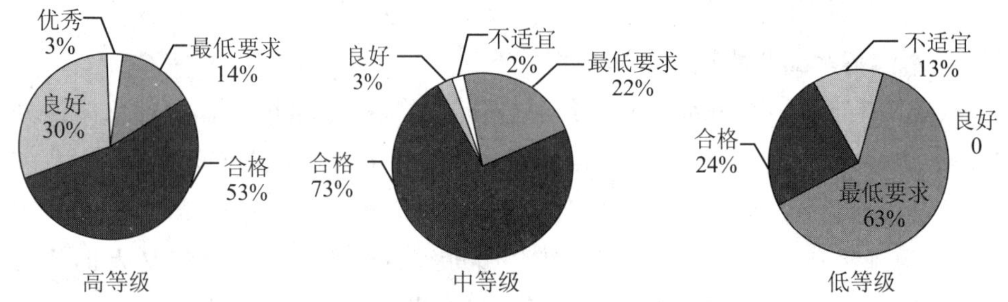

图 7-11　我国不同等级幼儿园总体质量分布情况(五层级)

如图 7-11 所示，高等级幼儿园，班级教育总体质量合格及以上比率达到 86%，其中 30%的班级达到“良好”，且有 3%的班级质量达到“优秀”；中等级幼儿园，以合格比率为主(73%)，仅有 3%的班级达到“良好”，没有班级达到“优秀”等级；低等级幼儿园，以不合格园为主，合格率仅 24%，且没有班级能够达到优良水平，有较高比率(13%)的班级质量处于不适宜水平。由此可见，在班级总体质量得分的层次分布上，幼儿园等级越高，达到“良好”和“优秀”水平的班级占比越高；等级越低，“不适宜”和“最低要求”水平的班级占比越高。

2. 三级分层

如图 7-12 所示，高等级和中等级幼儿园中“有质量”占比超过半数，其中高等级幼儿园的“高质量”占比远高于中等级幼儿。而低等级幼儿园仍集中在“低质量”水平，占比高达 76%，且没有幼儿园达到“高质量”水平。综合三个等级的幼儿园可推知，等级越高，高质量、有质量班级比例越高；等级越低，低质量班级比例越高。

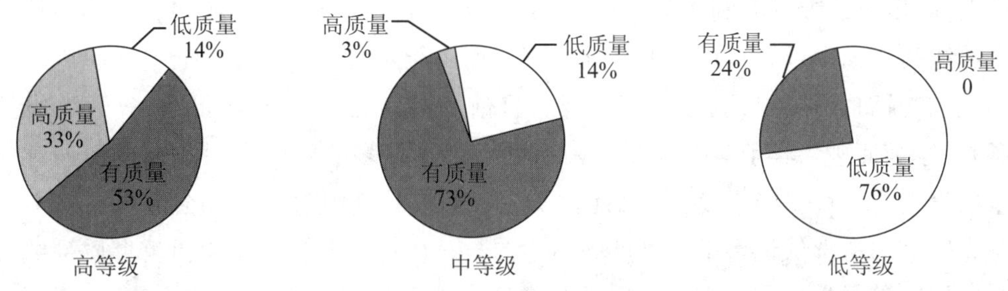

图 7-12　我国不同等级幼儿园总体质量分布情况(三层级)

七、讨论与建议

为探明我国幼儿园教育质量的现状，研究团队运用自主研制的《量表》，从空间与设施、保育、课程计划与实施、集体教学、游戏活动、人际互动、家长与教师 7 个方面，对全国 8 个省市 428 个幼儿园班级进行了一日活动过程的观察评价。基于不同层面的分析与检验，研究者发现，我国幼儿园教育质量总体不高，存在几个突出的质量问题亟待关注和解决。

(一)我国幼儿园教育质量总体偏低

与已有的几项大型调查研究的发现基本一致，①②③ 本次大规模调查研究结果表明，我国幼儿园教育质量总体偏低。从总体平均水平来看，尚没有达到本土化的《量表》所界定的合格水平；从样本班级的得分分布来看，超过半数(53%)的班级处于低质量水平，无法为幼儿提供有质量的学前教育。

研究者认为，造成我国幼儿园教育质量总体偏低的主要原因是：第一，我国是世界上最大的发展中国家，经济社会发展水平总体不高，这是学前教育质量的最大制约因素。第二，目前，我国的学前教育资源严重不足，仍处于数量规模迅速扩张的时期，还没有进入全面提升和保证质量的阶段。第三，无论是政府还是社会大众，尽管有着对高质量学前教育的模糊意识，但对学前教育质量的重要性认识不清晰、不全面，对劣质学前教育对儿童发展的危害认识不足，从而导致许多地方只关注入园率、只建房子不见人、低质量普及学前教育的做法。

国内外的实证性研究表明，托幼机构质量对儿童的发展具有显著的“门槛效

① 项宗萍，廖贻．六省市幼教机构教育评价研究[M]．北京：教育科学出版社，1995.

② 刘占兰等．中国幼儿园教育质量评价[M]．北京：教育科学出版社，2011.

③ 刘焱．学前一年纳入义务教育的条件保障研究[M]．北京：北京师范大学出版社，2014.

应”：高质量的教育有利于幼儿(尤其是处境不利儿童)语言、认知、情感、社会性技能的全面发展；低质量的学前教育反而可能对儿童的身心发展造成阻碍和伤害。[①②] 因而，质量与机会同等重要。目前，世界主要发达国家(如 OECD 成员国)已经全面进入学前教育质量保障时代，越来越多的发展中国家也在加大对质量的投入与政策保障力度。[③] 因此，研究者建议，我国政府与社会应提高对学前教育质量的科学认识水平，高度关注学前教育质量，把提高幼儿园教育质量纳入学前教育发展规划，加大对于质量关键要素的投入(比如吸引、留住高素质教师，支持教师持续的专业发展)，加快建立国家的学前教育质量标准体系，加强学前教育质量的评估监测与督导考核，有质量地普及学前教育。

(二)我国幼儿园教育过程质量偏低，游戏活动质量堪忧

本次调查评价结果表明，与空间设施、保育、家长与教师等与条件性质量相关度更高的方面相比，我国幼儿园教育的过程性质量相对更低。其中，课程计划与实施未达到合格水平，课程安排的均衡性、整合性、与幼儿兴趣与生活的关联度均不足，游戏活动、集体活动、户外体育活动的课程实施质量不高；集体教学是我国幼儿园教育中的传统优势和主要途径，但本调查中的班级观察结果表明，班级常态的集体教学质量并不高，从集体教学设计的合理性到组织实施的有效性均不足；一日各类活动中，师幼互动和同伴互动的质量均有待提升。游戏活动质量尤其堪忧，平均得分处于最低要求水平；班级观察表明，在大多数幼儿园班级中，游戏区角数量有限、空间不足、玩具材料数量匮乏，无论是从周计划还是从一日活动安排来看，幼儿的区角游戏活动机会和时间均极为有限；在游戏活动过程中，教师的观察、指导能力均明显不足。

众所周知，过程性质量与儿童发展关系最为密切，能够显著预测儿童的语

---

① Burchinal, M., Vandergrift, N., Pianta, R., & Mashburn, A.. Threshold analysis of association between child care quality and child outcomes for low-income children in pre-kindergarten programs[J]. *Early Childhood Research Quarterly*, 2010, 25: 166-176.

② 李克建．我国学前教育质量的地区差异及其与儿童发展的相关性．中国学前教育研究会第五届会员代表大会，“学前教育质量与教师培训”：儿基会专场报告．2015 年 11 月 14 日．中国福州．

③ 经济合作与发展组织(OECD)教育团队．强壮开端Ⅲ：儿童早期教育与保育质量工具箱．陈学锋，等译．北京：北京师范大学出版社，2015．

言、认知与社会性技能。[①②] 班级规模、生师比等条件性要素会影响过程性质量[③④⑤]，但教师素质是过程性质量的关键性预测要素[⑥⑦]。因此，要提升我国幼儿园教育过程性质量，必须加大对学前教育质量的投入，严格执行国家有关规定，把班级规模控制在合理的范围内，有效降低在场生师比(而不是表面上按照班级配备计算的生师比)。[⑧] 更重要的是，在学前教育经费中加大对教师的投入，提高人员经费和培训经费在预算和支出中的占比，提升幼儿园教师的地位、收入和待遇，增强职业吸引力；坚持幼儿园教师资格准入标准，提升教师队伍的学前教育专业化程度；加强课程管理，提升教师的课程计划与实施能力；提升区角游戏活动在幼儿园课程和幼儿一日生活中的地位和比重；在职前培养和职后培训中，提升游戏设计、观察、指导、评价能力培养相关课程的比重。

(三)我国学前教育质量区域差距明显，中、西部幼儿园教育质量低下

本调查结果数据显示，我国东、中、西部之间学前教育发展很不平衡，质量差距显著。东部地区幼儿园教育质量就平均水平而言，无论是总体质量，还是每

① Burchinal, M., Magnuson, K., Powell, D., & Hong, S. L. *Early child care and education in Handbook of child psychology*[M]. New York, NY: Wiley, 2015.

② 周欣．托幼机构教育质量的内涵及其对儿童发展的影响[J]. 学前教育研究，2003，(7-8)：34-38.

③ 周欣．托幼机构教育质量的内涵及其对儿童发展的影响[J]. 学前教育研究，2003，(7-8)：34-38.

④ Phillipsen, L. C., Burchinal, M. R., Howes, C., & Cryer, D. The prediction of process quality from structural features of child care[J]. *Early Childhood Research Quarterly*, 1997, 12(3): 281-303.

⑤ Burchinal, M., Howes, C., & Kontos, S. Structural predictors of child care quality in child care homes[J]. *Early Childhood Research Quarterly*, 2002, 17(1): 87-105.

⑥ Hamre, B. K., Pianta, R. C., Burchinal, M., Field, S., LoCasale-Crouch, J., Downer, J. T., & Scott-Little, C. A course on effective teacher-child interactions: effects on teacher beliefs, knowledge, and observed practice[J]. *American Educational Research Journal*, 2012, 49(1): 88-123.

⑦ 康建琴，刘焱，刘芃．农村学前一年教育经费投入效益分析[J]. 教育学术月刊，2011，(5)：34-37，90.

⑧ 在生师比的计算时，通常会采用班级幼儿总数除以配备教师数，但这一生师比对于过程性质量的预测效度较低。比如，某班级注册幼儿总数为40人，班级配备了两名专任教师，按照配备来看，生师比为20∶1。但实际上，由于实行上下午班的教师轮班制，一天中的大部分时间里，都是1名教师带班，这样，实际的在场生师比是40∶1，而这一数字对于预测该班级的教育过程质量才是准确有效的。因此，研究者建议，在班级观察过程中，分析过程性质量的影响因素时，应计算和采用的指标是在场生师比。

个方面的质量，大都处于合格到良好之间；而中部地区的幼儿园教育质量大致接近合格水平，在空间与设施、保育、家长与教师支持质量上达到了合格水平，但在课程计划与实施、游戏活动、集体教学方面未达到合格水平；西部地区幼儿园教育，无论是总体质量还是每个方面的质量，均远未达到合格水平。从质量得分分布来看，东部地区有72%的幼儿园班级教育质量达到有质量或高质量水平，仅28%的班级处于低质量；中、西部地区大部分班级处于低质量水平(分别为62%和73%)，无法为幼儿提供有质量的学前教育服务，不仅无法有效促进儿童的各方面学习和发展，反而可能给儿童的身心健康和安全造成伤害。

我国中、西部地区学前教育质量普遍低下的问题必须引起足够的关注，并着力解决。对于中、西部地区的地方政府而言，需要意识到低质量普及学前教育的危害性，加大对质量的关注与投入，稳步地有质量地普及学前教育。而对于中央政府而言，需要设立专项经费，加大对中、西部欠发达地区的统筹支持力度，设立和实施专项行动计划解决中、西部学前教育发展中的重点、难点问题，缩小区域差距，推进学前教育的区域均衡发展。

(四)我国幼儿园教育质量城乡差距过大，大部分农村幼儿无法接受有质量的学前教育

本调查研究结果表明，我国幼儿园教育质量在城乡之间差距非常显著。城镇幼儿园教育质量，无论是总体质量还是各方面的质量均达到了合格水平(仅游戏活动质量低于合格水平)；乡村幼儿园无论总体质量还是每个方面的质量均远未达到合格水平。城镇有66%的幼儿园班级能够达到有质量或高质量(11%)的教育；但乡村76%的幼儿园班级处于低质量水平，因而可以想见，大部分农村幼儿没有机会接受有质量的学前教育。

毋庸置疑，这是我国城乡二元经济社会结构长期作用的结果；城乡儿童受教育机会和质量的差距反过来又会进一步巩固和再生城乡二元结构。要打破这样的恶性循环，必须从社会公平和城乡一体化的思路构建学前教育发展的政策。① 基于弱势补偿的公平原则，近阶段国家的学前教育政策、投入和各类资源应当优先倾斜农村，缩小城乡差距。农村学前教育发展应当以公共投入为主，以公办园为主。② 在条件具备的情况下，我国可以考虑优先从农村开始，实施学前三年免费

① 吕苹．基于统筹城乡发展的学前教育公共服务体制建构[J]．教育研究，2014，(7)：63-68.

② 夏婧，庞丽娟，张霞．推进我国学前教育投入体制机制改革的政策思考[J]．教育发展研究，2014，(4)：19-23.

教育，甚至发展学前一年义务教育(5～6岁儿童)，[①] 确保农村儿童能够接受有质量的学前教育。

(五)我国民办幼儿园质量偏低，小学附设园质量极其低下

随着学前教育市场化程度的不断提高，民办园比例已经超过其他各类公办园的总和成为我国学前教育服务事实上的供给主体。小学附设园在东部地区比例已经逐步降低，但在中、西部地区仍然占据一定的比重。本调查研究结果显示，教育部门办园、其他公办园的各项质量指标均达到了合格甚至良好水平；但民办园无论是总体质量还是各方面的质量(除家长与教师外)，均未达到合格水平；小学附设园(学前班)质量最低，各项质量指标均远低于合格水平，游戏活动质量甚至处于不适宜水平(几乎没有任何自由游戏的材料与时间)。由此可见，民办园尤其是小学附设园质量低下，是我国学前教育质量不高的重要原因。

关于办园体制研究的国际经验表明，学前教育发展较好、质量较高的国家基本上是以公立学前教育机构主体的；在办园体制中，以公立学前教育为主体对于确保学前教育的基本公平和质量、营造健康有序的学前教育发展环境至关重要。[②] 目前，我国公办园尤其是教育部门办园比例总体偏低，部分省区民办园比例过高(有些省份民办园高达90%以上)，不利于学前教育的健康可持续发展，不利于学前教育质量的稳步提升。研究者建议，我国应在政策上明确：各地均应逐步建立和实施以公办园为主体(公办园在园儿童覆盖面至少达到60%)、民办园为补充的办园体制；公办园应保障低中收入群体基本而有质量的学前教育需求，民办园应致力于满足中高收入群体选择性、个性化的学前教育需求。民办园比例过高的省区近阶段应大力发展公办园，改善办园性质的比例结构。同时，通过推行营利性与非营利性民办园分类管理政策，加强申办审批、年检和动态监管，加强激励与引导，促进民办园规范发展、提高质量。

小学附设园(学前班)是我国农村欠发达地区在正规化学前教育资源严重不足的情况下发展起来的一种学前教育形式，在特定地区的特定历史时期，对于解决学前儿童入园问题、帮助儿童做好一定程度的入学准备发挥了积极作用。但这种学前教育形式先天不足，师资的非专业化成为小学附设园或学前班质量的最大制约因素，课程安排和教育教学方式的小学化、违背学龄前儿童身心发展规律的问题较为普遍。在本研究的调查过程中发现，由于没有独立建制，没有独立的用人权、经费支配权，所收取的保教费未必能够归幼儿园使用，因而小学附设园或学

① 刘焱．学前一年纳入义务教育的条件保障研究[M]．北京：北京师范大学出版社，2014.

② 庞丽娟，夏婧．国际学前教育发展战略：普及、公平与高质量[J]．教育学报，2013，9(3)：49-55.

前班往往设施条件极其简陋，教师往往是小学师资队伍中的富余教师或者聘任的社会人员，年龄偏大、低学历、非学前教育专业、没有幼儿园教师资格证现象普遍。因而，不难理解，为何小学附设园成为质量最低的办园类型。基于此，研究者建议，各地政府和相关部门应加快推进小学附设园(学前班)的独立建制，降低小学附设园(班)在幼儿园总体结构中的比例；对于暂时没有条件独立建制的小学附设园(学前班)，应加快师资队伍的专业化改造，加强小学转岗教师的学前教育培训，在取得幼儿园教师资格证之前不得作为专任教师；聘任教师必须具有幼儿园教师资格证(最好具有学前教育专业背景)。

(六)低等级幼儿园质量过低，无法提供有质量的学前教育

本调查研究表明，不同等级幼儿园质量差距显著，各地最低等级的幼儿园质量太低，无法为幼儿提供有质量的学前教育。在428个样本班级中，低等级园的班级比例接近60%；无论是总体质量，还是各个方面的质量，这些班级的教育质量平均水平均未达到合格水平，其中游戏活动质量处于“不适宜”水平。国内外研究表明，托幼机构的教育质量对在园儿童的发展具有“门槛效应”；在门槛值以下的低质量教育对于儿童的身心发展不但没有明显的积极作用，反而可能伤害儿童的身心发展(尤其是认知)；同时，研究还表明，学前教育的这种“门槛效应”在处境不利儿童群体上的作用更加明显：高质量学前教育对处境不利儿童的补偿性作用更大；低质量学前教育对处境不利儿童的伤害也更大。①② 基于此，研究者建议由国家研制并推行幼儿园教育基本质量标准；引导各地提升办园准入标准或最低等级幼儿园的质量标准，从而把我国幼儿园教育的基本质量提升到有利于儿童发展的“门槛值”以上；通过加强质量评估与动态监管，守住“底线”，确保各类弱势儿童能够接受有质量的学前教育。

(七)研究局限与未来研究建议

本研究在我国幼儿园教育质量评价上，积累了一些研究经验，也存在着一些局限，希望为未来的研究提供一些借鉴和方向性建议。

第一，在研究设计上，本研究是横断研究，但不同地区样本数据采集的时间

① Burchinal, M., Vandergrift, N., Pianta, R., & Mashburn, A.. Threshold analysis of association between child care quality and child outcomes for low-income children in pre-kindergarten programs[J]. *Early Childhood Research Quarterly*, 2010, 25: 166-176.

② 李克建.我国学前教育质量的地区差异及其与儿童发展的相关性.中国学前教育研究会第五届会员代表大会，“学前教育质量与教师培训”：儿基会专场报告.2015年11月14日.中国福州.

不在同一时间点，可能对研究结果会产生一定的影响；但是，国际上已有研究表明，托幼机构教育质量具有很强的稳定性，在没有大的结构性变化的情况下，在很长一段时期保持稳定性；并且本研究不涉及对具体的托幼机构在不同时间点上的纵向比较，因此，这一点应该不会影响研究的主要结论。研究者建议，未来的研究在纵向设计的框架下，建立更好的数据采集系统，获取大样本、不同时间点的班级质量和儿童发展动态变化数据，以支持质量与儿童发展的动态变化机制的分析。

第二，在样本框架上，由于各种条件的限制，本研究在我国中部地区的取样数量不足；由于各地的学前教育发展差别很大，在取样的全国统一性与地方适应性上一直存在矛盾，课题组尽可能在两者之间保持平衡。最终的幼儿园和班级样本尽管未必与全国或各区域的幼儿园总体结构具有严格意义上的一致性，但研究者认为，本研究的取样足够丰富，充分考虑了我国学前教育的区域差异、城乡差异，包含了各个等级、各类办园性质的幼儿园、各个年龄的班级；因此，在样本的代表性上是足够的。

第三，在评价工具上：(1)由于数据采集时间跨度大，采用了《量表》的不同版本，数据进行了转换整合，对分析结果可能产生一定的影响，但因为不同版本的《量表》绝大部分的评价项目和指标保持稳定，有清晰的转换法则，因此，不会影响结论的可靠性。(2)《量表》的评价内容极其丰富(7 个子量表、53 个项目、160 个子项目、1127 个精细指标)，能够反映托幼机构班级教育环境、教育互动过程非常丰富的细节信息，也带来了一个问题：数据采集时间长(至少 6.5 小时的班级观察与访谈)，评分员每天的劳动强度很大(进行独立评分、合议评分、三份评价数据的录入，一般要到当晚深夜或凌晨才能全部完成)。因此，建议未来基于数据分析，编制《量表》的精简版本，以评价研究为目标的研究仅采用精简版即可，适当降低评分员的劳动强度。(3)研究者发现，与评分员客观观察获取的数据质量相比，通过问卷调查和访谈方法所获取的数据质量不高，影响后续分析的深度和质量。因此，建议以后在这种大型的实证性研究中，慎重使用访谈资料，尽可能获取权威的档案和文件，进一步提升所获取数据的可靠性。

第四，研究广度与深度：(1)数据的深度挖掘：目前的质量分析主要在总量表、子量表和项目层面上进行，建议未来运用《量表》数据，在子项目层面、指标层面进行敏感的质量指标的探索和分析。(2)研究的广度：建议未来的研究从经济学、社会学、人口学、管理学等视角，对学前教育质量问题进行多学科的剖析，可能对学前教育质量问题和政策问题会有更加深入全面的认识，获得新的启示。以上问题和研究方向有待于未来研究继续深入探索。

第五，在数据分析方法与技术上，目前，本研究中主要运用了描述性统计与差异检验，建议未来采用回归分析、多层模型(HLM)、结构方程(SEM)等分析手段，可能会有新的更大发现。

第八章

中国幼儿园空间与设施质量评价研究

本章概要

研究背景：幼儿园空间与设施是幼儿生活与学习所需的基本物质环境，是保障有质量的学前教育的基本条件。已有研究表明，幼儿园空间与设施质量对幼儿发展的影响不容忽视。因而，对幼儿园空间与设施质量进行具体深入的探究有着重要意义。基于全国范围的大规模取样和观察评估，本研究旨在了解我国幼儿园空间与设施质量现状及问题，分析不同区域、城乡、不同办园性质幼儿园空间与设施质量的差异，为国家的学前教育决策以及幼儿园空间与设施质量的提升提供实证性依据。

研究设计与方法：本研究在全国幼儿园教育质量评价研究的构架下，聚焦幼儿园的空间设施质量，采用描述性统计与方差分析等方法，对样本幼儿园班级的空间设施质量进行具体深入的分析。

研究结果：(1)我国幼儿园空间与设施质量总体不高，班级内游戏活动区角质量低下，缺乏安抚与独处空间与设施。(2)我国幼儿园空间与设施质量区域差异显著，东部地区幼儿园空间与设施质量显著高于中部与西部地区。(3)我国幼儿园空间与设施质量城乡差异显著，城镇显著高于乡村。(4)不同性质幼儿园空间与设施质量差异显著，公办园显著高于民办园。

讨论与建议：长期以来，我国学前教育公共财政投入不足，导致幼儿园空间与设施质量总体不高。我国幼儿园教育生均资源紧张，教育活动上长期倚重集体的组织形态，因而班级内部的游戏活动区角质量低下。我国学前教育实行的“地方负责、分级管理”的管理体制，投入以地方为主，不同区域、城乡之间经济发展水平差距较大，地方经济水平制约着各地对学前教育的投入水平，进而带来幼儿园办园条件(包括空间设施)质量的差距。就不同性质幼儿园的空间设施质量差距而言，学前教育公共财政经费主要投向公办园；而民办园的运转主要依靠家长交费，园所为降低办园成本压缩了对园舍设施的投入，从而加剧了公办园与民办园之间空间设施质量的差距。

通过分析和探讨我国幼儿园空间与设施质量现状及其原因，研究者提出了相应的质量提升建议：首先，保障并逐步加大对学前教育的公共财政投入，提升幼儿园物质环境的总体水平。其次，进一步深化幼儿园课程教学改革，转变教师观念，让游戏活动真正成为幼儿学习的基本途径，提升游戏活动区角质量；关注幼儿的情绪情感发展需要，为幼儿提供安抚与独处的空间与设施。最后，提升教师专业素质，树立系统和动态的质量观念，关注物质环境要素管理与使用的过程优化，提高空间与设施质量，更好地支持幼儿学习与活动的过程。

幼儿园空间与设施是幼儿生活与学习所需的基本物质环境，是保障有质量的学前教育的基本条件。首先，空间与设施与幼儿的安全与健康息息相关。儿科专家研究发现，有许多儿童的发展问题和疾病与环境中有害物质密切相关，如有害气体、金属或纤维微粒以及射线。① 幼儿园的许多材料都有可能存在安全隐患，如各种房屋装修材料、画画用的颜料、清洁剂等。② 质量低下的物质环境是造成学前儿童铅中毒的一个重要因素。③④ 同时，幼儿园空间与设施质量对儿童学习与发展的影响不容忽视。幼儿的活动性质与状态往往随着班级可用空间的变化而变化；空间越小，成人主导的活动越多，而充足的空间有利于幼儿积极的社会交往行为的产生；幼儿园活动室空间过于拥挤会减少幼儿正常的社会交往，增加攻击性行为。⑤⑥

我国《幼儿园教育指导纲要(试行)》明确指出，环境是重要的教育资源，应通过环境的创设和利用，有效地促进幼儿的发展；幼儿园的空间、设施、活动材料应有利于引发和支持幼儿的游戏和各种探索活动，有利于引发支持幼儿与周围环境之间积极的相互作用。由此可见，对幼儿园的空间与设施(物质环境)质量进行深入细致的研究具有重要的价值。

---

① Noyes. Indoor pollutant environmental hazards to young children[J]. *Young Children*, 1987: 57-65.

② 周欣. 托幼机构教育质量的内涵及其对儿童发展的影响[J]. 学前教育研究，2003，(7-8)：34-38.

③ 央视新闻夜话：我国三分之一儿童受铅中毒威胁，http://www.sina.com.cn.

④ LI, Hsu & Tai. Indoor pollution and sick building syndrome symptoms among workers in day-care centers[J]. *Archives of Environment Health*, 1997, 52(3): 200-207.

⑤ 黄玉娇，申健强. 农村幼儿园班级区域空间利用最大化的策略[J]. 教育导刊，2014，(1)：60-62.

⑥ 唐晓雪. 现代幼儿园建筑空间环境设计与研究[D]. 中南大学，2006.

一、幼儿园空间与设施质量的总体水平与分布状况

(一)幼儿园的空间与设施质量的总体情况

表 8-1　幼儿园的空间与设施质量的总体情况

	样本	均值	标准差	最小值	最大值
空间与设施	428	5.12	1.41	1.95	8.53
室内空间	428	5.62	1.84	1.00	9.00
家具教学设备	428	5.46	1.48	1.00	9.00
卫生间与饮水设备	428	4.87	1.77	1.00	8.75
午睡空间与设施	411	5.17	1.95	1.00	9.00
活动区角	428	4.86	2.12	1.00	9.00
环境装饰和幼儿作品展示	428	5.12	1.44	1.00	9.00
户外体育活动的场地	428	5.43	1.61	1.00	9.00
户外体育活动的设施	428	5.81	1.67	1.00	9.00

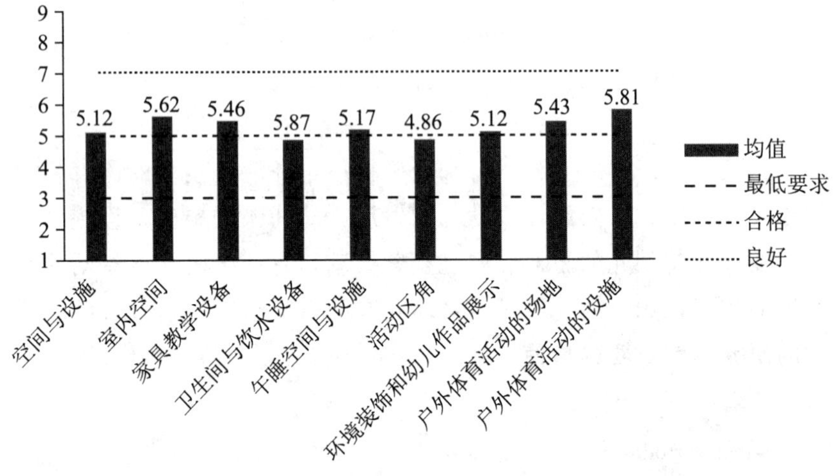

图 8-1　幼儿园空间与设施的质量

从表 8-1 和图 8-1 均可看出，我国幼儿园空间与设施质量平均得分为 5.12 分，刚刚达到合格水平(5 分)。得分由高至低分别是户外体育活动的设施、室内空间、家具教学设备、户外体育活动的场地、午睡空间与设施、环境装饰与幼儿作品展示、卫生间与饮水设备、活动区角。其中最高的是“户外体育活动的设施”项目，为 5.81 分；“卫生间与饮水设备”(M＝4.87)和“活动区角”(M＝4.86)均低

于5分，两者未达到合格要求。整体而言，我国幼儿园空间与设施质量刚刚达到合格水平，仍有较大提升空间。

(二)幼儿园空间与设施质量的分布情况

表 8-2　幼儿园的空间与设施质量分布情况

		东部(N=167)	中部(N=90)	西部(N=171)	全国(N=428)
		N (%)	N (%)	N (%)	N (%)
五级分层	优秀	4(2.4)	0(0)	0(0)	4(0.9)
	良好	34(20.4)	3(3.3)	1(0.06)	38(8.9)
	合格	94(56.3)	54(60.0)	36(21.1)	184(43)
	最低要求	35(21)	33(36.7)	107(62.6)	175(40.9)
	不适宜	0(0)	0(0)	27(15.8)	27(6.3)
三级分层	高质量	38(22.8)	3(3.3)	1(0.06)	42(9.8)
	有质量	94(56.2)	54(60.0)	36(21.1)	184(43)
	低质量	35(21)	33(36.7)	134(78.4)	202(47.2)

本研究采用两种质量分层法分别对我国幼儿园空间与设施质量分布情况进行分析。

五级分层：由表8-2和图8-2可知，从全国来看，我国幼儿园空间与设施有6.3%是处于不适宜的水平；40.9%处于最低要求水平；43%属于合格水平；8.9%达到良好水平；0.9%达到优秀水平；总体而言，空间与设施的质量较为集中地分布在最低要求和合格水平上。

从东、中、西部区域来看，东部地区幼儿园空间与设施质量较为集中在合格水平(56%)，另外分别有20.4%和21%的班级处于良好与最低要求水平；中部地区大部分分布在合格水平(60%)和最低要求(37%)上，没有优秀的班级也没有不适宜的班级；西部地区较多分布在最低要求(62.6%)，没有优秀班级，不适宜班级较多(15.8%)，西部地区质量分布较差。明显可见，全国“优秀”班级均来自东部地区，“不适宜”班级来自西部地区，东、西部差距较大。在空间与设施质量“最低要求”水平上，西部地区所占比重最大，其次是中部和东部；在“合格”水平上，东、中部地区比例相当，西部地区较低；在“良好”水平上，东部地区20.4%的幼儿园达到良好水平，而中部和西部地区则各有3.3%和0.06%的班级达到良好水平，比例极低。

三级分层：由表8-2和图8-3可见，从全国来看，有47.2%的幼儿园空间与设施是低质量的，43%的幼儿园是有质量的，仅有9.8%的幼儿园是高质量的。从东、中、西部三个区域来看，东部地区有22.8%的幼儿园是高质量的，56.2%

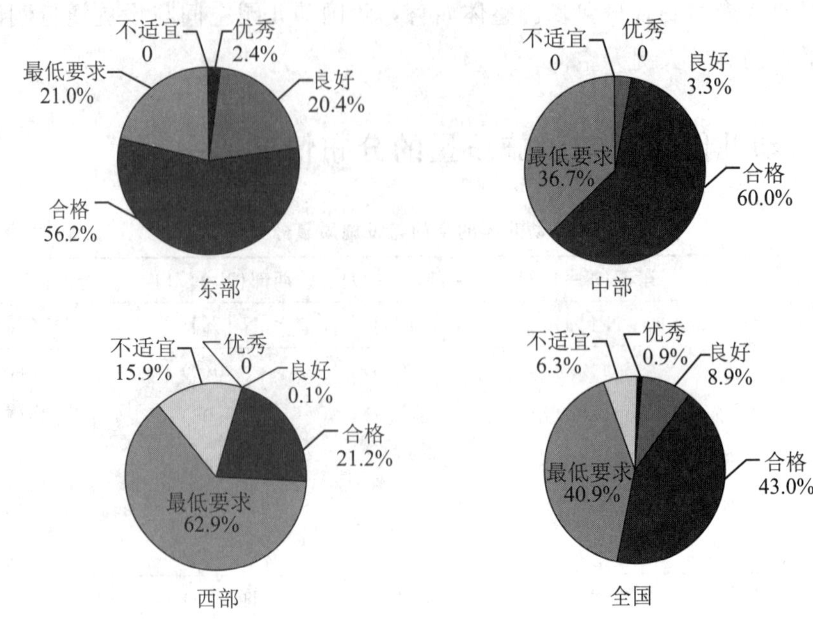

图 8-2 幼儿园空间与设施质量分布情况(五级分层)

的幼儿园是有质量的，21%的幼儿园是低质量的；整体上，东部地区大部分幼儿园空间与设施上达到有质量及以上水平。中、西部地区极少幼儿园的空间设施能够达到高质量水平(分别为3.3%和0.1%)，中部地区有60%的幼儿园是有质量的，36.7%是低质量的；西部地区21.2%的幼儿园空间与设施是有质量的，低质量的幼儿园占78.7%；由此可见，西部地区幼儿园空间设施质量水平最低。

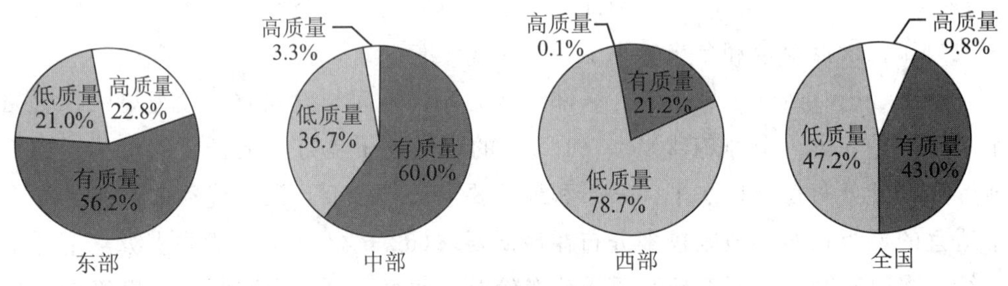

图 8-3 幼儿园空间与设施质量分布情况(三级分层)

二、幼儿园空间与设施质量项目水平的具体分析

(一)室内空间

“室内空间”主要是指幼儿日常生活(如进餐、如厕和午睡等)和学习(如集体教学、区角游戏等)活动的室内空间(通常是指班级教室的空间)。一般主要包括

活动室、午睡室和卫生间(有些情况下卫生间可能不在班级内)，另外还可能包括教师办公空间和储藏空间等。由表 8-3 可知，我国幼儿园室内空间的平均分为 5.62 分，总体处于合格水平；其中安全与维护得分最高，基本能够为幼儿提供一个安全、清洁、有序的空间；空间及结构得分最低，活动室生均使用面积达到 1.5 平方米，但是总体上班级教室空间不足，大多数班级(71.7%)没有各自独立、空间充足的集体教学区域和区角活动游戏空间。

表 8-3　室内空间质量基本情况

	样本	均值	标准差	最小值	最大值
室内空间	428	5.62	1.84	1.00	9.00
空间及结构	428	5.07	2.57	1.00	9.00
基础设施	428	5.89	1.99	1.00	9.00
安全与维护	428	5.92	1.78	1.00	9.00

表 8-4　室内空间质量分布情况

	不适宜		最低要求		合格		良好		优秀	
	N	%	N	%	N	%	N	%	N	%
室内空间	27	6.3	136	31.8	136	31.8	64	15.0	65	15.2
空间及结构	99	23.1	66	15.5	142	33.1	15	3.5	106	24.8
基础设施	31	7.2	72	23.9	151	35.2	48	11.2	126	29.4
安全与维护	15	3.2	46	10.8	242	56.5	21	4.9	104	24.3

从质量等级分布情况看(见表 8-4)，项目室内空间有 31.8%的幼儿园的室内空间质量是最低要求和合格等级，15.2%是优秀等级，6.3%是不适宜等级。在空间及结构上，有 23.1%的班级教室拥挤，人满为患；15.5%的班级每个幼儿有独立的座位，班级生均面积达到 1.5 平方米；3.5%的班级教室空间足够，且有各自独立的教学区域和区角空间；24.8%的班级室内空间较为宽敞。在基础设施、安全与维护上，不适宜水平的班级各占 7.2%、3.2%，这些班级无法为幼儿生活提供基本的设施，甚至可能影响幼儿的身心健康与安全；但有 29.4%、24.3%的班级达到优秀水平。大多数班级在基础设施与安全维护上处于合格水平，质量有待改善。总体上，各子项目在质量等级上比例最大的均为合格等级。

(二)家具教学设备

家具教学设备的完善是幼儿在园各项活动顺利进行的条件之一。家具设备包括桌、椅、沙发、床等部分生活用具，以及各类游戏的基础性家具。由表 8-5 可知，“家具教学设备”平均得分为 5.46 分，达到合格水平；在子项目中，“教学设备"得分较高，为5.88分，"家具设备"为5.04分，均达到合格水平；这意味着大多数班级的家具尺寸适合，安全牢固，教学设备基本适宜托幼机构的使用。

表 8-5 家具教学设备质量基本情况

	样本	均值	标准差	最小值	最大值
家具教学设备	428	5.46	1.47	1.00	9.00
家具设备	428	5.04	1.80	1.00	9.00
教学设备	428	5.88	1.65	1.00	9.00

表 8-6 家具教学设备质量分布

	不适宜		最低要求		合格		良好		优秀	
	N	%	N	%	N	%	N	%	N	%
家具教学设备	20	4.7	75	17.5	264	61.7	45	10.5	24	5.6
家具设备	48	11.2	32	7.5	289	67.5	23	5.4	36	8.4
教学设备	10	2.3	48	11.2	237	55.4	62	14.5	71	16.6

从质量等级分布情况看(见表8-6)，在家具教学设备整个项目水平上，4.7%属于不适宜，5.6%属于优秀，其中61.7%是合格水平，比重最大，10.5%达到良好，17.5%处于最低要求。从子项目来看，在家具设备上，11.2%的班级家具设备对于幼儿发展来说是不适宜的，有的不符合幼儿的尺寸，有的破损严重，存在安全隐患；67.5%的班级达到合格要求，能为幼儿提供尺寸适合且安全的家具设备；8.4%的班级做到了家具形式多样等优秀水平的要求。在教学设备上，2.3%的班级没有提供适宜性的教学设备，不利于教学的展开；55.4%的班级教学设备基本适宜；16.6%的班级有较为现代化的教学设备，能够促进幼儿积极主动的学习。

(三)卫生间与饮水设备

卫生间与饮水设备是幼儿日常生活的基本设施设备，其质量高低关系到幼儿日常生活的质量水平。该项目从厕所位置与设施、洗手设施、清洁卫生、饮水设备等方面对其进行较为细致的评价。由表8-7可知，该项目均分为4.87分，满足最低要求，但未达到合格要求(5分)。几个子项目中，只有饮水设备达到合格要求，得分5.6分；清洁卫生平均分为4.92分，接近合格；厕所位置与设施(M=4.47)及洗手设施(M=4.49)得分较低，不同幼儿园班级间差距可能较大(SD=2.55，SD=2.49)。

从质量等级分布情况看(见表8-8)，在项目水平上，卫生间与饮水设备质量等级集中分布在最低要求和合格上，17.1%处于不适宜水平，这些幼儿园班级不能为幼儿等提供安全适宜的服务，仅有15%的幼儿园达到良好及以上水平，大部分班级处于最低要求(33.5%)与合格水平(34.1%)。

表 8-7 卫生间与饮水设备质量基本情况

	样本	均值	标准差	最小值	最大值
卫生间与饮水设备	428	4.87	1.76	1.00	8.8
厕所位置与设施	428	4.47	2.55	1.00	9.00
洗手设施	428	4.49	2.49	1.00	9.00
清洁卫生	428	4.92	2.21	1.00	9.00
饮水设备	425	5.6	1.59	1.00	9.00

表 8-8 卫生间与饮水设备质量分布

	不适宜		最低要求		合格		良好		优秀	
	N	%	N	%	N	%	N	%	N	%
卫生间与饮水设备	73	17.1	144	33.5	146	34.1	51	11.9	14	3.3
厕所位置与设施	120	28.1	76	17.7	127	29.7	53	12.4	52	12.1
洗手设施	118	27.6	95	22.2	119	27.8	32	7.5	64	15.0
清洁卫生	72	16.8	67	15.7	156	36.4	95	22.2	38	8.9
饮水设备	13	3	74	17.2	249	58.2	38	8.9	52	11.9

从子项目来看，在厕所位置与设施上，28.1%班级厕所建筑或是设施存在严重的安全隐患，甚至有的园内没有幼儿厕所。仅有29.7%的班级达到合格，厕所紧邻班级，数量够用，设施基本适当。24.5%的班级为幼儿提供了良好厕所环境。在洗手设施上，27.6%的班级没有为幼儿提供洗手设施；27.8%的班级为幼儿提供洗手设施和擦手毛巾。15%的班级提供可调节的温水，至少两套毛巾轮流使用。在清洁卫生上，16.8%的班级厕所卫生状况非常糟糕；36.4%的班级厕所卫生状况得到基本的维护；8.9%的班级能定期进行全面清洁消毒。在饮水设备上，大部分班级处于合格水平(58.2%)，有11.9%达到优秀水平，能够随时提供温度可随意调节的饮用水。

(四)午睡空间与设施

午睡空间与设施主要对午睡物理环境的适宜性进行评价。由表8-9可知，午睡空间与设施项目均分为5.17分，刚刚达到合格水平。在三个子项目中，卫生状况得分最高，为5.57分，午睡空间得分最低，为5.04分；三个子项目得分均在5分以上，达到合格要求，说明幼儿午睡空间够用，有自己单独的铺位，床铺适宜幼儿年龄及能力，午睡空间及设施干净整洁。

从质量等级分布情况看(见表8-10)，在午睡空间与设施整个项目上，18.2%

处于不适宜等级，14.9%达到最低要求，比重最大的为合格水平(46.6%)，12.9%达到良好状态，6.5%是优秀等级。

表 8-9　午睡空间与设施质量基本情况

	样本	均值	标准差	最小值	最大值
午睡空间与设施	411	5.17	1.95	1.00	9.00
午睡空间	408	5.04	2.26	1.00	9.00
午睡设施	408	5.14	2.37	1.00	9.00
卫生状况	380	5.57	2.05	1.00	9.00

表 8-10　午睡空间与设施质量分布情况

	不适宜		最低要求		合格		良好		优秀	
	N	%	N	%	N	%	N	%	N	%
午睡空间与设施	75	18.2	62	14.9	191	46.6	55	12.9	28	6.5
午睡空间	77	18.9	46	11.3	214	52.4	11	2.6	60	14.0
午睡设施	85	20.8	21	5.1	220	54	22	5.1	60	14.0
卫生状况	22	5.8	80	21.1	157	41.3	38	8.9	83	21.8

从子项目来看，在午睡空间上，18.9%的班级没有为幼儿提供午睡的地方；52.4%的班级午睡空间邻近班级，面积够用；14.0%的班级床铺之间有一定的间隔，能够有效地阻挡病菌的传播。在午睡设施上，20.8%的班级床铺严重不足，甚至没有床提供给幼儿午睡；54%的班级为每位幼儿提供合适的单独床铺。在卫生状况上，5.8%的班级午睡空间与设施不卫生；41.3%的班级午睡空间与设施干净整洁；21.8%的班级床铺每天消毒，每月换洗床单。

(五)活动区角

在幼儿园班级中，“区角”是指一个区域中的玩具材料按照类型整理、存放，便于幼儿取用，并布置适切的游戏环境，便于幼儿参与某一类的游戏活动。班级内各类活动区角环境的创设是区角活动有意义开展的前提和基础。由表 8-11 可知，活动区角项目平均分为 4.86 分，尚未达到合格水平。在子项目上，区角空间与数量、区角规划、安全性等得分均在 5 分以上，达到合格要求，区角空间与数量班级之间差异较大(SD＝2.95)，可能出现两极分化的现象。其中安全性得分最高，为 5.76 分；子项目中得分最低的是玩具材料，为 4.88 分，未达到合格水平。

表 8-11　活动区角质量基本情况

	样本	均值	标准差	最小值	最大值
活动区角	428	4.86	2.11	1.00	9.00
区角空间与数量	428	5.08	2.95	1.00	9.00
区角规划	332	5.3	2.41	1.00	9.00
玩具材料	428	4.88	1.92	1.00	9.00
安全性	258	5.76	2.15	1.00	9.00

表 8-12　活动区角质量分布情况

	不适宜		最低要求		合格		良好		优秀	
	N	%	N	%	N	%	N	%	N	%
活动区角	96	22.3	93	21.5	158	36.9	53	12.4	28	6.5
区角空间与数量	115	26.9	39	9.1	120	28.1	32	7.5	122	28.5
区角规划	54	16.3	46	13.9	126	38	32	7.5	74	17.3
玩具材料	58	13.5	63	14.7	217	50.7	62	14.5	28	6.5
安全性	25	9.7	40	15.5	88	34.1	42	9.8	63	14.7

从质量等级分布情况看(见表 8-12)，在活动区角项目水平上，22.3%处于不适宜水平；21.5%处于最低要求，36.9%是合格水平，比重最大，12.4%是良好状态，6.5%达到优秀水平。

从子项目得分等级分布来看，在区角空间与数量上，26.9%的班级没有任何明显可见的区角活动空间；28.1%的班级至少有两个明确划分的区角，满足班上一半以上幼儿的需要；28.5%的班级活动区角多，空间充裕。区角空间与数量分布离散程度较高，不适宜、合格以及优秀等级的分布比例大致相当(分别为26.9%、28.1%、28.5%)，说明不同班级间差距较大。在区角规划、玩具材料、安全性这三个子项目上，分布比重最高的均为合格等级，尤其是玩具材料(合格比例为 50.7%)；在区角规划上，38%的班级大部分区角之间不存在严重干扰。在玩具材料上，13.5%的班级处于“不适宜”水平，没有为幼儿提供玩具材料；50.7%的班级提供适合幼儿年龄和能力的，可供班级一半以上幼儿使用的材料；但较少班级(6.5%)能够达到优秀水平。在安全性上，9.7%的班级玩具材料不安全、不卫生，或是区角设置不利于成人监护；34.1%的班级区角空间与玩具材料安全卫生，监护适当。

(六)环境装饰和幼儿作品展示

班级环境装饰与幼儿作品展示是班级环境的重要方面，与班级各类教育活动的开展存在密切的关联。由表8-13可知，该项目平均分为5.12分，刚刚达到合格要求。各个子项目得分均不高，其中“环境装饰”得分最低，为4.80分，尚未达到合格要求。

从质量等级分布情况看(见表8-14)，在项目水平上，主要分布在合格水平；其中，不适宜占6.6.%，最低要求占30.2%，合格占53.6%，良好占6.1%，优秀占3.5%，较少班级能达到优秀水平。在子项目上，环境装饰、幼儿作品展示、适宜性三个子项目分布最为集中的等级均为合格水平。

表8-13　环境装饰和幼儿作品展示质量基本情况

	样本	均值	标准差	最小值	最大值
环境装饰和幼儿作品展示	428	5.12	1.44	1.00	9.00
环境装饰	427	4.80	1.71	1.00	9.00
幼儿作品展示	419	5.20	1.71	1.00	9.00
适宜性	420	5.41	1.76	1.00	9.00

表8-14　环境装饰和幼儿作品展示质量分布情况

	不适宜		最低要求		合格		良好		优秀	
	N	%	N	%	N	%	N	%	N	%
环境装饰和幼儿作品展示	28	6.6	129	30.2	230	53.6	26	6.1	15	3.5
环境装饰	44	10.3	50	11.7	275	64.2	39	9.1	19	4.4
幼儿作品展示	19	4.5	102	24.3	216	51.6	66	15.4	16	3.7
适宜性	19	4.5	72	17.1	228	54.3	67	15.7	34	7.9

从子项目来看，在环境装饰上，10.3%的班级没有装饰或是作品展示；64.2%的班级有一些作品展示或装饰；仅有4.4%的班级能够为幼儿提供主题系列作品及三维空间作品。在幼儿作品展示上，4.5%的班级没有幼儿作品展示；51.6%的班级有部分幼儿的作品被展示；幼儿个别化作品较少(3.7%)。在适宜性上，4.5%的班级展示内容不适合幼儿；54.3%的班级展示内容符合幼儿年龄特点。

(七)户外体育活动的场地

“户外体育活动的场地”包含户外活动场地、室内体育活动场地、可供体育活动的宽阔走廊或长廊以及有安全防护措施的楼顶平台等所有平时被用来作为体育活动的区域；该项目从场地面积和类型、场地规划、安全与维护等方面进行评价。由表8-15可知，该项目平均得分为5.43分，达到合格水平。三个子项目得分均在5分以上，且差距不大；其中，安全与维护得分最高为5.59分，场地规划得分最低为5.18分。

表8-15　户外体育活动的场地质量基本情况

	样本	均值	标准差	最小值	最大值
户外体育活动的场地	428	5.43	1.61	1.00	9.00
场地面积和类型	428	5.51	1.70	1.00	9.00
场地规划	427	5.18	2.08	1.00	9.00
安全与维护	428	5.59	1.85	1.00	9.00

从质量等级分布情况看(见表8-16)，在整个项目上，主要分布在合格水平，占46.9%；另外，不适宜占5.2%，最低要求占27.1%，良好占19.1%，优秀占1.6%。在子项目上，场地面积和类型、场地规划、安全与维护三个子项目分布最为集中的等级均为合格水平。在场地面积与类型上，尚有1.6%的班级室内外均没有体育活动场地可供使用；45.3%的班级有一些适宜的户外场地和绿色植物；6.5%的班级达到优秀水平。在场地规划上，12%的幼儿园处于不适宜水平，不利于幼儿户外体育活动的开展，43.1%的班级户外体育活动场地能同时开展3种不同性质或形式的活动；但也有32.8%的幼儿园处于良好或优秀水平，说明不同幼儿园户外活动场地规划水平差距较大。在安全与维护上，6.7%的幼儿园户外场地存在明显的安全隐患；46.8%的幼儿园基本上是安全的；40.4%达到了良好或优秀水平。

表8-16　户外体育活动的场地质量分布情况

	不适宜		最低要求		合格		良好		优秀	
	N	%	N	%	N	%	N	%	N	%
户外体育活动的场地	22	5.2	116	27.1	201	46.9	82	19.1	7	1.6
场地面积和类型	7	1.6	117	27.4	194	45.3	82	19.2	28	6.5
场地规划	51	12	52	12.2	184	43.1	123	28.8	17	4.0
安全与维护	29	6.7	26	6.1	200	46.8	149	34.8	24	5.6

(八)户外体育活动的设施

“户外体育活动的设施”是指所有能够激发幼儿大动作活动的户外体育活动设施设备，包括购置的、自制的或自然的用于爬、滑、平衡和其他大动作活动的物体。由表8-17可知，户外体育活动设施项目平均得分为5.81分，达到合格要求；三个子项目中，安全与维护得分最高为5.93分，基本能够为幼儿提供安全牢固、功能正常的户外体育活动的设施；适宜性得分为5.81分，说明大部分体育设施适宜幼儿；数量和类型得分为5.69分，说明体育设施器材数量和种类还不够丰富。

从质量等级分布情况看(见表8-18)，在项目上，不适宜占2.9%，比重较低，最低要求占20.6%，合格占46.1%，比重最大，良好占18.7%，优秀占11.9%，总体上76.7%在合格水平或以上。子项目上，数量和类型、适宜性、安全与维护，不适宜占比都较低，三者质量等级主要分布在合格和良好水平，基本能为幼儿提供适宜开展户外体育活动的设施条件。

表8-17　户外体育活动的设施

	样本	均值	标准差	最小值	最大值
户外体育活动的设施	428	5.81	1.67	1.00	9.00
数量和类型	428	5.69	2.00	1.00	9.00
适宜性	428	5.81	1.79	1.00	9.00
安全与维护	428	5.93	1.97	1.00	9.00

表8-18　户外体育活动的设施质量分布

	不适宜		最低要求		合格		良好		优秀	
	N	%	N	%	N	%	N	%	N	%
户外体育活动的设施	12	2.9	88	20.6	197	46.1	80	18.7	51	11.9
数量和类型	22	5.2	71	16.6	188	43.9	63	14.7	84	19.6
适宜性	19	4.4	28	6.5	205	47.9	115	26.9	61	14.3
安全与维护	18	4.2	37	8.6	181	42.3	109	25.5	83	19.4

三、幼儿园空间与设施质量的区域差异

(一)东、中、西部幼儿园空间与设施质量基本情况

由表8-19和图8-4可知，在空间与设施总体质量上，东部地区平均分为6.03分，中部5.20分，西部4.18分；东部地区得分最高，且高于全国水平，中部地区接近全国水平，西部地区低于全国水平，得分最低。

在项目上，东部地区所有项目得分均在5分以上，达到了合格水平，在室内空间、家具教学设备、户外体育活动场地和设施等方面接近良好；中部地区，在室内

空间、家具教学设备、午睡空间与设施、户外体育活动的场地和设施5个项目上得分在5分以上，达到合格要求；其余3个项目均未达到合格要求，但在4分以上；西部地区仅户外体育活动设施达到合格要求，为5.12分，其余7个项目得分均未达到合格要求，其中卫生间与饮水设备、活动区角2个项目得分在4分以下。

在空间与设施质量上，从项目比较的角度来看，东、中、西部地区的共同趋势是：在班级室内空间、户外体育活动场地及设施等方面得分相对较高，在活动区角、环境装饰和幼儿作品展示等方面得分相对较低。

表 8-19　东、中、西部各区域幼儿园空间与设施质量情况

	东部地区			中部地区			西部地区			全国		
	N	M	SD	N	M	SD	N	M	SD	N	M	SD
空间与设施	167	6.03	1.23	90	5.20	0.98	171	4.18	1.14	428	5.12	1.41
室内空间	167	6.71	1.59	90	5.83	1.40	171	4.45	1.57	428	5.62	1.84
家具教学设备	167	6.24	1.40	90	5.44	1.26	171	4.71	1.25	428	5.46	1.48
卫生间与饮水设备	167	5.79	1.66	90	4.98	1.37	171	3.91	1.54	428	4.87	1.77
午睡空间与设施	167	6.00	1.79	88	5.12	1.68	156	4.30	1.87	411	5.17	1.95
活动区角	167	5.95	1.72	90	4.75	2.01	171	3.85	2.02	428	4.86	2.12
环境装饰和幼儿作品展示	167	5.84	1.22	90	4.73	1.49	171	4.62	1.32	428	5.12	1.44
户外体育活动的场地	167	6.29	1.54	90	5.62	1.25	171	4.49	1.32	428	5.43	1.61
户外体育活动的设施	167	6.42	1.51	90	5.98	1.36	171	5.12	1.71	428	5.81	1.67

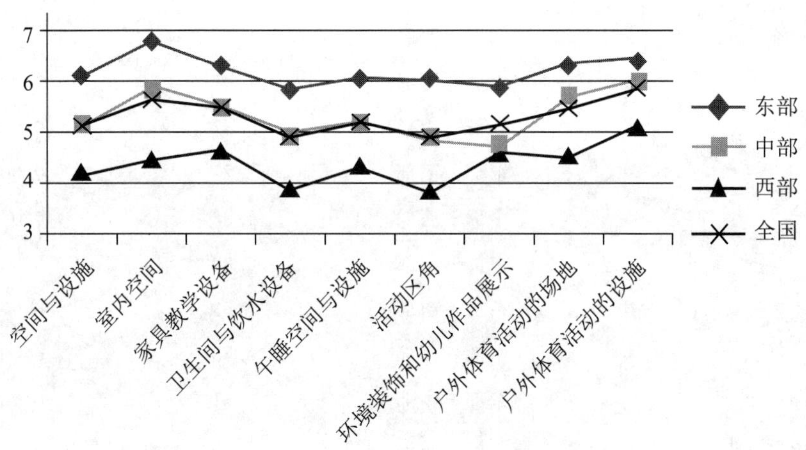

图 8-4　东、中、西部各区域幼儿园空间与设施质量情况

(二)东、中、西部幼儿园空间与设施质量的差异性分析

方差分析结果表明，东、中、西部区域之间，幼儿园空间与设施总体质量

(子量表得分)差异极其显著(F(2, 245)=110.11, p<0.001, η^2=0.341)。在每个项目上，差异均极其显著(p<0.001)。

事后检验结果表明(见表8-21)，在空间与设施子量表及大部分项目上，总体趋势是：东部地区得分显著高于中、西部地区，中部地区显著高于西部地区。值得指出的是，在“环境装饰和幼儿作品展示”，中部与西部地区不存在显著差异；在“户外体育活动的设施”，东、中部地区不存在显著差异。

表8-20 东、中、西部幼儿园空间与设施质量差异分析

	F	Sig.	η^2
空间与设施	110.11	0.000	0.341
室内空间	90.92	0.000	0.300
家具教学设备	57.08	0.000	0.212
卫生间与饮水设备	62.24	0.000	0.227
午睡空间与设施	36.15	0.000	0.151
活动区角	51.34	0.000	0.195
环境装饰和幼儿作品展示	41.09	0.000	0.162
户外体育活动的场地	71.49	0.000	0.252
户外体育活动的设施	29.92	0.000	0.123

表8-21 东、中、西部区域之间幼儿园空间与设施多重比较

	所在地区域(I-J)	均值差(I-J)	显著性
空间与设施	东部—中部	0.83	0.000
	东部—西部	1.85	0.000
	中部—西部	1.01	0.000
室内空间	东部—中部	0.87	0.000
	东部—西部	2.25	0.000
	中部—西部	1.38	0.000
家具教学设备	东部—中部	0.80	0.000
	东部—西部	1.53	0.000
	中部—西部	0.73	0.000
卫生间与饮水设备	东部—中部	0.81	0.000
	东部—西部	1.88	0.000
	中部—西部	1.07	0.000

续表

	所在地区域(I-J)	均值差（I-J)	显著性
午睡空间与设施	东部—中部	0.88	0.001
	东部—西部	1.70	0.000
	中部—西部	0.82	0.002
活动区角	东部—中部	1.19	0.000
	东部—西部	2.09	0.000
	中部—西部	0.90	0.001
环境装饰和幼儿作品展示	东部—中部	1.11	0.000
	东部—西部	1.21	0.000
	中部—西部	0.11	0.897
户外体育活动的场地	东部—中部	0.67	0.001
	东部—西部	1.80	0.000
	中部—西部	1.12	0.000
户外体育活动的设施	东部—中部	0.44	0.097
	东部—西部	1.29	0.000
	中部—西部	0.86	0.000

四、幼儿园空间与设施质量的城乡差异

(一)城乡幼儿园空间与设施质量的现状

由表8-22、图8-5可知，从全国水平来看，在空间与设施子量表得分上，城镇幼儿园得分为5.76分，达到合格要求；农村得分为4.31分，低于城镇，未达到合格水平。在项目上，8个项目平均得分都是城镇高于农村，且城镇得分均在5分以上，达到合格要求；农村只有户外体育活动设施一个项目达到合格要求，其余7个项目均在合格水平以下，其中卫生间与饮水设备、活动区角两个项目得分在4分以下。城镇和农村得分最高的项目均为户外体育活动的设施；城镇得分最低的项目是环境装饰与幼儿作品展示(M=5.57)，农村得分最低的项目是卫生间与饮水设备(M=3.94)。

表 8-22　幼儿园空间与设施的城乡比较

	东部		中部		西部		全国	
	城镇 (N=110)	乡村 (N=57)	城镇 (N=46)	乡村 (N=44)	城镇 (N=82)	乡村 (N=89)	城镇 (N=238)	乡村 (N=190)
	M (SD)	M (SD)	M (SD)	M (SD)	M (SD)	M (SD)	M (SD)	M (SD)
空间与设施	6.52 (1.06)	5.07 (0.95)	5.65 (0.93)	4.72 (0.79)	4.80 (1.12)	3.62 (0.81)	5.76 (1.31)	4.31 (1.08)
室内空间	7.33 (1.32)	5.50 (1.36)	6.52 (1.34)	5.11 (1.07)	5.19 (1.66)	3.78 (1.13)	6.44 (1.73)	4.60 (1.42)
家具教学设备	6.73 (1.31)	5.3 (1.06)	5.93 (1.09)	4.93 (1.23)	5.17 (1.06)	4.29 (1.28)	6.04 (1.37)	4.74 (1.28)
卫生间与饮水设备	6.43 (1.31)	4.56 (1.59)	5.50 (1.27)	4.43 (1.28)	4.57 (1.62)	3.30 (1.18)	5.61 (1.64)	3.94 (1.46)
午睡空间与设施	6.49 (1.45)	5.07 (2.03)	5.67 (1.48)	4.52 (1.7)	5.10 (1.68)	3.41 (1.68)	5.85 (1.65)	4.22 (1.94)
活动区角	6.37 (1.73)	5.13 (1.37)	5.37 (2.08)	4.11 (1.74)	4.64 (2.05)	3.12 (1.7)	5.58 (2.06)	3.95 (1.83)
环境装饰和幼儿作品展示	6.12 (1.27)	5.30 (0.89)	5.12 (1.46)	4.32 (1.44)	5.10 (1.34)	4.18 (1.14)	5.57 (1.42)	4.55 (1.25)
户外体育活动的场地	6.83 (1.41)	5.26 (1.23)	5.79 (1.41)	5.44 (1.04)	4.96 (1.36)	4.05 (1.12)	5.99 (1.62)	4.73 (1.3)
户外体育活动的设施	6.96 (1.32)	5.39 (1.30)	6.45 (1.60)	5.50 (0.83)	5.77 (1.73)	4.52 (1.47)	6.45 (1.61)	5.01 (1.37)

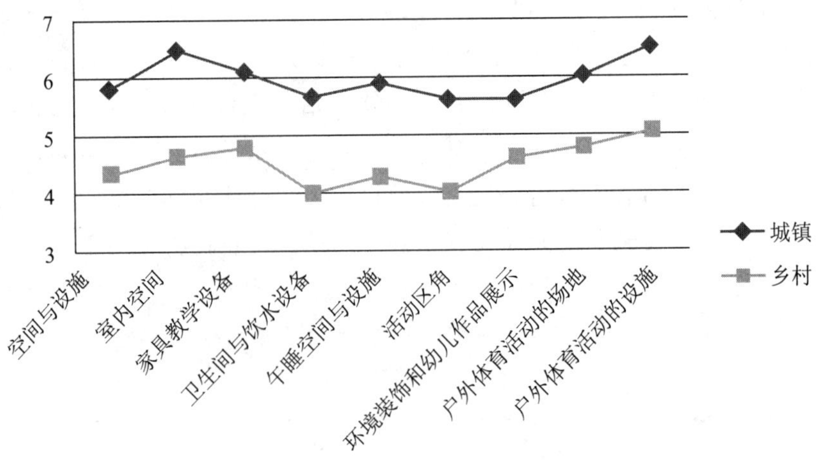

图 8-5　全国幼儿园空间与设施的城乡比较

1. 东、中、西部地区幼儿园空间与设施质量的城乡比较

(1)东部地区幼儿园空间与设施质量的城乡比较

由表8-22可知，东部地区在幼儿园空间与设施总体质量上，城镇得分为6.52分，接近良好水平；农村得分为5.07分，刚刚达到合格水平。在8个项目上都是城镇高于农村；在室内空间项目上，城镇均分为7.33分，达到良好水平；农村除卫生间与饮水设备未达到合格要求，其余项目得分均在5分以上，达到合格要求。东部地区，城镇和农村得分最高的项目均为室内空间；城镇幼儿园得分最低的项目是环境装饰与幼儿作品展示，为6.12分；而农村得分最低的项目是卫生间与饮水设备，为4.56分。

(2) 中部地区城乡幼儿园教育质量情况与比较

由表8-22可知，中部地区在幼儿园空间与设施质量上，城镇平均得分为5.65分，达到合格水平；农村平均得分为4.72分，未达到合格水平。在项目上，8个项目平均得分都是城镇高于农村，且城镇幼儿园有8个项目得分在5分以上；农村在室内空间、户外体育活动的场地、户外体育活动的设施上得分在5分以上，达到合格要求，其余项目均未达到合格要求。城镇得分最高的项目是室内空间，得分最低的是环境装饰与幼儿作品展示(M＝5.12)；农村得分最高的项目是户外体育活动的设施(M＝5.50)，得分最低的项目是活动区角(M＝4.11)。

(3) 西部地区城乡幼儿园教育质量情况与比较

由表8-22可知，西部地区幼儿园空间与设施质量，城镇平均得分为4.80分，接近合格水平；农村得分为3.62分，刚刚达到最低要求(3分)，远未达到合格水平。在项目上，8个项目平均得分都是城镇高于农村。城镇在5个项目(室内空间、家具教学设备、午睡空间与设施、环境装饰与幼儿作品展示、户外体育活动设施)上得分均在5分以上，达到合格要求；得分最高的项目是户外体育活动的设施(M＝5.77)，得分最低的是卫生间与饮水设备，为4.57分。农村各项目得分均低于5分，其中得分最高的是户外体育活动的设施，为4.52分，得分最低的是活动区角，为3.12分，刚刚达到最低要求水平。

2. 城镇—乡村幼儿园空间与设施质量东、中、西部之间的比较

(1)东、中、西部城镇幼儿园空间与设施质量比较

由图8-6可知，东、中、西部地区城镇幼儿园的空间与设施总体质量及各项目情况为东部高于中部，中部高于西部，东部高于全国的城镇水平，中部与全国水平大致一样，西部低于全国水平。在项目层面上，东、中、西城镇幼儿园在“室内空间”“卫生间与饮水设备”差距相对较大，在“环境装饰与幼儿作品展示”和“户外体育活动的设施”上差距较小。

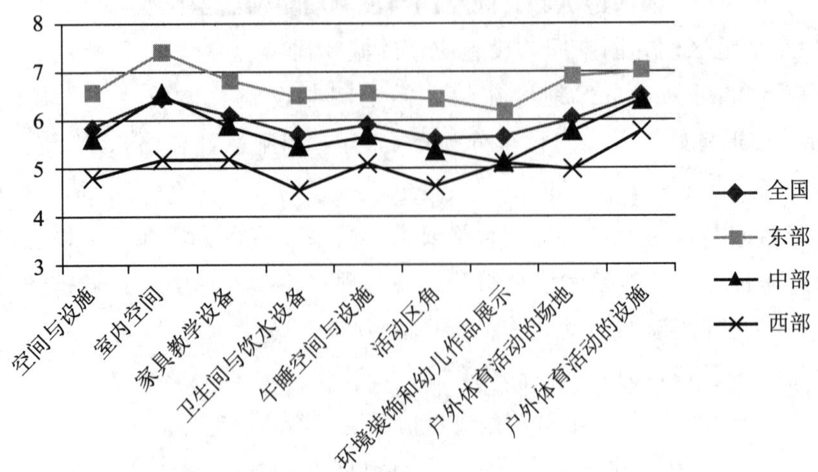

图 8-6　东、中、西部城镇幼儿园空间与设施质量比较

(2)东、中、西部乡村幼儿园空间与设施质量比较

由图 8-7 可知，东、中、西部乡村幼儿园空间与设施总体质量东部高于中部，中部高于西部，东部高于全国乡村水平，中部略高于全国水平，西部低于全国水平。在项目层面上，东、中、西部乡村幼儿园在“室内空间”“活动区角”上差异较大；在项目“家具教学设备”“环境装饰和幼儿作品展示”“户外体育活动的设施”上差异较小。值得指出的是，在户外体育活动场地与设施两个项目上，中部地区乡村幼儿园质量最高。

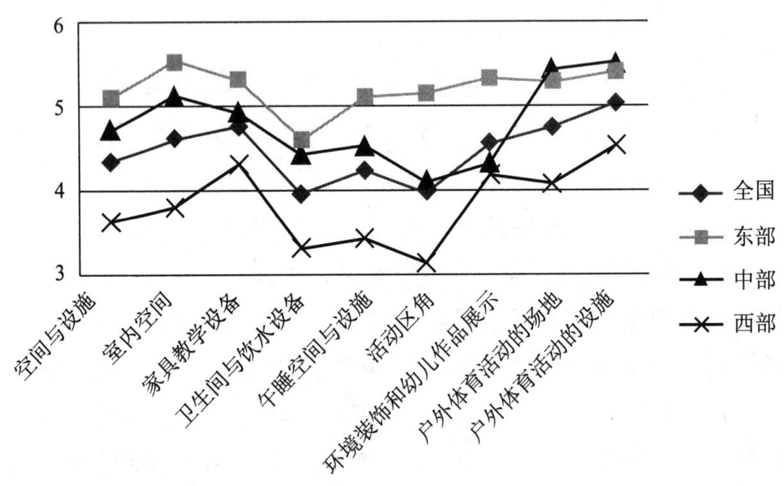

图 8-7　东、中、西部乡村幼儿园空间与设施质量比较

(二)幼儿园空间与设施质量城乡差异显著性检验

表 8-23　幼儿园空间与设施质量城乡差异 t 检验

	均值差值	t	Sig.
空间与设施	1.45	12.60	0.000
室内空间	1.84	12.06	0.000
家具教学设备	1.30	10.10	0.000
卫生间与饮水设备	1.67	10.99	0.000
午睡空间与设施	1.63	8.92	0.000
活动区角	1.63	8.55	0.000
环境装饰和幼儿作品展示	1.03	7.85	0.000
户外体育活动的场地	1.25	8.86	0.000
户外体育活动的设施	1.44	10.04	0.000

由表 8-23 可知，全国幼儿园空间与设施质量子量表上城乡之间存在显著差异($t(425.521)=12.60$，$p<0.001$)；在 8 个项目上，城镇幼儿园质量均高于农村；其中，室内空间差距最大(MD=1.84)，环境装饰与幼儿作品展示差距相对较小(MD=1.03)。研究表明地区社会经济发展水平对学前教育发展有显著影响，[①] 区域社会经济特征通过影响幼儿园结构性质量进而影响幼儿园过程性质量。[②] 鉴于此，研究者控制东、中、西部区域变量，探讨城乡幼儿园空间与设施质量是否存在差异。结果发现幼儿园空间与设施质量城乡差异显著($F(1,425)=160.31$，$p<0.01$，$\eta^2=0.274$)。在室内空间、家具与教学设备、卫生间与饮水设备、午睡空间与设施、活动区角、环境装饰与幼儿作品展示、户外体育活动场地与设施上均存在显著差异(见表 8-24)。事后检验发现，空间与设施子量表及其各个项目得分均为城镇地区显著高于乡村地区($p<0.001$)。

表 8-24　控制东、中、西部幼儿园空间与设施质量城乡差异检验

	F	Sig.	η^2
空间与设施	160.31	0.000	0.274
室内空间	137.29	0.000	0.244
家具教学设备	88.06	0.000	0.172

① 张雪，袁连生，田志磊．地区学前教育发展水平及其影响因素分析[J]．教育发展研究，2012(20)：6-11.

② 秦雪娇．区域社会经济特征与学前教育质量的关系研究[D]．浙江师范大学硕士学位论文，2014.

续表

	F	Sig.	η^2
卫生间与饮水设备	110.11	0.000	0.206
午睡空间与设施	77.53	0.000	0.160
活动区角	60.22	0.000	0.124
环境装饰和幼儿作品展示	49.46	0.000	0.104
户外体育活动的场地	62.59	0.000	0.128
户外体育活动的设施	83.78	0.000	0.165

五、不同性质幼儿园空间与设施质量的差异

(一)不同性质幼儿园空间与设施质量基本情况

基于本研究的样本分布以及政策分析的需要，研究者采用两种分类方法对办园性质进行划分，分类方法一将幼儿园分为四类：教育部门办园、小学附设园、其他公办园以及民办园；分类方法二是分成两类：公办园(教育部门办园＋小学附设园＋其他公办园)与民办园。

从表 8-25 可知，从全国范围看，教育部门办园的空间与设施质量得分最高，为 6.22 分，接近良好水平；其次是其他公办园，得分为 6 分；再次是民办园，得分为 4.64 分，未达到合格水平；得分最低的是小学附设园，得分为 3.85 分。从东、中、西各个区域来看，均为教育部门办园得分最高，其次是其他公办园，再次是民办园，而小学附设园得分最低。东部地区，除小学附设园外，其他三类幼儿园都达到合格要求；中、西部地区，教育部门办园和其他公办园达到合格水平，小学附设园和民办园仅达到最低要求，未达到合格水平。总体上，东、中、西部地区教育部门办园和其他公办园空间与设施质量高于小学附设园和民办园。

表 8-25　不同性质幼儿园空间与设施质量状况

		东部			中部			西部			全国		
		N	M	SD	N	M	SD	N	M	SD	N	M	SD
分类方法一	教育部门办园	46	6.86	0.74	12	5.73	0.51	37	5.58	0.68	95	6.22	0.93
	其他公办园	42	6.35	1.06	18	5.46	0.43	8	5.34	1.65	68	6.00	1.10
	小学附设园	8	4.66	0.70	12	4.60	0.56	30	3.33	0.74	50	3.85	0.93
	民办园	71	5.45	1.21	34	4.78	0.99	110	4.08	1.07	215	4.64	1.27
分类方法二	公办园	96	6.45	1.06	42	5.29	0.66	75	4.66	1.37	213	5.59	1.38
	民办园	71	5.45	1.21	34	4.78	0.99	110	4.08	1.07	215	4.64	1.27

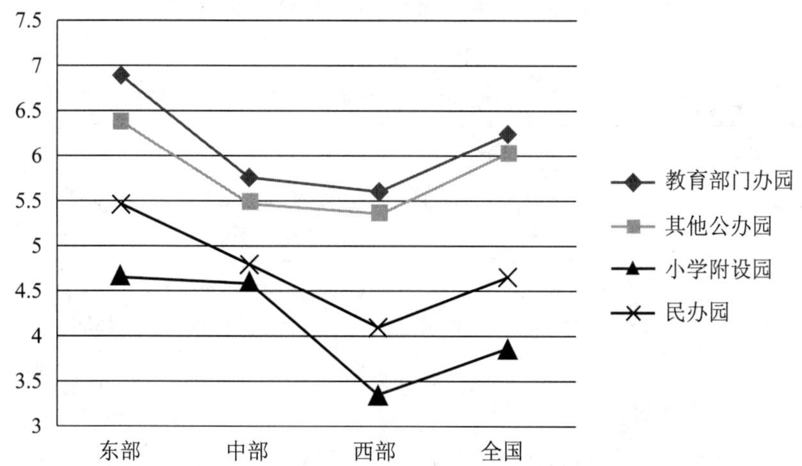

图 8-8　不同性质幼儿园空间与设施质量状况(分类一)

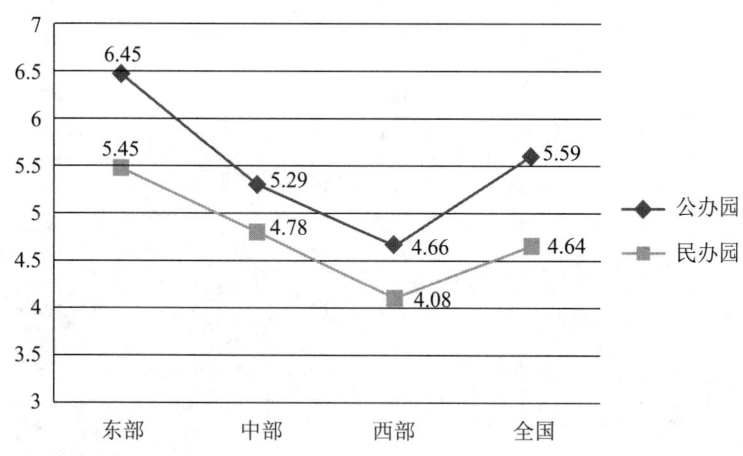

图 8-9　不同性质幼儿园空间与设施质量状况(分类二)

按分类方法二：对公办园、民办园进行具体分析。就全国而言，公办园空间与设施质量得分为 5.59 分，达到合格要求，民办园为 4.64 分，满足最低要求。就东、中、西区域而言，公办园得分高于民办园，质量优于民办园；东部地区，公办园、民办园得分分别为 6.45 分、5.45 分，均达到合格要求；中部地区公办园达到合格水平，民办园满足最低要求；西部地区，公办园、民办园均满足最低要求，未达到合格水平。

1. 东、中、西部公办园、民办园空间与设施质量的差异

(1)东部地区不同性质幼儿园空间与设施质量情况与比较

表 8-26 东、中、西部区域公办园、民办园空间与设施质量的差异

	东部		中部		西部	
	公办园(N=96)	民办园(N=71)	公办园(N=48)	民办园(N=42)	公办园(N=69)	民办园(N=102)
	M(SD)	M(SD)	M(SD)	M(SD)	M(SD)	M(SD)
空间与设施	6.45(1.06)	5.45(1.21)	5.47(0.82)	4.88(1.06)	4.48(1.26)	3.98(1.00)
室内空间	7.14(1.32)	6.13(1.74)	5.88(1.28)	5.79(1.54)	4.79(1.57)	4.23(1.54)
家具教学设备	6.68(1.24)	5.65(1.41)	5.66(1.07)	5.20(1.42)	4.66(1.34)	4.75(1.19)
卫生间与饮水设备	6.14(1.58)	5.32(1.67)	5.34(1.30)	4.57(1.35)	4.02(1.57)	3.83(1.52)
午睡空间与设施	6.44(1.31)	5.41(2.17)	5.27(1.21)	4.94(2.12)	4.19(2.28)	4.36(1.57)
活动区角	6.44(1.58)	5.27(1.67)	5.57(1.63)	3.82(2.12)	4.62(2.14)	3.33(1.77)
环境装饰和幼儿作品展示	6.28(1.11)	5.24(1.09)	5.16(1.16)	4.23(1.68)	4.89(1.32)	4.43(1.29)
户外体育活动的场地	6.72(1.43)	5.71(1.51)	5.84(1.06)	5.37(1.41)	4.89(1.29)	4.22(1.27)
户外体育活动的设施	6.79(1.55)	5.92(1.30)	6.31(1.31)	5.61(1.33)	5.84(1.71)	4.64(1.54)

由表 8-26 可知，在东部地区，空间与设施质量的各项指标上(子量表得分以及 8 个项目得分)，公办园均高于民办园；在空间与设施子量表得分上，公办园、民办园分别为 6.45 分、5.45 分，差距为 1 分；在 8 个项目层面上，公办园得分在 6.14～7.14 分，处于良好水平；其中室内空间得分最高，为 7.14 分，达到良好；得分最低是卫生间与饮水设备，为 6.14 分。民办园各项目得分在 5.24～6.13 分，处于合格水平，没有一个项目达到良好；得分最高的项目是室内空间，得分最低的项目是环境装饰与幼儿作品展示。

(2)中部地区不同性质幼儿园空间与设施质量情况与比较

由表 8-26 可知，在中部地区，空间与设施质量的各项指标上(子量表得分以

及8个项目得分)，公办园得分高于民办园。公办园空间与设施质量得分为5.47分，达到合格水平，民办园为4.88分，接近合格要求。在8个项目层面上，公办园空间与设施各项目得分在5.16～6.31分，均达到合格要求；其中户外体育活动的设施得分最高(6.31分)，接近良好水平，环境装饰和幼儿作品展示得分最低，为5.16分；民办园各项目得分在3.82～5.79分，各项目差异较大，其中得分最高的是室内空间，得分最低的是活动区角。

(3)西部地区不同性质幼儿园空间与设施质量情况与比较

由表8-26可知，在西部地区，空间与设施质量的各项指标上(子量表得分以及8个项目得分)，公办园得分高于民办园。公办园空间与设施质量得分为4.48分，民办园为3.98分，差距为1分；在8个项目层面上，公办园空间与设施各项目得分在4.02～5.84分，处于合格水平上下，其中户外体育活动的设施得分最高，为5.84分，达到合格要求，其余项目得分在3～4.99分，卫生间与饮水设备得分最低，为4.02分。民办园各项目得分在3.33～4.75分，满足最低要求，其中得分最高的是家具教学设备，得分最低的是活动区角。

2. 东、中、西部同类性质幼儿园空间与设施质量的比较

由图8-8可知，按分类方法一来看，东、中、西部教育部门办园的空间与设施质量为东部高于中部，中部高于西部，且均达到合格水平。其他公办园的空间与设施质量为东部高于中部，中部高于西部，且均处于合格水平。小学附设园的空间与设施质量为东部高于中部，中部高于西部，且均处于最低要求水平。民办园的空间与设施质量为东部高于中部，中部高于西部，东、中、西地区差异较大。东部民办园达到合格水平，西部民办园处于最低要求水平。按分类方法二来看(见图8-9)，可以发现，公办园的空间与设施质量为东部、中部高于西部；民办园的空间与设施质量为东部高于中部，中部高于西部，东、中、西地区差异较大。

(二)不同性质幼儿园空间与设施质量差异显著性检验

由表8-27可知，在分类方法一的情况下，不同办园性质下子量表得分与8个项目得分都有着显著的差异($p<0.01$)。事后检验发现，教育部门办园与其他公办园之间在子量表空间与设施以及室内空间、家具教学设备、午睡空间与设施、活动区角、环境装饰和幼儿作品展示、户外体育活动的场地、户外体育活动的设施上均不存在显著差异($p>0.05$)。小学附设园与民办园在活动区角、环境装饰和幼儿作品展示、户外体育活动的场地、户外体育活动的设施上不存在显著差异($p>0.05$)。在控制城乡和区域变量后(见表8-27)，不同办园性质下子量表空间与设施质量及其8个项目得分都存在显著差异($p<0.001$)。事后检验发现，

教育部门办园与其他公办园在子量表空间与设施及其8个项目上均不存在显著差异(p>0.05)；小学附设园与民办园在空间与设施、室内空间、家具教学设备、活动区角、环境装饰与幼儿作品展示、户外体育活动的场地、户外体育活动的设施6个项目上不存在显著差异(p>0.05)。

表 8-27 不同性质幼儿园空间与设施质量差异性检验(分类一)

	F	Sig.	η^2
空间与设施	76.365	0.000	0.351
室内空间	42.959	0.000	0.233
家具教学设备	35.192	0.000	0.199
卫生间与饮水设备	44.557	0.000	0.24
午睡空间与设施	30.376	0.000	0.183
活动区角	60.533	0.000	0.3
环境装饰和幼儿作品展示	44.456	0.000	0.239
户外体育活动的场地	44.432	0.000	0.239
户外体育活动的设施	51.205	0.000	0.266

表 8-28 控制区域、城乡变量后不同性质幼儿园空间与设施质量差异性检验

	F	Sig.	η^2
空间与设施	46.431	0.000	0.248
室内空间	16.712	0.000	0.106
家具教学设备	12.875	0.000	0.084
卫生间与饮水设备	17.923	0.000	0.113
午睡空间与设施	12.316	0.000	0.084
活动区角	36.33	0.000	0.205
环境装饰和幼儿作品展示	24.436	0.000	0.148
户外体育活动的场地	22.029	0.000	0.135
户外体育活动的设施	28.783	0.000	0.17

由表8-29可知，在公办园、民办园二分类的情况下，对公办园、民办园进行t检验，结果表明，公办园与民办园在整个空间与设施质量及其8个项目质量上均存在极其显著的差异($p<0.001$)。公办园、民办园在活动区角、户外体育活动的设施差距最大。在控制城乡和区域变量后(结果见表8-30)，公办园与民办园在整个“空间与设施”质量上存在显著差异($F(1, 242)=62.068$，$p<0.001$)，在8个项目的质量上也存在显著的差异，其中“活动区角”上差异最大。

表 8-29 公办园、民办园空间与设施质量差异 t 检验(分类二)

	均值差值	t	Sig.
空间与设施	0.95	7.394	0.000
室内空间	0.93	5.42	0.000
家具教学设备	0.66	4.704	0.000
卫生间与饮水设备	0.81	4.838	0.000
午睡空间与设施	0.66	3.465	0.001
活动区角	1.59	8.36	0.000
环境装饰和幼儿作品展示	0.91	6.931	0.000
户外体育活动的场地	0.99	6.694	0.000
户外体育活动的设施	1.12	7.372	0.000

表 8-30 公办园、民办园空间与设施质量差异分析(控制区域和城乡变量)

	F	Sig.	η^2
空间与设施	62.068	0.000	0.128
室内空间	24.117	0.000	0.054
家具教学设备	15.225	0.000	0.035
卫生间与饮水设备	16.997	0.000	0.039
午睡空间与设施	6.085	0.014	0.015
活动区角	66.303	0.000	0.135
环境装饰和幼儿作品展示	41.311	0.000	0.089
户外体育活动的场地	38.101	0.000	0.082
户外体育活动的设施	51.992	0.000	0.109

六、讨论与建议

(一)我国幼儿园空间设施总体质量不高，班级内区角活动空间规划质量低下，缺乏安抚与独处空间设施

我国幼儿园空间与设施质量刚达到合格要求，总体质量不高。全国仅有 4 个幼儿园班级达到优秀水平，仅有 38 个幼儿园班级达到良好状态，即 9.8%达到高质量水平。虽然空间与设施质量主要集中分布在“有质量”水平，但是“低质量”水

平的幼儿园所占比重远远大于"高质量"水平所占比重。这与刘焱[①]等关于幼儿园"物质环境创设"的研究结论相一致，即班级"物质环境创设"处于"基本质量"水平，总体水平偏低。《幼儿园工作规程》和《幼儿园教育指导纲要(试行)》都明文规定幼儿园应"以游戏为基本活动"，但这一理念仍然难以在实践中贯彻落实。许多样本班级内部区角活动空间规划质量低下，区角数量不足，空间狭小，区角设置不合理，材料少甚至没有的现象较为普遍，在很多农村幼儿园甚至未设置区角。另外，班级中普遍缺乏安抚与独处的空间与设施，未能给幼儿提供放松身心、暂逃集体教育环境产生的压抑和焦虑的舒心环境。刘占兰[②]等人的研究也表明，幼儿园班级的基本设施设备质量一般，有待进一步改善。这些研究都表明一个趋势，幼儿园物质环境(空间与设施)质量还有待提升，与"高质量"水平差距较大。

长期以来，我国学前教育公共财政投入不足，导致幼儿园空间与设施质量总体不高。幼儿园、教师对空间与设施质量的理解不充分，大多停留在静态的物质环境上，缺乏对空间与设施管理与使用方法与效益的研究，不能有效利用已有的空间设施，发挥环境的隐性功能，缺少跟进和支持幼儿学习与发展的动态过程的思考和关注。我国幼儿园教育生均资源紧张，在教育活动的组织形态上多数为集体活动，教师更注重集体教学，而不是游戏活动，尤其是个别化的学习活动，因而班级内部的游戏活动区角质量低下。另外，安抚和独处的空间设施尚未引起我国幼教界的足够重视，许多幼教工作者缺乏对幼儿情绪、情感安抚的关注，对独处空间的个体发展价值的理解不充分，这是造成我国幼儿园班级较少设立这一区角的重要原因。

(二)我国幼儿园空间与设施质量区域差距明显

东、中、西部幼儿园空间与设施质量存在显著差异。总体上，东部地区幼儿园空间与设施质量最高，高于全国水平；中部地区次之，接近全国水平；西部地区最低，低于全国水平。东部地区质量等级集中分布在合格和良好等级，优秀层级较少，没有不适宜水平；中部地区更多集中在合格水平；而西部地区较为集中分布在最低要求，部分幼儿园处于不适宜水平，不能为幼儿提供发展适宜的空间与设施。因此，西部幼儿园空间与设施质量问题较为突出，东、西部之间差距较大。

我国学前教育实行"地方负责、分级管理"的管理体制，投入以地方为主，地

① 刘焱，杨晓萍，潘月娟，涂玥．我国城乡学前一年班级教育环境质量的比较研究[J]．教育学报，2012，(3)：74-83.

② 刘占兰．中国幼儿园教育质量评价—十一省市幼儿园教育质量调查[M]．北京：教育科学出版社，2011.

方的经济水平制约着学前教育经费的投入。我国东、中、西部经济发展水平差距极大，严重影响着各地对学前教育的投入水平，进而带来幼儿园办园条件(包括空间设施)质量的差距。东部地区经济发展水平最高，当地政府相应有更多的经费投入学前教育事业上，且空间与设施是幼儿园的“硬件”，更加需要资金投入来完善。显而易见，东部地区的空间与设施质量相对较高，中部次之，而西部地区经济发展水平较低，地方政府能拿出来投资学前教育的经费少之又少，导致西部空间与设施质量较低。

(三)我国幼儿园空间与设施质量城乡差距大

我国幼儿园空间与设施质量城乡差异显著，城镇质量显著高于乡村质量。城镇幼儿园空间与设施的质量达到合格要求，而乡村未达到合格水平。其中“室内空间”城镇已接近“良好”状态，而乡村幼儿园还处于“最低要求”水平，相差将近一个等级。

我国学前教育城乡发展不均衡现象由来已久。一是由于城乡二元经济结构将发展城市置于优先地位，这让城市教育也受益，导致了乡村在经济上、教育上远远落后于城市。在教育方面表现为城市具有政策和资源优势，教育水平较高；而乡村教育发展缓慢、质量偏低，学前教育则更为突出。二是城乡学前教育资源配置存在严重不均衡的现象。就教育投入看，乡村由于经济落后，尤其在农村税费改革后，地方政府几乎没有经费投入学前教育，[①] 经费投入严重不足；就教师配置而言，乡村幼儿教师队伍素质不高，学历水平低，综合素质堪忧，[②③] 缺乏先进的教育理念，教学“小学化”严重，难有真正的游戏活动，教师专业能力不足，加上经费有限，乡村幼儿园活动区角缺乏，教师不能有效管理现有空间与设施，从而导致乡村幼儿园空间设施质量低下。

(四)不同性质幼儿园空间与设施质量差异显著

公办园、民办园空间与设施质量存在显著差异，公办园空间与设施质量达到合格要求，而民办园未达到合格水平，公办园显著高于民办园。从另一分类角度看，幼儿园空间与设施质量最高的是教育部门办园，依次往下是其他公办园、民办园、小学附设园，且四类不同办园性质的幼儿园空间与设施质量差异显著。

造成城乡公办园、民办园质量差异的原因是多方面的，其中经费来源不同是

---

① 蔡迎旗．幼儿教育财政投入与政策[M]．北京：教育科学出版社，2007.

② 习勇生．重庆市幼儿教育城乡统筹发展研究[D]．西南大学硕士学位论文，2010.

③ 刘启艳，刘锰．西部城乡学前教育发展现状、问题及其对策研究——以贵州省学前教育发展为例[J]．贵州社会科学，2013，(4)：164-168.

重要原因，有限的学前教育公共财政经费向公办园的倾斜性投入加剧了幼儿园质量的园际差距。公办园的建设经费和人员经费基本上由财政性经费予以保障，政策上予以倾斜，园所设施和条件明显优于民办园；而民办园的运转主要依靠家长交费，园所为降低办园成本，尽可能压缩对园舍设施的投入，从而加剧了公办园与民办园之间空间设施质量的差距。另外，幼儿园的不同举办者的投入意愿和投入水平也影响着空间与设施质量，教育部门办园和其他公办园投入意愿较大，投入水平相对较高，二者举办的幼儿园教育质量相对较好；而小学附设园不具备独立的财政和人事权，办园经费受到牵制，经费支配不自由，造成其空间与设施质量低。民办园举办者投入意愿不高，投入水平较低，因而空间与设施质量偏低。

(五)建议

幼儿园空间与设施是幼儿生活与学习所需的基本物质环境，是保障有质量的学前教育的基本条件。已有研究表明，幼儿园空间与设施质量对幼儿发展的影响不容忽视。通过分析和探讨我国幼儿园空间与设施质量现状及其原因，研究者提出如下质量提升建议。

首先，保障并逐步加大对学前教育的公共财政投入，明确各级政府学前教育经费投入责任，各级政府按比例分担，提升幼儿园物质环境质量的总体水平。中央政府和省市设立专项经费，实施学前教育财政性经费向西部和农村地区补偿性倾斜政策，加大对中、西部和农村地区学前教育发展的统筹和扶持力度，逐步缩小区域差距和城乡差距。同时，改变高度集中投向公办园的状况，兼顾多种办园性质的幼儿园，确保学前教育投入的公平有效。各地应逐步推进小学附设园的独立建制，降低小学附设园(学前班)在园所总数中的比例。对民办园实施分类管理，设立专项资金，扶持非营利性民办园的发展；同时加强对其质量监管，引导民办园改善办园条件，提高办园质量。

其次，进一步深化幼儿园课程教学改革，转变教师观念，让游戏活动真正成为幼儿学习的基本途径。教师可以通过增加游戏活动区角数量，丰富材料种类并进行维护和更新，合理规划游戏活动区角，从而提升游戏活动区角质量。同时，提高认识关注幼儿的情绪情感发展和需求满足，为幼儿提供安抚与独处的空间与设施。

最后，提升教师专业素质，树立系统和动态的质量观念，关注物质环境要素管理与使用的过程优化。在日常活动中，通过教师的管理与指导，发挥环境的隐性功能，提高空间与设施支持幼儿学习与活动的过程性质量。

第九章

中国幼儿园保育质量评价研究

本章概要

研究背景：幼儿园保育在学前教育中占有重要地位，它对于幼儿基本需求的满足、自理能力的发展、良好生活习惯的养成，具有重要意义。在我国城乡差距大、区域发展很不平衡的背景下，我国幼儿园保育质量现状如何？能否满足幼儿身心健康和全面发展的需求？基于全国范围的大规模实证调查，本研究致力于探究我国幼儿园保育质量的现状，揭示和分析我国幼儿园在保育质量方面存在的问题，从而为我国学前教育质量政策的制定、提升幼儿园保育质量提供科学证据和可行性建议。

研究设计与方法：本研究在全国幼儿园教育质量评价研究的构架下，聚焦幼儿园保育，采用描述性统计与方差分析等方法，对样本幼儿园班级的保育质量进行具体深入的分析。研究工具主要采用《量表》第三版中的“保育”子量表。

研究结果：(1)我国幼儿园保育质量总体不高，刚刚达到合格水平。(2)在具体项目水平上，如厕/盥洗/饮水项目质量相对较低。(3)我国幼儿园保育质量区域差距明显，东部显著高于中、西部。(4)我国幼儿园保育质量城乡差距较大，城镇显著高于乡村。(5)公办园保育质量显著高于民办园。

讨论与建议：结合本研究的结果和调查过程中的发现，研究者分析和讨论了影响与制约幼儿园保育质量的原因。在此基础上，为提升幼儿园保育质量，研究者提出如下建议：第一，有关部门应制定并严格执行关于幼儿园保育过程的基本质量标准，确保幼儿的身心健康和安全；在基本质量标准中，应强调控制班级规模与在场生师比，提高保育员的待遇和岗位资格标准，加强保育员队伍建设。第二，幼儿园保教人员应加强对保育过程的研究，重视一日生活流程的优化，充分挖掘生活活动的儿童发展价值，真正实现保教融合，提高保育质量。第三，中央和地方政府应加大统筹协调力度，采取有效政策措施，逐步缩小幼儿园保育质量的区域差距和城乡差距；在未来对民办园实行营利性与非营利性分类管理的制度框架下，加强对民办园的质量监管，提高民办园保育质量。

学前幼儿的发展具有递进性、基础性和易感性等特点，即幼儿发展迅速，其生理、认知、个性与社会性以及文化性等各个领域的发展是整体的、内在关联的、相互促进的，并为人的一生奠定基础。[①] 幼儿好奇心和可塑性强，身心稚嫩又缺乏自我保护意识，易受伤害。[②] 因而，对于学前幼儿，保育工作显得尤为重要，这是学前教育不同于与其他学段教育的一个重要方面。

在我国，幼儿园保育在学前教育中占有重要地位，它对于幼儿基本需求的满足、自理能力的发展、良好生活习惯的养成，具有重要意义。“保教结合”也逐渐成为我国幼儿园教育的基本原则之一。早在1996年《幼儿园工作规程》就明确指出：“幼儿园的任务是实行保育与教育相结合的原则，对幼儿实施体、智、德、美诸方面全面发展的教育，促进其身心和谐发展”，并要求按照编制标准设保育员，明确保育员的工作职责。[③] 2001年，《幼儿园教育指导纲要(试行)》也指出幼儿园教育应“保教并重”。[④] 2010年，《国家中长期教育改革和发展规划纲要(2010－2020年)》和《国务院关于当前发展学前教育的若干意见》都强调幼儿园要坚持科学保教，保障幼儿身心健康发展。[⑤⑥]

一、幼儿园保育质量总体水平与分布状况

(一)幼儿园保育质量的总体情况

表9-1和图9-1显示，我国幼儿园保育质量总体不高(M＝5.25，SD＝1.54)，刚刚达到合格水平(5分)。在项目水平上，除如厕/盥洗/饮水的平均值略低于合格水平外，其他项目均达到合格水平。

① 秦金亮等．儿童发展概论[M]．北京：高等教育出版社，2008：4.

② 夏晨伶．幼儿园保育质量评价指标研究[D]．四川师范大学，2012.

③ 国家教委．幼儿园工作规程[Z]．1996.

④ 教育部．幼儿园教育指导纲要(试行)[Z]．2001.

⑤ 中央人民政府．国家中长期教育改革和发展规划纲要(2010—2020年)[Z]．2010.

⑥ 国务院．国务院关于当前发展学前教育的若干意见[Z]．2010.

表 9-1　我国幼儿园保育质量总体情况

	样本量	最小值	最大值	平均值	标准差
保育	428	1.42	8.89	5.25	1.54
如厕/盥洗/饮水	428	1.00	9.00	4.65	1.94
进餐	406	2.33	9.00	5.66	1.33
午睡/休息	383	1.50	9.00	5.60	1.43
健康	428	1.00	9.00	5.11	2.06
安全	428	1.00	9.00	5.29	2.04

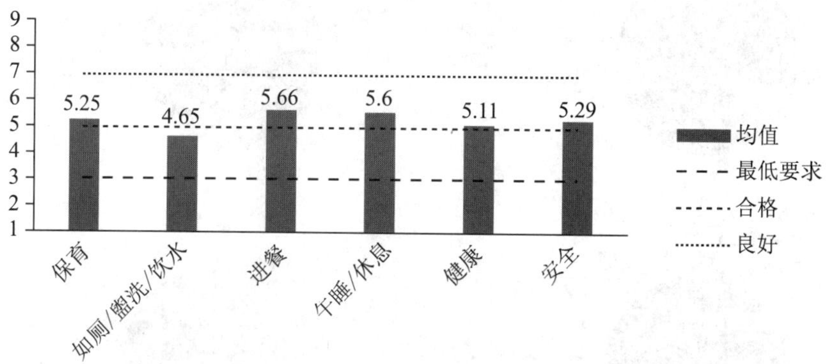

图 9-1　我国幼儿园保育质量柱状图

(二)幼儿园保育质量的分布情况

本研究采用两种质量分层方法分析我国幼儿园保育质量的分布情况。

1. 五级分层

从表 9-2 和图 9-2 可知，全国和中部地区的幼儿园班级保育质量达到合格标准和最低要求居多；东部地区有超过一半的幼儿园班级保育质量达到合格标准，且有将近 22.2%的班级达到了良好标准；西部地区有近一半的幼儿园班级保育质量仅达到最低要求，而处于不适宜水平的班级占 19.3%。

表 9-2　我国幼儿园保育质量的分布情况(五级分层)

	东部(N=167)	中部(N=90)	西部(N=171)	全国(N=428)
	N(%)	N(%)	N(%)	N(%)
优秀	9(5.4)	1(1.1)	2(1.2)	12(2.8)
良好	37(22.2)	5(5.6)	7(4.1)	49(11.4)

续表

	东部(N=167)	中部(N=90)	西部(N=171)	全国(N=428)
	N(%)	N(%)	N(%)	N(%)
合格	89(53.3)	47(52.2)	45(26.3)	181(42.3)
最低要求	30(18.0)	34(37.8)	84(49.1)	148(34.6)
不适宜	2(1.2)	3(3.3)	33(19.3)	38(8.9)

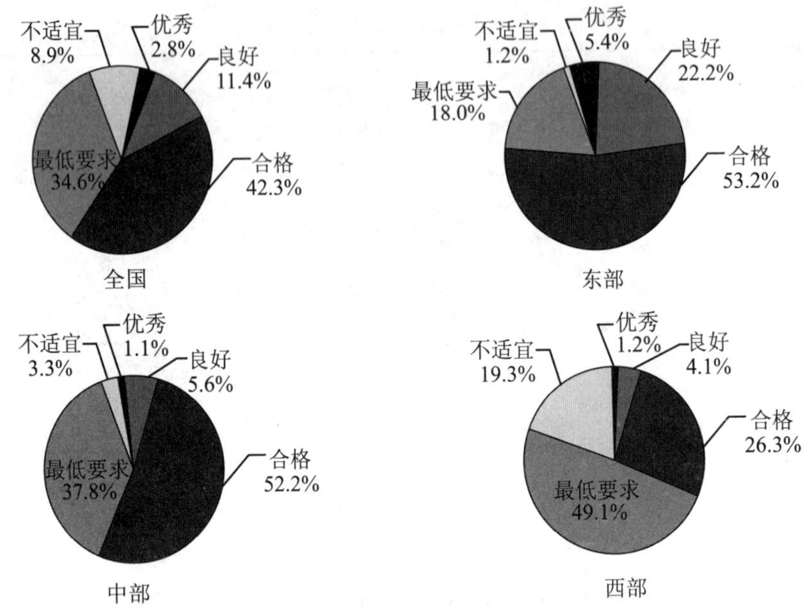

图 9-2　我国幼儿园保育质量分布情况(五级分层)

2. 三级分层

表 9-3 和图 9-3 显示，就全国而言，有 42.2%的幼儿园班级保育达到有质量的水平，其中有 14.3%的班级达到了高质量的标准。从不同区域来看，东部有 27.5%的幼儿园班级保育质量是高质量的，而中部和西部保育质量达到高质量标准的幼儿园班级仅占 5%；东部和中部超过一半的幼儿园班级保育达到有质量水平，而西部则是有近 70%的幼儿园班级保育处于低质量水平。

表 9-3　我国幼儿园保育质量的分布情况(三级分层)

	东部(N=167)	中部(N=90)	西部(N=171)	全国(N=428)
	N(%)	N(%)	N(%)	N(%)
高质量	46(27.5)	6(6.7)	9(5.3)	61(14.3)
有质量	89(53.3)	47(52.2)	45(26.3)	181(42.2)
低质量	32(19.2)	37(41.1)	117(68.4)	186(43.5)

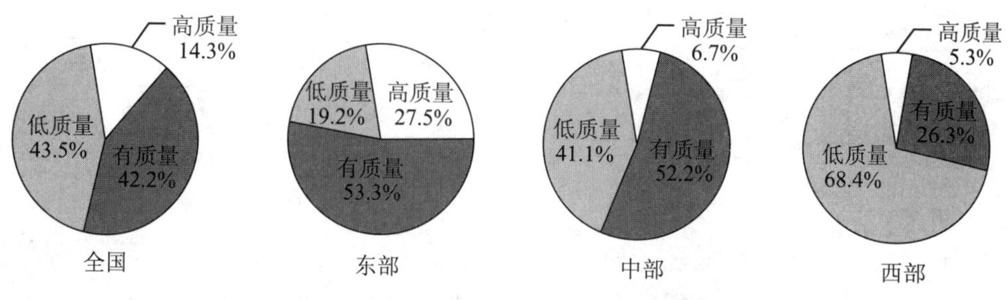

图 9-3　我国幼儿保育质量的分布情况(三级分层)

二、幼儿园保育质量项目水平的具体分析

(一)如厕/盥洗/饮水

项目“如厕/盥洗/饮水”从时间安排、安全监护、护理方式、卫生习惯等方面考察保育质量。表 9-4 表明该项目平均值接近合格，合格及以上水平的班级比例为 48.1%。子项目“如厕护理”和“饮水护理”均分在 5 分，“洗手护理”则低于 4 分，仅满足最低要求。

表 9-4　“如厕/盥洗/饮水”评分结果的描述性统计

	样本量	最小值	最大值	平均值	标准差
如厕/盥洗/饮水	428	1.00	9.00	4.65	1.94
如厕护理	426	1.00	9.00	5.35	2.20
洗手护理	426	1.00	9.00	3.78	2.57
饮水护理	427	1.00	9.00	4.83	2.11

从表 9-5 可知，子项目中，“如厕护理”和“饮水护理”均有 70%的班级达到了合格的标准，说明大部分班级如厕和饮水时间安排符合幼儿的年龄特点和需求，且能够根据幼儿的年龄和能力，提供必要的安全监护、指导或帮助。“如厕护理”达到优秀的班级比例最大，为 16.4%，其他子项目达到优秀的班级比例均小于 6%。“洗手护理”这一子项目不适宜的班级比例接近 43.2%；根据观察，主要原因是许多班级的教师自己没有洗手的习惯，只能保证在洗手时给予幼儿必要的安全护理。

表 9-5 “如厕/盥洗/饮水”的得分分布情况

	不适宜		最低要求		合格		良好		优秀	
	N	%	N	%	N	%	N	%	N	%
如厕/盥洗/饮水	93	21.7	129	30.1	144	33.6	44	10.3	18	4.2
如厕护理	74	17.3	32	7.5	193	45.1	59	13.8	70	16.4
洗手护理	185	43.2	39	9.1	134	31.3	44	10.3	25	5.8
饮水护理	81	18.9	59	13.8	197	46.0	67	15.7	24	5.6

(二)进餐

“进餐”项目的质量主要从食物的卫生和营养、进餐环境和氛围、教师进餐护理和幼儿进餐习惯等方面进行考察。由表 9-6 可知，这一项目及其子项目均达到了合格的标准。由表 9-7 可知，该项目质量达到合格和良好的班级比例分别为 58.1%、9.9%；子项目得分相差不大，“食物”的均分相对较高，为 5.95 分。

表 9-6 “进餐”评分结果的描述性统计

	样本量	最小值	最大值	平均值	标准差
进餐	406	2.33	9.00	5.66	1.33
食物	406	3.00	9.00	5.95	1.54
进餐组织与环境	406	1.00	9.00	5.69	1.73
进餐护理	403	1.00	9.00	5.33	1.57

表 9-7 “进餐”的得分分布情况

	不适宜		最低要求		合格		良好		优秀	
	N	%	N	%	N	%	N	%	N	%
进餐	5	1.2	94	23.2	236	58.1	40	9.9	31	7.6
食物	0	0	42	9.9	238	58.6	51	11.9	77	18.0
进餐组织与环境	28	6.9	25	6.2	231	56.9	64	15.8	58	14.3
进餐护理	12	3.0	63	15.6	259	64.3	26	6.5	43	10.7

具体从子项目来看，就食物而言，所有的班级都能为幼儿提供数量足够、相对卫生和健康的食物。超过一半的班级都能为幼儿提供温度基本适宜、营养基本均衡的食物，有些班级(18%)还能为生病的幼儿专门提供适宜的食物，依循幼儿成长需要、季节特点、家庭、民族或宗教的饮食限制调整食物。从进餐组织与环境来看，56.9%的教师能够合理安排餐点时间，不在进餐前批评和惩罚幼儿，保证进餐期间没有紧张压抑的气氛。64.3%的班级对幼儿的进餐护理基本适当，能

够为年龄较小的幼儿提供必要的辅助，不频繁催促幼儿吃饭，提醒幼儿在口中有食物的情况下不说话。

(三)午睡/休息

量表从午睡和休息的时间安排、环境和护理等方面考察幼儿的午睡和休息情况。从表9-8可知，“午睡/休息”的项目和子项目平均分都大于5分，达到合格或以上标准；班级比例分别为74.6%、98.2%、75.2%、85.2%(见表9-9)。

表9-8 “午睡/休息”评分结果的描述性统计

	样本量	最小值	最大值	平均值	标准差
午睡/休息	383	1.00	9.00	5.60	1.43
时间	383	1.00	9.00	5.69	1.17
环境	383	1.00	9.00	5.39	2.26
护理	311	1.00	9.00	5.84	1.78

表9-9 “午睡/休息”的得分分布情况

	不适宜		最低要求		合格		良好		优秀	
	N	%	N	%	N	%	N	%	N	%
午睡/休息	15	3.9	82	21.4	205	53.5	64	16.7	17	4.4
时间	2	0.5	5	1.3	269	70.2	73	19.1	34	8.9
环境	62	16.2	33	8.6	121	31.6	123	32.1	44	11.5
护理	21	6.8	25	8.0	138	44.4	102	32.8	25	8.0

午睡时间的安排方面，大部分班级(70.2%)安排的午睡时间点和长度对大部分幼儿(75%)而言是适合的。

午睡环境方面，不少班级(31.6%)的午睡室光线昏暗、比较安静，基本适于午睡和休息，也有较多班级(32.1%)午睡或休息环境非常安静、温度适宜，并能保证定时通风以保持空气清新。

午睡护理方面，44.4%的班级教师护理方式平静温和、不具有惩罚性，部分班级(32.8%)能够培养幼儿良好的睡眠习惯，午睡前后环节能引导幼儿参与力所能及的自我服务，如脱穿衣服、鞋子，整理床铺等。

(四)健康

“健康”主要从疾病预防和卫生习惯两个方面来考察。从表9-10可知，“健康”项目和“疾病预防”这一子项目平均分达到了合格标准，但“卫生习惯”仅处于最低要求水平，未达合格标准。

表 9-10 “健康”评分结果的描述性统计

	样本量	最小值	最大值	平均值	标准差
健康	428	1.00	9.00	5.11	2.06
疾病预防	428	1.00	9.00	6.22	2.28
卫生习惯	428	1.00	9.00	3.99	2.36

从疾病预防来看，多数班级(81.2%)都能达到合格及以上标准，部分班级(25.2%)教师通常会采取防止病菌传播的措施，并应对环境污染；28%的班级幼儿出入室内外能在成人的提醒或帮助下，依照天气和环境状况及时调整穿着；还有28%的班级教师能配合专业的医护人员，全面细致地做好疾病预防工作。

从卫生习惯来看，不少班级(36.2%)的教师自身卫生意识较差，只关注幼儿是否洗手，却忽略了自己。就幼儿而言，35.7%的班级大多数幼儿在需要洗手的环节能自觉地或者在教师提醒下洗手。

表 9-11 “健康”项目得分分布情况

	不适宜		最低要求		合格		良好		优秀	
	N	%	N	%	N	%	N	%	N	%
健康	62	14.5	118	27.6	131	30.6	72	16.8	45	10.5
疾病预防	30	7.0	50	11.7	108	25.2	120	28.0	120	28.0
卫生习惯	155	36.2	53	12.4	153	35.7	44	10.3	23	5.4

(五)安全

“安全”主要从环境安全、安全监护与教育等方面考察。由表9-12可知，该项目及其子项目的均分都达到了合格或以上标准；其班级比例分别为65.6%、76.9%、66.4%(见表9-13)。

表 9-12 “安全”项目评分结果的描述性统计

	样本量	最小值	最大值	平均值	标准差
安全	428	1.00	9.00	5.29	2.04
环境安全	428	1.00	9.00	5.53	2.20
安全监护与教育	428	1.00	9.00	5.04	2.27

环境安全方面，部分幼儿园(39.0%)能对室内外场地、设施和器械都有必要的安全防护措施，有些班级(23.4%)还能定期检修。

安全监护与教育方面，40.4%的班级教师在室内和户外各类活动中，提供充分的安全监护，并能在紧急事故中获得必需用品；另外，有26%的班级能够提供良好水平以上的安全监护与教育。

表 9-13　"安全"项目得分分布情况

	不适宜		最低要求		合格		良好		优秀	
	N	%	N	%	N	%	N	%	N	%
安全	63	14.7	84	19.6	170	39.7	71	16.6	40	9.3
环境安全	52	12.1	47	11.0	167	39.0	100	23.4	62	14.5
安全监护与教育	69	16.1	75	17.5	173	40.4	67	15.7	44	10.3

三、幼儿园保育质量的区域差异

(一)东、中、西部各区域幼儿园保育质量现状

由表 9-14 可知，在幼儿园保育总体质量上，东部和中部均达到了合格的标准，西部地区仅达到最低要求。项目"如厕/盥洗/饮水"和"健康"的质量仅有东部地区达到合格的标准，中部和西部地区处于最低要求水平；"进餐"这一项目东、中、西部都达到了合格标准；东部和中部幼儿园"安全""午睡/休息"的均值达到了合格的标准，西部仅处于最低要求水平。

表 9-14　我国东、中、西部幼儿园保育质量状况与差异检验

	全国 (N=428)		东部 (N=167)		中部 (N=90)		西部 (N=171)		F
	M	SD	M	SD	M	SD	M	SD	
保育	5.25	1.54	6.15	1.23	5.29	1.22	4.35	1.46	78.88***
如厕/盥洗/饮水	4.65	1.94	5.65	1.62	4.80	1.61	3.60	1.86	60.17***
进餐	5.66	1.33	6.34	1.17	5.50	1.09	5.02	1.26	49.84***
午睡/休息	5.60	1.43	6.23	1.23	5.69	1.15	4.78	1.42	46.78***
健康	5.11	2.06	6.20	1.73	4.87	2.00	4.16	1.90	52.05***
安全	5.29	2.04	6.48	1.40	5.60	1.56	3.95	2.01	95.87***

注：*** $p<0.001$

由图 9-4 可知，整体而言，"保育"及其项目的平均分，东部地区高于中部地区，中部地区高于西部地区，中部地区接近全国水平。

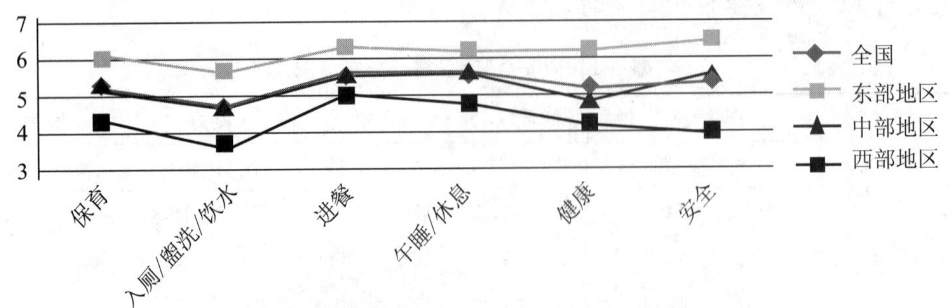

图 9-4　我国东、中、西部幼儿园保育质量状况

(二)东、中、西部幼儿园保育质量差异分析

表 9-14 结果显示，东、中、西部幼儿园保育质量存在显著差异($p<0.001$)；在保育子量表所有项目得分上，区域之间都存在显著差异($p<0.001$)。多重比较结果显示(见表 9-15)，东部、中部与西部在保育总体质量以及进餐、健康项目质量上，相互之间均存在显著差异。

表 9-15　我国东、中、西部幼儿园保育质量差异的多重比较

子量表/项目	所在地区(I-J)	均值差(I-J)
保育	东部—中部	0.86***
	东部—西部	1.80***
	中部—西部	0.94***
进餐	东部—中部	0.84***
	东部—西部	1.32***
	中部—西部	0.48***
健康	东部—中部	1.34***
	东部—西部	2.04***
	中部—西部	0.70*

注：* $p<0.05$，*** $p<0.001$

四、幼儿园保育质量的城乡差异

(一)全国幼儿园保育质量的城乡差距

由表 9-16 可知，城镇的保育质量达到了合格标准，而农村保育质量仅处于最低要求水平。进一步考察各项目，结果发现，城镇所有项目的均分都高于农村。图

9-5 清晰地呈现了这一结果。

表 9-16　我国城乡幼儿园保育质量状况与差异检验

	城镇(N=238)		农村(N=190)		t
	M	SD	M	SD	
保育	5.91	1.41	4.42	1.28	11.29***
如厕/盥洗/饮水	5.34	1.83	3.78	1.73	9.02***
进餐	6.12	1.31	5.02	1.05	9.39***
午睡/休息	6.10	1.32	4.92	1.29	8.74***
健康	6.00	1.87	3.98	1.72	11.50***
安全	6.00	1.89	4.38	1.87	8.87***

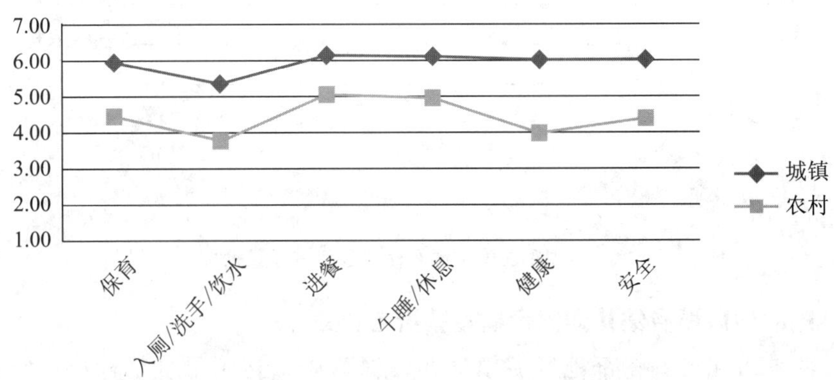

图 9-5　我国城乡幼儿园保育质量状况

(二)东、中、西部城乡幼儿园保育质量的差距

1. 东部地区城乡幼儿园保育质量情况与比较

从表 9-17 可知，东部地区城镇和农村的幼儿园班级保育质量均达到了合格的标准。城镇幼儿园保育各项目的均分接近良好标准，均明显高于农村(仅达到合格)。t 检验结果表明，东部地区城镇与乡村幼儿园保育质量(子量表及其各项目)存在显著差异。

表 9-17　东部地区城乡幼儿园保育质量情况与差异检验

	城镇(N＝110)		农村(N＝57)		t
	M	SD	M	SD	
保育	6.65	1.03	5.20	1.00	8.69***
如厕/盥洗/饮水	6.14	1.48	4.69	1.45	6.05***
进餐	6.72	1.12	5.56	0.87	7.28***
午睡/休息	6.56	1.18	5.51	1.02	5.51***
健康	6.85	1.45	4.96	1.54	7.79***
安全	7.01	1.10	5.46	1.35	8.00***

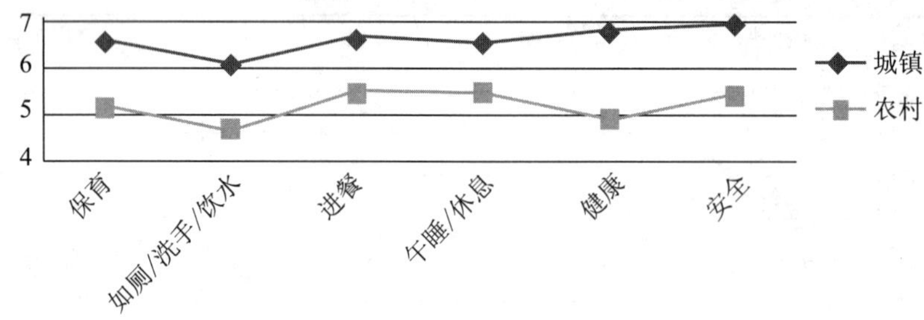

图 9-6　东部地区城乡幼儿园保育质量情况

2. 中部地区城乡幼儿园保育质量情况与比较

由表 9-18 可知，中部地区城镇幼儿园保育质量达到了合格标准；农村幼儿园保育质量仅达到最低要求，“进餐”“午睡/休息”“安全”3 个项目达到了合格标准。t 检验结果表明，中部地区幼儿园保育总体质量上，城乡差异显著；除安全以外，其余 4 个项目质量上，城乡之间也存在显著差异。

表 9-18　中部地区城乡幼儿园保育质量情况与差异检验

	城镇(N＝46)		农村(N＝44)		t
	M	SD	M	SD	
保育	5.75	1.24	4.81	1.00	3.94***
如厕/盥洗/饮水	5.18	1.69	4.39	1.43	2.38*
进餐	5.85	1.24	5.13	0.76	3.30**
午睡/休息	6.06	1.25	5.33	0.93	3.09**
健康	5.91	1.57	3.77	1.81	6.01***
安全	5.84	1.72	5.35	1.34	1.49

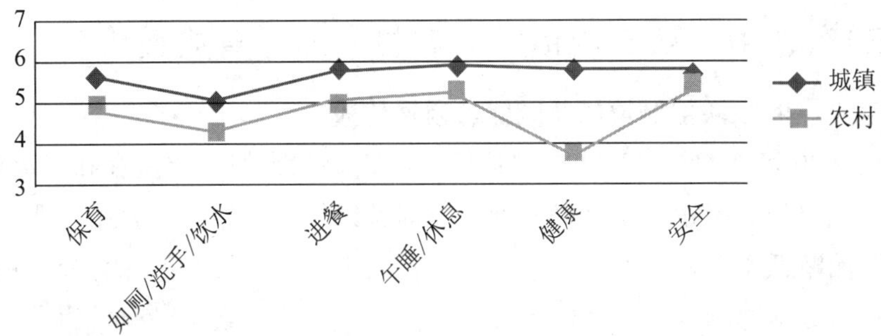

图 9-7 中部地区城乡幼儿园保育质量情况

3. 西部地区城乡幼儿园保育质量情况与比较

表 9-19 结果显示，西部地区城镇幼儿园保育质量接近合格标准，但“进餐”“午睡/休息”等项目略高于合格标准。农村幼儿园保育质量仅符合最低要求，但项目“如厕/盥洗/饮水”略低于最低要求。t 检验结果表明，无论是保育总体质量，还是各项目得分上，西部地区的城镇与农村之间差异均极其显著。

表 9-19 西部地区城乡幼儿园保育质量情况与差异检验

	城镇(N=82)		农村(N=89)		t
	M	SD	M	SD	
保育	4.74	2.03	3.22	1.69	5.36***
如厕/盥洗/饮水	4.37	1.84	2.90	1.59	5.61***
进餐	5.45	1.24	4.57	1.12	4.61***
午睡/休息	5.37	1.25	4.21	1.34	5.20***
健康	4.93	1.97	3.46	1.53	5.39***
安全	4.74	2.03	3.22	1.69	5.36***

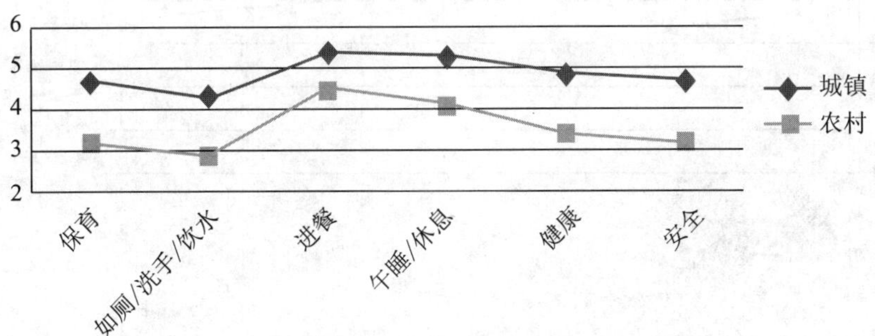

图 9-8 西部地区城乡幼儿园保育质量情况

(三)东、中、西部城镇间、农村间的保育质量比较

1. 东、中、西部城镇幼儿园保育质量比较

由表 9-20 可知，东、中、西部地区的城镇幼儿园保育质量存在显著性差异。东部地区城镇幼儿园达到了良好标准，中部城镇幼儿园达到了合格水平，而西部城镇幼儿园略低于合格标准。考察具体项目发现，东部幼儿园保育质量的量表得分和项目得分除“如厕/盥洗/饮水”之外均高于 6.5 分，其中“安全”得分达到了良好的标准；中部城镇幼儿园的量表得分和项目得分除“如厕/盥洗/饮水”之外均高于 5.5 分；而西部城镇幼儿园“如厕/盥洗/饮水”“健康”“安全”等项目均略低于合格标准。方差分析结果表明，在城镇幼儿园保育质量上(总体质量及各个项目质量)，东、中、西部区域之间均存在显著差异。

表 9-20　东、中、西部城镇幼儿园保育质量情况与差异检验

	东部(N=110)		中部(N=46)		西部(N=82)		F
	M	SD	M	SD	M	SD	
保育	7.01	1.10	5.84	1.72	4.74	2.03	47.80***
如厕/盥洗/饮水	6.14	1.48	5.18	1.69	4.37	1.84	27.35***
进餐	6.72	1.12	5.85	1.24	5.45	1.24	28.06***
午睡/休息	6.56	1.18	6.07	1.25	5.37	1.25	20.15***
健康	6.85	1.45	5.91	1.57	4.93	1.97	31.10***
安全	7.01	1.10	5.84	1.72	4.74	2.03	47.80***

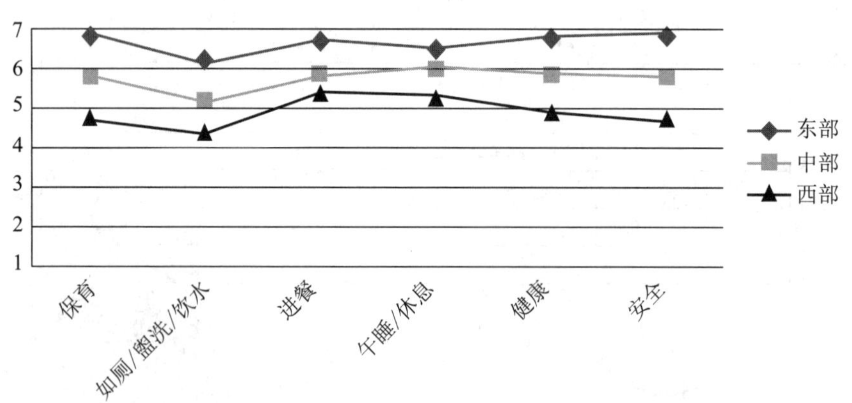

图 9-9　东、中、西部城镇幼儿园保育质量情况

2. 东、中、西部农村幼儿园保育质量比较

由表 9-21 可知，我国东、中、西部农村幼儿园的保育质量存在显著性差异。东部农村幼儿园保育质量达到了合格标准，中部和西部农村幼儿园处于最低要

求，其中中部地区农村幼儿园保育质量接近合格标准。

表 9-21　东、中、西部农村幼儿园保育质量情况与差异检验

	东部(N=57)		中部(N=44)		西部(N=89)		F
	M	SD	M	SD	M	SD	
保育	5.20	1.00	4.81	1.00	3.73	1.20	34.79^{***}
如厕/盥洗/饮水	4.69	1.45	4.39	1.43	2.90	1.59	29.08^{***}
进餐	5.56	0.87	5.13	0.76	4.57	1.12	17.07^{***}
午睡/休息	5.51	1.02	5.33	0.93	4.21	1.34	22.98^{***}
健康	4.96	1.54	3.77	1.81	3.46	1.53	15.82^{***}
安全	5.46	1.35	5.35	1.34	3.22	1.69	49.37^{***}

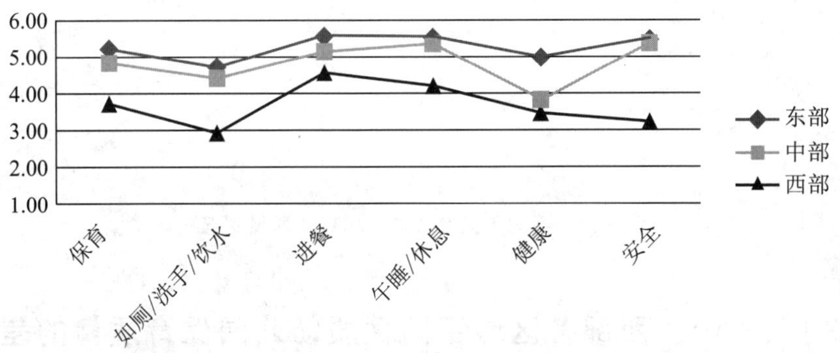

图 9-10　东、中、西部农村幼儿园保育质量情况

五、不同性质幼儿园保育质量的差异

(一)不同性质幼儿园保育质量的差异

由表 9-22 可知，不论是保育子量表得分，还是各项目得分，我国公办园的保育质量均显著高于民办园。

表 9-22　我国不同性质幼儿园保育质量状况与差异检验

	公办园(N=213)		民办园(N=215)		*t*
	M	SD	M	SD	
保育	5.77	1.95	4.80	2.02	5.08^{***}
如厕/盥洗/饮水	5.14	1.96	4.16	1.80	5.38^{***}

续表

	公办园(N=213)		民办园(N=215)		t
	M	SD	M	SD	
进餐	5.98	1.31	5.33	1.26	5.04***
午睡/休息	6.02	1.32	5.17	1.41	6.06***
健康	5.68	1.96	4.54	2.01	5.94***
安全	5.77	1.95	4.80	2.02	5.08***

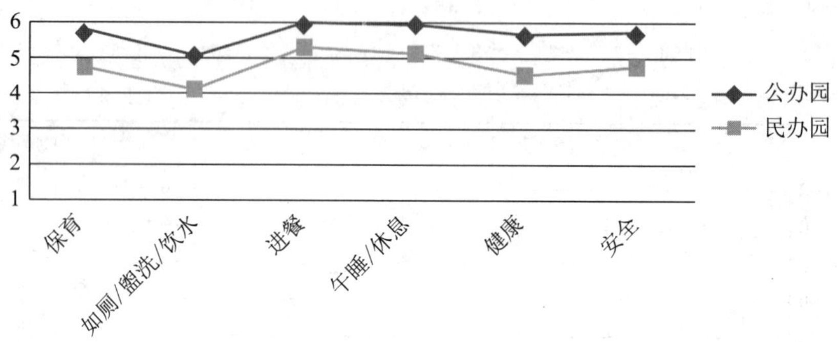

图 9-11　我国不同性质幼儿园保育质量状况

(二)东、中、西部各区域不同性质幼儿园保育质量的差异

1. 东部地区不同性质幼儿园保育质量情况与比较

从表 9-23 可知，东部地区公办园的保育质量(子量表得分及其各项目得分)显著高于民办园。

表 9-23　我国东部地区不同性质幼儿园保育质量状况与差异检验

	公办园(N=96)		民办园(N=71)		t
	M	SD	M	SD	
保育	6.51	1.16	5.67	1.15	5.08***
如厕/盥洗/饮水	6.00	1.67	5.16	1.42	3.44***
进餐	6.65	1.12	5.92	1.12	4.15***
午睡/休息	6.60	1.10	5.73	1.22	4.75***
健康	6.69	1.62	5.54	1.65	4.50***
安全	6.80	1.31	6.05	1.41	3.55***

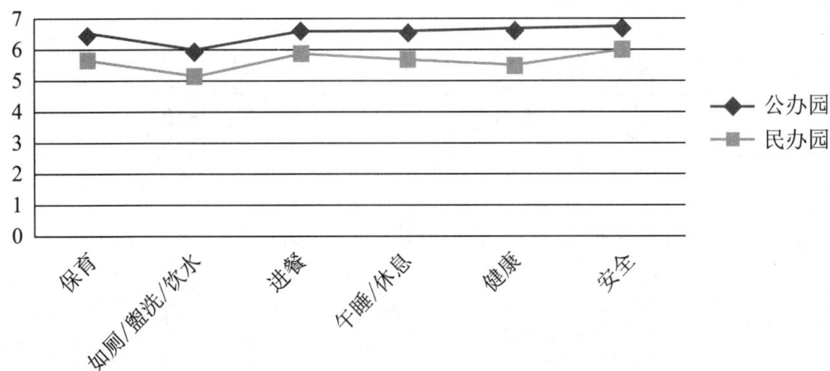

图 9-12　我国东部地区不同性质幼儿园保育质量状况

2. 中部地区不同性质幼儿园保育质量情况与比较

从表 9-24 可知，中部地区公办园保育质量各项指标均略高于民办园，但不存在显著差异。

表 9-24　我国中部地区不同性质幼儿园保育质量状况与差异检验

	公办园(N=48)		民办园(N=42)		t
	M	SD	M	SD	
保育	5.44	1.17	5.12	1.26	1.27
如厕/盥洗/饮水	5.00	1.51	4.56	1.70	1.29
进餐	5.62	1.05	5.37	1.13	1.08
午睡/休息	5.89	1.02	5.46	1.26	1.78
健康	5.06	1.84	4.64	2.16	1.00
安全	5.77	1.72	5.40	1.34	1.12

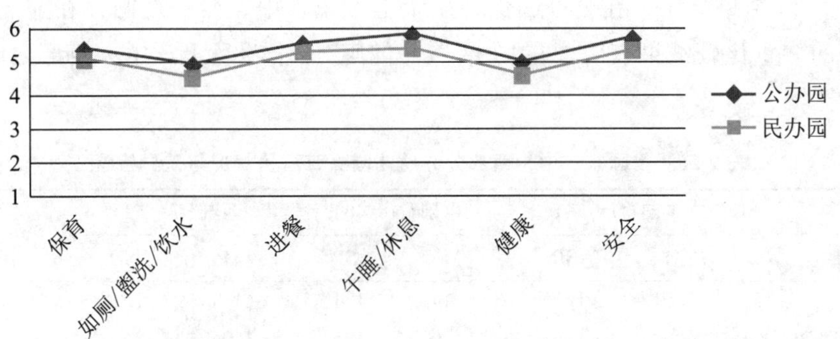

图 9-13　我国中部地区不同性质幼儿园保育质量状况

3. 西部地区不同性质幼儿园保育质量情况与比较

从表 9-25 可知，西部地区公办园的保育质量总体上显著高于民办园。其中，

"进餐"这一项目不同性质幼儿园之间不存在显著差异。

表 9-25　我国西部地区不同性质幼儿园保育质量状况与差异检验

	公办园(N=69)		民办园(N=102)		*t*
	M	SD	M	SD	
保育	4.74	1.42	4.08	1.43	2.95**
如厕/盥洗/饮水	4.04	2.04	3.30	1.67	2.48*
进餐	5.24	1.25	4.86	1.24	1.89
午睡/休息	5.13	1.39	4.55	1.39	2.38*
健康	4.70	1.83	3.80	1.87	3.13**
安全	4.35	1.96	3.68	2.00	2.16*

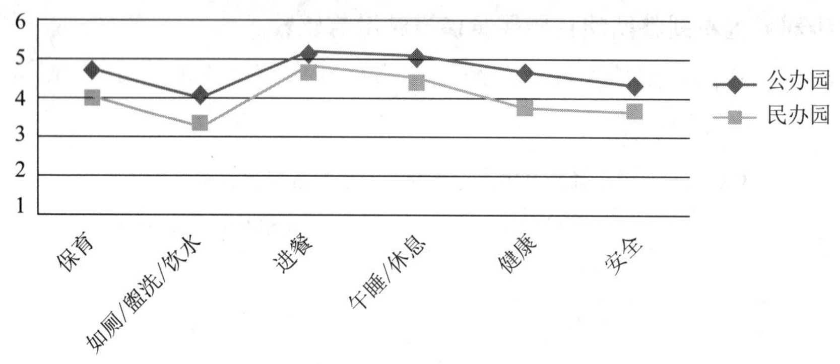

图 9-14　我国西部地区不同性质幼儿园保育质量状况

(三)东、中、西部同类性质幼儿园保育质量的差异比较

1. 东、中、西部公办幼儿园保育质量差异比较

表 9-26 结果显示，在公办园保育质量上，东、中、西部之间存在显著差异。进一步的多重比较结果表明，在"进餐"、"健康"两个项目上，中、西部之间不存在显著差异。

表 9-26　我国东、中、西部公办幼儿园保育质量状况与差异检验

	东部(N=96)		中部(N=48)		西部(N=69)		F
	M	SD	M	SD	M	SD	
保育	6.51	1.16	5.44	1.17	4.74	1.42	24.91***
如厕/盥洗/饮水	6.00	1.67	5.00	1.51	4.04	2.04	31.57***
进餐	6.65	1.12	5.62	1.05	5.24	1.25	27.05***
午睡/休息	6.60	1.10	5.89	1.02	5.13	1.39	30.17***
健康	6.69	1.62	5.06	1.84	4.70	1.83	45.23***
安全	6.80	1.31	5.77	1.72	4.35	1.96	41.58***

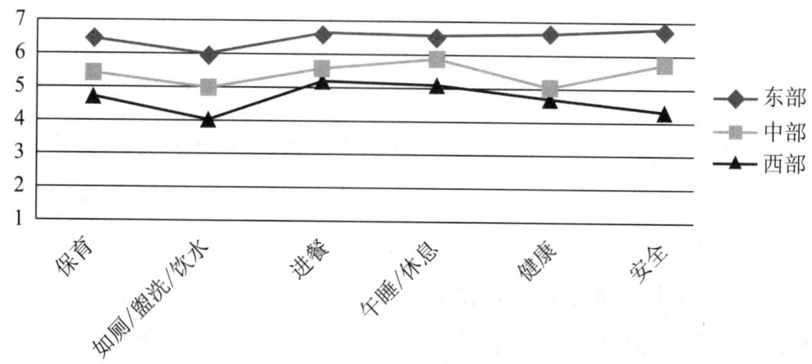

图 9-15　我国东、中、西部公办幼儿园保育质量状况

2. 东、中、西部民办幼儿园保育质量比较

由表 9-27 可知，东、中、西部民办幼儿园存在显著性差异。经多重比较发现，“保育”以及“如厕/盥洗/饮水”“午睡/休息”2 个项目上，东部和中部幼儿园不存在显著差异；“进餐”项目上，中部和西部幼儿园不存在显著差异。

表 9-27　我国东、中、西部民办幼儿园保育质量状况与差异检验

	东部(N=71)		中部(N=42)		西部(N=102)		F
	M	SD	M	SD	M	SD	
保育	5.67	1.15	5.12	1.26	4.08	1.43	32.02***
如厕/盥洗/饮水	5.16	1.42	4.56	1.70	3.30	1.67	29.85***
进餐	5.92	1.12	5.37	1.13	4.86	1.24	15.91***
午睡/休息	5.73	1.22	5.46	1.26	4.55	1.39	16.52***
健康	5.54	1.65	4.64	2.16	3.80	1.87	18.42***
安全	6.05	1.41460	5.40	1.34	3.68	2.00	43.42***

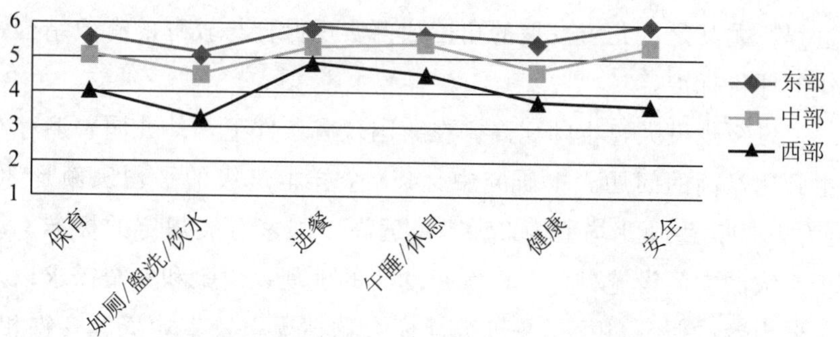

图 9-16　我国东、中、西部民办幼儿园保育质量状况

六、讨论与建议

保育在幼儿园教育工作中占有重要的地位，因为保育既直接关系到学龄前儿童的身心健康与安全，也是幼儿教育工作的重要支撑，与教育的内容密切相关；因而，保教结合成为幼儿园教育的重要原则。基于全国范围的大样本调查和评估，本研究对我国幼儿园保育质量的现状进行了多层面的分析。研究发现，我国幼儿园保育总体质量刚刚达到合格水平，但仍有相当比例的班级无法提供有质量的保育(44%的样本班级处于低质量水平)，甚至无法保证幼儿的健康和安全；在具体项目上，如厕/盥洗/饮水项目得分相对较低，超过半数(51.8%)的班级未达到合格水平。差异检验分析发现，我国幼儿园保育质量在东、中、西部区域之间、城乡之间、不同性质的幼儿园之间(公办园、民办园)均存在显著差异，说明区域的经济社会发展水平、城乡发展差距、办园性质均对幼儿园的保育质量产生不同程度的制约作用。

(一)原因分析

基于本研究的调查，研究者认为，造成这些结果的可能原因是：

第一，关于幼儿园班级保育过程缺乏有效的质量评价标准，或有关规范与标准未能得到有效贯彻执行。尽管卫生部和教育部于2010年颁布了《托儿所幼儿园卫生保健管理办法》(卫生部令第76号)，卫生部继而于2012年颁布了操作性的《托儿所幼儿园卫生保健工作规范》，但这些规范和要求由于缺乏明确具体的监管机制而很难真正在每所幼儿园全面全程贯彻落实。各地尽管在申办审批标准或者质量评估标准中可能包含涉及卫生保健的基础条件或操作规范，但关于班级层面的保育过程，尤其是从儿童发展的角度如何实现保育与教育的有效结合，缺乏明确可操作的评价标准。

第二，班级规模大，生师比高。在我国现有条件下，幼儿园普遍存在班级规模大、生师比过高的问题。本研究中，428个样本班级的平均班额是36名幼儿(最大值为106)，生师比均值为20∶1，远高于国家有关规定的标准。幼儿园保育是基于班级的空间设施条件，以满足幼儿的生理、健康和安全需求以及发展性需求为主要内容的服务过程。在班级规模大的情况下，生均资源变得相对匮乏，在有限的时间和空间内，容易造成拥挤混乱、消极等待的现象。生师比过高的条件下，保教人员往往只能采取大一统的管理模式，难以满足幼儿的个别化需求；成人更多采用管理和控制性行为，缺乏与幼儿有效的教育性互动，在实践中难以实现保教结合，导致保育过程质量不高。

第三，保育员队伍数量不足、资质低下。毋庸置疑，幼儿园班级保育工作的质量与保育员的素质存在紧密的关系。在我国幼儿园教师队伍数量严重不足的情况下，保育员队伍更是没有得到足够的重视，无论是数量还是质量均存在明显的问题。保育员岗位的一般要求是初中毕业、持有上岗证(经过简单培训即可获得)，这一要求显然并不高。由于保育员工资待遇低、社会地位低、劳动强度大、缺乏社会保障(保育员一般没有编制、难以享受事业单位养老保险)，所以，聘请到合格的保育员、留住好的保育员并不容易。因而，幼儿园普遍存在保育员数量不足、资质不达标的问题，从而制约了幼儿园保育质量。

第四，实践者对保育工作理解不充分，研究不够。在观察和调查的过程中，研究者发现，幼儿教育实践者(园长、教师、保育员)一般比较重视保育工作(因为保育既直接关系到幼儿的身心健康和安全，往往也是家长最为关心的和直观感知的)，但是对保育的理解不够全面和充分。她们往往把保育与教育割裂开来，把保育简单等同于照顾孩子的吃喝拉撒睡，没有看到保育与幼儿全面发展需求和教育的内在关联；把保育等同于照顾，过多的包办代替，对保育过程中幼儿的自理能力、独立性、选择性缺乏关注。幼儿园对保育工作往往缺乏有针对性的研究，无法从系统性、动态性的角度看待保育的过程，很难抓住保育过程中影响幼儿健康与安全、学习与发展的关键要素及其互动机制。这样的观念与实践导致幼儿园保育质量很难达到良好和优秀的水平。

第五，地方经济社会发展水平和办园体制对保育质量的制约。由于我国学前教育实行“地方负责、分级管理”的管理体制，经济社会发展水平的区域差距、城乡差距必然反映到包括保育质量在内的幼儿园教育总体质量上。由于办园体制和投入体制的制约，有限的公共财政经费绝大部分投向了少量公办园。在民办园的管理上，由于面广量大，政府有关部门对民办园行为的监管非常困难。民办园为降低办园成本，可能会采取减少保育员的配备数量(在调查中发现，不配保育员、多个班级配一名保育员、采用保洁钟点工替代保育员的现象并不少见)、聘用无资质保育员等方法，从而拉大公办园与民办园之间保育质量的差距。

(二)提高幼儿园保育质量的建议

基于以上分析，为提高我国幼儿园保育质量，研究者提出如下建议：

第一，有关部门应制定并严格执行关于幼儿园保育过程的基本质量标准，确保幼儿的身心健康和安全；在基本质量标准中，应强调控制班级规模与在场生师比，提高保育员的待遇和岗位资格标准，加强保育员队伍建设。

第二，幼儿园保教人员应加强对保育过程的研究，重视一日生活流程的优化，充分挖掘生活活动的儿童发展价值，真正实现保教融合，提高保育质量。

第三，中央和地方政府应加大统筹协调力度，采取有效政策措施，逐步缩小幼儿园保育质量的区域差距和城乡差距；在未来对民办园实行营利性与非营利性分类管理的制度框架下，加强对民办园的质量监管，提高民办园保育质量。

第十章

中国幼儿园课程质量评价研究

本章概要

研究背景：课程是幼儿园教育的核心要素，它决定着各类教育活动的形态与内容；幼儿园课程质量在很大程度上反映幼儿园整体教育质量。已有研究多为理论性或综述性研究，少量实证性研究揭示了我国幼儿园课程实施中存在的问题。但限于研究工具或研究取样的局限性，以上研究难以全面反映我国东、中、西部城乡幼儿园课程质量总体状况和问题。在此背景下，基于全国范围的大规模实证调查，本研究致力于探究我国幼儿园课程质量的现状，揭示和分析我国幼儿园在课程计划与实施方面存在的问题，从而为我国学前教育质量政策的制定、提升幼儿园课程质量提供科学证据和可行性建议。

研究设计与方法：本研究在全国幼儿园教育质量评价研究的构架下，聚焦幼儿园的课程计划与实施质量；采用描述性统计与方差分析等方法，对样本幼儿园班级的课程质量进行具体深入的分析。研究工具主要采用《量表》第三版中的“课程计划与实施”子量表。

研究结果：(1)我国幼儿园课程质量总体处于较低水平。(2)幼儿园课程计划中各领域之间均衡性较差，整合性也有待加强。(3)在课程实施路径中，集体活动质量较低，集体教学活动偏多。(4)我国幼儿园课程质量区域差异显著，东部地区明显高于中、西部。(5)我国幼儿园课程质量城乡差距大，乡村幼儿园课程质量很低。(6)不同性质幼儿园课程质量差异显著，民办园与小学附设园课程质量明显偏低。

讨论与建议：基于调查研究并结合我国国情，研究者认为，造成我国幼儿园课程质量存在以上问题的主要原因在于我国幼儿园教师队伍整体上专业化程度不高，幼儿园课程管理水平不足，家长对幼儿教育内容的误识，区域和城乡经济社会发展不平衡的制约，以及学前教育管理体制和机制不够完善。基于此，研究者建议：(1)保障不同身份教师(包括非在编教师和民办园教师)的地位和待遇，建立完善的学前教育专业师资培养培训体系，提升幼儿园教师的学前教育专业化水平。(2)幼儿园加强课程管理，为教师的专业发展提供持续支持，提升课程的均衡性与整合性以及课程实施的有效性。(3)地方学前教育行政和教研部门加强对幼儿园的课程审查和指导，引导家长观念转变，改变"小学化"倾向，使集体教学课时量得到适度控制，减轻幼儿学业负担。(4)中央和地方政府加强统筹协调，在财政投入和师资配置上向中、西部和农村倾斜，逐步缩小区域和城乡差距。(5)加强对民办园的经费与师资扶持、课程审查和质量监管，提升民办园课程质量。(6)逐步推进小学附设园的独立建制，确保中小学富余教师必须经过系统的学前教育专业培训重新取得幼儿园教师资格证方可转岗幼儿园教师。通过以上多条路径，推动我国各地区各类幼儿园课程质量的提升。

课程是幼儿园教育的核心要素，在幼儿园教育中占有重要的地位。课程决定着各类教育活动的形态与内容；课程计划的科学性与合理性影响到幼儿可获得经验的丰富性与发展的均衡性；课程的实施过程则在很大程度上影响幼儿园教育的有效性，即幼儿园的教育活动过程能否支持幼儿的有效学习与发展。基于此，幼儿园课程质量在很大程度上反映幼儿园整体教育质量。因而，幼儿园课程质量的评价研究具有重要的意义。

我国关于幼儿园课程评价的现有研究，多以理论性或综述性研究为主。比如，虞永平、彭俊英①对我国幼儿园课程评价现状和存在的问题进行了分析，并提出了改进策略。另外，学者马明龙②、李进③分别从生命教育视野和后现代教育视角，阐述了对幼儿园课程评价的理解和期望。学者钱雨④和邱白莉⑤认为美国的"学前教育课程评价研究"(PCER)对我国学前课程评价与课程建设具有一定的借鉴意义。朱晓梅⑥从幼儿园班级课程的组织与实施角度着手，提出以班级为单位的课程评价的应有要素。

难能可贵的是，一些研究者对我国幼儿园课程进行了实证性调查评价研究。

① 虞永平，彭俊英．对我国幼儿园课程评价的现状分析和建议[J]．人民教育，2003，(11)．

② 马明龙．生命教育视野下的幼儿园课程评价[J]．课程教学教材研究，2010，(1)．

③ 李进．反思与重构——后现代课程视野中的幼儿园课程评价解析[J]，教育科学研究，2012，(12)．

④ 钱雨．美国学前教育课程评价研究项目的背景、内容、实施及其启示[J]．学前教育研究，2011，(7)．

⑤ 邱白莉．幼儿园课程评价标准中的几个要素[J]．早期教育，2006，(12)．

⑥ 朱晓梅．以班级为基点的幼儿园课程评价研究[D]．云南师范大学硕士学位论文，2011．

刘占兰等①的调查研究发现，当前我国幼儿园课程实践与《幼儿园教育指导纲要（试行）》要求严重脱节，比如，幼儿园课程实施中数学和科学这两个学科关系割裂；健康与品行教育的方向与途径上存在偏差；教师通过简单指令组织幼儿的生活活动；此外，农村幼儿园有明显的"小学化"倾向。刘焱等②的调查评价发现，我国学前一年（幼儿园大班或学前班）班级课程质量低下，主要表现包括轻视和忽视游戏，"以游戏为基本活动"的理念难以在实践中贯彻落实；课程内容严重"偏科"，小学化现象严重，中、西部农村地区尤甚；人际互动质量偏低，忽视幼儿发展的个体差异；在幼儿园课程质量上，城乡差距明显。从这些实证性研究结果来看，我国幼儿园课程质量不容乐观。但限于研究工具或研究取样的局限性，以上研究难以全面反映我国东、中、西部幼儿园三年教育的课程质量总体状况和问题。

一、幼儿园课程质量总体状况

（一）幼儿园课程质量总体水平

根据本研究中质量评价工具本身对分值的界定，从表10-1和图10-1来看，样本班级在"课程计划与实施"子量表上总体平均得分是4.63分，低于"合格水平"（5分）；各个项目的平均得分分别为：一周课程计划（4.81分），一日活动安排与组织（4.65分），自由游戏（4.86分），集体活动（4.09分），户外体育活动（4.87分），均未达到"合格水平"（5分）。其中，户外体育活动项目得分最高，而集体活动项目得分最低，明显低于课程总体质量（见图10-1）。

表10-1　我国幼儿园课程质量描述性统计

	样本量	平均值	标准差	最小值	最大值
课程计划与实施	428	4.63	1.48	1.47	8.43
一周课程计划	391	4.81	1.76	1.00	9.00
一日活动安排与组织	428	4.65	1.97	1.00	9.00
自由游戏	428	4.86	2.03	1.00	9.00
集体活动	427	4.09	1.91	1.00	9.00
户外体育活动	427	4.87	1.65	1.00	9.00

① 刘占兰．中国幼儿园教育质量评价[M]．北京：教育科学出版社，2011.

② 刘焱．学前一年教育纳入义务教育的条件保障研究[M]．北京：北京师范大学出版社，2014.

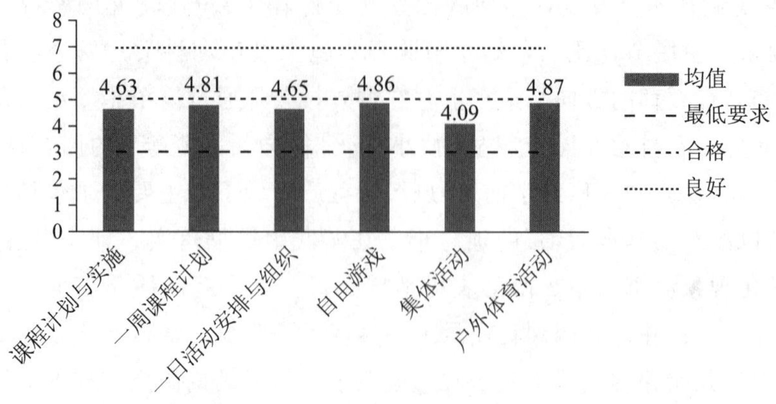

图 10-1　我国幼儿园课程质量总体水平

(二)幼儿园课程质量分布情况

本文采用两种质量分层法分别对我国幼儿园课程质量分布情况进行分析。

1. 五级分层

由表 10-2 与图 10-2 可知，绝大部分样本班级课程质量处于最低要求(41%)与合格(39%)水平，处于优秀水平的仅有 1%，处于良好水平的有 4%，而处于不适宜水平的高达 15%。从区域来看，可发现各个区域的样本班级课程质量也主要集中在最低要求与合格水平，其中明显可以看出东部地区样本班级课程质量处于合格水平的比例明显高于最低水平；不适宜水平比例，东、中、西部逐步成倍增加；最低要求水平比例，西部地区(51%)与中部地区(52%)大致相同；合格水平比例，东部地区(64%)较高，中、西部地区(26%，23%)骤减；良好水平与优秀水平比例，均为东部最高，西部次之，中部最少(中部地区甚至没有优秀水平的班级)。与全国课程质量水平分布结构比较，东部地区的课程质量优秀、良好与合格水平的样本班级比例均高于其全国所占比例，不适宜水平的样本班级比例也大大低于其全国所占比例；中部地区与西部地区的优秀、良好与合格水平的样本班级比例均低于全国平均比例，最低要求水平与不适宜水平比例明显高于全国平均比例。

表 10-2　我国幼儿园课程质量分布情况

		东部(N=167)	中部(N=90)	西部(N=171)	全国(N=428)
		N(%)	N(%)	N(%)	N(%)
分层方法一	优秀	2(1)	0(0)	1(1)	3(1)
	良好	12(7)	1(1)	5(3)	18(4)
	合格	106(64)	23(26)	39(23)	168(39)
	最低要求	40(24)	47(52)	88(51)	175(41)
	不适宜	7(4)	19(21)	38(22)	64(15)
分层方法二	高质量	14(8)	1(1)	6(3)	21(5)
	有质量	106(64)	23(26)	39(23)	168(39)
	低质量	47(28)	66(73)	126(74)	239(56)

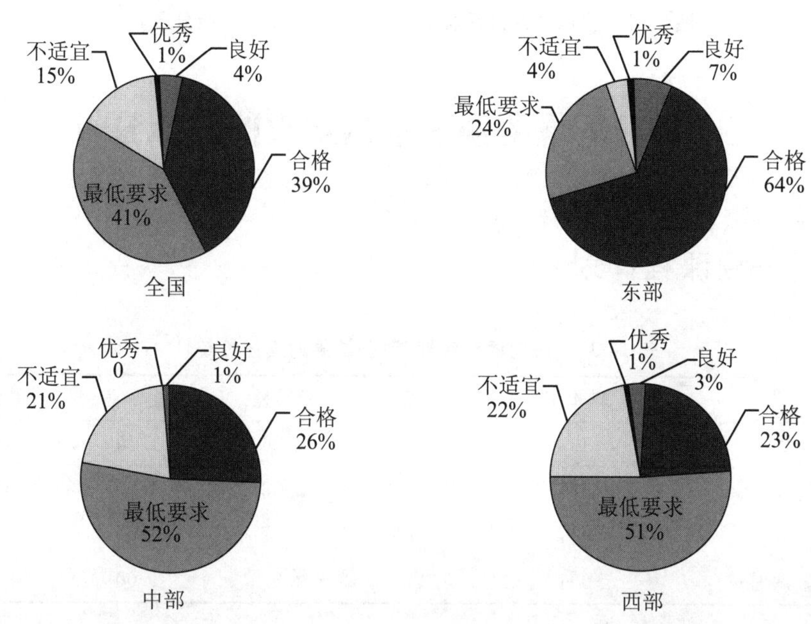

图 10-2　我国幼儿园课程总体质量分布情况(五级分层)

2. 三级分层

从表 10-2 和图 10-3 不难看出，全国幼儿园课程质量主要还处于低质量水平(56%)，有 39%的样本班级能够提供有质量的学前教育课程，高质量水平的样本班级比例仅有 5%。从全国地区分布来看，东部地区的课程质量主要集中在有质量水平(64%)，而中、西部主要还处于低质量水平(分别为 73%和 74%)。较之东部地区，中、西部地区课程质量为低质量水平的样本班级比例成倍上升(约 2.6 倍)；处于有质量水平与高质量水平的样本班级比例，较之东部地区，中、西部地区急剧下降。与全国平均课程质量水平比较，东部地区课程质量处于有质量水平以及高质量水平的样本班级比例远高于全国平均比例，而中、西部较之全国平均比例来说，则存在一定差距；课程质量处于低质量水平的样本班级比例，则东部地区远低于全国平均比例，而中、西部地区则远高于全国平均比例。总体而言，全国幼儿园课程质量处于较低水平；东部地区幼儿园课程质量明显高于全国平均水平，中、西部地区则均低于全国平均水平。

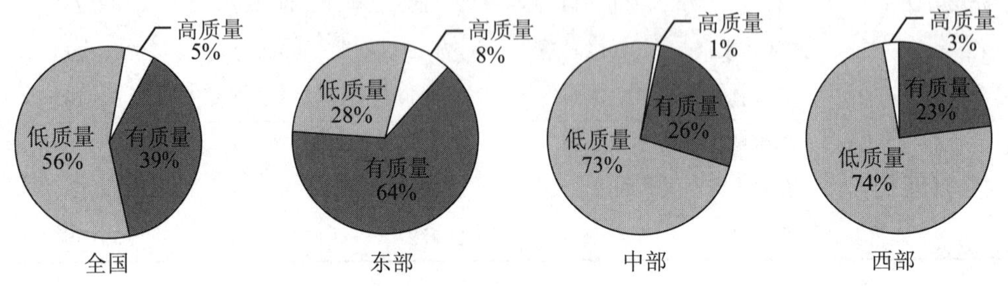

图 10-3　我国幼儿园课程总体质量分布情况(三级分层)

二、幼儿园课程质量项目水平的具体分析

(一)一周课程计划

表 10-3　“一周课程计划”评分结果的描述性统计

	样本量	平均值	标准差	最小值	最大值
一周课程计划	391	4.81	1.76	1.00	9.00
领域均衡	391	5.19	2.06	1.00	9.00
整合性	344	4.11	2.27	1.00	9.00
集体教学课时量	391	4.49	2.37	1.00	9.00

“一周课程计划”旨在对被观察班级(园所)的课程结构质量进行评价。该项目的评价内容涉及周计划内所安排的所有类型的活动，而不仅仅是集体教学活动。“一周课程计划”项目由三个子项目组成，分别为领域均衡、整合性、集体教学课时量。由表 10-3 可知，全国课程质量中一周课程计划的得分为 4.81 分，尚未达到“合格”水平(5 分)。由表 10-4 可知，“一周课程计划”的质量主要集中在最低要求水平与合格水平，不适宜水平占 16%，而优秀水平只有 2%。

表 10-4　“一周课程计划”的得分分布情况

	不适宜		最低要求		合格		良好		优秀	
	N	%	N	%	N	%	N	%	N	%
一周课程计划	63	16	114	29	170	43	35	9	9	2
领域均衡	56	14	42	11	150	38	124	32	19	5
整合性	107	31	47	14	138	40	36	11	16	5
集体教学课时量	81	21	36	9	172	44	59	15	43	11

1. 领域均衡

根据我国的《幼儿园教育指导纲要(试行)》，幼儿园教育的课程领域包括：健康(含体育和健康常识)、语言、科学(含数学、自然科学)、艺术(含音乐、美术)、社会五个领域。从理论上说，均衡的课程结构是指在一周内所有类型的活动总量中，五大领域应各自占据大致均衡的比例(应注意的是，根据国家的规定，每天应保证 2 小时的户外体育活动，因此，健康领域的比例应略高于其他领域，占据总量的 30%；但其他四个领域的比例应大致相当，各占 15%～20%；尽管由于幼儿园教育活动的整合性，不同课程领域在活动和时间的分配比例上很难绝对、清晰地界定，但依据对班级一日活动计划、作息时间以及活动内容的具体分析，领域均衡性的状况还是可以进行大致测算和评价的)。

从表 10-3 可知，子项目领域均衡得分为 5.19 分，达到“合格”水平。由表 10-4 可知，在该子项目得分分布上，样本班级主要集中在合格与良好水平，优秀水平的比例也高于整个项目(“一周课程计划”)的分布比例，不适宜水平的比例低于整个项目水平。

2. 整合性

整合性是指不同课程领域的各类活动之间以及集体(教学)活动与区角游戏活动之间是否存在内在的关系。由表 10-3 可知，该子项目的平均得分为 4.11 分，处于“最低要求”水平，低于整个项目的得分均值，但从标准差来看，“整合性”的标准差较大(SD=2.27)，这说明，样本班级在该子项目上得分差异较大。由表 10-4 可知，在课程的整合性得分上，样本班级的分布主要集中在合格水平；处于不适宜水平的比例为 31%，远高于整个“一周课程计划”项目的比例；在良好和优秀水平的比例上，子项目“整合性”也高于整个项目水平。

3. 集体教学课时量

“集体教学课时量”是指集体教学活动(即幼儿园通常所说的“上课”)的周课时量。由表 10-3 可知，“集体教学课时量”的得分为 4.49 分，处于“最低要求”水平，低于整个项目的得分均值，说明我国幼儿园的集体教学课时量总体而言相对偏高；从标准差来看，“集体教学课时量”的标准差很大(SD=2.37)，这说明，样本班级在该子项目上得分差异较大。由表10-4可知，从质量水平分布状况来看，样本班级的"集体教学课时量"主要是集中在合格水平以上，优秀水平的比例高于其他两个子项目。同时，"集体教学课时量"的质量在不适宜水平的比例也明显高于其他两个子项目和项目总体水平。

(二)一日活动安排与组织

一日活动的安排与组织是对实际的一日活动情况进行评价。一日活动安排包括例行的生活活动，如入园/离园、进餐、如厕/盥洗/饮水、午睡/休息等，也包括各类室内和户外的学习游戏活动，如早操、集体教学、区域游戏活动、户外体育活动等。"一日活动的安排与组织"项目包含三个子项目，分别是活动安排、转换与过渡以及计划执行。由表10-5可知，"一日活动安排与组织"的得分为4.65分，尚未达到合格水平(5分)。由表10-6可见，样本班级在"一日活动安排与组织"的质量分布上，主要集中在最低要求(29%)与合格水平(35%)，但在不适宜水平的比例有22%，而优秀水平的比例只有2%。

1. 活动安排

由表10-5对子项目活动安排进行分析，发现其子项目得分为4.84分，略高于项目平均得分，但仍未达到合格水平。由表10-6可知，"活动安排"的质量水平主要集中在合格水平(54%)，优秀水平的比例(6%)也高于项目的比例(2%)，但仍有16%的班级处于不适宜的水平。

表10-5 "一日活动安排与组织"评分结果的描述性统计

	样本量	平均值	标准差	最小值	最大值
一日活动安排与组织	428	4.65	1.97	1.00	9.00
活动安排	428	4.84	2.00	1.00	9.00
转换与过渡	428	4.23	2.61	1.00	9.00
计划执行	428	4.89	2.23	1.00	9.00

表10-6 "一日活动安排与组织"的得分分布情况

	不适宜		最低要求		合格		良好		优秀	
	N	%	N	%	N	%	N	%	N	%
一日活动安排与组织	96	22	123	29	148	35	51	12	10	2
活动安排	68	16	59	14	229	54	46	11	26	6
转换与过渡	150	35	43	10	137	32	52	12	46	11
计划执行	90	21	47	11	181	42	82	19	28	7

2. 转换与过渡

由表10-5对子项目“转换与过渡”进行分析，发现其得分为4.23分，低于项目得分，其质量仍处于最低要求水平；且标准差很大(SD＝2.63)，说明样本班级在该子项目的得分上差异较大，存在两极分化倾向。由表10-6可知，“转换与过渡”子项目的质量主要集中在合格以下，尤其值得注意的是1/3的样本班级在“转换与过渡”质量上处于不适宜水平(35％)；32％的样本班级处于合格水平，12％的班级处于良好水平；而令人惊奇的是有11％的样本班级的“转换与过渡”的质量是处于优秀水平，该比例也高于整个项目以及其他两个子项目的比例。

3. 计划执行

由表10-5对子项目“计划执行”进行分析可知，其得分为4.89分，接近合格水平，略高于项目总体水平和其他两个子项目；但其标准差也较大(SD＝2.23)，说明样本班级在“计划执行”的得分差异较大。由表10-6可知，“计划执行”的质量主要集中在合格水平及以下，其中合格水平占42％，最低要求水平占11％，不适宜水平的样本班级比例为21％；但良好比例(19％)和优秀比例(7％)均高于整个项目的平均水平(分别为12％和2％)。

(三)自由游戏

项目“自由游戏”主要是对班级幼儿的各类自由游戏活动进行评价。“自由游戏”是指幼儿自主选择区域、玩具材料和同伴，基本独立自主开展的游戏活动；相对于成人主导的活动(如集体教学或集体游戏)而言，自由游戏是幼儿主导的活动。“自由游戏”项目主要包含三个子项目：机会与时间、游戏设计、游戏指导。从表10-7可知，“自由游戏”的得分为4.86分，接近合格水平。另外，也可以发现，其三个子项目的得分均高于项目得分，这是子项目的样本量与项目不同所造成的(许多子项目由于未观察到而被评为“不适用”或者缺失)。由表10-8可知，样本班级的“自由游戏”的质量主要分布在最低要求水平(14％)和合格水平(51％)；良好的比例为13％，优秀水平的比例为5％；不难看出，不适宜水平的样本班级比例也相对较高(17％)。

表10-7 “自由游戏”评分结果的描述性统计

	样本量	平均值	标准差	最小值	最大值
自由游戏	428	4.86	2.03	1.00	9.00
机会与时间	428	5.03	2.28	1.00	9.00
游戏设计	177	5.51	1.24	1.00	9.00
游戏指导	173	5.51	1.56	1.00	9.00

表 10-8 “自由游戏”的得分分布情况

	不适宜		最低要求		合格		良好		优秀	
	N	%	N	%	N	%	N	%	N	%
自由游戏	72	17	58	14	220	51	57	13	21	5
机会与时间	78	18	44	10	188	44	68	16	50	12
游戏设计	1	1	10	6	124	70	30	17	12	7
游戏指导	7	4	10	6	109	63	31	18	16	9

1. 机会与时间

“机会与时间”子项目是依据不同年龄组幼儿的需求和课程结构的差异(如集体教学时间量的不同)，衡量幼儿可获得的自由游戏机会与时间的适宜性。由表10-7 可知，“机会与时间”的得分为 5.03 分，刚刚达到合格水平，高于整个项目的平均得分；但该子项目标准差较大(SD＝2.28)，说明样本班级间差距较大。由表 10-8 可知，样本班级在“机会与时间”质量上主要分布于合格水平以上，其中合格水平的比例为 44％，良好的为 16％，优秀的比例也相对较高(12％)；但有 10％的班级处于最低要求水平，更有 18％的班级处于不适宜水平(一天中幼儿没有任何的自由游戏机会与时间)。

2. 游戏设计

“游戏设计”子项目允许“不适用”(在没有自由游戏活动或没有观察到的情况下)。从表 10-7 可以发现，游戏设计的样本量较之“自由游戏”的样本量来说偏少，仅 177 个样本班级。对这 177 个样本班级进行分析发现，其得分为 5.51 分，达到了合格水平，且高于项目得分。从表 10-8 可知，“游戏设计”的样本班级的质量分布主要集中在合格水平以上，其中合格水平为 70％，良好水平为 17％，优秀水平也有 7％。不适宜水平的比例相对较低。从被观察评分的样本班级来看，“游戏设计”的质量相对较好。但是 58.6％的样本班级“不适用”不容忽略(主要原因是这些班级没有任何可见的自由游戏空间材料或活动，导致观察员无法进行观察和评分)，结合“自由游戏”的总体得分来看，“游戏设计”的质量不容乐观，应该是在合格水平以下。

3. 游戏指导

“游戏指导”子项目也是允许不适用的(在没有自由游戏活动或没有观察到的情况下)。从表 10-7 可以发现，游戏指导的样本量较之“自由游戏”的样本量来说偏少，为 173 个样本班级。对这 173 个样本班级进行分析发现，其得分为 5.51 分，处于合格水平。但是考虑到相对 428 个总的样本班级来说，有 59.6％的班级在该子项目上“不适用”，主要原因是在观察期间没有自由游戏活动发生导致无法观察和评分。从表 10-8 可知，“游戏指导”的样本班级的质量分布主要集中在合格水平及以上，其中合格水平为63%，良好水平为18%，优秀水平也有9%；但有6%的班级处于最低要求水平，4%的班级处于不适宜水平。该子项目的质量分布与“游戏设计”相似，考虑到不适用的样本班级情况，结合“自由游戏”项目得分，总体来说，“游戏指导”的质量也不容乐观，可能也是处于合格水平以下。

(四)集体活动

“集体活动”是指在特定某段时间内，班级全体幼儿在教师的安排和指导下，进行内容大致相同的活动；集体活动体现的是成人有意识设计和提供的学习经验。此项目主要是对观察当天第一个集体教学活动以外的其他集体教学活动、集体游戏(如规则性的智力游戏、音乐游戏、体育游戏等)以及其他类型的集体活动进行评价。“集体活动”包含三个子项目，分别是组织方式、指导方式、选择性。由表10-9可知，“集体活动”的平均值为4.09，处于最低要求水平。由表10-10可知，“集体活动”的质量分布主要是合格水平以下；处于不适宜水平的比例高达31%，处于最低要求水平的比例也有24%；有39%的班级处于合格水平，而处于良好、优秀水平的样本班级比例仅为5%和1%。

表10-9　“集体活动”评分结果的描述性统计

	样本量	平均值	标准差	最小值	最大值
集体活动	427	4.09	1.91	1.00	9.00
组织方式	425	4.37	2.19	1.00	9.00
指导方式	427	4.41	2.19	1.00	9.00
选择性	427	3.51	2.04	1.00	9.00

表10-10　“集体活动”的得分分布情况

	不适宜		最低要求		合格		良好		优秀	
	N	%	N	%	N	%	N	%	N	%
集体活动	131	31	101	24	167	39	23	5	5	1
组织方式	99	23	64	15	174	41	76	18	12	3
指导方式	98	23	53	12	186	44	75	18	15	4
选择性	159	37	65	15	172	40	26	6	5	1

1. 组织方式

由表10-9可知，“组织方式”的得分为4.37分，处于最低要求水平，且得分高于项目得分。由表10-10可知，样本班级在“组织方式”上的得分主要集中在合格以下，其中合格水平的样本班级比例为41%、15%的班级处于最低要求水平，而不适宜水平的样本班级的比例也有23%；处于良好(18%)和优秀水平(3%)的比例高于整个项目的平均水平。

2. 指导方式

由表10-9可知，“指导方式”的得分为4.41分，处于最低要求水平，但高于项目得分。由表10-10可知，“指导方式”的得分主要集中在合格水平及以下，其中合格水平的样本班级比例为44%，最低要求水平的样本班级比例为12%，另外，显而易见的是处于不适宜水平的样本班级比例也有23%，同时，处于良好(18%)和优秀水平(4%)的比例高于整个项目的平均水平。

3. 选择性

由表10-9可知，“选择性”的得分为3.51分，仅达到最低要求水平(3分)，明显低于“集体活动”整个项目得分，且在三个子项目中得分最低，说明我国幼儿园在集体活动中以大一统的组织方式为主，很少考虑提供选择以适应不同幼儿的不同学习活动需求。由表10-10可知，“选择性”的得分主要集中在合格水平以下，15%的样本班级处于最低要求水平，尤其需要注意的是，处于不适宜水平的样本班级比例高达37%；处于合格水平的样本班级有40%，而处于良好和优秀水平的样本班级比例仅为6%、1%。

(五)户外体育活动

“户外体育活动”项目主要是对当天实际的户外体育活动情况进行评价。“户外体育活动”主要包含两个子项目，分别是机会与时间以及内容与形式。由表10-11可知，“户外体育活动”的得分为4.87分，接近合格水平。由表10-12可知，“户外体育活动”的得分主要集中在合格水平及以下，其中合格水平的样本班级比例为48%，最低要求水平的比例为29%，处于不适宜水平的样本班级的比例也有12%；另外，9%的班级处于良好，仅有2%的班级处于优秀水平。

表10-11 “户外体育活动”评分结果的描述性统计

	样本量	平均值	标准差	最小值	最大值
户外体育活动	427	4.87	1.65	1.00	9.00
机会与时间	427	4.72	1.74	1.00	9.00
内容与形式	427	5.02	1.91	1.00	9.00

表 10-12 “户外体育活动”的得分分布情况

	不适宜		最低要求		合格		良好		优秀	
	N	%	N	%	N	%	N	%	N	%
户外体育活动	53	12	123	29	204	48	37	9	10	2
机会与时间	61	14	96	23	221	52	34	8	15	4
内容与形式	35	8	83	19	186	44	101	24	22	5

1. 机会与时间

“机会与时间”是指户外体育活动一天中累计的次数与时间。由表 10-11 可知“机会与时间”的得分为 4.72 分，接近合格水平，但低于项目得分。由表 10-12 可知，“机会与时间”的得分主要集中在合格水平及以下。其中合格水平的样本班级的比例为 52%；但不适宜水平的样本班级比例也相对来说较高，为 14%。另外，8%的班级处于良好，4%的班级处于优秀。

2. 内容与形式

由表 10-11 可知，“内容与形式”的得分为 5.02 分，达到合格水平，且高于项目得分。由表 10-12 可知，“内容与形式”的得分主要集中在合格水平及以上；44%的班级处于合格水平，有 24%的班级达到了良好，但优秀水平的比例也不高，仅有 5%；另外，19%的班级处于最低要求水平，8%的样本班级处于不适宜水平，均低于项目平均水平。

(六)子量表得分以及各个项目得分之间的相关性分析

表 10-13 “课程计划与实施”子量表得分以及各个项目得分之间的相关系数

	课程计划与实施	一周课程计划	一日活动安排与组织	自由游戏	集体活动	户外体育活动
课程计划与实施						
一周课程计划	0.789**					
一日活动安排与组织	0.884**	0.622**				
自由游戏	0.661**	0.373**	0.446**			
集体活动	0.857**	0.643**	0.774**	0.383**		
户外体育活动	0.775**	0.519**	0.648**	0.349**	0.594**	

注：** $p<0.01$

由表 10-13 可见，一周课程计划、一日活动安排与组织、自由游戏、集体活动以及户外体育活动的相关系数均很高，而且非常显著，均为强的正相关。其中一日活动安排与组织以及集体活动与课程子量表得分之间相关程度更高。各子项目之间均有显著的正相关，其中，“一周课程计划”与“一日活动安排与组织”，“一周课程计划”与“集体活动”，“一日活动安排与组织”与“集体活动”，“一日活动安排与组织”与“户外体育活动”之间相关性更高，且均有较强的正相关。

三、幼儿园课程质量的区域差异

(一)不同区域幼儿园课程质量比较

1. 子量表得分的比较

由表 10-14 可知，全国幼儿园课程质量(以子量表得分来衡量)处于合格水平以下；东部地区课程子量表得分达到合格水平，高于全国水平以及中、西部地区；而中、西部地区课程质量得分相近且低于全国水平；值得注意的是，西部地区的课程质量略高于中部地区。

表 10-14　我国东、中、西部幼儿园课程质量比较与差异检验

	全国		东部地区		中部地区		西部地区		F
	N	M (SD)	N	M (SD)	N	M (SD)	N	M (SD)	
课程计划与实施	428	4.63 (1.48)	167	5.47 (1.26)	90	4.09 (1.28)	171	4.11 (1.41)	40.98***
一周课程计划	391	4.81 (1.76)	167	5.73 (1.37)	89	3.81 (1.55)	135	4.35 (1.77)	52.41***
一日活动安排与组织	428	4.65 (1.97)	167	5.72 (1.71)	90	4.29 (1.76)	171	3.80 (1.83)	37.92***
自由游戏	428	4.86 (2.03)	167	5.24 (1.82)	90	3.95 (2.11)	171	4.97 (2.05)	12.23***
集体活动	427	4.09 (1.91)	166	4.92 (1.72)	90	3.55 (1.86)	171	3.57 (1.83)	21.04***
户外体育活动	427	4.87 (1.65)	166	5.70 (1.23)	90	4.89 (1.43)	171	4.05 (1.71)	36.36***

注：*** $p<0.001$

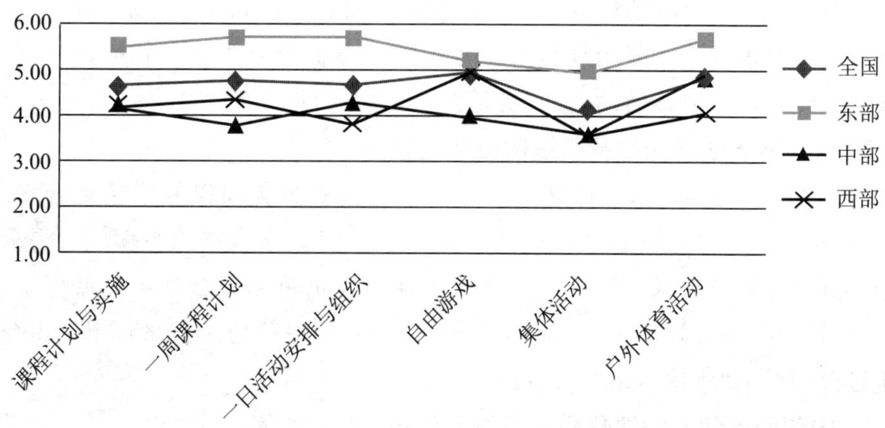

图 10-4 我国东、中、西部幼儿园课程质量状况

2. 项目水平的比较

由表 10-14 可知，子量表“课程计划与实施”的五个项目中，大多数项目得分是东部高于全国水平，中、西部低于全国水平；在“一周课程计划”“自由游戏”以及“集体活动”项目上，西部高于中部；在“一日活动安排与组织”以及“户外体育活动”项目上，中部高于西部；在“自由游戏”项目上，西部甚至高于全国水平。

(二)幼儿园课程质量的区域差异检验

方差分析结果显示(见表 10-14)，东、中、西部之间在幼儿园课程总体质量上差异极其显著；事后检验发现，东部地区显著高于西部与中部地区，西部地区显著高于中部地区。在每个具体项目上，不同区域之间均存在极其显著的差异。事后检验发现，在绝大多数项目上(除“自由游戏”外)，东部均显著高于西部与中部地区；在“一日活动安排与组织”“户外体育活动”质量上，中部显著高于西部；在“自由游戏”质量上，东部与西部均显著高于中部，但东部与西部不存在显著差异；在“一周课程计划”“集体活动”质量上，中、西部之间不存在显著差异。

四、幼儿园课程质量的城乡差异

(一)幼儿园课程质量的城乡比较

1. 全国幼儿园课程质量的城乡比较

由图 10-5 可知，全国城镇幼儿园课程质量高于乡村幼儿园课程质量。由表 10-15 可知，全国城镇幼儿园样本班级中子量表得分是处于合格水平，“一周课程计划”“一日活动安排与组织”“自由游戏”以及“户外体育活动”的得分均处于合格水平，但是“集体活动”的得分处于最低要求。而乡村幼儿园样本班级中子量表得分处于最低要求水平，五个项目得分也均处于最低要求水平，其中，“一日活动安排与组织”以及“集体活动”得分最低。

2. 东部地区幼儿园课程质量的城乡比较

由表10-15可知，东部地区城镇幼儿园课程质量各项得分均达到合格水平；项目层面，“一周课程计划”“一日活动安排与组织”处于合格水平偏上，得分最低的是“集体活动”。而东部地区乡村幼儿园课程质量总体得分处于最低要求水平；在项目中，“一周课程计划”以及“户外体育活动”的得分处于合格水平；得分最低的项目也同样为“集体活动”(M=4.31)。

3. 中部地区幼儿园课程质量的城乡比较

表10-15 幼儿园课程质量的城乡比较与差异检验

	全国		东部地区		中部地区		西部地区			
	城镇(N=225)	乡村(N=164)	城镇(N=108)	乡村(N=57)	城镇(N=45)	乡村(N=44)	城镇(N=72)	乡村(N=63)	t	F
	M(SD)	M(SD)	M(SD)	M(SD)	M(SD)	M(SD)	M(SD)	M(SD)		
课程计划与实施	5.18 (1.43)	4.15 (1.28)	5.80 (1.20)	4.80 (1.13)	4.48 (1.33)	3.75 (1.09)	4.69 (1.45)	3.84 (1.31)	7.78***	48.46***
一周课程计划	5.16 (1.82)	4.32 (1.54)	6.04 (1.34)	5.10 (1.21)	3.60 (1.59)	4.02 (1.50)	4.81 (1.81)	3.82 (1.57)	4.89***	18.25***
一日活动安排与组织	5.41 (1.82)	3.96 (1.79)	6.25 (1.45)	4.67 (1.70)	4.84 (1.80)	3.78 (1.54)	4.51 (1.79)	3.43 (1.83)	8.42***	56.55***
自由游戏	5.19 (1.88)	4.44 (2.12)	5.51 (1.72)	4.69 (1.93)	4.73 (2.08)	3.23 (1.85)	5.02 (1.92)	5.07 (2.14)	3.47***	12.86***
集体活动	4.71 (1.90)	3.58 (1.71)	5.24 (1.72)	4.31 (1.56)	4.07 (2.01)	3.08 (1.54)	4.32 (1.87)	3.27 (1.75)	6.24***	31.93***
户外体育活动	5.43 (1.56)	4.44 (1.50)	5.96 (1.21)	5.21 (1.13)	5.16 (1.54)	4.66 (1.26)	4.81 (1.76)	3.60 (1.53)	6.75***	34.29***

注：1. 城镇=城市+县城；乡村=乡镇中心/城郊+村。

2. 显著性水平：*** $p<0.001$

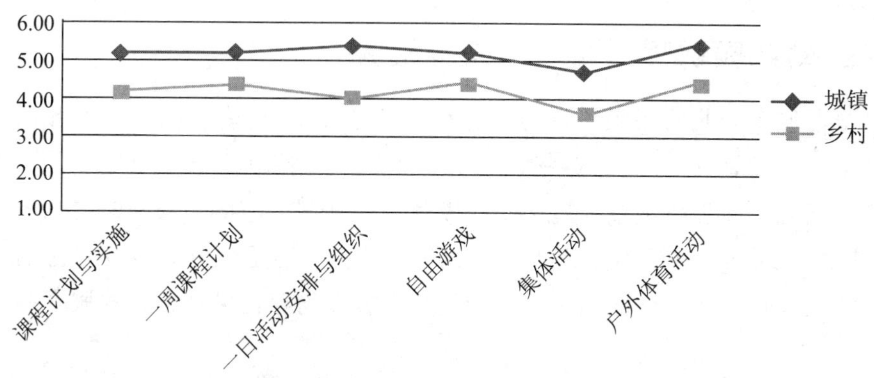

图 10-5　全国城乡幼儿园课程质量情况

由表 10-15 可知，中部地区城镇幼儿园课程质量得分处于最低要求水平；项目层面，“户外体育活动”处于合格水平，得分最低的是“一周课程计划”。而中部地区乡村幼儿园课程质量得分处于最低要求水平偏下，其中“一日活动安排与组织”“自由游戏”以及“集体活动”的得分处于“最低要求”水平偏下，得分最低的项目为“集体活动”(M＝3.08)，刚刚达到最低要求(3 分)。

4. 西部地区幼儿园课程质量的城乡比较

由表 10-15 可知，西部地区城镇幼儿园课程质量得分处于最低要求水平；项目层面，“自由游戏”处于合格水平，得分最低的是“集体活动”。而西部地区乡村幼儿园课程质量得分处于最低要求水平偏下，从项目层面来说，只有“自由游戏”的得分处于合格水平，其余项目得分均处于最低要求偏下。其中得分最低的项目也同样为“集体活动”(M＝3.27)。

(二)东、中、西部城镇间、农村间的比较

1. 东、中、西部城镇幼儿园课程质量比较

由表 10-15 可知，东、中、西部城镇幼儿园的课程总体质量(以子量表得分衡量)为东部高于中部，中部低于西部。从项目层面可知，“一日活动安排与组织”以及“户外体育活动”的得分，东部高于中部，中部高于西部；“一周课程计划”“自由游戏”以及“集体活动”得分，东部高于西部，西部高于中部。

2. 东、中、西部农村幼儿园教育质量比较

由表 10-15 可知，东、中、西部乡村幼儿园的课程质量为东部高于西部，西部高于中部。从项目层面可知，“一周课程计划”“一日活动安排与组织”以及“户外体育活动”的得分，东部高于中部，中部高于西部；“集体活动”得分，东部高于西部，西部高于中部；“自由游戏”得分，西部高于东部，东部高于中部。

(三)幼儿园课程质量城乡差异检验

对全国城乡幼儿园课程质量得分进行 t 检验发现(见表 10-15)，幼儿园课程质量城乡差异显著($t(423.825)=7.78$，$p<0.001$)。控制区域变量之后的方差分析发现，幼儿园课程质量城乡差异同样极其显著($F(1，386)=48.46$，$p<0.001$，$\eta^2=0.112$)。同样，在项目层面上，无论是 t 检验，还是控制区域变量之后的方差分析，结果均表明，幼儿园课程质量的每个方面均存在极其显著的城乡差异。

五、不同性质幼儿园课程质量的差异

表 10-16　不同办园性质幼儿园课程质量状况

		全国		东部地区		中部地区		西部地区	
		N	M(SD)	N	M(SD)	N	M(SD)	N	M(SD)
分类方法一	教育部门办园	91	5.70(1.14)	46	6.12(0.85)	15	4.89(1.18)	34	5.32(1.32)
	其他公办园	66	5.38(1.39)	42	5.89(1.15)	21	4.42(1.46)	5	4.61(1.58)
	小学附设园	46	3.77(1.04)	8	4.06(0.83)	12	4.01(1.11)	30	3.49(1.08)
	民办园	186	4.30(1.37)	71	4.95(1.26)	42	3.67(1.13)	102	3.86(1.30)
分类方法二	公办园	213	5.09(1.47)	96	5.85(1.13)	48	4.46(1.31)	69	4.47(1.51)
	民办园	215	4.18(1.36)	71	4.95(1.26)	42	3.67(1.13)	102	3.86(1.30)

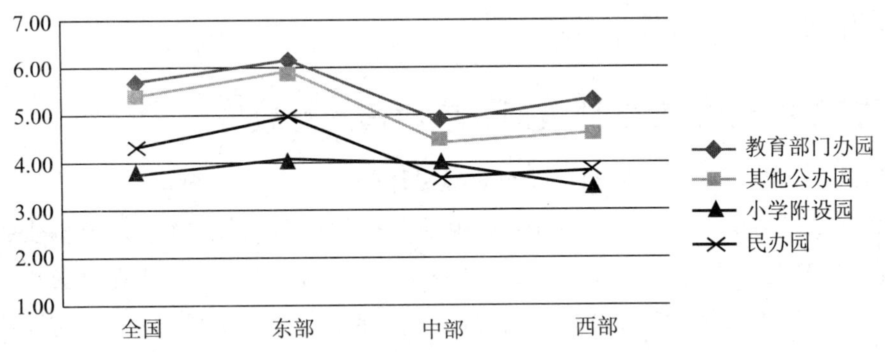

图 10-6　不同性质幼儿园课程质量比较(四分类)

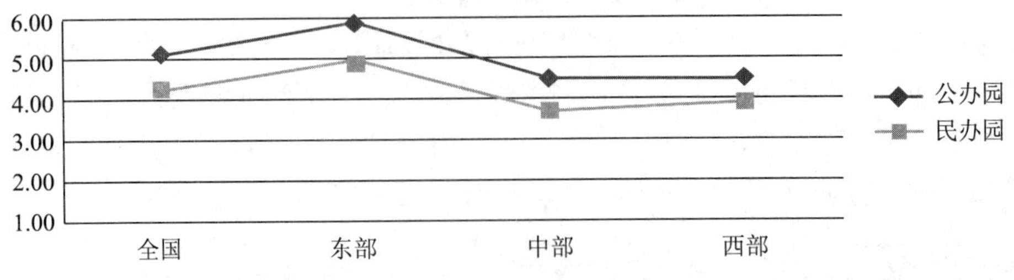

图 10-7　公办园、民办园课程质量比较

(一)全国不同性质幼儿园课程质量的比较

基于本研究的样本分布以及政策分析的需要，研究者采用两种分类方法对办园性质进行划分：分类方法一将幼儿园分为四类：教育部门办园、小学附设园、其他公办园以及民办园；分类方法二是分为两类：公办园(教育部门办园＋小学附设园＋其他公办园)与民办园。

由表10-16可知，全国不同办园性质幼儿园课程质量由高到低按分类方法一排序分别为：教育部门办园、其他公办园、民办园、小学附设园。其中教育部门办园以及其他公办园的幼儿园课程质量处于合格水平，而民办园和小学附设园处于最低要求水平。按分类方法二则是公办园高于民办园。其中公办园课程质量处于合格水平，而民办园则处于最低要求水平。

(二)各区域内部不同性质幼儿园课程质量比较

1. 东部地区不同性质幼儿园课程质量比较

由表10-16可知，按分类方法一来看，东部地区不同性质幼儿园课程质量由高到低排序分别为教育部门办园、其他公办园、民办园、小学附设园。其中教育部门办以及其他公办的幼儿园课程质量处于合格水平，而民办园和小学附设园处于最低要求水平。按分类方法二则是公办园高于民办园。其中公办园课程质量处于合格水平，而民办园则处于最低要求水平(接近合格水平)。

2. 中部地区不同性质幼儿园课程质量比较

由表10-16可知，按分类方法一来看，中部地区不同性质幼儿园课程质量由高到低排序分别为教育部门办园、其他公办园、小学附设园、民办园，且均处于最低要求水平。按分类方法二则是公办园高于民办园，且均处于最低要求水平。

3. 西部地区不同性质幼儿园课程质量比较

由表10-16可知，按分类方法一来看，西部地区不同性质幼儿园课程质量由高到低排序分别为教育部门办园、其他公办园、民办园、小学附设园。其中教育部门办园的课程质量处于合格水平，其余性质的幼儿园均处于最低要求水平。按分类方法二则是公办园高于民办园，课程质量均处于最低要求水平。

(三)东、中、西部同类性质幼儿园课程质量的比较

由表10-16可知，按分类方法一来看，教育部门办园的课程质量趋势为：东部高于西部，西部高于中部；东部和西部教育部门办园课程质量处于合格水平，但中部处于最低要求水平。其他公办园的课程质量趋势为：东部高于西部，西部高于中部；东部地区其他公办园课程质量处于合格水平，但中部和西部处于最低

要求水平。小学附设园的课程质量趋势为：东部高于中部，中部高于西部，且均处于最低要求水平。民办园的课程质量趋势为：东部高于西部，西部高于中部；东部民办园课程质量接近但未达合格水平，中部与西部处于最低要求水平。

按分类方法二来看，可以发现，公办园的课程质量为东部高于西部，西部高于中部。且东部地区的课程质量处于合格水平，但中、西部处于最低要求水平。民办园的课程质量为东部高于西部，西部高于中部，且均处于最低要求水平(其中东部民办园课程质量接近合格)。

(四)不同性质幼儿园课程质量差异显著性检验

由表 10-17 可知，分类一的情况下，不同性质幼儿园之间在课程质量上存在显著差异。事后检验发现，教育部门办园与其他公办园之间在课程总体质量上差异不显著，其余均差异显著。由表 10-18 可知，在控制城乡与区域变量之后，不同性质幼儿园之间在课程质量上仍然存在差异显著；事后检验发现，民办园与小学附设园之间差异不显著，其余均差异显著。

在“一周课程计划”项目质量上，不同性质幼儿园差异显著(结果见表 10-17)；事后检验发现，教育部门办园与其他公办园之间以及小学附设园与民办园之间差异不显著，其余差异均显著。在控制城乡与区域变量之后(结果见表 10-18)，差异检验以及事后检验结果相同。

在“一日活动安排与组织”项目质量上，不同性质幼儿园差异显著(结果见表 10-17)；事后检验发现，教育部门办园与其他公办园之间差异不显著，其余差异均显著。在控制城乡与区域变量之后(结果见表 10-18)，不同性质幼儿园依然差异显著；事后检验发现，小学附设园与民办园之间差异不显著，其余均显著。

在“自由游戏”项目质量上，不同性质幼儿园差异显著(结果见表 10-17)；事后检验发现，只有教育部门办园与民办园之间差异显著，其余均不显著。在控制城乡与区域变量之后(结果见表 10-18)，差异检验以及事后检验结果基本相同。

表 10-17　不同性质幼儿园课程质量差异检验(四分类)

	F	η^2
课程计划与实施	38.25***	0.230
一周课程计划	23.86***	0.157
一日活动安排与组织	30.35***	0.191
自由游戏	9.05***	0.066
集体活动	28.28***	0.181
户外体育活动	30.58***	0.192

注：*** $p<0.001$

表 10-18　控制城乡和区域变量后不同性质幼儿园课程质量差异检验(四分类)

	F	η^2
课程计划与实施	22.91***	0.152
一周课程计划	13.92***	0.098
一日活动安排与组织	16.07***	0.112
自由游戏	7.01***	0.052
集体活动	16.57***	0.115
户外体育活动	15.72***	0.110

注：*** $p<0.001$

在"集体活动"项目质量上，不同性质幼儿园差异显著(结果见表 10-17)；事后检验发现，教育部门办园与其他公办园之间差异不显著，其余差异均显著。在控制城乡与区域变量之后(结果见表 10-18)，差异检验以及事后检验结果相同。

在"户外体育活动"项目质量上，不同性质幼儿园差异显著(结果见表 10-17)；事后检验发现，教育部门办园与其他公办园之间差异不显著，其余差异均显著。在控制城乡与区域变量之后(结果见表 10-18)，差异检验以及事后检验结果表明，不同性质幼儿园之间在户外体育活动质量上均存在显著差异。

表 10-19　公办园、民办园课程质量差异检验

	t
课程计划与实施	6.64***
一周课程计划	5.40***
一日活动安排与组织	6.06***
自由游戏	3.95***
集体活动	5.03***
户外体育活动	5.08***

注：*** $p<0.001$

表 10-20　控制城乡和区域变量后公办园、民办园课程质量差异检验

	F	η^2
课程计划与实施	40.07***	0.094
一周课程计划	26.40***	0.064
一日活动安排与组织	30.67***	0.074
自由游戏	19.01***	0.047
集体活动	20.04***	0.049
户外体育活动	17.16 ***	0.043

注：*** $p<0.001$

由表 10-19 可知，在分类方法二的情况下，公办园与民办园之间在课程子量

表得分与五个项目得分有着显著的差异（$p<0.001$）。由表10-20可知，在控制城乡与区域变量后，差异检验结果相同。由此可见，无论是课程总体质量，还是具体方面的质量，公办园均显著高于民办园。

六、讨论与建议

课程在幼儿园教育中占有重要地位，对幼儿园课程质量的评价具有重要的意义。本研究运用《量表》第三版的子量表三“课程计划与实施”作为评价工具，对全国东、中、西部8个省市428个幼儿园班级的课程质量进行了观察评价；基于这些评价数据，本研究对我国幼儿园课程质量的现状及其存在的问题进行了多层面的分析。下面，研究者对本研究的主要发现逐一进行讨论，在原因分析的基础上提出相应的质量提升建议。

（一）我国幼儿园课程质量总体处于较低水平

本研究中评价结果显示，我国428个样本班级在“课程计划与实施”评价量表上得分不高，无论是整个子量表得分还是5个项目得分，均未达到量表界定的合格水平（5分）；在得分分布上，超过半数（56%）的样本班级课程质量处于低质量水平（未达到合格）。由此可见，我国幼儿园课程质量总体不高，许多幼儿园班级的课程无法有效支持和促进幼儿的全面协调发展。

根据本研究所采用的评价工具，课程质量主要从班级的课程计划（周计划以及一日活动计划）和课程实施路径（自由游戏、集体活动、户外体育活动）的角度对课程质量进行评价。我国幼儿园班级课程计划与课程实施质量偏低，除了与我国学前教育经费不足、班级规模大、生师比高等因素有关，在很大程度上也反映了我国幼儿园教师队伍专业能力不足的事实。本研究所调查的400名样本班级教师中，仅30%的教师第一学历达到大专及以上，学前教育专业出身的教师仅61%，幼儿园教师资格证持有率仅58%。幼儿园教师队伍专业水平的整体低下是幼儿园课程质量的重要制约因素。

因此，要提升幼儿园课程质量，必须采取有力措施，提升幼儿园教师队伍的整体素质和专业能力。应通过立法和行政管理手段，真正解决幼儿园教师地位和待遇问题，确保幼儿园教师与中小学教师的同等地位与待遇，确保非在编教师与在编教师同工同酬，确保民办园教师的合法权益与合理待遇，以吸引更多的优秀人才报考学前教育专业，进入学前教育领域。有关部门还要着力研究学前教育专业师资的培养和补充问题，逐步缩小和补齐学前教育师资缺口。幼儿园应为教师的学历提升、在职研修与培训创设环境、提供机会，支持教师的可持续专业成长。

(二)幼儿园课程的均衡性与整合性有待加强

依据评价量表中的界定，课程领域的均衡性是指周计划中所安排各类教育活动的内容，在五大课程领域之间应大致均衡；[①] 课程的整合性是指不同课程领域的各类活动之间、集体(教学)活动与区角游戏活动之间是否存在内在的关系。基于样本班级周计划的评价结果，幼儿园课程的均衡性有待提升，活动间的整合性存在明显不足。“领域均衡”子项目均分达到合格水平，但仍有1/4的班级未达到合格水平，存在明显的课程领域结构失衡现象。“整合性”子项目平均得分尚未达到合格水平，45％的班级处于不合格水平，其中31％的班级是处于“不适宜”水平。不同活动间关联性与整合性不足，不利于幼儿进行有意义的学习和基于经验的知识建构。

造成课程结构失衡或者整合性不足的原因，除了教师专业素养以外，与幼儿园课程管理水平不高、分科教学传统的影响存在密切关联；同时，一些幼儿园对特色的片面理解、对特色课程的过分强调，也很有可能伤害课程整体的均衡性。要提升课程的均衡性与整合性，除了需要教师专业素养尤其是课程理解与课程设计能力的提升，幼儿园应不断提升课程管理水平，加强对班级课程计划的审查和指导，确保其均衡性与整合性；同时定期进行整体课程结构与课程方向的自我反思和审视，防止因特色课程的不当处理而导致的课程结构失衡与偏差。

(三)集体活动质量较低，集体教学活动偏多

本研究发现，在课程实施的几条路径中(自由游戏、集体活动与户外体育活动)，集体活动得分最低，且集体教学活动总体偏多。在本评价量表中，从组织方式、指导方式、选择性的角度评价集体活动的质量。结果显示，无论是“集体活动”项目得分，还是三个子项目得分均低于合格水平，其中“选择性”得分最低，刚刚达到最低要求。集体活动质量低的原因一方面是客观条件的限制，班级规模大、生师比高，导致集体活动组织困难；另一方面是教师们习惯于以大一统的方式组织集体活动，忽视为幼儿提供一定的选择性，满足不同发展水平幼儿的学习需求。同时，本研究还发现，我国幼儿园集体教学活动偏多。“一周课程计划”下“集体教学课时量”子项目平均得分未达到合格水平；30％的班级未达到合格水平，其中21％的班级处于“不适宜”。这些班级大多来自中、西部欠发达农村地

① 尽管由于不同领域的课程在实施上的交叉与渗透，绝对地计算和评价均衡性是不可能的，但是，通过对班级周计划的审视，结合班级环境和一日活动观察证据，对该班级的课程是否均衡、是否存在失衡以及失衡程度，还是可以做出比较客观的判断的。

区，由于家长的压力(如期望孩子在幼儿园能够学习读写算技能)和教师专业能力的不足，其课程教学具有明显的小学化倾向。

为提升集体活动质量，有效控制集体教学课时量，地方有关部门应制定并实施严格的基本质量评估标准，通过对班级规模和在场生师比的控制为集体活动质量的提升奠定结构性条件的基础。同时，有关地方学前教育行政和教研部门应加强对幼儿园的课程审查与指导，幼儿园应向家长倡导科学的教育理念，坚持科学保教，从源头上杜绝并防止小学化倾向，减轻学龄前儿童的课业负担。

(四)区域和城乡是制约课程质量的重要因素，中、西部与农村幼儿园课程质量相对较低

本研究结果表明，在幼儿园课程质量上，同样存在显著的区域差距与城乡差距。东部地区幼儿园课程质量显著高于中、西部，中部与西部之间水平相对接近(部分项目上差异不显著，部分项目西部高于中部，部分项目中部高于西部)。城镇幼儿园课程质量全面高于乡村幼儿园课程质量。无须赘言，区域经济社会发展的不平衡、城乡二元社会结构的影响、我国现行的学前教育管理体制和学前教育资源配置政策，这些因素的相互作用最终造成了不同区域、城乡在经费、师资、课程资源上的差距。这些问题的解决有赖于中央和地方政府坚持公平的决策理念，加大统筹协调力度，采取倾斜中、西部和农村的政策措施，逐步均衡不同区域和城乡之间的师资与课程资源配置，以缩小幼儿园课程质量的区域差距和城乡差距。

(五)不同性质幼儿园课程质量差异显著，民办园与小学附设园课程质量偏低

本研究结果显示，办园性质也是制约幼儿园课程质量的要素之一，表现在民办园、小学附设园课程质量明显偏低(在多项指标上，均是小学附设园最低)，与教育部门办园和其他部门办园存在明显的质量差距。与公办园相比，民办园一般无法提供有吸引力的薪水和社会保障，难以吸引优秀师资；一些民办园为节约成本开支，甚至可能使用不合格师资(如聘用无证教师，或者让实习生直接顶岗)。小学附设园(或学前班)在没有独立建制的情况下，没有经费支配权和人事权，因而缺乏足够的资金用于课程资源建设；更重要的是，往往班额非常大，生师比非常高，又由没有学前教育专业背景的教师来任教(往往可能是小学转岗教师，甚至是聘任的无证教师)。这是导致小学附设园质量低下(甚至低于民办园)的根本原因。

基于此，政府有关部门应依据有关法规，在营利性、非营利性分类管理的框

架下，建立对民办园进行扶持、规范引导和质量监管的一系列政策机制，引导民办园加强专业化的师资队伍建设，不断提升课程质量。对于小学附设园，只要条件允许，就应加快独立建制和剥离，逐步减少小学附设园；同时，建立教师转岗管理制度，小学转岗教师必须修满一定学分的学前教育专业课程、限期，取得幼儿园教师资格证方可在幼儿园任教，加快转岗教师的学前教育专业化改造进程。

第十一章

中国幼儿园集体教学质量评价研究

本章概要

研究背景：集体教学是我国幼儿园最普遍也是最主要的一种教学组织形式。对于我国而言，对集体教学质量的评价是幼儿园教育质量评价不可缺少的重要部分。已有研究大多是对不同课程领域幼儿园集体教学的具体实施问题的探讨，而对全国范围的幼儿园集体教学质量进行综合性的专门评价研究较为匮乏。在此背景下，对我国的幼儿园集体教学质量进行全面的、科学的评价研究具有重要的理论与实践意义。基于全国范围大规模的班级观察评价数据，本研究致力于了解幼儿园集体教学质量的总体状况，探讨和分析我国幼儿园集体教学质量上存在的问题及其原因，以期为学前教育政策制定、促进学前教育质量提升提供科学实证依据。

研究设计与方法：本研究在全国幼儿园教育质量评价研究的构架下，聚焦幼儿园的集体教学质量；采用描述性统计与方差分析等方法，对样本幼儿园班级的集体教学质量进行具体深入的分析。研究工具主要采用《量表》第三版中的“集体教学”子量表。

研究结果：(1)我国幼儿园集体教学质量整体水平不高，未能充分有效地支持儿童的学习与发展。(2)幼儿园集体教学质量区域差异显著，中、西部幼儿园集体教学质量相对较低。(3)幼儿园集体教学质量城乡差异显著，农村幼儿园集体教学质量相对较低。(4)不同性质幼儿园集体教学质量差异显著，民办园、小学附设园集体教学质量较低。

讨论与建议：基于调查研究并结合我国国情，研究者认为，造成我国幼儿园集体教学质量存在以上问题的主要原因在于我国幼儿园教师队伍整体水平差异较大，专业化程度不高，幼儿园和教育部门管理水平不足，区域和城乡经济发展水平不平衡的制约，以及学前教育管理体制和办园体制不够完善。基于此，研究者首先结合集体教学评价中具体项目评价中发现的问题提出了具体的质量提升建议。对于推进幼儿园集体教学质量的均衡发展，研究者建议：(1)中央政府加大对中、西部学前教育发展的统筹和扶持力度，促进中、西部幼儿园教师队伍素质提升，逐步缩小区域差距。(2)各级政府应统筹城乡学前教育发展，在财政性经费和师资资源配置上向农村进行补偿性倾斜，提高农村幼儿园教师地位和待遇，逐步缩小幼儿园集体教学质量的城乡差距。(3)完善学前教育管理体制和办园体制，加强对民办园的监管，推进小学附设园的独立建制，从而提升民办园与小学附设园的集体教学质量。

一、幼儿园集体教学质量总体水平与分布状况

(一)幼儿园集体教学质量的总体情况

根据《量表》第三版本身对分值的界定，从表 11-1 可以看出，样本班级在子量表“集体教学”上的平均得分是 5.07 分，刚达到“合格水平”(5 分)；其中，目标与内容(4.83 分)、教学设备与准备(4.99 分)、教学支持(4.62 分)、语言理解与表达(4.85 分)、概念与思维技能(4.54 分)等项目得分均未达到“合格水平”(5 分)；情感支持(5.53 分)、教学过程(5.34 分)、幼儿表现(5.29 分)、价值取向(5.60 分)等项目得分处于“合格水平”。价值取向项目得分最高(但该项目缺失值比例也最高)，教学支持、概念与思维技能两个项目得分相对较低。由于集体教学总体得分为 5.07 分，因此观察各项目得分是否达到合格水平即可看出各项目得分与集体教学总体得分之间的差距(详见图 11-1)，整体而言，我国幼儿园集体教学质量刚刚达到合格水平，距离良好和优秀水平仍有较大差距。

表 11-1　我国幼儿园集体教学质量描述性统计

	样本量	均值	标准差	最小值	最大值
集体教学	428	5.07	1.44	1.43	8.81
目标与内容	426	4.83	1.76	1.00	9.00
情感支持	425	5.53	1.66	1.00	9.00
教学设备与准备	426	4.99	1.82	1.00	9.00
教学过程	426	5.34	1.66	1.00	9.00
教学支持	426	4.62	1.65	1.00	9.00
语言理解与表达	428	4.85	1.66	1.00	9.00

续表

	样本量	均值	标准差	最小值	最大值
概念与思维技能	428	4.54	1.65	1.00	8.33
幼儿表现	425	5.29	1.40	1.75	9.00
价值取向	399	5.60	1.84	1.00	9.00

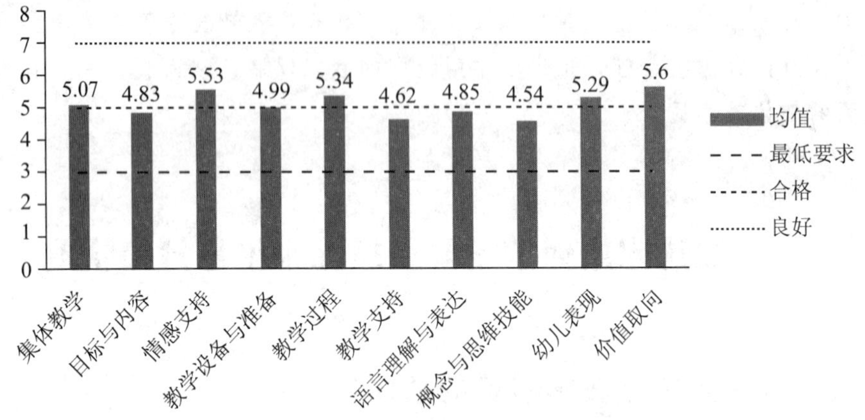

图 11-1　我国幼儿园集体教学质量总体情况

(二)幼儿园集体教学质量的分布情况

本文采用两种质量分层法分别对我国幼儿园集体教学质量分布情况进行分析。

1. 五级分层

由表 11-2 和图 11-2 可知，有 52%的样本班级集体教学质量处于合格水平。从东、中、西部来看，可以发现东、中、西部地区的样本班级集体教学质量同样主要集中在最低要求和合格水平，其中可明显看出东部地区样本班级集体教学质量处于合格水平的百分比明显高于最低要求水平；东、中、西部地区的样本班级集体教学质量优秀水平与不适宜水平较之其他三个水平要少。

从全国地区分布来看，集体教学质量不适宜水平的样本班级数量比例东、中、西部逐步增加；与全国平均集体教学质量水平比较，东部地区的集体教学质量优秀、良好与合格水平的样本班级比例均高于其全国所占比例；中部与西部地区的集体教学质量优秀、良好水平的样本比例均低于全国平均比例；最低要求水平的样本比例均高于全国平均比例。

表 11-2　我国幼儿园集体教学质量的分布情况(五级分层)

	东部(N=167)	中部(N=90)	西部(N=171)	全国(N=428)
	N(%)	N(%)	N(%)	N(%)
优秀	11(7)	0	2(1)	13(3)
良好	44(26)	2(2)	13(8)	59(14)
合格	103(62)	57(64)	67(39)	227(52)
最低要求	9(5)	29(32)	69(39)	105(25)
不适宜	0	2(2)	22(13)	24(6)

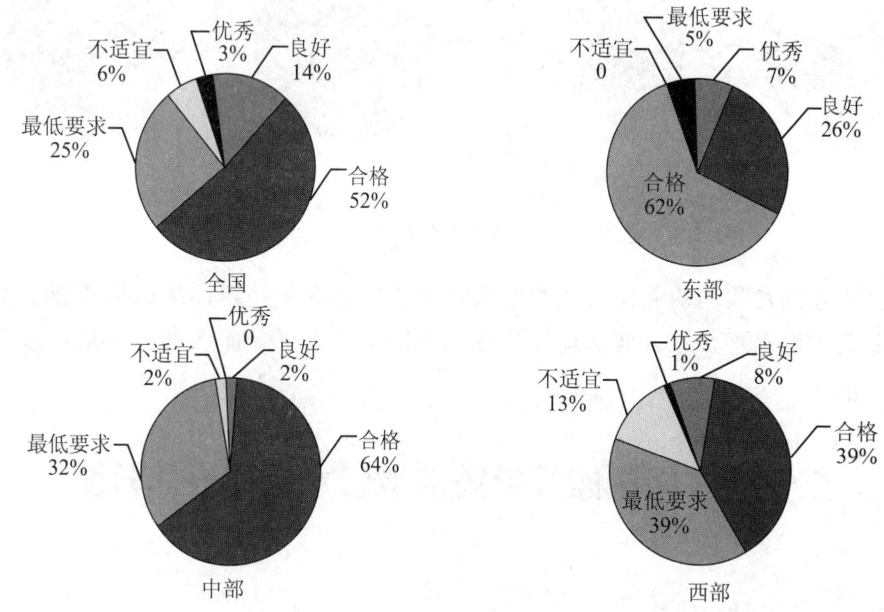

图 11-2　幼儿园集体教学质量分布情况(五级分层)

2. 三级分层

从表 11-3 可以看出，全国幼儿园集体教学质量主要处于有质量水平(52%)。从全国地区分布来看，东部地区和中部地区的集体教学质量均主要集中在有质量水平(62%，64%)，而西部地区的集体教学质量主要还处在低质量水平(52%)。与全国平均集体教学质量水平比较来看，东部地区集体教学质量处于高质量和有质量水平的样本班级比例高于全国平均比例，西部地区在两个水平上均低于全国平均比例，而中部地区集体教学质量处于高质量水平的样本班级比例低于全国平均比例，处于有质量水平的样本班级比例高于全国平均比例；集体教学质量处于低质量水平的样本班级比例，东部地区远低于全国平均比例，而中、西部地区则高于全国平均水平。

表 11-3　我国幼儿园集体教学质量的分布情况(三级分层)

	东部(N=167)	中部(N=90)	西部(N=171)	全国(N=428)
	N(%)	N(%)	N(%)	N(%)
高质量	55(33)	2(2)	15(9)	72(17)
有质量	103(62)	57(64)	67(39)	227(52)
低质量	9(5)	31(34)	91(52)	129(31)

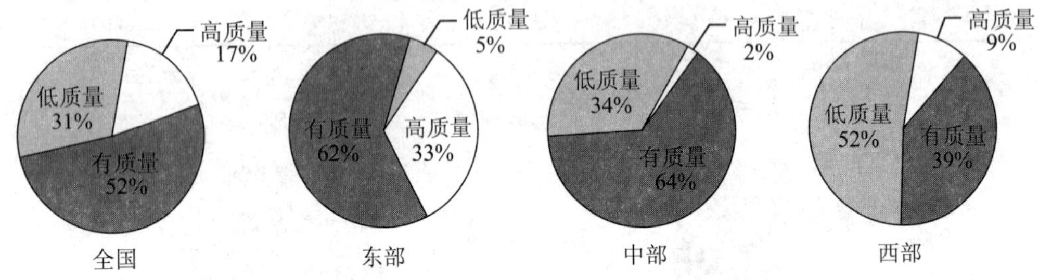

图 11-3　我国幼儿园集体教学质量的分布情况(三级分层)

总体来说，我国幼儿园集体教学质量处于中等水平，东部地区集体教学质量高于全国平均水平，中、西部地区均低于全国平均水平，而西部地区集体教学质量水平最低。

二、幼儿园集体教学质量项目水平的具体分析

(一)目标与内容

“目标与内容”项目由四个子项目组成，分别为适宜性、整合性、明晰性、基于幼儿兴趣与经验。由表 11-4 可知，全国集体教学质量中目标与内容的得分为 4.83 分，尚未达到“合格”水平(5 分)。由表 11-5 可知，“目标与内容”的质量主要集中在最低要求水平与合格水平，不适宜水平占 10%，而优秀水平只占 5%。

表 11-4　“目标与内容”项目得分的描述性统计

	样本量	均值	标准差	最小值	最大值
目标与内容	426	4.83	1.76	1.00	9.00
适宜性	426	4.76	2.18	1.00	9.00
整合性	426	4.40	2.11	1.00	9.00
明晰性	426	4.98	2.28	1.00	9.00
基于幼儿兴趣与经验	426	5.20	1.84	1.00	9.00

表 11-5 “目标与内容”项目得分分布情况

	不适宜		最低要求		合格		良好		优秀	
	N	%	N	%	N	%	N	%	N	%
目标与内容	44	10	121	28	159	37	81	18	21	5
适宜性	81	19	61	14	144	34	130	30	10	2
整合性	91	21	79	19	191	45	38	9	27	6
明晰性	78	18	53	12	143	33	120	28	32	8
基于幼儿兴趣与经验	35	8	67	16	193	45	108	25	23	5

1. 适宜性

集体教学的活动设计与实施中，最主要的是活动的目标制定和内容的选择上是否适合幼儿的身心特点。《3～6 岁儿童学习与发展指南》中根据幼儿的身心发展特点对不同年龄段不同领域的课程设定了相应的目标。而且指出在实施中要关注幼儿学习与发展的整体性、尊重幼儿发展的个体差异。因此，在目标的设定与内容的选择上同样应适合幼儿不同年龄特点与不同领域的课程特点，而且应顾及不同幼儿的个体差异。

由表 11-4 可知，该子项目得分为 4.76 分，未达到“合格”水平。由表 11-5 可知，样本班级得分主要集中在合格与良好水平，优秀水平的比例只有 2%，不适宜水平的比例高于整个项目的分布比例，高达 19%。

2. 整合性

幼儿发展的整体性决定了幼儿教育活动的综合性或整合性，所以，目标定位过于单一的集体教学(如单纯进行事实性知识的记忆或某种技能的机械训练)或内容上单纯的分科教学被认为是不适宜的。这里的“整合性”包括三个层面：第一，在教学目标的整合上，主要考察该集体教育活动在目标上是否体现出对幼儿全面发展的关注。一般来说，幼儿的全面发展包括：身体的发展(包括动作技能的发展)，认知的发展(包括知识的增长和思维能力的发展)，情绪/情感的发展，社会性/个性的发展。第二，在教学内容的整合上，主要考察教学内容是单纯的分科教学，还是涉及多个课程或学科领域。根据我国的《幼儿园教育指导纲要(试行)》，课程包括五个大的领域：健康(体育和健康常识)、语言、科学(数学和自然科学)、艺术(音乐和美术)、社会。第三，主要考察内容与目标之间的关联性，即教育教学内容是否适合目标并紧密围绕目标或核心任务展开。

由表 11-4 可知，该子项目得分为 4.40 分，处于“最低要求”水平，低于整个项目的得分均值，但从标准差来看，“整合性”的标准差较大(SD＝2.11)，这说明，样本班级在该子项目上得分差异较大。由表 11-5 可知，样本班级得分主要集中在合格水平(45%)，不适宜水平的比例为 21%，远高于整个项目的比例；良好水平的比例低于整个项目的比例，只有9%，但优秀水平的比例与整个项目的比例基本相同，为6%。

3. 明晰性

明晰性指教师对教学活动的学习目标或探究任务的解释的明晰性，以及幼儿对其理解的程度。由表11-4可知，该子项目得分为4.98分，接近“合格”水平，高于整个项目的得分均值，但从标准差来看，“明晰性”的标准差较大（SD=2.28），说明样本班级在该子项目上得分差异较大，也说明了教师在学习目标和任务的解释说明上差异较大。由表11-5可知，样本班级得分主要集中在合格与良好水平上，不适宜水平的比例高于整个项目的比例，占18%，最低要求水平的比例低于整个项目的比例，但优秀水平的比例仅有8%。

4. 基于幼儿兴趣与经验

集体教学活动的目标设定与内容的选择要基于幼儿的兴趣与经验，从幼儿的已有经验出发，基于幼儿的现有水平，为幼儿提供一个“支架”，在幼儿的最近发展区内，帮助幼儿获得新的经验。由表11-4可知，该子项目得分为5.20分，达到“合格”水平，高于整个项目得分的均值，说明我国幼儿园的集体教学中目标制定与内容的选择上总体上是基于幼儿的兴趣与经验的。由表11-5可知，样本班级得分绝大部分集中在合格与良好水平，所占比例达到70%，在不适宜水平、最低要求水平和优秀水平上，样本班级比例低于整个项目的比例。

（二）情感支持

情感支持是在集体教学活动中，教师营造的教学氛围以及对幼儿反应的敏感性。“情感支持”项目包含两个子项目，分别是情绪/情感氛围和敏感性。由表11-6可知，“情感支持”项目得分为5.53分，达到合格水平（5分）。由表11-7可知，样本班级在“情感支持”的质量得分主要集中在合格（43%）和良好水平（23%），在不适宜水平上的比例有3%，在优秀水平上的比例有12%。

表11-6 “情感支持”得分描述性统计

	样本量	平均值	标准差	最小值	最大值
情感支持	425	5.53	1.66	1.00	9.00
情绪/情感氛围	425	5.79	1.82	1.00	9.00
敏感性	425	5.27	1.82	1.00	9.00

表 11-7 “情感支持”得分分布情况

	不适宜		最低要求		合格		良好		优秀	
	N	%	N	%	N	%	N	%	N	%
情感支持	13	3	82	19	182	43	99	23	49	12
情绪/情感氛围	27	6	51	12	177	42	122	29	48	11
敏感性	31	7	64	15	199	47	105	25	26	6

1. 情绪/情感氛围

由表 11-6 可知，该子项目得分为 5.79 分，略高于项目平均得分，已达到“合格”水平。由表 11-7 可知，“情绪/情感氛围”的质量水平主要集中在合格(42%)和良好水平(29%)，优秀水平的比例(11%)与整个项目的比例(12%)基本相同，但是在不适宜水平上的比例(6%)略高于项目的比例(3%)。

2. 敏感性

教师在集体教学活动中应注意幼儿的反应，对幼儿的反应保持一定的敏感性。由表 11-6 可知，该子项目得分为 5.27 分，略低于项目平均得分，处于“合格”水平。由表 11-7 可知，“敏感性”的质量水平同样主要集中在合格(47%)和良好水平(25%)，且所占比例均略高于整个项目在此水平上的比例。最低水平和优秀水平的比例均低于整个项目的比例，但不适宜水平的比例(7%)高于项目的比例。

(三)教学设计与准备

一个集体教学活动的实施，需要教师提前做好教学设计与教学准备(教学活动设计、幼儿的已有经验以及教具、教学设备和幼儿操作材料的准备)。“教学设计与准备”项目包含三个子项目，分别是教学设计、教学准备以及教学设备与材料的运用。由表 11-8 可知，“教学设计与准备”的项目平均得分为 4.99 分，接近于“合格”水平(5 分)。由表 11-9 可知，样本班级在“教学设计与准备”的质量主要集中在合格水平(45%)，最低要求水平和良好水平的比例基本相同(分别是 19%和 18%)，优秀水平的比例只有 6%，而不适宜水平的比例有 12%。

表 11-8 “教学设计与准备”得分描述性统计

	样本量	均值	标准差	最小值	最大值
教学设计与准备	426	4.99	1.82	1.00	9.00
教学设计	426	4.97	1.93	1.00	9.00
教学准备	380	4.86	2.00	1.00	9.00
教学设备与材料的运用	243	5.30	2.30	1.00	9.00

表 11-9 “教学设计与准备”得分分布情况

	不适宜		最低要求		合格		良好		优秀	
	N	%	N	%	N	%	N	%	N	%
教学设计与准备	53	12	80	19	193	45	76	18	24	6
教学设计	59	14	41	10	218	51	91	21	17	4
教学准备	66	17	40	11	165	43	101	27	8	2
教学设备与材料的运用	42	17	21	9	94	39	46	19	40	17

1. 教学设计

教学设计主要是教师对集体教学活动的过程有一个整体的计划，并且教学设计合理适宜。由表 11-8 可知，该子项目得分为 4.97 分，略低于项目平均得分，接近于“合格”水平。由表 11-9 可知，“教学设计”的质量水平主要集中在合格水平(51%)，最低要求水平和良好水平的比例分别为 10%和 21%，但是不适宜水平的比例有 14%，略高于项目的比例(12%)，而优秀水平的比例只有 4%，略低于项目的比例(6%)。

2. 教学准备

在集体教学活动进行之前，教师需要做好多方面的准备，才能使活动顺利开展，以取得较好的教学效果。一般而言，这些准备包括以下几方面：(1)教学活动设计，即备课，具体又包括确定教学活动主题、制定适宜的教学目标、选择适宜的教学内容和方法、设计整个教学活动的程序和环节等，尤其是要做好学科性的知识、技能准备，保证教授知识、技能上的科学性。(2)了解幼儿的经验和技能基础，帮助幼儿做好集体教学活动前的经验和心理准备，同时根据幼儿的实际情况不断完善活动过程的设计、修正教具和操作材料。这是教学准备中的关键一环，但往往容易被忽视。(3)教具、教学设备和幼儿操作材料的准备，包括对教学现场环境的准备、氛围的营造。这对教学过程是否顺利以及教学效果好坏起到非常重要的作用。

由表 11-8 可知，“教学准备”子项目得分为 4.86 分，略低于项目平均得分，处于“最低要求”水平(3 分)，接近“合格”水平(5 分)，但标准差较大(SD=2.00)，说明样本班级在该子项目得分上差异较大，也说明教师在教学准备上的差异较大。而且样本量只有 380 份，这都可能对子项目得分产生影响。由表 11-9 可知，“教学准备”的质量水平主要集中在合格水平(43%)，良好水平的比例高于项目的比例，最低要求的比例低于项目的比例，但是不适宜水平的比例高达 17%，而优秀水平的比例只有 2%。

3. 教学设备与材料的运用

基于幼儿思维和学习的特征(如具体形象思维和动作思维)，在幼儿园的集体教学中，一般应为幼儿的学习提供一些辅助性资源或操作材料，有时也需要运用一些教学辅助设备(如音像设备、电脑、网络、投影等)，但这并非绝对的原则。在某些领域(如语言、社会等)、特定主题的集体教学活动中，教学辅助设备与幼儿操作材料可能是非必需的。由表11-8可知，该子项目得分为5.30分，达到了“合格”水平，高于项目得分均值。但是标准差很高(SD=2.30)，说明样本班级在该子项目得分上差异较大，而且样本量只有243份，几乎只是总样本量(428)的一半，这都会使该子项目得分偏高。由表11-9可知，“教学设备与材料的运用”的质量水平主要集中在合格水平(39%)，良好水平和优秀水平的比例均高于项目的比例，但是同时不适宜水平的比例(17%)也高于项目的比例。

(四)教学过程

项目“教学过程”主要是对集体教学活动整个教学的过程进行评价的。包含四个子项目，分别是教学组织与秩序、意外事件的处理、教学时间、教学有效性。由表11-10可知，“教学过程”的项目平均得分为5.34分，达到了“合格”水平(5分)。由表11-11可知，样本班级的“教学过程”质量主要集中在合格(43%)和良好水平(26%)，不适宜水平的比例为9%，但是优秀水平的比例只有6%。

表11-10 “教学过程”得分描述性统计

	样本量	均值	标准差	最小值	最大值
教学过程	426	5.34	1.66	1.00	9.00
教学组织与秩序	426	4.80	2.15	1.00	9.00
意外事件的处理	301	5.75	1.64	1.00	9.00
教学时间	426	5.79	2.20	1.00	9.00
教学有效性	426	5.64	2.29	1.00	9.00

表11-11 “教学过程”得分分布情况

	不适宜		最低要求		合格		良好		优秀	
	N	%	N	%	N	%	N	%	N	%
教学过程	36	9	72	17	182	43	110	26	26	6
教学组织与秩序	78	18	48	11	227	53	39	9	34	8
意外事件的处理	10	3	51	17	125	42	88	29	27	9
教学时间	43	10	37	9	170	40	99	23	77	18
教学有效性	46	11	77	18	128	30	98	23	77	18

1. 教学组织与秩序

教学组织与秩序是对教学过程中教学秩序的良好程度和组织形式进行评价

的。由表11-10可知，子项目“教学组织与秩序”得分为4.80分，低于项目平均得分，接近“合格”水平，但是标准差较大(SD=2.15)，说明“教学组织与秩序”的质量水平差异较大。由表11-11可知，样本班级的“教学组织与秩序”质量主要集中在合格水平(53%)，最低要求水平和良好水平均低于项目的比例，优秀水平的比例(8%)略高于项目的比例(6%)，但是不适宜水平的比例(18%)是项目的比例(9%)的两倍。这就可以看出，不适宜水平的质量比重偏多，因此子项目得分低于项目平均得分。

2. 意外事件的处理

做到对教育教学过程中发生的意外事件的恰当处理没有固定的程式和方法，因而是比较困难的，它体现了教师的敏感性，同时也体现了教师的教育经验和临场的教学机智。在集体教育活动的过程中，教师应根据意外事件的性质和影响大小，及时察看有没有幼儿受到伤害(如有幼儿身体受到伤害应及时处理，需要及时送到保健医生处)，迅速对事件原因作出判断，再选择适宜的反应方式(如正面引导，暂时冷处理，转移注意，重新吸引幼儿兴趣，安慰情绪受伤害的幼儿等)，及时减少或消除意外事件的不利影响，甚至把意外事件转化为有利的教育机会。如果整个集体教学活动过程中没有发生意外事件，则本子项目记为“不适用”。由表11-10可知，该子项目得分为5.75分，高于项目得分均值，达到“合格”水平。但是该子项目的样本量只有301份，样本量较少，说明该子项目由于未观察到而被评为“不适用”或者缺失，这会使子项目的得分偏高。由表11-11可知，样本班级的“意外事件的处理”质量主要集中在合格(42%)和良好水平(29%)，最低要求水平的比例与项目的比例相同(17%)，优秀水平的比例(8%)略高于项目的比例，不适宜水平的比例相对项目的比例也较低(3%)。

3. 教学时间

集体教学活动的教学时间是根据幼儿的不同年龄段和课程结构的差异进行规划的。对于单次集体教学活动的时间长度，一般而言，小班(3～4岁)集体教学活动的时间以15～20分钟为宜，中班(4～5岁)为20～25分钟，大班(5～6岁)为25～30分钟。当然，根据教学内容、性质和幼儿的兴趣状况，集体教学活动的时间长度可以稍微缩短或延长(5～10分钟)。一般而言(并非绝对，视观察时的情况而定)，单次集体教学活动，小班超过30分钟，中班超过35分钟，大班超过40分钟，可以看作时间过长。由表11-10可知，该子项目的得分为5.79分，达到了“合格”水平(5分)，高于项目得分均值。但是标准差较大(SD=2.20)，说明子项目“教学时间”的得分差异较大，也说明教师对教学时间的把握上差异较大。由表11-11可知，样本班级的“教学时间”的质量主要集中在合格(40%)和良好水平(23%)，最低要求水平的比例(9%)低于项目的比例(17%)，不适宜水平的比例(10%)与项目的比例(9%)基本相同，不过优秀水平的比例(18%)是项目比例的 3 倍。

4. 教学有效性

子项目“教学有效性”主要是观察教学目标是否达成，幼儿在教学过程中是否获得了有效的学习。由表 11-10 可知，该子项目得分为 5.64 分，达到了“合格”水平(5 分)，高于项目平均得分。但是标准差较大(SD＝2.29)，说明“教学有效性”的质量差异较大。由表 11-11 可知，样本班级的“教学有效性”质量主要集中于合格(30％)和良好水平(23％)，不适宜水平(11％)和最低要求水平(18％)与项目的比例基本相同，不过优秀水平的比例为 18％，是项目的比例的 3 倍。

(五)教学支持

项目“教学支持”的评价内容借鉴了 CLASS 量表的“教学支持”概念框架，目的是为了反映我国幼儿园集体教学对幼儿学习支持的有效性。该项目包含四个子项目：教学方法、教学机智、学习与选择机会、反馈评价。由表 11-12 可知，项目“教学支持”的评价得分为 4.62 分，处于“最低要求”水平。由表 11-13 可知，样本班级的“教学支持”质量主要集中在最低要求(31％)和合格水平(45％)，良好水平的比例为 11％，但是不适宜水平的比例有 10％，而优秀水平的比例只有 3％。

表 11-12　“教学支持”得分描述性统计

	样本量	均值	标准差	最小值	最大值
教学支持	426	4.62	1.65	1.00	9.00
教学方法	426	4.59	2.02	1.00	9.00
教学机智	426	4.20	1.96	1.00	9.00
学习与选择机会	426	4.84	1.95	1.00	9.00
反馈评价	426	4.87	1.83	1.00	9.00

表 11-13　“教学支持”得分分布情况

	不适宜		最低要求		合格		良好		优秀	
	N	%	N	%	N	%	N	%	N	%
教学支持	43	10	134	31	190	45	44	11	12	3
教学方法	75	18	63	15	201	47	74	17	13	3
教学机智	83	20	98	23	186	44	50	12	9	2
学习与选择机会	60	14	81	19	212	50	53	12	20	5
反馈评价	48	11	72	17	210	49	83	19	13	3

1. 教学方法

集体教学活动中的教学方法有很多，教师应根据课程的差异和幼儿年龄段的不同采取适宜的教学方法。由表 11-12 可知，子项目“教学方法”的得分为 4.59 分，处于“最低要求”水平，与项目的平均得分接近。但是标准差较大(SD=2.02)，说明样本班级的“教学方法”的质量差异较大，也说明教师对教学方法的选择和运用上差异较大。由表 11-13 可知，样本班级的“教学方法”的质量主要集中在合格水平(47%)，但是由于不适宜水平的比例高达 18%，因此造成子项目得分较低，良好水平的比例为 17%，但是优秀水平的比例只有 3%。

2. 教学机智

教学机智是对教师在教学过程中所表现的对教学过程的灵活掌握情况，能够根据幼儿的表现作出现场的适宜的动态调整。由表 11-12 可知，子项目“教学机智”的得分为 4.20 分，低于项目得分均值，处于“最低要求”水平。由表 11-13 可知，样本班级的“教学机智”质量主要集中在合格水平(44%)，但是由于不适宜水平的比例高达 20%，最低要求水平的比例为 23%，所以该子项目得分偏低，而良好水平和优秀水平的比例均较低，分别为 12%和 2%。

3. 学习与选择机会

学习与选择机会是在教学过程中提供幼儿操作、表达等的机会，并提供自主选择(材料、合作伙伴等)的机会。由表 11-12 可知，该子项目的得分为 4.84 分，接近“合格”水平，高于项目平均得分。由表 11-13 可知，样本班级的“学习与选择机会”的质量主要集中在合格水平(50%)，但是不适宜水平的比例为 14%，最低要求水平的比例为 19%，而良好水平的比例为 12%，优秀水平的比例只有 5%。

4. 反馈评价

反馈评价是教师对幼儿的学习给予适宜的反馈和评价。由表 11-12 可知，该子项目得分为 4.87 分，接近“合格”水平，高于项目得分均值。由表 11-13 可知，样本班级的“反馈评价”的质量主要集中在合格水平(49%)，不适宜水平的比例虽然相对其他子项目较低，但是仍有 11%，而且最低要求水平的比例为 17%，优秀水平的比例只有 3%。

(六)语言理解与表达

语言理解与表达能力对于幼儿任何其他领域的学习与发展都具有基础性的作用。尽管能够促进幼儿语言理解与表达的活动可能发生于一日活动的任何时间，但鉴于集体教学在我国幼儿园中的重要性，专门设置了此项目以评价在相对正式的情境下幼儿可获得的语言学习的支持。项目“语言理解与表达”包含两个子项目，分别为语言支持和鼓励沟通与表达。由表 11-14 可知，项目“语言理解与表达”的平均得分为 4.85 分，接近“合格”水平(5 分)。由表 11-15 可知，样本班级的“语言理解与表达”质量主要集中在最低要求(26%)和合格水平(45%)，良好水平的比例为15%，优秀水平的比例仅为7%，而不适宜水平的比例仍有8%。

表 11-14　“语言理解与表达”得分描述性统计

	样本量	平均值	标准差	最小值	最大值
语言理解与表达	428	4.85	1.66	1.00	9.00
语言支持	428	5.33	2.01	1.00	9.00
鼓励沟通与表达	428	4.37	1.71	1.00	9.00

表 11-15　“语言理解与表达”得分分布情况

	不适宜		最低要求		合格		良好		优秀	
	N	%	N	%	N	%	N	%	N	%
语言理解与表达	34	8	111	26	191	45	63	15	29	7
语言支持	42	10	68	16	205	48	60	14	51	12
鼓励沟通与表达	48	11	172	40	167	39	21	5	20	5

1. 语言支持

语言支持主要是教师在教学过程中所使用语言的规范性以及对幼儿语言发展所起到的作用。由于我国是统一的多民族国家，语言种类有很多，所以关于教师语言的规范性，我们认为在汉语言地区的普通幼儿园，教师应当使用全国通用的普通话作为规范的教育教学语言。但少数民族地区幼儿园或招收少数民族儿童为主的幼儿园，教师在教育教学过程中可以使用本民族的语言，但也应当是本民族的普遍认同的规范语言；在少数民族双语幼儿园，教师可以使用本民族语言和汉语普通话两种语言，但都应是规范的。由表 11-14 可知，该子项目得分为 5.33 分，达到“合格”水平(5 分)，高于项目的平均分值。但是标准差较大(SD=2.01)，说明样本班级在“语言支持”子项目上的质量存在较大的差异，也说明教师在教学过程中对语言支持的差异也是较大的。由表 11-15 可知，样本班级的“语言支持”质量主要集中在合格水平(48%)，虽然不适宜水平的比例(10%)略高于项目的比例(8%)，但是优秀水平的比例也同样高于项目的比例，为 12%，而最低要求水平的比例(16%)低于项目的比例(26%)，良好水平的比例(14%)与项目的比例基本相同。

2. 鼓励沟通与表达

在集体教学活动中，提供幼儿沟通与表达的机会。由表 11-14 可知，子项目“鼓励沟通与表达”的得分为 4.37 分，低于项目平均得分，处于“最低要求”水平。由表 11-15 可知，样本班级的“鼓励沟通与表达”质量主要集中在最低要求(40%)和合格水平(39%)，不适宜水平的比例为 11%，但是良好水平和优秀水平的比例均很低，仅有5%。

(七)概念与思维技能

概念的形成、逻辑与推理以及其他各类思维技能的发展是幼儿认知发展的重要内容。在我国幼儿园教育背景下，集体教学对于幼儿概念的形成和思维技能的发展具有尤其重要的价值。该项目包含概念教学、逻辑与推理、思维技能发展三个子项目。由表11-16可知，项目“概念与思维技能”的平均得分为4.54分，处于“最低要求”水平。由表11-17可知，样本班级的“概念与思维技能”质量主要集中在合格水平(64%)，但是由于最低要求水平的比例为29%，不适宜水平的比例较高为15%，而良好水平的比例只有6%，优秀水平的比例仅有3%。因此，项目均分偏低，处于最低要求水平。通过观察三个子项目的得分分布情况也发现，虽然得分主要分布在合格水平，但由于不适宜水平的比例太高，优秀水平的比例太低，使子项目得分偏低。

表11-16 “概念与思维技能”得分描述性统计

	样本量	均值	标准差	最小值	最大值
概念与思维技能	428	4.54	1.65	1.00	8.33
概念教学	427	4.52	1.67	1.00	9.00
逻辑与推理	427	4.55	2.18	1.00	9.00
思维技能发展	426	4.56	1.92	1.00	9.00

表11-17 “概念与思维技能”得分分布情况

	不适宜		最低要求		合格		良好		优秀	
	N	%	N	%	N	%	N	%	N	%
概念与思维技能	63	15	122	29	275	64	25	6	14	3
概念教学	49	12	78	18	248	58	50	12	2	1
逻辑与推理	94	22	55	13	179	42	80	19	19	4
思维技能发展	73	17	68	16	210	49	65	15	10	2

1. 概念教学

在早期教育阶段，通过适当的方式可以教导的概念有很多，除了各种新的词汇概念以外，还包括相同与不同、类别与顺序、匹配与对应、空间关系、原因与结果、对称与平衡、变化与守恒等数学、科学或逻辑上的概念。对于科学类的概念未必要求幼儿达到科学的认识水平，只是让幼儿积累相应的体验和前科学经验。由表11-16可知，子项目“概念教学”的得分为4.52分，低于项目平均分，处于“最低要求”水平。由表11-17可知，样本班级的“概念教学”质量主要集中在合格水平(58%)，但是由于不适宜水平的比例相对较高(12%)，最低要求水平的比例有18%，而优秀水平的比例却只有1%，因此子项目得分较低。

2. 逻辑与推理

由表11-16可知，子项目“逻辑与推理”的得分为4.55分，基本与项目平均得分相同，处于“最低要求”水平。但是标准差较大(SD=2.18)，说明样本班级在子项目“逻辑与推理”上的质量得分差异较大。由表11-17可知，样本班级的“逻辑与推理”质量主要集中在合格水平(42%)，同样由于不适宜水平的比例非常高，为22%，而优秀水平的比例只有4%，使子项目得分较低，处于最低要求水平。良好水平的比例有19%，最低要求水平的比例有13%。

3. 思维技能发展

从理论上说，任何课程领域或主题的集体教学，只要教师有促进幼儿思维技能发展的意识并进行精心设计与组织，都会对幼儿的某种思维或技能有不同程度的促进作用。这也是集体教学的重要价值所在。但不同的课程领域，对幼儿思维技能促进的功能和程度存在一定的差异。一般而言，自然科学领域的教学对于幼儿思维能力的发展，健康(健康常识与体育)、艺术领域的教学对于幼儿动作技能的发展，促进作用可能会更明显些；而语言、社会领域某些主题的教学在这方面的作用可能会相对弱一些。因此，要根据不同领域的性质，对项目“思维技能发展”进行相应的理解和评价。由表11-16可知，该子项目得分为4.56分，处于“最低要求”水平。由表11-17可知，样本班级在子项目“思维技能发展”的质量得分主要集中在合格水平(49%)，同样由于不适宜水平的比例很高为17%，而优秀水平的比例只有2%，而最低要求水平的比例(16%)与良好水平的比例(15%)基本相同，使子项目得分偏低。

(八)幼儿表现

项目“幼儿表现”是根据集体教学中对幼儿的观察信息来进行评价的。包含四个子项目，分别是参与/专注、情绪/情感与社会性、思维技能以及表达/创造。由表11-18可知，项目“幼儿表现”的评价得分为5.29分，达到“合格”水平(5分)。由表11-19可知，样本班级的“幼儿表现”质量主要集中在合格水平(49%)，最低要求水平和良好水平的比例相同均为22%，不适宜水平的比例为3%，基本与优秀水平的比例(4%)相同。

表 11-18 “幼儿表现”得分描述性统计

	样本量	均值	标准差	最小值	最大值
幼儿表现	425	5.29	1.40	1.75	9.00
参与/专注	425	5.79	1.72	1.00	9.00
情绪/情感与社会性	425	5.75	1.55	1.00	9.00
思维技能	425	4.76	1.83	1.00	9.00
表达/创造	425	4.84	1.86	1.00	9.00

表 11-19 “幼儿表现”得分分布情况

	不适宜		最低要求		合格		良好		优秀	
	N	%	N	%	N	%	N	%	N	%
幼儿表现	11	3	94	22	209	49	94	22	17	4
参与/专注	17	4	49	12	159	37	165	39	35	8
情绪/情感与社会性	20	5	38	9	205	48	135	32	27	6
思维技能	51	12	89	21	205	48	74	17	6	1
表达/创造	49	12	75	18	198	47	89	21	14	3

1. 参与/专注

参与/专注主要是对幼儿在集体教学活动中对活动的参与程度和专注程度进行评价的。由表 11-18 可知，子项目“参与/专注”的得分为 5.79 分，高于项目平均得分，达到“合格”水平(5 分)。由表 11-19 可知，样本班级的“参与/专注”质量主要集中在合格(37%)和良好(39%)水平，最低要求水平的比例为 12%，低于项目的比例，不适宜水平的比例(4%)与项目的比例基本相同，优秀水平的比例(8%)较项目的比例(4%)高。

2. 情绪/情感与社会性

“情绪/情感与社会性”主要是对幼儿在集体教学活动中所表现的情绪/情感状态和社会交往表现进行评价的。由表 11-18 可知，该子项目得分为 5.75 分，高于项目平均得分，达到“合格”水平。由表 11-9 可知，样本班级的“情绪/情感与社会性”质量主要集中在合格(48%)和良好(32%)水平，最低要求水平的比例(9%)远低于项目的比例(22%)，而不适宜水平的比例为 5%，优秀水平的比例为 6%。

3. 思维技能

由表 11-18 可知，子项目“思维技能”的得分为 4.76 分，低于项目平均得分，处于“最低要求”水平，但接近“合格”水平。由表 11-19 可知，样本班级的“思维技能”质量主要分布在合格水平(48%)，最低要求水平的比例(21%)与良好水平的比例(17%)相近，但是不适宜水平的比例却高到 12%，远高于项目的比例(3%)，而优秀水平的比例(1%)低于项目的比例(4%)。

4. 表达/创造

幼儿表达与创造的方式是多种多样的，常见的表达方式包括：语言的(如发言、提问、回答、谈话、讲故事、争论等)，肢体动作的(如举手、鼓掌、竖大拇指、拥抱、抚摸、奔跑、跳跃等)，表情的(如微笑、大笑、哭泣、愤怒等)。幼儿常见的创造活动包括：故事或诗歌的创编，跟随音乐的舞蹈或律动动作的创编，美术(绘画、手工、立体造型等)活动中的自由创造，运用各种材料的游戏过程中的创造，以及在解决问题过程中表现出的创造性思维等。当然，幼儿的表达与创造过程是相互交叉渗透的，并没有明显的界限。

毫无疑问，只要关注幼儿的表达/创造能力的发展并进行精心设计和组织，任何领域或主题的集体教学都能为幼儿表达/创造能力的发展提供机会。但需要注意的是，与“思维技能”一样，“表达/创造”也存在不同课程领域间的差异性。一般而言，语言、艺术领域的集体教学在为幼儿提供表达或创造的机会上，可能会更容易些。而健康、科学、社会领域难度相对较高些。因此，对于健康、科学、社会领域的集体教学，应进行相应的不同的理解与评价。

由表 11-18 可知，该子项目得分为 4.84 分，接近于合格水平。由表 11-19 可知，样本班级的“表达/创造”质量主要集中在合格水平(47%)，最低要求水平的比例(18%)与良好水平的比例(21%)相接近。但是不适宜水平的比例也很高，为 12%，而优秀水平的比例只有 3%。

(九)价值取向

“价值取向”主要是指在集体教学活动结束后，观察者对集体教学活动的整体印象，尤其是对集体教学活动背后的价值取向以及平等与公平理念的判断。项目“价值取向”包含三个子项目，分别为教学取向、师幼平等和机会公平。由表 11-20 可知，项目“价值取向”的平均得分为 5.60 分，达到“合格”水平(5 分)。但是样本量只有 399 份，这可能会影响整个项目的得分均值，会使项目得分偏高。由表 11-21 可知，样本班级的“价值取向”质量主要集中在合格水平(43%)和良好水平(24%)，最低要求水平的比例为 14%，不适宜水平的比例(9%)与优秀水平的比例(10%)基本相同。

1. 教学取向

一般情况下，课程取向为以幼儿为中心和以学科为中心。那么，教学取向就是看教师在集体教学活动中是以幼儿为中心，注意幼儿的表现和反应，还是以知识传递为主要目的，进行灌输式教学。由表 11-20 可知，子项目“教学取向”的得分为 5.19 分，达到“合格”水平。但是标准差较大(SD=2.19)，说明“教学取向”的质量差异较大，也说明教师的教学取向差异较大。由表 11-21 可知，样本班级的“教学取向”质量主要集中在合格(39%)和良好(22%)水平，最低要求水平的比例(14%)和优秀水平的比例(10%)与项目的比例均相同，不适宜水平的比例(16%)高于项目的比例(9%)。

表 11-20 “价值取向”得分描述性统计

	样本量	均值	标准差	最小值	最大值
价值取向	399	5.60	1.84	1.00	9.00
教学取向	398	5.19	2.19	1.00	9.00
师幼平等	399	5.62	2.10	1.00	9.00
机会公平	399	6.02	1.88	1.00	9.00

表 11-21 “价值取向”得分分布情况

	不适宜		最低要求		合格		良好		优秀	
	N	%	N	%	N	%	N	%	N	%
价值取向	37	9	55	14	172	43	96	24	39	10
教学取向	62	16	56	14	154	39	87	22	39	10
师幼平等	48	12	27	7	172	43	103	26	49	12
机会公平	30	8	21	5	151	38	148	37	49	12

2. 师幼平等

由表 11-20 可知，子项目“师幼平等”的得分为 5.62 分，与项目的平均得分基本相同，达到“合格”水平。但是标准差较大(SD=2.10)，说明样本班级的“师幼平等”质量存在较大差异。由表 11-21 可知，样本班级的“师幼平等”质量主要集中在合格(43%)和良好(26%)水平，最低要求水平的比例(7%)低于项目的比例(14%)，优秀水平的比例(12%)和不适宜水平的比例(12%)相同，且均高于项目的比例。

3. 机会公平

机会公平是教师对待所有幼儿的态度，每个幼儿的机会均等。由表 11-20 可知，子项目“机会公平”的得分为 6.02 分，高于项目平均得分，达到“合格”水平。由表 11-21 可知，样本班级的“机会公平”质量主要集中在合格(38%)和良好水平(37%)，而且两个水平所占比例基本相同，最低要求水平的比例也较低为 5%，不适宜水平的比例(8%)低于项目的比例，优秀水平的比例(12%)高于项目的比例(10%)。

(十)子量表得分以及各个项目得分之间的相关性分析

表 11-22　"集体教学"子量表及各项目得分的相关系数

	四	21	22	23	24	25	26	27	28	29
四	1									
21	0.906**	1								
22	0.866**	0.724**	1							
23	0.869**	0.792**	0.702**	1						
24	0.772**	0.637**	0.612**	0.651**	1					
25	0.906**	0.814**	0.767**	0.775**	0.656**	1				
26	0.881**	0.761**	0.771**	0.701**	0.663**	0.800**	1			
27	0.871**	0.790**	0.686**	0.737**	0.633**	0.784**	0.758**	1		
28	0.909**	0.841**	0.774**	0.759**	0.651**	0.801**	0.776**	0.764**	1	
29	0.775**	0.661**	0.691**	0.600**	0.491**	0.633**	0.616**	0.602**	0.712**	1

注：1. 表中"四"代表子量表"集体教学"，"21"代表项目目标与内容，"22"代表项目情感支持，"23"代表项目教学设计与准备，"24"代表项目教学过程，"25"代表项目教学支持，"26"代表项目语言理解与表达，"27"代表项目概念与思维技能，"28"代表项目幼儿表现，"29"代表项目价值取向。

2. 显著性水平：** $p<0.01$

由表 11-22 可知，子量表"集体教学"与九个子项目的相关系数均很高，而且非常显著，均为强的正相关。其中，"目标与内容""教学支持""幼儿表现"与"集体教学"子量表得分之间的相关程度更高。各个子项目之间也均有显著的正相关。其中，"目标与内容"与"教学支持"、"语言理解与表达"与"教学支持"、"目标与内容"与"幼儿表现"、"教学支持"与"幼儿表现"之间的相关性更高，且均具有很强的正相关。

三、幼儿园集体教学质量的区域差异

(一)不同区域幼儿园集体教学质量比较

1. 子量表得分的比较

由表 11-23 可知，全国幼儿园集体教学质量(以子量表得分来衡量)刚好达到"合格"水平；东部地区集体教学子量表得分达到合格水平，并处于合格水平与良好水平中间，高于全国水平以及中、西部地区；中部地区集体教学子量表得分处于合格水平以下，低于全国水平高于西部地区水平；西部地区集体教学子量表得分处于最低要求水平，低于全国水平以及东中部地区。东、中、西部地区集体教学质量水平呈逐渐下降趋势。

表 11-23　我国东、中、西部幼儿园集体教学质量比较与差异检验

	全国		东部		中部		西部		F
	N	M(SD)	N	M(SD)	N	M(SD)	N	M(SD)	
集体教学	428	5.07 (1.44)	167	6.00 (1.05)	90	4.72 (0.93)	171	4.34 (1.50)	81.33***
目标与内容	426	4.83 (1.76)	165	5.92 (1.31)	90	4.04 (1.21)	171	4.21 (1.85)	68.14***
情感支持	425	5.52 (1.66)	164	6.36 (1.19)	90	5.30 (1.43)	171	4.85 (1.82)	42.45***
教学设计与准备	426	4.99 (1.82)	165	5.97 (1.39)	90	4.76 (1.30)	171	4.17 (1.99)	51.78***
教学过程	426	5.34 (1.66)	165	6.39 (1.01)	90	5.53 (1.35)	171	4.23 (1.62)	108.04***
教学支持	426	4.62 (1.65)	165	5.51 (1.30)	90	4.26 (1.38)	171	3.96 (1.71)	48.53***
语言理解与表达	428	4.85 (1.66)	167	5.88 (1.31)	90	4.73 (1.04)	171	3.83 (1.51)	83.87***
概念与思维技能	428	4.54 (1.65)	167	5.56 (1.34)	90	4.01 (1.47)	171	3.83 (1.51)	69.35***
幼儿表现	425	5.29 (1.40)	141	6.14 (1.03)	90	4.78 (1.10)	170	4.73 (1.46)	64.46***
价值取向	399	5.60 (1.84)	141	6.45 (1.60)	88	5.05 (1.76)	170	5.19 (1.82)	26.37***

2. 项目水平的比较

从项目水平分析，由表 11-23 可知，子量表“集体教学”的 9 个子项目的全国平均得分由高到低依次为价值取向、情感支持、教学过程、幼儿表现、教学设计与准备、语言理解与表达、目标与内容、教学支持、概念与思维技能。由图 11-4 可以发现，东、西部地区的项目得分趋势走向与全国水平基本相同。具体由表 11-23 和图 11-4 可发现，总体上，东部地区的项目得分高于全国水平，中、西部低于全国水平，中部高于西部地区；在“教学过程”项目上，中部地区高于全国水平；在“目标与内容”和“价值取向”项目上，西部地区高于中部地区。

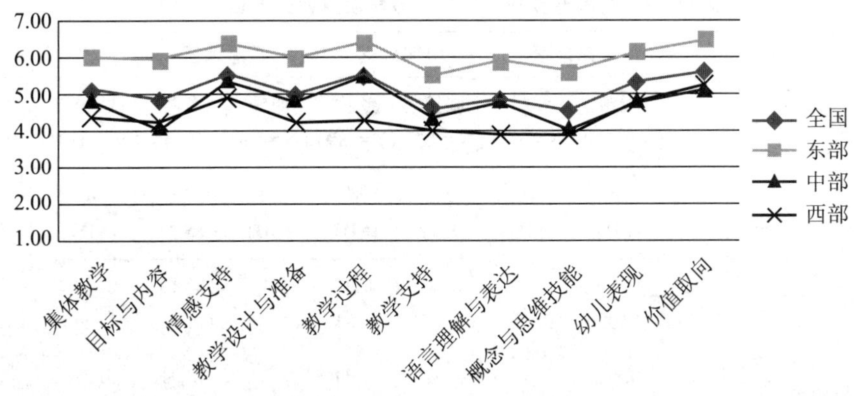

图 11-4 我国东、中、西部幼儿园集体教学质量状况

(二)幼儿园集体教学质量区域差异检验

方差分析结果显示(见表 11-23)，东、中、西部之间幼儿园集体教学质量差异均极其显著($p<0.001$)。经过事后检验发现，东部地区高于中部地区($p<0.001$)与西部地区($p<0.001$)，差异非常显著；中部地区高于西部地区($p<0.05$)，差异显著。在项目层面上，不同区域之间均存在极其显著的差异。事后检验发现，所有项目上东部地区均显著高于中部与西部地区；在大部分项目上(目标与内容、情感支持、教学支持、概念与思维技能、幼儿表现、价值取向)中部与西部地区之间不存在显著差异；在项目“教学设计与准备”“教学过程”和“语言的理解与表达”上，中部与西部地区之间存在极其显著的差异，中部地区显著高于西部地区。

四、幼儿园集体教学质量的城乡差异

(一)全国及各区域幼儿园集体教学质量的城乡比较

由图 11-5 可知，全国城镇幼儿园集体教学质量高于乡村幼儿园集体教学质量；由表 11-24 可知，全国城镇幼儿园样本班级中子量表得分处于“合格”水平(5分)，而乡村幼儿园样本班级中子量表得分处于“最低要求”水平；全国城镇幼儿园样本班级中 9 个项目的得分达到“合格”水平，全国乡村幼儿园样本班级中 9 个项目中除“价值取向”项目处于“合格”水平外，其余 8 个项目得分均处于最低要求水平。

表 11-24　全国城乡幼儿园集体教学质量得分的描述性统计

	东部地区		中部地区		西部地区		全国	
	城镇 (N=110)	乡村 (N=57)	城镇 (N=82)	乡村 (N=89)	城镇 (N=46)	乡村 (N=44)	城镇 (N=238)	乡村 (N=190)
	M (SD)	M (SD)	M (SD)	M (SD)	M (SD)	M (SD)	M (SD)	M (SD)
集体教学	6.35 (0.92)	5.33 (0.96)	4.81 (1.57)	3.92 (1.31)	4.93 (1.02)	4.49 (0.79)	5.54 (1.41)	4.47 (1.25)
目标与内容	6.31 (1.13)	5.18 (1.30)	4.82 (1.85)	3.64 (1.67)	4.16 (1.30)	3.91 (1.11)	5.37 (1.70)	4.17 (1.60)
情感支持	6.71 (1.09)	5.69 (1.10)	5.34 (1.88)	4.41 (1.64)	5.54 (1.60)	5.05 (1.20)	6.00 (1.64)	4.94 (1.50)
教学设计与准备	6.30 (1.25)	5.34 (1.42)	4.96 (1.94)	3.45 (1.75)	4.72 (1.38)	4.80 (1.22)	5.53 (1.70)	4.33 (1.76)
教学过程	6.67 (0.77)	5.86 (1.20)	4.49 (1.69)	3.98 (1.53)	5.56 (1.48)	5.50 (1.21)	5.70 (1.62)	4.90 (1.61)
教学支持	5.84 (1.20)	4.89 (1.27)	4.40 (1.74)	3.55 (1.60)	4.64 (1.53)	3.86 (1.08)	5.10 (1.61)	4.03 (1.50)
语言理解与表达	6.32 (1.22)	5.04 (1.05)	4.34 (1.80)	3.51 (1.39)	5.03 (1.13)	4.41 (0.84)	5.39 (1.69)	4.17 (1.36)
概念与思维技能	6.03 (1.04)	4.67 (1.41)	4.19 (1.57)	3.50 (1.39)	4.35 (1.66)	3.64 (1.15)	5.07 (1.63)	3.88 (1.43)
幼儿表现	6.43 (1.00)	5.60 (0.88)	5.17 (1.51)	4.34 (1.28)	5.15 (1.01)	4.39 (1.06)	5.74 (1.35)	4.73 (1.26)
价值取向	6.73 (1.43)	5.86 (1.78)	5.56 (1.88)	4.85 (1.70)	5.22 (1.98)	4.88 (1.51)	6.00 (1.83)	5.11 (1.73)

注：城镇=城市+县城；乡村=乡镇中心/城郊+村。

1. 东部地区幼儿园集体教学质量的城乡比较

由表 11-24 可知，东部地区城镇幼儿园与乡村幼儿园集体教学质量得分均达到“合格”水平；项目层面上，东部地区城镇幼儿园样本班级中各项目得分均达到“合格”水平，除“教学支持”项目外，其余 8 个项目得分均在 6 分以上，其中，“情感支持”“教学过程”和“价值取向”3 个项目得分接近“良好”水平(7 分)；而东部地区乡村幼儿园样本班级中，除“教学支持”“概念与思维技能”两个项目得分处于“最低要求”水平外，其余 6 个项目得分均处于“合格”水平。

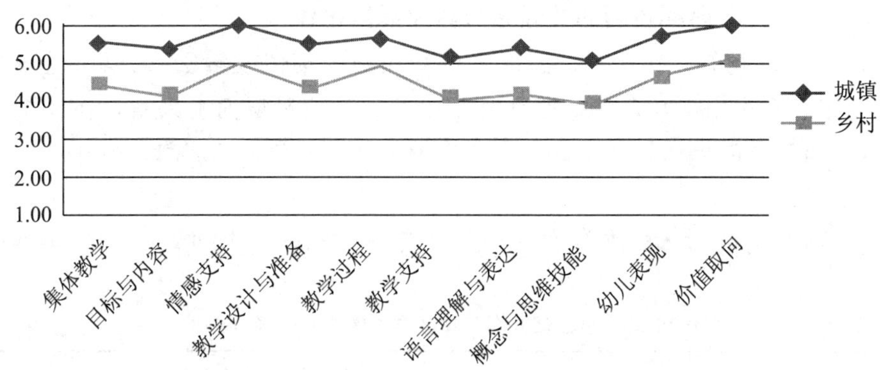

图 11-5　全国城乡幼儿园集体教学质量得分城乡差异

2. 中部地区幼儿园集体教学质量的城乡比较

由表 11-24 可知，中部地区城镇幼儿园与乡村幼儿园集体教学质量得分处于“最低要求”水平，但城镇幼儿园集体教学质量得分接近“合格”水平。项目层面上，中部地区城镇幼儿园样本班级中，除“情感支持”“幼儿表现”和“价值取向”3个项目得分处于“合格”水平外，其余 6 个项目得分均处于最低要求水平；而中部地区乡村幼儿园样本班级中各个项目得分均处于最低要求水平，其中“价值取向”项目得分最高，接近“合格”水平，“教学设计与准备”项目得分最低(M=3.45)。

3. 西部地区幼儿园集体教学质量的城乡比较

由表 11-24 可知，西部地区城镇幼儿园与乡村幼儿园集体教学质量得分均处于最低要求水平，但城镇幼儿园集体教学质量得分接近“合格”水平。项目层面上，西部地区城镇幼儿园样本班级中，项目“情感支持”“教学过程”“语言理解与表达”“幼儿表现”和“价值取向”达到了“合格”水平，其余 4 个项目得分处于最低要求水平；西部地区乡村幼儿园样本班级中，项目“情感支持”“教学过程”得分达到了“合格”水平，其余项目得分处于最低要求水平，其中“概念与思维技能”得分最低(M=3.64)。

(二)东、中、西部城镇间、农村间幼儿园集体教学质量比较

1. 东、中、西部城镇幼儿园集体教学质量比较

由表 11-24 可知，东、中、西部城镇幼儿园的集体教学质量(以子量表得分衡量)为东部高于中部与西部，西部高于中部。从项目层面上来看，“目标与内容”“教学设计与准备”“幼儿表现”“价值取向”项目上，东部地区高于中部地区，中部地区高于西部地区；“情感支持”“教学过程”“教学支持”“语言理解与表达”“概念与思维技能”项目上，东部高于中部与西部地区，而西部地区高于中部地区。

2. 东、中、西部乡村幼儿园集体教学质量比较

由表11-24可知，东、中、西部乡村幼儿园的集体教学质量(以子量表得分衡量)为东部高于中部与西部，西部高于中部。从项目层面上来看，在9个项目上，乡村幼儿园的集体教学质量为东部高于中部与西部，西部高于中部。

(三)幼儿园集体教学质量城乡差异显著性检验

表11-25　全国幼儿园集体教学质量城乡差异 t 检验

	t
集体教学	8.20***
目标与内容	7.49***
情感支持	6.91***
教学设计与准备	7.11***
教学过程	5.07***
教学支持	7.08***
语言理解与表达	8.27***
概念与思维技能	7.89***
幼儿表现	7.92***
价值取向	4.91***

注：*** $p<0.001$

表11-26　控制区域变量后幼儿园集体教学质量城乡差异检验

	F	η^2
集体教学	51.19***	0.115
目标与内容	39.67***	0.091
情感支持	37.34***	0.086
教学设计与准备	34.38***	0.080
教学过程	12.74***	0.031
教学支持	36.84***	0.085
语言理解与表达	51.74***	0.116
概念与思维技能	46.65***	0.106
幼儿表现	46.96***	0.106
价值取向	16.22***	0.039

注：同上

由表11-25可知，对我国城乡幼儿园集体教学质量得分进行 t 检验，发现幼儿园集体教学质量城乡差异极其显著。由表11-26可知，控制东、中、西部区域

变量后，进行方差分析，发现幼儿园集体教学质量城乡差异仍然极其显著。从项目层面上分析可知，9个项目得分城乡差异极其显著；控制区域变量后，进行方差分析，发现幼儿园集体教学质量城乡差异依然极其显著。

五、不同性质幼儿园集体教学质量的差异

(一)全国不同性质幼儿园集体教学质量的情况

表 11-27　不同办园性质幼儿园集体教学质量得分的描述性统计

		全国		东部地区		中部地区		西部地区	
		N	M(SD)	N	M(SD)	N	M(SD)	N	M(SD)
分类一	教育部门办园	95	5.94(1.10)	46	6.51(0.85)	15	5.16(1.06)	34	5.50(1.03)
	其他公办园	68	5.75(1.17)	42	6.22(1.04)	21	4.88(0.93)	5	5.49(1.07)
	小学附设园	50	4.00(1.09)	8	4.60(0.57)	12	4.15(0.90)	30	3.79(1.22)
	民办园	215	4.71(1.43)	71	5.69(0.97)	42	4.64(0.82)	102	4.07(1.51)
分类二	公办园	213	5.42(1.37)	96	6.23(1.05)	48	4.78(1.02)	69	4.75(1.40)
	民办园	215	4.71(1.43)	71	5.69(0.97)	42	4.64(0.82)	102	4.07(1.51)

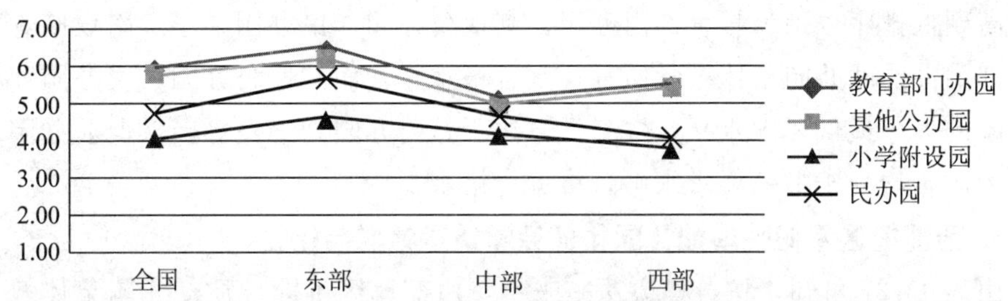

图 11-6　不同办园性质幼儿园集体教学质量的差异(分类一)

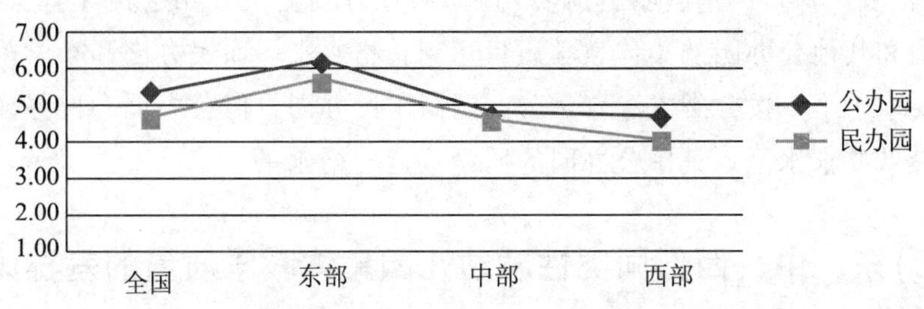

图 11-7　不同办园性质幼儿园集体教学质量的差异(分类二)

基于本研究的样本分布以及政策分析的需要，研究者采用两种分类方法对办

园性质进行划分：分类方法一将幼儿园分为四类：教育部门办园、小学附设园、其他公办园以及民办园；分类方法二是分成两类：公办园（教育部门办园＋小学附设园＋其他公办园）与民办园。

由表 11-27 可知，全国不同办园性质幼儿园集体教学质量按分类方法一由高到低排序分别为：教育部门办园、其他公办园、民办园、小学附设园，其中教育部门办园和其他公办园集体教学质量达到合格水平，而民办园和小学附设园处于最低要求水平；按分类方法二是公办园高于民办园，公办园集体教学质量达到合格水平，而民办园集体教学质量未达到合格水平。

（二）东、中、西部不同性质幼儿园集体教学质量的差异

1. 东部地区不同性质幼儿园集体教学质量情况与比较

由表 11-27 可知，按分类方法一来看，东部地区不同性质幼儿园集体教学质量由高到低排序分别为教育部门办园、其他公办园、民办园、小学附设园，其中教育部门办园、其他公办园和民办园集体教学质量均达到合格水平，而小学附设园未达到合格水平；按分类方法二是公办园高于民办园，而且公办园和民办园的质量均达到合格水平。

2. 中部地区不同性质幼儿园集体教学质量情况与比较

由表 11-27 可知，按分类方法一来看，中部地区不同性质幼儿园集体教学质量由高到低排序分别为教育部门办园、其他公办园、民办园、小学附设园，其中教育部门办的幼儿园集体教学质量达到合格水平，而其他公办园、民办园和小学附设园的处于最低要求水平；按分类方法二是公办园高于民办园，但公办园和民办园的质量均处于最低要求水平，接近合格水平。

3. 西部地区不同性质幼儿园集体教学质量情况与比较

由表 11-27 可知，按分类方法一来看，西部地区不同性质幼儿园集体教学质量由高到低排序分别为教育部门办园、其他公办园、民办园、小学附设园［教育部门办园（M＝5.50）与其他公办园（M＝5.49）的质量得分几乎相等］，其中教育部门办园和其他公办园的集体教学质量达到合格水平，而民办园和小学附设园处于最低要求水平；按分类方法二是公办园高于民办园，但公办园和民办园的质量均处于最低要求水平，其中公办园的质量接近合格水平。

（三）东、中、西部同类性质幼儿园集体教学质量的差异比较

由表 11-27 可知，按分类方法一来看，教育部门办园的集体教学质量为：东部高于西部，西部高于中部，且均达到合格水平，其中东部地区的质量处于合格水平偏上；其他公办园的集体教学质量为：东部高于西部，西部高于中部，其中

东部和西部地区的质量达到合格水平，而中部地区处于最低要求水平，接近合格水平；小学附设园的集体教学质量为东部高于中部，中部高于西部，且均处于最低要求水平；民办园的集体教学质量为东部高于中部，中部高于西部，其中东部地区达到合格水平，中部和西部处于最低要求水平。

按分类方法二来看，公办园的集体教学质量为东部高于中部，中部高于西部，其中东部地区的达到合格水平，而中部和西部处于最低要求水平，且两地区的质量相接近；民办园的集体教学质量为东部高于中部，中部高于西部，东部地区达到合格水平，而中部和西部处于最低要求水平。

(四)不同性质幼儿园集体教学质量差异显著性检验

1. 不同性质幼儿园集体教学质量的差异比较（四分类）

表 11-28　不同性质幼儿园集体教学质量差异显著性检验

	F
集体教学	37.78***
目标与内容	29.80***
情感支持	32.77***
教学设计与准备	29.54***
教学过程	14.57***
教学支持	32.21***
语言理解与表达	34.02***
概念与思维技能	24.42***
幼儿表现	30.38***
价值取向	17.75***

注：*** $p<0.001$

表 11-29　控制城乡和区域变量后不同性质幼儿园集体教学质量差异显著性检验

	F	η^2
集体教学	14.79***	0.102
目标与内容	12.02***	0.084
情感支持	13.39***	0.093
教学设计与准备	13.04***	0.091
教学过程	2.81*	0.021
教学支持	13.14***	0.091
语言理解与表达	12.15***	0.085
概念与思维技能	6.98***	0.051
幼儿表现	10.92***	0.077
价值取向	7.77***	0.056

注：* $p<0.05$，*** $p<0.001$

由表11-28可知，不同性质幼儿园之间在集体教学总体质量上存在极其显著的差异。事后检验发现，教育部门办园与其他公办园之间差异不显著($p>0.05$)，其余的差异均非常显著($p<0.001$)。在项目层面上，9个项目在教育部门办园与其他公办园之间均存在极其显著的差异；除项目“目标与内容”和“教学设计与准备”在小学附设园与民办园之间不存在显著差异之外，其余项目均存在显著差异。

在控制所在地和区域变量(城乡和东、中、西部)后，不同办园性质的幼儿园集体教学质量之间仍然存在极其显著的差异。事后检验发现，教育部门办园与其他公办园之间、小学附设园与民办园之间差异不显著，其余的均差异非常显著。在项目层面上，除项目“教学过程”和“情感支持”，大部分项目的质量差异非常显著。事后检验发现，在教育部门办园与其他公办园之间、小学附设园与民办园之间差异不显著($p>0.05$)，其余的均差异非常显著；项目“情感支持”，教育部门办与其他公办之间差异不显著，小学附设园与民办园之间差异不显著，其余的均差异非常显著；项目“教学过程”，教育部门办园与小学附设园之间差异显著，其余之间差异均不显著。

2. 公办园与民办园集体教学质量的差异比较

表11-30　公办园、民办园集体教学质量差异显著性 t 检验

	t
集体教学	5.25***
目标与内容	5.32***
情感支持	3.88***
教学设计与准备	5.44***
教学过程	2.29*
教学支持	5.27***
语言理解与表达	5.39***
概念与思维技能	4.55***
幼儿表现	4.85***
价值取向	3.40**

注：* $p<0.05$，** $p<0.01$，*** $p<0.001$

由表11-30可知，幼儿园集体教学质量在公办性质与民办性质之间存在着显著差异。在项目层面上，所有项目质量上公办园与民办园之间均存在显著差异；其中“目标与内容”“情感支持”“教学设计与准备”“教学设计与准备”“语言理解与表达”“概念与思维技能”“幼儿表现”项目上，质量差异极其显著。

在控制城乡和区域变量后，从整体来看，幼儿园集体教学质量在公办园与民办园性质之间存在着极其显著的差异。从项目层面来看，在所有项目上，公办园

与民办园质量差距均显著，其中“目标与内容”“教学设计与准备”“教学支持”“语言理解与表达”“幼儿表现”的质量差异极其显著。

表 11-31　控制城乡和区域变量后公办园、民办园集体教学质量差异显著性 t 检验

	F	η^2
集体教学	20.12***	0.049
目标与内容	20.89***	0.050
情感支持	10.57**	0.026
教学设计与准备	21.99***	0.053
教学过程	0.624*	0.002
教学支持	20.81***	0.050
语言理解与表达	22.09***	0.053
概念与思维技能	11.76**	0.029
幼儿表现	16.42***	0.040
价值取向	6.98**	0.017

注：* $p<0.05$，** $p<0.01$，*** $p<0.001$

六、讨论与建议

幼儿园一日活动中，集体教学活动的价值是能够解决在其他活动形式中不能解决或者是通过集体的形式更有利于解决的问题，有利于教师对幼儿的经验进行梳理和提升。因此，幼儿园集体教学质量反映了幼儿园教育质量，同时对幼儿的学习与发展产生重要影响。本研究运用《量表》第三版中的子量表“集体教学”作为评价工具，对全国东、中、西部 8 个省市 428 个幼儿园班级的集体教学质量进行了观察评价；基于这些评价数据，本研究对我国幼儿园集体教学现状及其存在的问题进行了多层面的分析。下面，研究者对本研究的主要发现逐一进行讨论，并在原因分析的基础上提出相应的质量提升建议。

(一)我国幼儿园集体教学质量整体水平不高，支持幼儿学习与发展的有效性不足

根据对数据的描述性分析，我们可以发现全国的幼儿园集体教学质量刚达到“合格”水平(5 分)，各项目水平差距不大，在“合格”水平线上下波动，整体质量水平不高，存在诸多问题，导致集体教学支持幼儿学习与发展的有效性不足。

1. 目标制定与内容选择上存在不适宜和缺少整合性的问题

集体教学活动中，目标的制定与内容的选择是最主要的部分。《3～6 岁儿童

学习与发展指南》中在目标部分对不同年龄段的幼儿应该知道什么、能做什么、大概可以达到什么发展水平提出了合理期望，指明了幼儿学习与发展的具体方向，并部分列举了一些有效的教育途径和方法。也强调要关注幼儿学习与发展的整体性，尊重幼儿发展的个体差异。但是，观察发现，我国幼儿园教师在目标制定与内容选择上，适宜性程度不高，目标与内容缺乏整合性。

原因分析：首先，许多教师对班级幼儿的发展水平和应达到的预期水平没有清晰和全面的把握，因此不能在目标的制定和内容的选择上呈现出对幼儿发展的发展性等；其次，教师对班级幼儿的情况掌握不全面，若班容量较大，教师很难把握不同层次和每个幼儿的发展水平，因此可能会出现顾此失彼的现象，导致适宜性水平降低；另外，教师对教学活动整合性的理解可能不清晰，对教学活动的目标定位不清晰。

具体建议：首先，教师应认真细致地学习和领会《指南》，对不同年龄段的幼儿发展水平有清晰全面的把握，对班级幼儿的实际水平有宏观把握，在制定目标上考虑班级幼儿的实际情况，制定有发展性的目标，使其对大部分幼儿的学习与发展有促进作用；其次，目标的制定与内容的选择应相对应且体现整合性，集体教学活动基本在幼儿园课程五大领域的框架内进行，领域之间的整合不仅要体现在目标上，也应体现在内容上，对教学活动进行清晰定位，掌握不同领域的核心经验，将不同领域、不同能力的发展自然和谐地整合在活动中。

2. 教学支持上存在教学方法机械单一，缺乏教学机智，对幼儿的反馈评价不恰当等问题

教学支持是集体教学有效性的重要保证。调查中发现，我国幼儿园集体教学中在教学方法、反馈与评价上对幼儿的学习支持不足。问题表现在：首先，在一些地区(中、西部农村地区，尤其是小学附设园)，教学方法有明显的“小学化”倾向，以教师的讲授为主，缺乏具体形象操作材料的辅助，幼儿缺乏适宜的参与机会；其次，教师普遍缺乏教学机智，对教学计划的执行缺少灵活性，对幼儿现场学习的状态和反应缺少敏感性；最后，教师对幼儿的行为反应和学习表现的反馈评价比较笼统、不恰当或无效。

原因分析：首先，教师对幼儿的心理发展特点和学习方式理解不充分，不能对幼儿施以恰当的适宜的教学方法；其次，教师对不同教学方法的使用不能结合活动特点灵活使用；最后，教师对幼儿的表现缺乏敏感性和反思，对于幼儿的反应和表现，教师不能对问题进行深入的挖掘和引导，停留在表面的应答上。

具体建议：首先，教师应根据不同活动特点、班级幼儿的特点，对教学方法进行灵活的运用，并且尝试进行新方法的探索，有效地进行集体教学活动；其次，教师应对幼儿的反应和表现具有敏感性，根据幼儿的反应对教学活动进行相应地调整，把握教育契机，灵活应变，避免跟着教案走的现象；教学活动的进行不必因对完整性的追求而走形式，重要的是对于幼儿的问题、回答和反应给予持续跟进的深入引导；教师给幼儿的反馈不应“浮于表面”，而应挖掘幼儿反应的深层次原因，基于对幼儿学习的深度理解给予恰当的支持与引导，使幼儿能够通过集体教学活动在认知与思维上、学习与探究的方法与策略上得到真正的提升。

3. 概念教导不清晰，不利于幼儿逻辑推理和思维技能的发展

概念的形成、逻辑与推理以及其他各类思维技能的发展是幼儿认知发展的重要内容。在我国幼儿园教育背景下，集体教学对于幼儿概念的形成和思维技能的发展具有尤其重要的价值。调查中发现，我国幼儿园集体教学对于幼儿的概念形成、思维技能的掌握与提升有效性很低。

原因分析：首先，概念的教导对于综合素养和专业能力不高的教师来说较难把握。教学对象是幼儿，而抽象的概念不能直接教给幼儿，因此，教师需要思考采取何种方式将这种思维或概念使幼儿习得。其次，教师对概念和思维教学的把握不清晰。教师往往不知道教到哪个程度就可以，不知道要不要深入，而且教师对概念的词汇使用上通常不够科学和准确。另外，概念教学的方式不恰当，很可能会出现“小学化”的灌输现象，幼儿无法理解。

具体建议：首先，教师要了解幼儿园概念的教学是要通过幼儿能够理解的方式方法传递给幼儿的，而不是生硬的教授，要讲究方式、方法；其次，对逻辑思维能力的发展，要注重从幼儿在园一日生活的方方面面进行观察和指导，在集体教学活动中的逻辑思维能力的发展上，要掌握不同年龄段幼儿应该掌握和学习的核心经验，通过适宜的活动，引导幼儿在理解的基础上运用和表达。

(二)幼儿园集体教学质量区域差异显著，中、西部幼儿园集体教学质量偏低

1. 问题揭示

本研究结果表明，幼儿园集体教学质量上区域之间差距显著。东部地区的幼儿园集体教学质量最高，中部地区次之，西部地区最差；东部地区集体教学质量高于全国平均水平，中、西部地区则均低于全国平均水平。虽然东部地区的集体教学质量相对较高，但是仍然主要集中在合格水平，良好和优秀水平的很少。而中部和西部地区主要集中在最低要求水平。因此，中、西部地区的幼儿园集体教学质量问题较为严重。

2. 原因分析

首先，经济水平制约学前教育投入，影响学前教育总体质量。东部地区经济相对发达，学前教育财政投入水平相对较高，教育质量相应较高；而中、西部地区的经济较东部而言欠发达，学前教育财政投入水平不高，教育质量也相对较

低。其次，经济发展水平制约幼儿园办园条件，中、西部地区幼儿园班容量较大，生师比较高，同样影响幼儿园集体教学质量。最后，教师队伍方面，中、西部地区教师队伍综合素质水平和专业化程度不高，制约了幼儿园集体教学质量水平。

3. 具体建议

首先，中央政府应加大对中、西部学前教育发展的统筹和扶持力度，在财政投入上向中、西部地区倾斜，不断提升公办园和非营利性民办园比例，控制班额和生师比；其次，从职前培养和职后培训两个方面全面加强中、西部幼儿园教师队伍建设，提高幼儿园教师的社会地位和待遇，提高幼儿园教师整体的学历水平和专业化水平；最后，在中央的协调下，建立东部与中、西部的学前教育帮扶结对机制，为中、西部的幼儿园课程教学改革提供专业技术支持。以上多条措施相结合，对于中、西部幼儿园集体教学质量的提升会起到积极的作用。

(三)幼儿园集体教学质量城乡差异显著，农村幼儿园集体教学质量很低

1. 问题揭示

本研究结果表明，幼儿园集体教学质量上存在显著的城乡差距，城镇明显高于乡村。全国乡村幼儿园集体教学质量处于最低要求水平，9 个项目中大部分项目质量处于最低要求水平。

2. 原因分析

在城乡发展差距悬殊的背景下，学前教育发展水平差距巨大。首先，相对于城镇幼儿园来说，乡村幼儿园教育经费严重不足，办园条件较差，各类资源相对匮乏；其次，乡村幼儿园师资力量不足，教师专业水平低下，非在编教师待遇普遍较低，无法吸引合格教师去农村任教；再次，农村幼儿园的班级容量相对较大，生师比相对较高加大了幼儿园教师的集体教学活动的压力；最后，中、西部乡村幼儿园的“小学化”现象相对严重。这些可能导致乡村幼儿园集体教学质量低下。

3. 具体建议

基于以上背景，中央和各级地方政府必须建立和实施一系列致力于缩小城乡发展差距的政策框架，补偿和保障农村儿童接受有质量的幼儿园教育的权利。首先，增加对乡村幼儿园的教育财政投入，加大对幼儿园的建设，提高建园数量和质量，注重控制农村幼儿园班额，有效控制生师比和在场生师比。其次，增加乡村教师的待遇，加强对乡村教师队伍的建设，对在岗教师进行培训和教育，吸引优秀的教师人才投入乡村教育事业；最后，建立城乡幼儿园帮扶结对以及幼儿园

园长、教师的城乡交流机制，推动农村幼儿园师资队伍专业化水平的提升。

(四)不同性质幼儿园集体教学质量差异显著，民办园、小学附设园集体教学质量较低

1. 问题揭示

本研究结果显示，教育部门办园、其他公办园的集体教学质量显著高于民办园和小学附设园；民办园的集体教学质量未达到合格水平，总体上处于最低要求水平；小学附设园集体教学质量最低。

2. 主要原因

民办园集体教学质量较低的原因：首先，教育经费水平上，公办园既有财政投入，也有家长交费，办园经费相对充足；民办园一般很难获得财政投入，主要靠家长交费维持，举办者往往又要抽取盈利，因而办园经费紧张。其次，公办园的教师素质相对优于民办园，从教师入职就进行了严格把控，公办园的在职研修和专业发展支持体系相对健全，因而，公办园教师队伍素质和专业化水平更高。最后，在教育监管上，公办园直属教育行政部门管理，监管较为严格；由于体制机制的障碍和管理难度较大，民办园的办园行为和教育质量一般很难得到有效监管。而小学附设园集体教学质量低下的主要原因有：小学附设园在财政和管理上均属于小学，小学资金一般很少投入附属园(学前班)，反而期望从幼儿园的保教收费中截留部分资金补贴小学的运转，因而，办学经费紧张，经常出现极端的大班额现象；另外，小学附设园的教师部分为小学转岗教师(有些小学附设园为降低成本甚至聘用无证教师)，师资队伍专业不对口现象普遍，教学模式“小学化”倾向严重。

3. 具体建议

针对民办园质量低下的原因，政府有关部门应依据有关法规，建立对非营利性/普惠性民办园进行扶持、规范引导和质量监管的一系列政策机制，引导民办园不断提升师资队伍的专业化程度，加强对民办园集体教学活动的指导，促使民办园提升集体教学质量。对于小学附设园，应加快独立建制和剥离，逐步减少小学附设园的数量和比重；严格控制小学附设园的班级规模和生师比，改善办园条件；同时，建立并规范教师转岗管理制度，加快转岗教师的学前教育专业化改造进程；针对小学附设园开展“小学化”专项督查，引导小学附设园集体教学质量提升。

第十二章

中国幼儿园游戏活动质量评价研究

本章概要

研究背景： 随着学前教育理论研究、政策的倡导与幼儿园课程变革与实践的推进，游戏活动作为幼儿园课程实施的重要途径和幼儿在园一日生活中的重要活动形态越来越受到关注。对幼儿园游戏活动质量的评价研究，对提高幼儿园游戏活动质量、促进幼儿园教师专业成长和幼儿的更好发展，具有积极意义。基于全国范围大规模的班级观察评价数据，本研究致力于全面了解我国幼儿园教育中的游戏活动质量现状，分析存在的问题，以期为学前教育政策制定、学前教育质量提升提供科学实证依据。

研究设计与方法： 本研究在全国幼儿园教育质量评价研究的构架下，聚焦幼儿园班级的区角游戏活动质量；采用描述性统计与方差分析等方法，对样本幼儿园班级的区角游戏活动质量进行具体深入的分析。研究工具主要采用《量表》第三版中的"游戏活动"子量表，从材料与空间、机会与时间、游戏活动的设计与指导三个维度对10种类型的区角游戏活动进行评价。

研究结果： (1)全国幼儿园游戏活动质量总体水平很低，问题集中且明显。(2)幼儿园游戏活动质量区域差异显著，东部显著高于中、西部，中、西部幼儿园游戏活动质量偏低。(3)幼儿园游戏活动质量城乡差异显著，城镇显著高于乡村，乡村幼儿园游戏活动质量偏低。(4)不同性质幼儿园游戏活动质量存在显著差异，民办园和小学附设园游戏活动质量堪忧。

讨论与建议： 在对研究结果进行充分讨论分析的基础上，为提升我国幼儿园游戏活动质量，研究者建议：(1)幼儿园应树立以班级为本位的区角游戏活动环境创设观念，为幼儿的游戏活动提供适宜的材料与空间，保证幼儿充分的游戏时间。(2)幼儿园教师应加强以游戏为核心的专题研修与培训，提升对幼儿游戏的观察、评价与指导的专业能力。(3)中央政府应加大对中、西部学前教育发展的统筹和扶持力度，努力缩小区域差距。(4)各级政府应统筹城乡发展，实施倾斜农村的资源配置政策，努力缩小城乡差距。(5)加强对民办园的质量监管和游戏指导，推进小学附设园独立建制，加快小学附设园师资队伍专业化改造。

随着学前教育理论研究的深化、学前教育政策的倡导以及幼儿园课程变革与实践的推进，游戏活动作为幼儿园课程实施的重要途径和幼儿在园一日生活中的重要活动形态越来越受到关注。国内外研究证明，游戏活动对幼儿身体、语言、认知、情感、社会性的发展有着不可代替的重要价值。①② 在我国的学前教育规范性文件上，《幼儿园工作规程》(2006)③指出，"幼儿园应当将游戏作为对幼儿进行全面发展教育的重要形式"；《幼儿园教育指导纲要(试行)》④更是明确提出"幼儿园教育以游戏为基本活动"；《3～6岁儿童学习与发展指南》⑤进一步强调了游戏活动对幼儿成长的多方面重要价值。尽管集体教学仍是当下我国大多数幼儿园课程实施的重要途径和教育实践中的重要形式，然而，以区角游戏活动为主的游戏活动也逐渐成为课程实施的重要路径，在幼儿一日生活中占据越来越大的时间比重。

一、幼儿园游戏活动质量总体水平与分布状况

(一)幼儿园游戏活动质量总体情况

表 12-1　我国幼儿园游戏活动质量总体情况

	样本量	平均值	标准差	最小值	最大值
游戏活动	428	3.59	1.61	1.00	8.42
角色/戏剧游戏	428	3.04	2.22	1.00	8.33
建构游戏	428	3.36	2.31	1.00	9.00
精细操作活动	428	4.65	2.08	1.00	8.33

① Frost, J. L., Wortham, S. C., & Reifel, S. C.. *Play and Child Development* (4th edition)[M]. Pearson, 2011.

② 陈佳艺，李克建．幼儿园区角活动质量与幼儿发展的相关性探索[J]. 幼儿教育：教育科学版，2015，(1-2)：7-11.

③ 教育部．幼儿园工作规程[Z]. 2016.

④ 教育部．幼儿园教育指导纲要（试行)[Z]. 2001.

⑤ 教育部．3～6岁儿童学习与发展指南[Z]. 2012.

续表

	样本量	平均值	标准差	最小值	最大值
语言	428	4.15	1.87	1.00	9.00
数学	428	3.23	2.26	1.00	8.33
自然/科学	426	3.31	2.19	1.00	8.33
音乐/律动	425	3.37	1.84	1.00	9.00
美术	426	4.51	1.99	1.00	8.67
沙/水	425	2.66	2.16	1.00	8.00
音像设备和电脑	71	4.40	1.71	1.00	9.00

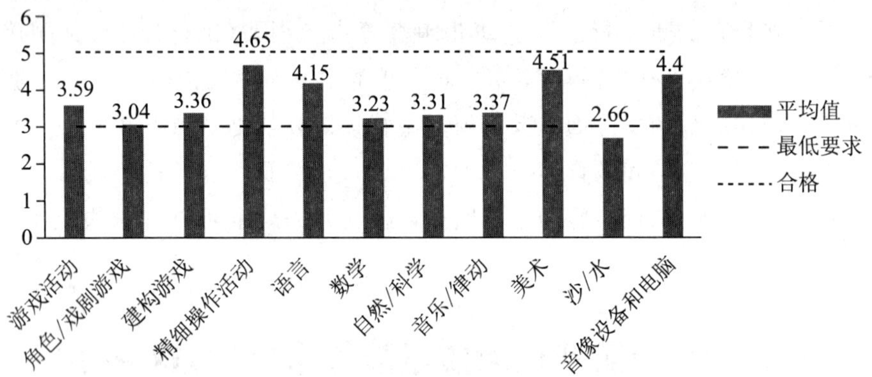

图 12-1 我国幼儿园游戏活动质量总体情况

从表 12-1 来看，样本班级在子量表“游戏活动”的平均得分是 3.59 分，各个项目的平均得分为：角色/戏剧游戏(3.04 分)，建构游戏(3.36 分)，精细操作活动(4.65 分)，语言(4.15 分)，数学(3.23 分)，自然/科学(3.31 分)，音乐/律动(3.37 分)，美术(4.51 分)，沙/水(2.66 分)，音像设备和电脑(4.40 分)。“游戏活动”整个子量表得分以及各个项目得分均未达到合格；大部分项目得分处于最低要求，“沙/水”项目甚至低于最低要求，处于不适宜水平。如图 12-1 所示，有 6 个项目(角色/戏剧游戏、建构游戏、数学、自然/科学、音乐/律动、沙/水)均分低于游戏活动总体质量。

(二)幼儿园游戏活动质量的分布情况

表 12-2　我国幼儿园游戏活动质量分布情况

		东部 N(%)	中部 N(%)	西部 N(%)	全国 N(%)
五级分层	优秀	0(0)	0(0)	1(1)	1(0)
	良好	6(3)	0(0)	0(0)	6(1)
	合格	62(37)	9(10)	19(11)	90(21)
	最低要求	61(37)	39(43)	47(27)	147(35)
	不适宜	38(23)	42(47)	104(61)	184(43)
三级分层	高质量	6(3)	0(0)	1(1)	7(1)
	有质量	62(37)	9(10)	19(11)	90(21)
	低质量	99(60)	81(90)	151(88)	331(78)

1. 五级分层

由表 12-2 和图 12-2 可知，从全国样本来看，绝大部分样本班级的游戏活动质量处于最低要求(35%)与不合格(43%)水平，且处于不适宜水平的高达 43%。处于优秀水平的仅有 1 个班级，占全国比重几乎为 0，处于合格与良好水平分别有 21%与 1%。从东、中、西部区域来看，可以发现东部地区的样本班级游戏活动质量主要集中于最低要求与合格水平，而中、西部两个地区的样本班级游戏活动质量主要集中于不合格以及最低要求水平。在此水平上，东部地区的不适宜质量等级稍低于中部地区，且明显低于西部地区，合格质量等级大大高于中、西部地区；最低要求质量等级低于中部地区，高于西部地区。然而，仅东部地区的 6 个样本班级拥有良好等级，西部地区的 1 个样本班级拥有优秀等级，中部地区的优秀以及良好等级为 0。除此之外，与全国样本班级的游戏活动质量水平相比较，东部地区良好、合格水平高于全国的质量水平，最低要求水平与全国质量水平相当，不适宜水平低于全国水平；中部地区优秀、良好、合格水平皆低于全国水平，最低要求水平高于全国水平，不适宜水平与全国质量水平相当；西部地区良好、合格、最低要求水平皆低于全国水平，不适宜水平较高于全国质量水平。

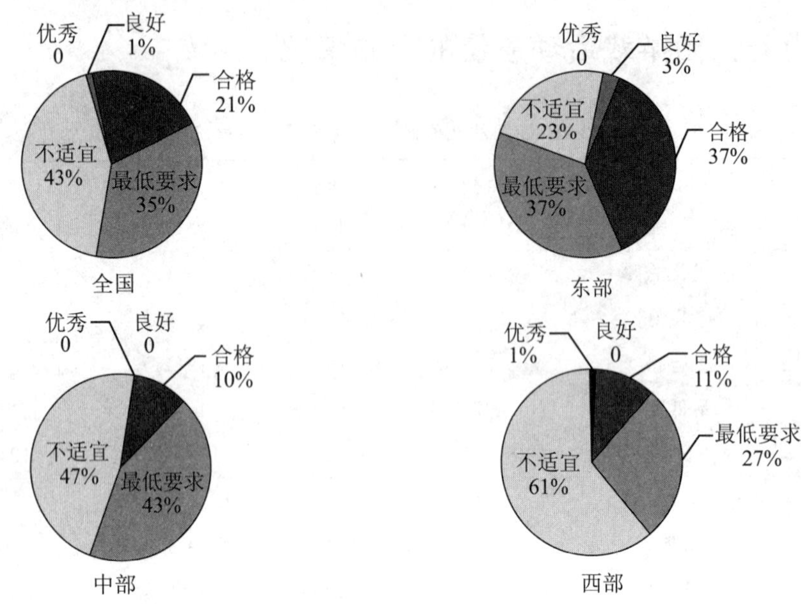

图 12-2　我国幼儿园游戏活动质量分布情况(五层分级)

2. 三级分层

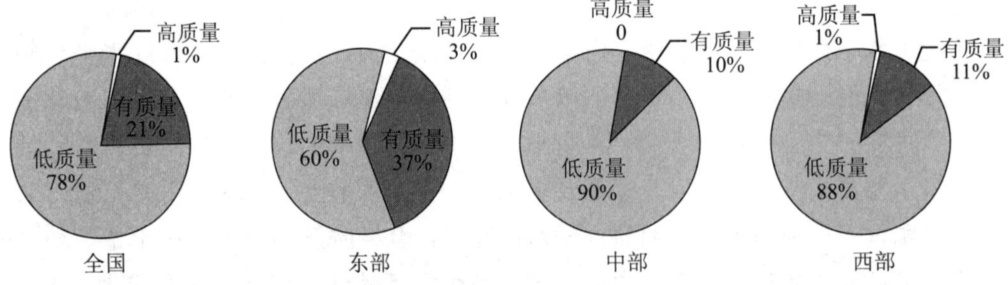

图 12-3　我国幼儿园游戏活动质量分布情况(三层分级)

从表 12-2 和图 12-3 可以看出，全国幼儿园游戏活动质量主要还处于低质量水平(78%)，高质量水平的样本班级比例仅有 1%。从东、中、西地区来看，三个区域主要都处于低质量水平，中部与西部尤为显著，分别占各自比重的 90% 和 88%。东部地区低质量水平虽然没有中、西部地区比重如此之高(60%)，却仍占据自身比重一半以上。在有质量水平层面，东部地区(37%)明显高于中部地区(10%)和西部地区(11%)。高质量层面，东部地区(3%)较高于西部地区(1%)，明显高于中部地区(0)。另外，与全国的样本班级的游戏活动质量水平相比较，东部地区的低质量比例要明显低于全国水平，而有质量和高质量比例皆明显高于全国水平。相反，中部地区和西部地区，低质量比例要明显高于全国水平，而有质量和高质量比例皆明显低于全国水平(除西部地区高质量水平与全国水平相当，为 1%）。由此可见，东部地区的幼儿园游戏活动质量水平高于中部地区和西部地区，中部地区的幼儿园游戏活动质量水平最低。

二、幼儿园游戏活动质量项目水平的具体分析

(一)角色/戏剧游戏

表 12-3 “角色/戏剧游戏”评分结果的描述性统计

	样本量	平均值	标准差	最小值	最大值
角色/戏剧游戏	428	3.04	2.22	1	8.33
材料与空间	428	3.07	2.44	1	9
机会与时间	323	3.38	2.38	1	9
游戏设计与指导	131	5.18	1.60	1	9

表 12-4 “角色/戏剧游戏”的得分分布情况

	不适宜		最低要求		合格		良好		优秀	
	N	%	N	%	N	%	N	%	N	%
角色/戏剧游戏	236	55.1	53	12.4	123	28.8	13	3	3	0.7
材料与空间	241	56.3	31	7.3	113	26.4	26	6	17	4
机会与时间	153	47.4	22	6.8	98	30.3	49	15.2	1	0.3
游戏设计与指导	12	9.2	9	6.8	96	73.3	10	7.6	4	3.1

“角色/戏剧游戏”旨在对被观察班级的角色/戏剧游戏质量进行评价。该项目的评价内容包括角色扮演游戏和戏剧表演游戏。角色游戏是幼儿假扮某种真实或想象的社会角色的游戏；戏剧游戏是幼儿通过扮演文艺作品中的角色，运用动作、语言和表情再现文艺作品或生活内容的一种创造性游戏活动。“角色/戏剧游戏”项目由三个子项目组成，分别为材料与空间、机会与时间、游戏设计与指导。由表 12-3 可知，“角色/戏剧游戏”项目的质量得分为 3.04 分，刚刚达到最低要求。由表 12-4 可知，“角色/戏剧游戏”的整体质量主要集中在不适宜水平和合格水平，不适宜水平占 55.1%，而优秀水平仅占 0.7%。其中，材料与空间、机会与时间两个子项目的质量主要集中在不适宜水平，分别为 56.3%和 47.4%。而游戏设计与指导子项目的质量主要集中于合格水平，占 73.3%，明显优于项目整体质量。

1. 材料与空间

游戏活动的材料与空间直接影响该活动的质量。以每个班级幼儿都能拥有适

当的游戏材料与空间为最低要求。若只有园所公共的角色/戏剧游戏空间可供使用而班级内没有，只要该班级的幼儿使用的机会与时间达到相应的要求，也可酌情评分；但在空间面积和材料数量上必须按均摊到该班级的比例计算(考虑全园班级总数)。提供的材料也应支持一个以上的角色/戏剧游戏主题。要求玩具材料储存和维护状态良好，更进一步以能够多元文化的角色/戏剧玩具材料，角色/戏剧游戏材料依多种主题而轮换为优秀水平来考察“角色/戏剧游戏”中材料与空间的质量。

从表12-3可知，子项目材料与空间得分为3.07分，刚刚达到最低要求。由表12-4可知，该子项目水平主要集中在不适宜与合格水平，虽然优秀与良好水平的比例高于“角色/戏剧游戏”的比例，但是最低要求水平的比例低于“角色/戏剧游戏”比例。

2. 机会与时间

机会与时间是指观察幼儿对本班级角色/戏剧游戏材料和空间的使用机会和时间为主。如果只有园所公共的角色/戏剧游戏空间可供使用而班级内没有，只要该班级的幼儿使用的机会与时间达到相应的要求，也可酌情进行评分。

由表12-3可知，该子项目的平均得分为3.38分，处于最低要求水平，与项目得分相比，“机会与时间”的得分较高于项目得分。由表12-4可知，“机会与时间”样本班级质量主要集中在不适宜和合格水平，“机会与时间”处于良好水平的比例为15.2%，高于该项目的总体质量水平。

3. 游戏设计与指导

“游戏设计与指导”是指样本班级进行角色/戏剧游戏时教师与幼儿的互动以及所提供的指导。如该班级未提供任何角色/戏剧游戏的材料与空间，或者在观察的过程中该班级没有进行角色/戏剧游戏，该项目可记为“不适用”(下文同样，不再重复说明)。

由表12-3可知，“游戏设计与指导”的得分为5.18分，为本项目中唯一处于合格水平的子项目；与项目得分相比，也远高于项目得分(需要指出的是，该子项目样本量较小，因为许多班级被记为“不适用”)。由表12-4可知，“游戏设计与指导”主要集中在合格水平上(73.3%)，不适宜与最低要求的比例低于项目质量，而优秀与良好的比例远高于项目质量。“游戏设计与指导”的标准差较小说明该子项目的各个样本班级的得分差异较小。

（二）建构游戏

表 12-5 "建构游戏"评分结果的描述性统计

	样本量	平均值	标准差	最小值	最大值
建构游戏	428	3.35	2.31	1	9
材料与空间	428	3.40	2.49	1	9
机会与时间	319	3.87	2.59	1	9
游戏设计与指导	136	5.12	1.60	1	9

表 12-6 "建构游戏"的得分分布情况

	不适宜		最低要求		合格		良好		优秀	
	N	%	N	%	N	%	N	%	N	%
建构游戏	201	47	68	15.9	131	30.6	24	5.6	4	0.9
材料与空间	201	47.2	48	11.2	121	28.3	33	7.7	24	5.6
机会与时间	129	40.4	29	9.1	81	25.7	67	21	12	3.8
游戏设计与指导	9	6.6	16	11.8	98	72	7	5.2	6	4.4

"建构游戏"旨在对被观察班级的建构游戏质量进行评价。该项目的评价内容是指运用积木等构造材料来建构各种类型建筑物作品的游戏活动。"建构游戏"项目由三个子项目组成，分别为材料与空间、机会与时间、游戏设计与指导。由表 12-5 可知，全国幼儿园"建构游戏"的质量得分为 3.35 分，稍稍高于 3 分的最低要求。由表 12-6 可知，"建构游戏"的质量主要集中在不适宜水平和合格水平，不适宜水平占 47%，优秀水平仅占 0.9%。

1. 材料与空间

建构游戏的材料与空间，同样以每个班级幼儿都能拥有适当的游戏材料与空间为最低要求。若只有园所公共的建构游戏空间可供使用而班级内没有，只要该班级的幼儿使用的机会与时间达到相应的要求，也可酌情评分；但在空间面积和材料数量上必须按均摊到该班级的比例计算（考虑全园班级总数）。建构游戏的材料数量、种类、存储与维护状况、是否定期更换等要求都纳入质量评估。

从表 12-5 可知，子项目材料与空间得分为 3.40 分，略微高出最低要求。由表 12-6 可知，该子项目水平主要集中在不适宜与合格水平，不适宜的比例高达 47.2%。不过优秀与良好水平的比例均高于该项目总质量的比例。

2. 机会与时间

由表 12-5 可知，该子项目的平均得分为 3.87 分，处于最低要求水平，与项目得分相比，"机会与时间"的得分较高于项目得分。由表 12-6 可知，"机会与时间"样本班级质量主要集中在不适宜和合格水平，"机会与时间"处于优秀和良好水平的比例为3.8%和21%，远高于该项目的总体质量水平。

3. 游戏设计与指导

由表12-5可知，"游戏设计与指导"的得分为5.12分，为本项目中唯一处于合格水平的子项目；与项目得分相比，也远高于项目得分(该子项目样本量也较小)。由表12-6可知，"游戏设计与指导"主要是集中在合格水平上，为72%，不适宜与最低要求的比例低于项目质量，而优秀的比例远高于项目质量。"游戏设计与指导"的标准差较小说明该子项目的各个样本班级的得分差异较小。

(三)精细操作活动

表12-7 "精细操作活动"评分结果的描述性统计

	样本量	平均值	标准差	最小值	最大值
精细操作活动	428	4.65	2.08	1	8.33
材料	428	4.90	2.50	1	9
机会与时间	387	4.83	2.15	1	9
活动设计与指导	224	5.18	1.38	1	9

表12-8 "精细操作活动"的得分分布情况

	不适宜		最低要求		合格		良好		优秀	
	N	%	N	%	N	%	N	%	N	%
精细操作活动	91	21.3	69	16.6	208	48.5	46	10.8	12	2.8
材料	107	25	20	4.7	171	39.9	80	18.7	50	11.7
机会与时间	66	17.1	36	9.3	172	44.4	97	25.1	16	4.1
活动设计与指导	9	4.0	19	8.5	169	75.0	14	5.7	14	6.2

该项目中的"精细操作活动"是指以锻炼幼儿的小肌肉、发展幼儿的精细动作为目的的操作性活动，也称"小肌肉活动"。精细操作活动的材料包括很多类型：小件的建构材料(如小型组合积木、插塑)；美劳工具和材料(如蜡笔、剪刀)；灵巧训练物(如编织、穿珠、钉子和钉板)；缝合卡，拼图；适合幼儿使用的木工工具、机械类装卸组合器具等。因此，精细操作活动未必有专门的活动区角。"精细操作活动"由三个子项目组成：材料、机会与时间、活动设计与指导。

由表12-7可知，全国幼儿园"精细操作活动"的质量得分为4.65分，处于最低要求水平。由表12-8可知，"精细操作活动"的质量主要集中在合格水平，占整体比重的48.5%。不适宜水平(21.3%)和最低要求水平(16.6%)高于良好水平(10.8%)和优秀水平(2.8%)。

1. 材料

由表 12-7 可知，子项目材料得分为 4.90 分，处于最低要求水平，但接近合格。由表 12-8 可知，该子项目水平主要集中在合格水平，占 39.9%。优秀水平(11.7%)与良好水平(18.7%)的比例均高于该项目总质量的比例，但仍然低于“材料”子项目不适宜水平(25%)。

2. 机会与时间

由表 12-7 可知，“机会与时间”子项目的平均得分为 4.83 分，处于最低要求水平，但接近合格。与项目得分相比，“机会与时间”的得分略高于项目得分。由表 12-8 可知，“机会与时间”样本班级质量比例同样主要集中在合格水平，占 44.4%。“机会与时间”处于优秀和良好水平的比例为 4.1%和 25.1%，远高于该项目的总体质量水平。

3. 活动设计与指导

“活动设计与指导”同样允许不适用。由表 12-7 可知，“活动设计与指导”得分为 5.18 分，为本项目中唯一处于合格水平的子项目。与项目得分相比，也远高于项目得分。由表 12-8 可知，“活动设计与指导”主要是集中在合格水平上，为 75%，不适宜与最低要求的比例远远低于项目质量，而优秀的比例高于项目质量。“活动设计与指导”的标准差同样较小，说明该子项目的各个样本班级的得分差异较小。

(四)语言

该项目中的“语言”是指对幼儿语言学习的总体支持性环境进行评估，既包括图书和阅读的空间、自由阅读的机会及教师的指导，也包括教师有意识设计和组织的集体语言教学以及其他语言类活动。该项目由四个子项目组成：图书和阅读空间、语言与辅助材料、机会与时间以及活动设计与指导。

表 12-9　“语言”评分结果的描述性统计

	样本量	平均值	标准差	最小值	最大值
语言	428	4.15	1.87	1	9
图书和阅读空间	367	4.11	2.19	1	9
语言与辅助材料	427	3.67	2.05	1	9
机会与时间	427	4.51	2.17	1	9
活动设计与指导	198	5.39	1.64	1	9

由表 12-9 可知，“语言”项目的质量得分为 4.15 分，处于最低要求水平。由表 12-10 可知，“语言”的质量主要集中在合格水平，占整体比重的 43.3%。同时，不适宜水平占 28.3%，最低要求水平占 23.3%，良好和优秀水平仅占 4.2%

和0.5%。

表12-10 “语言”的得分分布情况

	不适宜		最低要求		合格		良好		优秀	
	N	%	N	%	N	%	N	%	N	%
语言	121	28.3	101	23.3	185	43.3	18	4.2	4	0.5
图书和阅读空间	108	29.7	39	10.6	183	49.9	20	5.4	16	4.4
语言与辅助材料	131	30.7	82	19.2	187	43.8	20	4.7	7	1.6
机会与时间	98	23.0	47	11.0	226	52.9	34	7.9	22	5.2
活动设计与指导	9	4.5	26	13.2	125	63.1	20	10.1	18	9.1

1. 图书和阅读空间

由表12-9可知，子项目“图书和阅读空间”得分为4.11分，处于最低要求水平。由表12-10可知，该子项目水平主要集中在合格水平，占49.9%。优秀水平(4.4%)与良好水平(5.4%)的比例均高于该项目总质量的比例，但仍然低于“图书和阅读空间”子项目不适宜水平(29.7%)以及最低要求水平(10.6%)。

2. 语言与辅助材料

由表12-9可知，“语言与辅助材料”得分为3.67分，仅处于最低要求水平。且由表12-10得知，“语言与辅助材料”质量主要分布在合格以下，合格水平占43.8%，不适宜水平占30.7%，最低要求水平占19.2%，良好和优秀水平略高于项目整体水平，占4.7%和1.6%。

3. 机会与时间

由表12-9可知，“机会与时间”子项目的平均得分为4.51分，处于最低要求水平，但较接近合格水平。与项目得分相比，“机会与时间”的得分较略高于项目得分。由表12-10可知，“机会与时间”质量主要分布在合格以下，合格水平占52.9%，不适宜水平占23%，最低要求水平占11%。不过良好与优秀水平明显高于项目整体质量水平，分别占7.9%和5.2%。

4. 活动设计与指导

“活动设计与指导”同样允许不适用。由表12-9可知，“活动设计与指导”得分为5.39分，为本项目中唯一处于合格水平的子项目。与项目得分相比，也明显高于项目得分。由表12-10可知，“活动设计与指导”主要是集中在合格水平上，为63.1%，不适宜与最低要求的比例远远低于项目质量，而优秀的比例高于项目质量。“活动设计与指导”的标准差同样较小，说明该子项目的各个样本班级的得分差异较小。

(五)数学

该项目中的“数学”是指可以帮助幼儿体验数数、测量、数量比较、认识形状、熟悉数字书写等的活动。其中，数学材料是指供幼儿在区角活动时间自由选择和使用的数学操作材料，不包括统一的、人手一套的数学学具。

由表12-11可知，全国幼儿园“数学”活动的质量得分为3.24分，处于最低要求水平。由表12-12可知，“数学”的质量半数以上集中在不适宜水平，占整体比重的51.9%。最低要求水平(14.5%)和合格水平(28.8%)，“数学”的质量主要分布在合格以下，良好水平和优秀水平仅占6.5%和1.4%。

表12-11　“数学”评分结果的描述性统计

	样本量	平均值	标准差	最小值	最大值
数学	428	3.24	2.26	1	8.33
材料	428	3.21	2.58	1	9
机会与时间	322	3.51	2.30	1	9
活动设计与指导	135	5.59	1.63	1	9

表12-12　“数学”的得分分布情况

	不适宜		最低要求		合格		良好		优秀	
	N	%	N	%	N	%	N	%	N	%
数学	221	51.9	62	14.5	110	28.8	28	6.5	6	1.4
材料	232	54.2	39	9.1	94	22.0	40	9.3	23	5.4
机会与时间	135	41.9	51	15.9	90	27.9	43	13.4	3	0.9
活动设计与指导	10	7.4	3	2.2.	87	64.5	26	19.2	9	6.7

1. 材料

由表12-11可知，子项目材料得分为3.21分，处于最低要求水平。由表12-12可知，该子项目水平同样有半数以上集中在不适宜水平，占54.2%。虽然优秀水平(5.4%)与良好水平(9.3%)的比例均高于该项目总质量的比例，但该子项目绝大部分质量仍分布在合格以下，最低要求占9.1%，合格占22%。

2. 机会与时间

由表12-11可知，“机会与时间”子项目的平均得分为3.51分，处于最低要求水平。与项目得分相比，“机会与时间”的得分较略高于项目得分。由表12-12可知，“机会与时间”样本班级质量同样绝大部分分布在合格以下，其中，不适宜水平占41.9%，最低要求水平占15.9%，合格水平占27.9%。“机会与时间”处于优秀和良好水平的比例分别为0.9%和13.4%。

3. 活动设计与指导

“活动设计与指导”同样允许不适用。由表 12-11 可知，“活动设计与指导”得分为 5.59 分，为本项目中唯一处于合格水平的子项目。与项目得分相比，也远高于项目得分。由表 12-12 可知，“活动设计与指导”主要是集中在合格水平上，为 64.5%，不适宜与最低要求的比例远低于项目质量，而优秀的比例远高于项目质量。“活动设计与指导”的标准差同样较小，说明该子项目的各个样本班级的得分差异较小。

(六)自然/科学

该项目中的“自然/科学”是指对自然/科学有关游戏活动环境、活动机会与教师指导过程的观察评价。由表 12-13 可知，“自然/科学”项目的质量得分为 3.31 分，处于最低要求水平。由表 12-14 可知，“自然/科学”的质量近半数集中在不适宜水平，占整体比重的 46.0%。最低要求水平(21.8%)和合格水平(25.4%)，“自然/科学”的质量主要分布在合格以下，良好水平和优秀水平仅占 5.6% 和 1.2%。

表 12-13 “自然/科学”评分结果的描述性统计

	样本量	平均值	标准差	最小值	最大值
自然/科学	426	3.31	2.19	1	8.33
活动/材料	426	3.37	2.46	1	9
机会与时间	324	3.37	2.34	1	9
活动设计与指导	129	5.57	1.29	1	9

表 12-14 “自然/科学”的得分分布情况

	不适宜		最低要求		合格		良好		优秀	
	N	%	N	%	N	%	N	%	N	%
自然/科学	196	46.0	93	21.8	108	25.4	24	5.6	5	1.2
活动/材料	193	45.3	70	16.4	109	25.6	25	5.9	29	6.8
机会与时间	160	49.4	33	10.2	97	29.9	31	9.6	3	0.9
活动设计与指导	3	2.3	13	10.1	86	66.7	20	15.5	7	5.4

1. 活动/材料

该子项目，不仅要考察“自然/科学”教具材料，例如：自然物品的收藏、自然/科学的书籍、游戏或玩具、科学小实验的材料等，还要考察自然/科学类各种形式的活动，比如自然观察，种植，照顾和观察宠物，简单的科学实验，烹任等。

由表12-13可知，“活动/材料”子项目得分为3.37分，处于最低要求水平。由表12-14可知，该子项目绝大部分质量仍分布在合格以下，最低要求占16.4％，合格比重占25.6％，近半数以上质量水平集中在不适宜，占45.3％。优秀水平与良好水平为6.8％和5.9％。

2. 机会与时间

由表12-13可知，“机会与时间”子项目的平均得分为3.37分，处于最低要求水平。与项目得分相比，“机会与时间”的得分略高于项目得分。由表12-14可知，“机会与时间”样本班级质量同样绝大部分分布在合格以下，其中，不适宜适量水平占49.4％，最低要求质量水平占10.2％，合格质量水平占29.9％。“机会与时间”处于优秀和良好水平的比例分别为0.9％和9.6％。

3. 活动设计与指导

“活动设计与指导”同样允许不适用。由表12-13可知，“活动设计与指导”得分为5.57分，为本项目中唯一处于合格水平的子项目。与项目得分相比，也远高于项目得分。由表12-14可知，“活动设计与指导”主要是集中在合格水平上，为66.7％，不适宜与最低要求的比例远远低于项目质量，而优秀的比例远远高于项目质量。“活动设计与指导”的标准差同样较小，说明该子项目的各个样本班级的得分差异较小。

(七)音乐/律动

该项目中的“音乐/律动”是指对音乐/律动有关游戏活动的观察。由表12-15可知，“音乐/律动”的质量得分为3.37分，处于最低要求水平。由表12-16可知，“音乐/律动”的质量近半数集中在不适宜水平，占整体比重的41.2％。最低要求水平(34.3％)和合格水平(20.7％)，“音乐/律动”的质量绝大部分分布在合格以下，良好水平和优秀水平仅占2.9％和0.5％。

表12-15 “音乐/律动”评分结果的描述性统计

	样本量	平均值	标准差	最小值	最大值
音乐/律动	425	3.37	1.84	1	9
材料和器具	425	2.98	2.05	1	9
机会与时间	303	4.16	2.30	0	9
活动设计与指导	132	5.01	1.59	1	9

表 12-16 “音乐/律动”的得分分布情况

	不适宜		最低要求		合格		良好		优秀	
	N	%	N	%	N	%	N	%	N	%
音乐/律动	175	41.2	146	34.3	88	20.7	12	2.9	4	0.5
材料和器具	254	59.8	60	14.1	73	17.2	26	6.1	12	2.8
机会与时间	63	20.8	82	27.1	136	44.8	14	4.7	8	2.6
活动设计与指导	11	8.3	16	12.2	90	68.1	8	6.1	7	5.3

1. 材料和器具

由表 12-15 可知，子项目材料和器具得分为 2.98 分，处于不适宜水平。由表 12-16 可知，该子项目近 90%的质量分布在合格以下，最低要求占 14.1%，合格比重占 17.2%，半数以上质量水平集中在不适宜，占 59.8%。优秀水平与良好水平仅占 8.9%。

2. 机会与时间

由表 12-15 可知，“机会与时间”子项目的平均得分为 4.16 分，处于最低要求水平。与项目得分相比，“机会与时间”的得分较略高于项目得分。由表 12-16 可知，“机会与时间”样本班级质量同样绝大部分分布在合格以下，其中，不适宜适量水平占 20.8%，最低要求质量水平占 27.1%，合格质量水平占 44.8%。“机会与时间”处于优秀和良好水平的比例分别为 2.6%和 4.7%，质量水平除不适宜水平与最低要求外，均高于项目质量水平。

3. 活动设计与指导

“活动设计与指导”同样允许不适用。由表 12-15 可知，“活动设计与指导”得分为 5.01 分，为本项目中唯一处于合格水平的子项目。与项目得分相比，也远高于项目得分。由表 12-16 可知，“活动设计与指导”主要集中在合格水平上，为 68.1%，不适宜与最低要求的比例远远低于项目质量，而优秀的比例远远高于项目质量。“活动设计与指导”的标准差同样较小，说明该子项目的各个样本班级的得分差异较小。

(八)美术

该项目中的“美术”是指对班级美术区角活动环境、机会与活动过程的观察评价。以班级内的美术区角的材料和活动的观察为主；如果班级内没有任何美术活动的空间和材料，而园所有公共的美术活动空间和材料，本班级幼儿每周至少能够使用 1 次以上，也可酌情进行观察评分。

由表 12-17 可知，全国幼儿园“美术”项目的质量得分为 4.51 分，处于最低要求水平，较接近合格。由表 12-18 可知，“美术”项目的质量近半数集中在合格水平，占整体比重的39.7%。另外，最低要求水平(20.9%)和合格水平(27.2%)比例相对较高，良好水平和优秀水平仅占9.1%和3.1%。

表 12-17　“美术”评分结果的描述性统计

	样本量	平均值	标准差	最小值	最大值
美术	426	4.51	1.99	1	8.67
材料	426	4.52	2.52	1	9
机会与时间	375	4.75	1.82	1	9
活动设计与指导	230	5.40	1.53	1	9

表 12-18　“美术”的得分分布情况

	不适宜		最低要求		合格		良好		优秀	
	N	%	N	%	N	%	N	%	N	%
美术	89	20.9	116	27.2	169	39.7	39	9.1	13	3.1
材料	118	27.7	53	12.4	147	34.5	67	15.8	41	9.6
机会与时间	35	9.3	111	29.6	151	40.3	52	13.9	26	6.9
活动设计与指导	13	5.7	18	7.8	151	65.6	38	16.6	10	4.3

1. 材料

由表12-17可知，材料子项目得分为4.52分，处于最低要求水平。由表12-18可知，该子项目的质量分布最多集中于合格水平，占34.5%，其次有27.7%集中于不适宜水平。最低要求占12.4%，良好水平均占15.8%，优秀水平占9.6%。

2. 机会与时间

由表12-17可知，“机会与时间”子项目的平均得分为4.75分，处于最低要求水平，但比较接近合格水平。由表12-18可知，“机会与时间”样本班级质量同样绝大部分分布在合格与最低要求水平，分别占40.3%和29.6%。不适宜水平占9.3%，良好占13.9%，优秀占6.9%。

3. 活动设计与指导

“活动设计与指导”同样允许不适用。由表12-17可知，“活动设计与指导”得分为5.40分，为本项目中唯一处于合格水平的子项目。与项目得分相比，也明显高于项目得分。由表12-18可知，“活动设计与指导”主要是集中在合格水平上，为65.6%，不适宜与最低要求的比例远低于项目质量，而优秀的比例远高于项目质量。“活动设计与指导”的标准差同样较小，说明该子项目的各个样本班级的得分差异较小。

(九)沙/水

本项目中的“沙”并不仅仅是指“沙子”，许多容易被倒出来的材料，如麦子、稻米、玉米、豆子甚至细小的石子等都可以取代沙子。沙子和代替品必须有足够的数量，让幼儿可以挖掘、装在容器里和倒出来。但幼儿在户外玩搅拌或挖掘泥土的游戏，不能算是玩沙游戏。“沙/水”项目由三个子项目组成，分别为空间与材料、机会与时间、活动设计与指导。由表 12-19 可知，全国游戏活动质量中“沙/水”活动的质量得分为 2.66 分，处于不适宜水平。由表 12-20 可知，“沙/水”项目的质量主要集中在不适宜水平，占 62.6%，仅 27.8%的班级达到合格及以上水平。

表 12-19 “沙/水”评分结果的描述性统计

	样本量	平均值	标准差	最小值	最大值
沙/水	425	2.66	2.16	1	8
空间与材料	425	2.89	2.45	1	9
机会与时间	317	2.64	2.24	1	9
活动设计与指导	12	4.58	2.15	1	9

表 12-20 “沙/水”的得分分布情况

	不适宜		最低要求		合格		良好		优秀	
	N	%	N	%	N	%	N	%	N	%
沙/水	266	62.6	41	9.6	101	23.8	17	3.8	1	0.2
空间与材料	254	59.8	25	5.8	111	26.2	14	3.3	21	4.9
机会与时间	193	60.9	21	6.6	83	26.2	17	5.4	3	0.9
活动设计与指导	2	16.7	1	8.3	8	66.7	0	0	1	8.3

1. 空间与材料

从表 12-19 可知，空间与材料子项目得分为 2.89 分，处于不适宜水平，接近最低要求。由表 12-20 可知，该子项目半数以上质量水平集中在不适宜水平，不适宜的比例高达 59.8%；另外，最低要求占 5.8%，合格占 26.2%，良好占 3.3%，优秀占 4.9%。

2. 机会与时间

由表 12-19 可知，该子项目的平均得分为 2.64 分，处于不适宜水平。由表 12-20 可知，“机会与时间”样本班级质量比例同样主要集中在不适宜和合格水平，不适宜占 60.9%，合格占 26.2%。另外，最低要求占 6.6%，良好占 5.4%，优秀仅占 0.9%。

3. 活动设计与指导

由表 12-19 可知，“活动设计与指导”的得分为 4.58 分，处于最低要求水平，且接近合格。与项目得分相比，也远高于项目得分。由表 12-20 可知，“活动设计与指导”主要是集中在合格水平上，为 66.7%；另外，不适宜水平比率为 16.7%，最低要求水平比例为 8.3%，优秀同样为 8.3%，没有班级处于良好水平。

(十)音像设备和电脑

该项目中的“音像设备和电脑”是指对幼儿操作和使用音像设备和电脑的自主游戏活动进行观察评价。因此，假如所观察的班级没有任何音像设备(如电视、录像机/影碟机等)和电脑，完全不用于幼儿的活动，则本项目记为“不适用”。同时，由于在我国幼儿园实践中，把音响电子设备完全开放给幼儿、在教师有意识的指导下进行活动，并没有成为普遍的实践，因此，本项目在整个量表中被作为“增设”项目。由表 12-21 可见，该项目样本量很小，说明幼儿自主进行电子设备和电脑操作的活动在我国幼儿园中并不常见。

表 12-21　“音像设备和电脑”评分结果的描述性统计

	样本量	平均值	标准差	最小值	最大值
音像设备和电脑	71	4.40	1.71	1	9
材料适宜性	67	4.81	1.48	1	9
机会与时间	57	3.77	2.00	1	9
活动设计与指导	30	4.60	1.45	1	7

表 12-22　“音像设备和电脑”的得分分布情况

	不适宜		最低要求		合格		良好		优秀	
	N	%	N	%	N	%	N	%	N	%
音像设备和电脑	12	16.9	14	19.7	39	54.9	5	7.1	1	1.4
材料适宜性	3	4.5	15	22.4	43	64.1	5	7.5	1	1.6
机会与时间	17	29.8	8	14.1	29	50.8	0	0	3	5.3
活动设计与指导	3	10.0	3	10.0	22	73.3	2	6.7	0	0

由表 12-21 可知，“音像设备和电脑”项目的质量得分为 4.40 分，处于最低要求水平。由 12-22 可知，“音像设备和电脑”的质量半数以上集中在合格水平，占整体比重的 54.9%。最低要求水平(19.7%)和合格水平(54.9%)，“音像设备和电脑”的质量绝大部分分布在合格以下，良好水平和优秀水平分别占 7.1%和 1.4%，优秀水平最少。

1. 材料适宜性

由表12-21可知，子项目材料得分为4.81分，处于最低要求水平；该子项目得分高于整个项目得分，在3个子项目中得分最高。由表12-22可知，该子项目的质量半数以上集中于合格水平，占64.1%，其次有22.4%集中于最低要求水平。不适宜水平占4.5%，远低于项目水平的不适宜比例。良好水平占7.5%，优秀水平占1.6%，与项目水平的比重相当。

2. 机会与时间

由表12-21可知，“机会与时间”子项目的平均得分为3.77分，处于最低要求水平。由表12-22可知，“机会与时间”样本班级质量半数以上集中在合格水平，占整体比重的50.8%。不适宜水平占29.8%，最低要求占14.1%，良好占0%，优秀占5.3%。“机会与时间”的质量绝大部分分布在合格以下。

3. 活动设计与指导

“活动设计与指导”同样允许不适用。由表12-21可知，“活动设计与指导”得分为4.60分，处于最低要求的质量水平。与项目得分相比，略高于项目得分。由表12-22可知，“活动设计与指导”有73.3%集中在合格水平上，不适宜与最低要求的比例均为10%。优秀与良好比例低于项目的质量比例，其中优秀为0，明显低于项目在该水平的比例。

三、幼儿园游戏活动质量的区域差异

(一)我国东、中、西部幼儿园游戏活动质量状况

1. 游戏活动子量表得分比较

由表12-23可知，全国幼儿园游戏活动质量得分处于最低要求水平。东部地区得分接近合格水平，高于全国水平以及中、西部地区。中、西部地区游戏活动质量低于全国水平，中部地区处于最低要求水平。同时，西部地区的游戏活动质量又低于中部地区的游戏活动质量，处于不适宜质量水平。

2. 项目水平的得分比较

表12-23 我国东、中、西部幼儿园游戏活动质量状况

	全国		东部		中部		西部	
	N	M(SD)	N	M(SD)	N	M(SD)	N	M(SD)
游戏活动	428	3.59 (1.61)	167	4.50 (1.48)	90	3.20 (1.26)	171	2.94 (1.50)

续表

	全国		东部		中部		西部	
	N	M(SD)	N	M(SD)	N	M(SD)	N	M(SD)
角色/戏剧游戏	428	3.04 (2.22)	167	3.81 (2.22)	90	3.02 (2.22)	171	2.31 (1.95)
建构游戏	428	3.36 (2.31)	167	4.25 (2.31)	90	2.37 (1.99)	171	3.00 (2.15)
精细操作活动	428	4.65 (2.08)	167	5.65 (1.61)	90	4.23 (1.96)	171	3.90 (2.16)
语言	428	4.15 (1.87)	167	4.98 (1.60)	90	4.27 (1.65)	171	3.29 (1.85)
数学	428	3.24 (2.26)	167	4.22 (2.27)	90	2.75 (1.94)	171	2.53 (2.05)
自然/科学	426	3.31 (2.19)	166	4.33 (2.06)	90	3.06 (1.87)	170	2.45 (2.06)
音乐/律动	425	3.39 (1.84)	167	3.65 (1.85)	90	3.18 (1.50)	168	3.18 (1.97)
美术	426	4.51 (1.99)	167	5.35 (1.86)	90	4.14 (1.79)	169	3.85 (1.98)
沙/水	425	2.66 (2.16)	167	3.95 (2.25)	90	1.72 (1.30)	168	1.87 (1.78)
音像设备和电脑	71	4.40 (1.71)	35	5.29 (1.00)	4	5.17 (1.37)	32	3.34 (1.79)

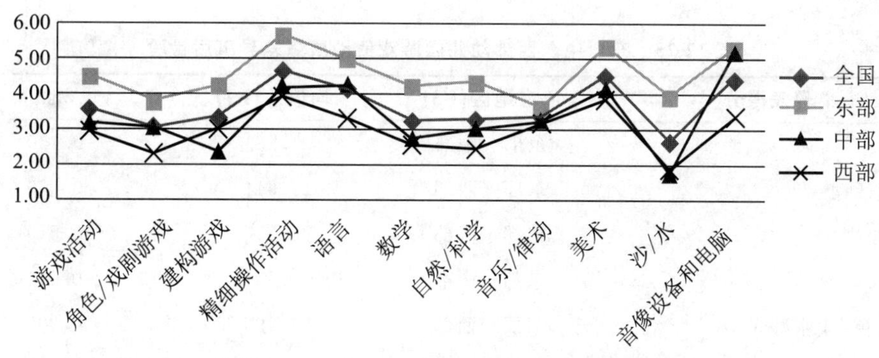

图 12-4　我国东、中、西部幼儿园游戏活动质量状况

表 12-23 结果显示，东部地区在游戏活动各个项目上得分皆要高于全国平均分，且有四个项目(分别是精细操作活动、美术、沙/水、音像设备和电脑)的得

分要高于全国得分一个等级。同时，除建构游戏这一个项目以外，其余的项目皆呈现出一个规律：东部地区得分高于中部地区得分，中部地区得分高于西部地区得分。只有建构游戏这一项东部地区得分高于西部地区得分，而西部地区得分高于中部地区得分，中部地区在这一项中得分最低。

(二)东、中、西部之间幼儿园游戏活动质量差异显著性检验

表 12-24 东、中、西部之间幼儿园游戏活动质量差异显著性检验结果

	F	Sig.	η^2
游戏活动	17.03	0.000	0.337
角色/戏剧游戏	13.58	0.000	0.288
建构游戏	5.42	0.007	0.139
精细操作活动	18.43	0.000	0.355
语言	7.35	0.001	0.180
数学	7.88	0.001	0.190
自然/科学	11.16	0.000	0.250
音乐/律动	2.13	0.127	0.060
美术	10.82	0.000	0.244
沙/水	7.18	0.001	0.177
音像设备和电脑	15.46	0.000	0.316

研究者采用多元方差分析方法，对东、中、西部之间幼儿园游戏活动质量差异显著性进行检验，发现除了“音乐/律动”项目得分上差异不显著之外，东、中、西部之间在幼儿园游戏活动子量表得分和其他各项目得分上差异都极其显著($p<0.001$)。

表 12-25 东、中、西部幼儿园游戏活动质量差异事后检验

量表得分	所在地区(I-J)	均值差(I-J)	Sig.
游戏活动	东部—中部	1.283	0.000
	东部—西部	1.541	0.000
	中部—西部	0.257	0.515
角色/戏剧游戏	东部—中部	0.791	0.014
	东部—西部	1.496	0.000
	中部—西部	0.706	0.033

续表

量表得分	所在地区(I-J)	均值差(I-J)	Sig.
建构游戏	东部—中部	1.877	0.000
	东部—西部	1.241	0.000
	中部—西部	0.636	0.078
精细操作活动	东部—中部	1.417	0.000
	东部—西部	1.749	0.000
	中部—西部	0.333	0.551
语言	东部—中部	0.713	0.005
	东部—西部	1.696	0.000
	中部—西部	0.982	0.000
数学	东部—中部	1.470	0.000
	东部—西部	1.693	0.000
	中部—西部	0.223	1.000
自然/科学	东部—中部	1.263	0.000
	东部—西部	1.881	0.000
	中部—西部	0.619	0.058
音乐/律动	东部—中部	0.472	0.149
	东部—西部	0.472	0.059
	中部—西部	0.001	1.000
美术	东部—中部	1.240	0.000
	东部—西部	1.529	0.000
	中部—西部	0.289	0.707
沙/水	东部—中部	2.223	0.000
	东部—西部	2.076	0.000
	中部—西部	0.147	1.000
音像设备和电脑	东部—中部	0.119	1.000
	东部—西部	1.942	0.000
	中部—西部	1.823	0.056

进一步使用事后检验得知(见表 12-25)，在游戏活动总体质量上，东部地区与中、西部地区均存在显著差异，东部地区显著高于西部与中部地区，西部地区与中部地区差异不显著。在每个具体项目上，在大多数项目上(除“音乐/律动”“音像设备和电脑”外)，东部地区与中、西部地区有显著差异，东部均显著高于西部与中部地区。其中，在“角色/戏剧游戏”“精细操作活动”“语言”三个项目的质量上，东、中、西部之间均存在显著差异。在“音乐/律动”项目上，东部地区

与中、西部地区差异均不显著；在“音像设备和电脑”项目上，东部地区与中部地区差异不显著，与西部地区有显著差异。

四、幼儿园游戏活动质量的城乡差异

(一)全国以及东、中、西部城乡幼儿园游戏活动质量状况

表 12-26 全国以及各区域城乡幼儿园游戏活动质量情况

	东部		中部		西部		全国	
	城镇 (N=111)	乡村 (N=56)	城镇 (N=46)	乡村 (N=44)	城镇 (N=69)	乡村 (N=78)	城镇 (N=226)	乡村 (N=178)
	M (SD)	M (SD)	M (SD)	M (SD)	M (SD)	M (SD)	M (SD)	M (SD)
游戏活动	4.92 (1.40)	3.60 (1.24)	3.62 (1.35)	2.76 (0.99)	3.30 (1.61)	2.38 (1.20)	4.09 (1.64)	2.86 (1.27)
角色/戏剧游戏	4.32 (2.15)	2.78 (2.01)	3.55 (2.42)	2.46 (1.87)	2.68 (2.19)	1.86 (1.56)	3.67 (2.32)	2.30 (1.82)
建构游戏	4.65 (2.29)	3.44 (2.15)	2.75 (2.34)	1.97 (1.47)	3.35 (2.22)	2.63 (1.94)	3.87 (2.41)	2.72 (1.98)
精细操作活动	6.04 (1.43)	4.87 (1.66)	4.84 (1.83)	3.60 (1.92)	4.29 (2.11)	3.29 (2.11)	5.26 (1.91)	3.86 (2.04)
语言	5.43 (1.34)	4.09 (1.71)	4.56 (1.80)	3.96 (1.44)	3.84 (1.89)	2.55 (1.58)	4.77 (1.76)	3.38 (1.75)
数学	4.65 (2.28)	3.38 (2.00)	3.45 (2.10)	2.02 (1.46)	2.87 (2.24)	1.89 (1.62)	3.86 (2.36)	2.39 (1.82)
自然/科学	4.84 (1.99)	3.32 (1.82)	3.29 (2.06)	2.83 (1.65)	2.91 (2.35)	1.82 (1.51)	3.93 (2.29)	2.54 (1.77)
音乐/律动	4.11 (1.90)	2.75 (1.38)	3.76 (1.38)	2.58 (1.39)	3.29 (1.99)	2.69 (1.51)	3.79 (1.86)	2.68 (1.43)
美术	5.89 (1.49)	4.35 (1.88)	4.47 (1.84)	3.78 (1.69)	4.19 (2.07)	3.14 (1.75)	5.09 (1.92)	3.68 (1.84)
沙/水	4.25 (2.18)	3.34 (2.31)	1.88 (1.53)	1.56 (0.99)	2.30 (2.06)	1.38 (1.15)	3.18 (2.28)	2.04 (1.81)
音像设备和电脑	5.50 (0.76)	4.67 (1.32)	5.00 (0.00)	5.33 (2.36)	3.44 (2.34)	3.14 (1.03)	4.72 (1.80)	3.87 (1.45)

注：城镇=城市+县城；乡村=乡镇中心/城郊+村。

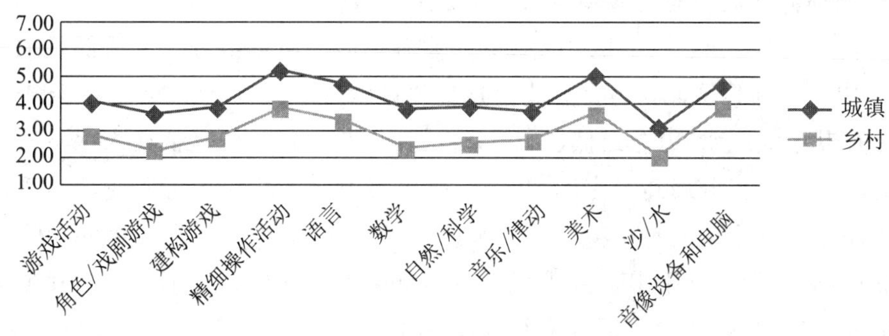

图 12-5　全国城乡幼儿园游戏活动质量情况

由图 12-5 可知，全国城镇幼儿园游戏活动质量在各项指标上均高于乡村幼儿园游戏活动质量。由表 12-26 可知，全国城镇幼儿园样本班级中子量表得分是处于最低要求水平；除了“精细操作活动”和“美术”两个项目得分处于合格水平之外，其余项目均处于最低要求质量水平。而乡村幼儿园样本班级中子量表得分处于不适宜水平；除了“精细操作活动”“语言”“美术”和“音像设备和电脑”这 4 个项目得分处于最低要求水平，其余 6 个项目得分均未达到最低要求，处于不适宜水平。

(二)各区域内部城乡幼儿园游戏活动质量情况与差距分析

1. 东部地区城乡幼儿园游戏活动质量情况与比较

由表 12-26 可知，东部地区城镇幼儿园游戏活动得分处于最低要求水平，但非常接近合格水平。其中“精细操作活动”“语言”“美术”和“音像设备和电脑”这 4 个项目得分处于合格水平；“精细操作活动”项目得分最高为 6.04 分，得分最低的是“音乐/律动”为 4.11 分。而东部地区乡村幼儿园游戏活动质量得分处于最低要求水平，“精细操作活动”项目同样得分最高为 4.87 分，但仍处于最低要求水平，接近合格水平；得分最低的也同样是“音乐/律动”为 2.75 分。

2. 中部地区城乡幼儿园游戏活动质量情况与比较

由表 12-26 可知，中部地区城镇幼儿园游戏活动质量得分处于最低要求水平，其中“音像设备和电脑”项目得分最高为 5.00 分，也是唯一一个处于合格水平的项目。“建构游戏”和“沙/水”项目得分处于不适宜水平，其中“沙/水”得分最低为 1.88 分，其余项目得分均处于最低要求水平。而中部乡村幼儿园游戏活动质量得分处于不适宜水平(2.76 分)，“音像设备和电脑”项目得分最高，且略高于中部城镇幼儿园该项目水平得分，为 5.33 分，处于合格水平；除了“精细操作活动”“语言”“美术”3 个项目处于最低要求水平之外，其余 6 项皆处于不适宜水平。

3. 西部地区城乡幼儿园游戏活动质量情况与比较

由表 12-26 可知，西部地区城镇幼儿园游戏活动质量得分处于最低要求水平（3.30 分）。在项目层面，“角色/戏剧游戏”“自然/科学”“数学”“沙/水”处于不适宜水平，其中“沙/水”得分最低（2.30 分）；其余 6 项皆处于最低要求水平，其中“精细操作活动”得分最高，为 4.29 分。而西部地区乡村幼儿园游戏活动质量得分处于不适宜水平偏上。从项目层面来说，只有“精细操作活动”“美术”和“音像设备和电脑”的得分处于最低要求水平；其余项目得分均处于不适宜，其中得分最低的项目也同样为“沙/水”，处于不适宜偏下。

（三）城镇、农村幼儿园游戏活动质量区域间的比较

1. 东、中、西部城镇幼儿园游戏活动质量比较

由表 12-26 可知，东、中、西部城镇幼儿园的游戏活动质量为东部高于中部，中部高于西部。分析项目层面可知，除了“建构游戏”“沙/水”这一项东部高于中、西部，而西部略高于中部之外，其余 8 个项目都符合东部高于中部，中部高于西部的整体规律。

2. 东、中、西部农村幼儿园游戏活动质量比较

由表 12-26 可知，东、中、西部乡村幼儿园的游戏活动质量同样为东部高于中部，中部高于西部。然而，分析项目层面后发现，“建构游戏”“音乐/律动”两项东部高于中、西部，而西部略高于中部；“音像设备和电脑”这一项中部地区高于东部地区，东部地区高于西部地区。除此之外的 7 项才符合东部高于中部，中部高于西部的整体规律。东、中、西部农村幼儿园游戏质量规律较为不明显。

（四）幼儿园游戏活动质量城乡差异显著性检验

由表 12-27 可知，t 检验结果表明，幼儿园游戏活动质量城乡差异显著（$t(402)=8.74$，$p<0.05$）；在 10 个项目得分上，城乡差异均显著。由表 12-28 可知，控制区域变量后的方差分析结果显示，幼儿园游戏活动质量城乡差异仍然显著（$F(2, 67)=22.69$，$p<0.05$，$\eta^2=0.253$）；在项目层面，除沙/水游戏项目质量城乡差异不显著，其他 9 个项目上城乡差异仍然显著。

表 12-27　幼儿园游戏活动质量城乡差异 t 检验

	t	Sig.
游戏活动	8.74	0.000
角色/戏剧游戏	6.45	0.000
建构游戏	5.14	0.000

续表

	t	Sig.
精细操作活动	7.09	0.000
语言	7.89	0.000
数学	6.85	0.000
自然/科学	6.66	0.000
音乐/律动	6.57	0.000
美术	7.39	0.000
沙/水	5.41	0.000
音像设备和电脑	2.04	0.045

表 12-28　控制区域变量后幼儿园游戏活动质量城乡差异检验

	F	Sig.	η^2
游戏活动	22.69	0.000	0.253
角色/戏剧游戏	12.70	0.001	0.159
建构游戏	10.70	0.002	0.138
精细操作活动	15.00	0.000	0.183
语言	28.78	0.000	0.300
数学	15.34	0.000	0.186
自然/科学	17.19	0.000	0.204
音乐/律动	7.61	0.007	0.102
美术	21.51	0.000	0.243
沙/水	1.40	0.240	0.021
音像设备和电脑	4.18	0.045	0.059

五、不同性质幼儿园游戏活动质量的差异

(一)不同性质幼儿园游戏活动质量状况

本研究采用两种方法对幼儿园的办园性质进行分类：分类方法一，将幼儿园分为四类：教育部门办园、其他公办园、小学附设园以及民办园。分类方法二，将幼儿园分为两类：公办园(教育部门办园＋小学附设园＋其他公办园)与民办园。

由表 12-29 可知，在四分类情况下全国不同性质幼儿园游戏活动质量由高到低排序分别教育部门办园、其他公办园、民办园、小学附设园，其中教育部门办园、其他公办园和民办园的游戏活动质量处于最低要求水平，而小学附设园处于

不适宜水平(见图 12-6)。按照分类方法二的结果则是公办园高于民办园，不过公办园与民办园的游戏活动质量都处于最低要求水平(见图 12-7)。

表 12-29　不同性质幼儿园游戏活动质量状况

		全国		东部		中部		西部	
		N	M(SD)	N	M(SD)	N	M(SD)	N	M(SD)
分类方法一	教育部门办园	89	4.77(1.45)	46	5.43(0.88)	15	3.84(1.26)	28	4.18(1.78)
	其他公办园	67	4.39(1.61)	41	4.82(1.58)	21	3.62(1.52)	5	4.11(0.93)
	小学附设园	47	2.45(1.03)	8	3.11(0.72)	12	3.45(0.93)	27	1.81(0.61)
	民办园	200	3.05(1.35)	71	3.81(1.37)	42	2.68(1.01)	87	2.61(1.22)
分类方法二	公办园	203	4.11(1.69)	95	4.97(1.37)	48	3.65(1.30)	60	3.11(1.75)
	民办园	200	3.05(1.35)	71	3.81(1.37)	42	2.68(1.01)	87	2.61(1.22)

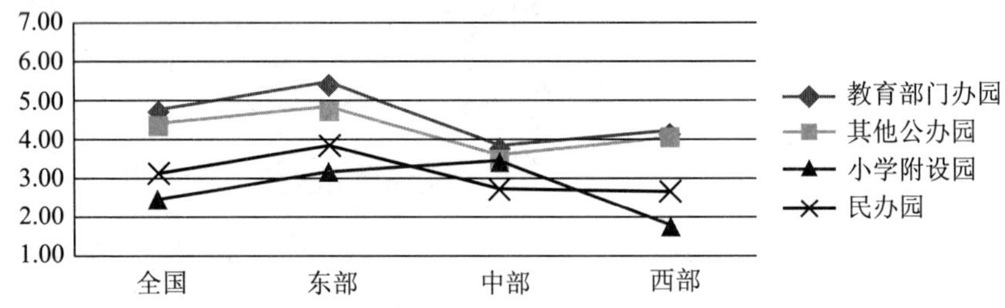

图 12-6　不同性质幼儿园游戏活动质量情况(分类一)

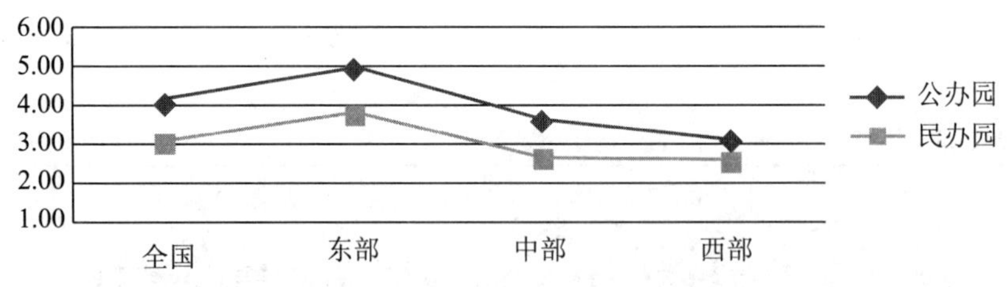

图 12-7　不同性质幼儿园游戏活动质量情况(分类二)

(二)各区域内部不同性质幼儿园游戏活动质量差异

1. 东部地区不同性质幼儿园游戏活动质量情况与比较

由表 12-29 可知，按分类方法一分类结果为：东部地区不同性质幼儿园游戏活动质量由高到低排序为教育部门办园、其他公办园、民办园、小学附设园。其中教育部门办园的游戏活动质量处于合格水平(5.43 分)，而其他公办园、民办园和小学附设园处于最低要求水平。按分类方法二则是公办园高于民办园，两者皆处于最低要求水平，其中公办园接近合格水平。

2. 中部地区不同性质幼儿园游戏活动质量情况与比较

由表 12-29 可知，按分类方法一分类结果为：中部地区不同性质幼儿园游戏活动质量由高到低排序分别为教育部门办园、其他公办园、小学附设园以及民办园。其中，教育部门办得分最高，为 3.84 分。除民办园得分最低，且处于不适宜水平之外，其余性质办园都最低要求水平。按分类方法二则是公办园高于民办园，公办园的游戏活动质量处于最低要求水平，而民办园的游戏活动质量处于不适宜水平。

3. 西部地区不同性质幼儿园游戏活动质量情况与比较

由表 12-29 可知，按分类方法一分类结果为：西部地区不同性质幼儿园游戏活动质量由高到低排序分别为教育部门办园、其他公办园、民办园、小学附设园。其中，教育部门办园得分最高，得分为 4.18 分，处于最低要求水平。民办园和小学附设园处于不适宜水平，其中小学附设园得分最低，为 1.81 分。按分类方法二则同样是公办园高于民办园，公办园的游戏活动质量处于最低要求水平，而民办园的游戏活动质量处于不适宜水平。

(三)同类性质幼儿园游戏活动质量东、中、西部之间差异比较

由表 12-29 可知，按分类方法一进行分析，东、中、西部教育部门办园的游戏活动质量为东部高于西部，西部高于中部。且只有东部地区的游戏活动质量处于合格水平，西部与中部地区都处于最低要求水平。其他公办园的游戏活动质量同样为东部高于西部，西部高于中部，且均处于最低要求水平。小学附设园的游戏活动质量为中部高于东部，东部高于西部，中部与东部处于最低要求水平偏下，而西部处于不适宜水平。民办园的游戏活动质量为东部高于中部，中部高于西部，且只有东部处于最低要求水平，中部和西部均处于不适宜水平。按分类方法二来看，可以发现，公办园的游戏活动质量为东部高于中部，中部高于西部。且三者均处于最低要求水平，其中，东部地区接近合格。民办园的游戏活动质量同样为东部高于中部，中部高于西部。只有东部的质量得分处于最低要求水平，中部与西部处于不适宜水平。

(四)不同性质幼儿园游戏活动质量差异显著性检验

由表 12-30 可知，在分类一的情况下，不同性质幼儿园在游戏活动子量表得分与各个项目得分上均有着显著差异($p<0.05$)。

事后检验得知(见表 12-31)，在游戏活动总体质量上(子量表得分)，教育部门办园与其他公办园之间差异不显著，民办园与小学附设园之间差异不显著，其

他不同性质幼儿园之间在游戏活动质量上均存在显著差异。在具体项目上，大多数项目(除“语言”“音乐/律动”“音像设备和电脑”)以外，均呈现与游戏活动子量表得分相似的差异结构，即“教育部门办园与其他公办园”以及“小学附设园与民办园”差异不显著以外，其他不同办园性质幼儿园的游戏活动质量两两比较皆差异显著。在“语言”项目得分上，除教育部门办园与其他公办园之间差异不显著以外，其他不同办园性质幼儿园的质量两两比较皆呈现显著差异。在“音乐/律动”项目上，教育部门办园与其他公办园、其他公办园与民办园、小学附设园与民办园之间差异不显著以外，其他不同性质幼儿园游戏质量两两比较皆显著差异。在“音像设备和电脑”项目上，不同办园性质幼儿园两两比较差异均不显著。

表 12-30　不同性质幼儿园游戏活动质量差异显著性检验(分类一)

	F	Sig.	η^2
游戏活动	24.95	0.000	0.425
角色/戏剧游戏	9.05	0.000	0.295
建构游戏	5.29	0.003	0.196
精细操作活动	7.13	0.000	0.248
语言	13.65	0.000	0.387
数学	12.87	0.000	0.373
自然/科学	9.55	0.000	0.306
音乐/律动	7.99	0.000	0.269
美术	10.36	0.000	0.323
沙/水	5.71	0.002	0.208
音像设备和电脑	3.02	0.036	0.122

表 12-31　不同性质幼儿园游戏活动质量差异事后检验(分类一)

量表得分	所在地区(I-J)	均值差(I-J)	Sig.
游戏活动	教育部门办园—其他公办园	0.378	0.556
	教育部门办园—小学附设园	2.315*	0.000
	教育部门办园—民办园	1.718*	0.000
	其他公办园—小学附设园	1.936*	0.000
	其他公办园—民办园	1.340*	0.000
	小学附设园—民办园	0.596	0.050

续表

量表得分	所在地区(I-J)	均值差(I-J)	Sig.
角色/戏剧游戏	教育部门办园—其他公办园	0.407	1.000
	教育部门办园—小学附设园	2.280*	0.000
	教育部门办园—民办园	1.926*	0.000
	其他公办园—小学附设园	1.874*	0.000
	其他公办园—民办园	1.519*	0.000
	小学附设园—民办园	0.355	1.000
项目 31. 建构游戏	教育部门办园—其他公办园	0.585	0.553
	教育部门办园—小学附设园	2.291*	0.000
	教育部门办园—民办园	1.808*	0.000
	其他公办园—小学附设园	1.706*	0.000
	其他公办园—民办园	1.222*	0.000
	小学附设园—民办园	0.484	0.987
精细操作活动	教育部门办园—其他公办园	0.240	1.000
	教育部门办园—小学附设园	2.410*	0.000
	教育部门办园—民办园	1.640*	0.000
	其他公办园—小学附设园	2.170*	0.000
	其他公办园—民办园	1.400*	0.000
	小学附设园—民办园	0.770	0.080
语言	教育部门办园—其他公办园	0.255	0.000
	教育部门办园—小学附设园	2.511*	0.000
	教育部门办园—民办园	1.580*	0.000
	其他公办园—小学附设园	2.256*	0.000
	其他公办园—民办园	1.324*	0.000
	小学附设园—民办园	0.931*	0.004
数学	教育部门办园—其他公办园	0.313	1.000
	教育部门办园—小学附设园	2.617*	0.000
	教育部门办园—民办园	2.022*	0.000
	其他公办园—小学附设园	2.303*	0.000
	其他公办园—民办园	1.709*	0.000
	小学附设园—民办园	0.594	0.435

续表

量表得分	所在地区(I-J)	均值差(I-J)	Sig.
自然/科学	教育部门办园—其他公办园	0.715	0.144
	教育部门办园—小学附设园	2.867*	0.000
	教育部门办园—民办园	2.131*	0.000
	其他公办园—小学附设园	2.152*	0.000
	其他公办园—民办园	1.416*	0.000
	小学附设园—民办园	0.736	0.121
音乐/律动	教育部门办园—其他公办园	0.631	0.134
	教育部门办园—小学附设园	1.784*	0.000
	教育部门办园—民办园	1.171*	0.000
	其他公办园—小学附设园	1.153*	0.002
	其他公办园—民办园	0.540	0.150
	小学附设园—民办园	0.614	0.154
美术	教育部门办园—其他公办园	0.037	1.000
	教育部门办园—小学附设园	2.369*	0.000
	教育部门办园—民办园	1.931*	0.000
	其他公办园—小学附设园	2.332*	0.000
	其他公办园—民办园	1.894*	0.000
	小学附设园—民办园	0.438	0.753
沙/水	教育部门办园—其他公办园	0.180	1.000
	教育部门办园—小学附设园	2.051*	0.000
	教育部门办园—民办园	1.472*	0.000
	其他公办园—小学附设园	1.872*	0.000
	其他公办园—民办园	1.292*	0.000
	小学附设园—民办园	0.580	0.470
音像设备和电脑	教育部门办园—其他公办园	0.413	1.000
	教育部门办园—小学附设园	0.932	0.817
	教育部门办园—民办园	0.233	1.000
	其他公办园—小学附设园	1.344	0.575
	其他公办园—民办园	0.180	1.000
	小学附设园—民办园	1.165	0.250

注：* $p<0.05$

表 12-32　不同性质幼儿园游戏活动质量差异显著性检验(分类一)
(控制区域与城乡变量)

	F	Sig.	η^2
游戏活动	8.01	0.001	0.200
角色/戏剧游戏	4.48	0.015	0.123
建构游戏	1.07	0.351	0.032
精细操作活动	1.21	0.304	0.037
语言	3.65	0.032	0.102
数学	8.72	0.000	0.214
自然/科学	2.87	0.064	0.082
音乐/律动	7.65	0.001	0.193
美术	2.11	0.130	0.062
沙/水	5.58	0.006	0.148
音像设备和电脑	0.39	0.682	0.012

由表 12-32 可知，在控制区域和城乡两个变量后，幼儿园游戏活动总体质量(子量表得分)在不同性质幼儿园之间差异仍然显著($F(3,\ 62)=8.01$，$p<0.001$，$\eta^2=0.200$)。在项目层面，有 5 个项目在控制了城乡与区域变量后，不同性质幼儿园之间质量差异不显著，分别是："建构游戏""精细操作活动""自然/科学""美术""音像设备和电脑"。而"角色/戏剧游戏""语言""数学""音乐/律动""沙/水"这 5 个项目在控制区域和城乡变量的条件下，不同性质幼儿园之间差异仍然显著。

表 12-33　不同性质幼儿园游戏活动质量差异显著性检验(分类二)

	t	Sig.
游戏活动	7.04	0.000
角色/戏剧游戏	6.03	0.000
建构游戏	5.05	0.000
精细操作活动	4.93	0.000
语言	5.07	0.000
数学	6.16	0.000
自然/科学	6.08	0.000
音乐/律动	3.24	0.001
美术	7.25	0.000
沙/水	4.41	0.000
音像设备和电脑	−1.50	0.138

由表 12-33 可知，在不控制区域和城乡变量的情况下，公办园与民办园在游

戏活动质量上(包括子量表得分和 9 个项目得分)差异显著($p<0.05$)(除了音像设备和电脑项目)。由表 12-34 可知，控制城乡与区域变量后，公办园与民办园在游戏活动质量上总体上不存在差异显著(仅美术活动一个项目上存在显著差异)。

表 12-34　不同性质幼儿园游戏活动质量差异显著性检验(分类二)
(控制区域与城乡变量)

	F	Sig.	η^2
游戏活动	2.38	0.128	0.035
角色/戏剧游戏	3.69	0.059	0.054
建构游戏	1.89	0.174	0.028
精细操作活动	1.40	0.242	0.021
语言	0.31	0.582	0.005
数学	0.82	0.369	0.012
自然/科学	1.16	0.285	0.018
音乐/律动	3.51	0.065	0.051
美术	4.86	0.031	0.070
沙/水	0.18	0.673	0.003
音像设备和电脑	2.87	0.095	0.042

六、讨论与建议

在国内外，有汗牛充栋的研究证明，游戏活动对幼儿身体、语言、认知、情感、社会性的发展有着不可代替的重要价值;①② 因而，对幼儿园游戏活动质量的评价具有重要意义。本研究运用《量表》第三版中的子量表“游戏活动”作为评价工具，对全国东、中、西部 8 个省市 428 个幼儿园班级的区角游戏活动进行了观察评价；基于这些评价数据，本研究对我国幼儿园游戏活动质量现状及其存在的问题进行了多层面的分析。下面，研究者对本研究的主要发现逐一进行讨论，并在原因分析的基础上提出相应的质量提升建议。

---

① Frost, J. L., Wortham, S. C., & Reifel, S. C.. *Play and Child Development* (4th edition)[M]. Pearson, 2011.

② 陈佳艺，李克建. 幼儿园区角活动质量与幼儿发展的相关性探索[J]. 幼儿教育：教育科学版，2015，(1-2)：7-11.

（一）讨论

1. 全国的幼儿园游戏活动质量很低，问题集中且明显

在整个研究中，所评价的幼儿园教育七个方面的质量中，游戏活动质量得分最低(见第七章)。从游戏活动子量表及10个项目的描述性统计结果中可以看到，“游戏活动”子量表的整体得分仅处于最低要求水平，10个项目中大部分处于最低要求，“沙/水”项目甚至低于最低要求、处于不适宜水平状态。其中，角色/戏剧游戏、建构游戏、数学、自然/科学、音乐/律动、沙/水6个项目得分相对更低。

本研究发现，我国幼儿园游戏活动质量水平较低，主要集中于如下几个问题：第一，各种游戏材料的配备不平衡，重要的游戏材料缺失，低结构、可变性材料不足，无法充分支持幼儿的高水平游戏活动。第二，区角设置规划不合理，缺乏幼儿看得懂的规则和标识，无法形成对幼儿游戏过程的有效支持。第三，游戏机会与时间普遍不足，尤其在中、西部农村地区“小学化”现象较为严重，幼儿游戏活动的机会与时间严重匮乏。第四，在游戏环境创设、游戏材料准备的过程中幼儿的参与程度很低，大多为“教师创设环境——幼儿享用成果”的简单化游戏模式。第五，在游戏过程中，教师与幼儿的互动质量不高，教师普遍缺乏科学有效地观察、评价和指导幼儿游戏活动的能力。

2. 幼儿园游戏活动质量区域差异显著

刘焱等(2014)①在《学前一年教育纳入义务教育的条件保障研究》中，发现我国学前一年班级质量低下的首要原因是轻视游戏，“以游戏为基本活动”的理念仍难以在实践中贯彻落实。尤其是中、西部广大农村地区在幼儿园教育改革中处于偏远地带，农村幼儿园仍然延续着识字、拼音、算术为代表的学业知识技能的灌输传统，很少组织幼儿开展游戏活动。

本研究进一步发现，东部地区，幼儿园游戏活动质量得分处于合格水平，高于全国平均水平一个等级，远高于中、西部。中、西部地区游戏活动质量低于全国水平，中部地区总体处于最低要求水平，西部地区处于总体处于不适宜水平。差异检验结果表明，东、中、西部之间在幼儿园游戏活动总体质量上差异显著，东部显著优于中、西部，中部显著优于西部。在项目层面，东部在所有项目上均优于中、西部；但中、西部之间在部分项目上无显著差异，部分项目上中部优于西部，部分项目上西部优于中部。

① 刘焱．学前一年教育纳入义务教育的条件保障研究[M]．北京：北京师范大学出版社，2014.

3. 幼儿园游戏活动质量城乡差异显著

本研究结果表明，全国城镇幼儿园游戏活动质量明显高于乡村。t 检验结果显示，幼儿园游戏活动质量城乡差异显著；在控制东、中、西部区域变量的条件下，方差分析结果显示，城乡之间幼儿园游戏活动质量差异依然显著。这一发现与已有的实证调查结果基本一致。[①] 众所周知，城乡二元结构所导致的城乡经济社会发展的差距(如城乡居民收入、人口素质、基础设施水平、社会公共服务设施水平等)是造成幼儿园教育质量(包括游戏活动质量)差距的根本原因。另外，学前教育经费投入和师资配置政策上过去长期实际上是向城市倾斜的，从而进一步拉大了城乡差距。

4. 民办园与小学附设园游戏活动质量堪忧

本研究结果显示，教育部门办园和其他部门办园游戏活动质量相对较高，显著高于民办园和小学附设园。相对而言，民办园和小学附设园游戏活动质量堪忧，尤其是小学附设园游戏活动质量总体上处于不适宜水平，这意味着小学附设园的儿童基本没有游戏活动的空间、材料和自由游戏活动的时间。观察过程中发现，中、西部小学附设园往往办园条件极其简陋，教室生均面积严重不足，区角活动空间和材料极为匮乏，班级规模超大、生师比过高、师资的专业化水平低下，在课程教学上“小学化”程度严重，大量的上课、以读写算内容为主。游戏活动的极度匮乏，对这些低质量民办园和小学附设园在园儿童的语言、认知、情感、社会性的长期发展将产生不利影响。基于调研，研究者认为，制约民办园质量问题的原因是举办者对营利的追求大大超越对儿童发展和教育质量的追求，而民办园面广量大，监管力量明显不足；制约小学附设园质量的根本原因是办园不自主，办园经费流失，办园条件差，班级规模大，师资不专业(多为转岗教师或无证教师)。

(二)建议

基于调研过程中的班级观察，结合我国的国情和幼儿园教育实际，研究者建议从以下几个方面提升幼儿园游戏活动质量，缩小幼儿园游戏活动质量上的区域差距、城乡差距和办园性质差距。

第一，幼儿园应树立以班级为本位的区角游戏活动环境创设观念，为幼儿的游戏活动提供适宜的材料与空间，保证幼儿充分的游戏时间。

在调查中发现，许多幼儿园园长和教师在游戏价值上认识不足，或者受到来

① 刘焱．学前一年教育纳入义务教育的条件保障研究[M]．北京：北京师范大学出版社，2014.

自家长的压力，极少为幼儿提供游戏的空间、材料与时间。另外一个较为普遍的现象是，幼儿园开辟了一些专门的游戏活动室(比如角色游戏室、建构游戏室、科学发现室、美工活动室等)，但班级内部游戏活动空间和材料极为匮乏；由于幼儿园班级数量多，各班儿童可获得的游戏活动机会非常有限。基于此，研究者建议，幼儿园教育工作者应提高游戏对儿童发展价值的认识，用科学的知识奠定坚实的专业信念，让“以游戏为幼儿园教育的基本活动”的理念真正落地。同时，应当认识到班级内部游戏活动区域的创设与班级的课程教学以及儿童的一日生活的整合价值，以班级为本位考虑游戏活动空间的设置与材料的提供；游戏区域的数量应该能够满足全部幼儿同时开展游戏活动的需要；游戏材料丰富，能够满足多种功能性游戏活动、各个领域的学习与发展需要；设计和提供不同层次的材料和活动，提供一定比例的低结构、可变性强、有一定挑战性的材料，满足不同发展水平幼儿的游戏活动需要；通过合理的方式，引导幼儿参与游戏环境的创设与材料的提供，使之成为游戏本身的重要环节和内容。至关重要的是，保证幼儿每天有充足的时间进行游戏活动——这是游戏能够带来有益的发展的根本前提。为提升游戏活动的质量，保证幼儿每天有较长一段时间进行充分的专注的游戏，从游戏的计划到实施到总结与交流；把区域游戏活动与班级的课程教学主题、幼儿的一日生活高度整合，帮助幼儿建立知识和经验之间的有机联系。

第二，幼儿园教师应加强以游戏为核心的专题研修与培训，提升对幼儿游戏的观察、评价与指导的专业能力。

在观察和调查中发现，随着《3～6岁儿童学习和发展指南》的推行，幼儿园教师们对游戏活动的重视程度普遍提升，开始注重游戏环境的创设，幼儿游戏活动时间逐步增加；但同时，如何对幼儿的游戏活动进行观察、评价和指导，成为教师们的普遍焦虑。因此，研究者建议，各地的幼儿教育教研部门应关注幼儿园的游戏，组织和引导广大幼儿园教师开展聚焦游戏的教研活动；幼儿园应加强以游戏为核心的专题研修和培训，循序渐进地提升教师对幼儿游戏的观察和评价能力，在游戏过程中通过有效的小组或个别化互动，支持幼儿的持续探究与问题解决、创造性学习与合作学习。当然，需要指出的是，无论是教研部门还是幼儿园管理者都要学会耐心等待，等待教师的成长；帮助教师释放焦虑，正如儿童从“不会游戏”到“高水平游戏”有个漫长的探索过程，教师对幼儿游戏的观察、评价和指导能力也不是一蹴而就的，也需要一个逐步摸索的过程，重要的是认准方向、持之以恒。在这个过程中，问题聚焦式的研修，相互观摩与研讨，对于教师游戏指导能力的提升是非常重要的。

第三，中央政府加大对中、西部学前教育发展的统筹和扶持力度，努力缩小区域差距。

在区域差距问题上，需要中央政府在致力于推进区域之间均衡发展的一系列政策框架下，逐步加以解决。中央政府应加大对中、西部学前教育发展的统筹和扶持力度，设立中、西部学前教育专项经费；其中，设立专门项目，改善中、西部幼儿园玩教具配备水平。在国培项目中，加强对中、西部教师的游戏理论与实践的指导。协调建立东部对中、西部的对口帮扶机制，尤其在幼儿园课程管理、游戏观察与指导方面，给予专门的关注和技术支持。

第四，各级政府应统筹城乡发展，实施倾斜农村的资源配置政策，努力缩小城乡差距。

城乡差距涉及一系列体制机制问题。为逐步缩小城乡差距，中央和地方各级政府应高度重视城乡统筹发展；在现阶段应实施补偿性公平政策，在各类资源配置上向农村倾斜，改善农村幼儿园的办园条件和玩教具配备水平，提升经费水平和师资队伍的专业化水平。同时，农村幼儿园应充分利用自身的乡土资源优势，开展适合儿童自主探索与发展、富有乡村特色的游戏活动。在这方面，浙江省安吉县就是一个鲜活的例子。在各级政府协调下，建立城乡交流机制，促进农村幼儿园师资队伍的专业化发展，推动农村幼儿园游戏质量提升。

第五，加强对民办园的质量监管和游戏指导，推进小学附设园独立建制，加快小学附设园师资专业化改造。

针对民办园质量低下的原因，政府有关部门应依据有关法规，在营利性/非营利性分类管理的制度框架下，建立对非营利性/普惠性民办园进行扶持、规范引导和质量监管的一系列政策机制，引导民办园不断提升师资队伍的专业化程度，加强对民办园的游戏活动开展的专项指导，不断提升游戏活动质量。对于小学附设园，应加快独立建制和剥离，逐步减少小学附设园的数量和比重；同时，建立并规范教师转岗管理制度，加快中小学转岗幼儿园教师的学前教育专业化改造进程，尤其关注教师游戏环境创设能力与观察指导能力的培养培训；通过基本办园质量评估，严格控制班级规模和生师比，改善办园条件，督促其开辟游戏活动的空间，配备玩具材料；针对小学附设园开展“小学化”专项督查和动态监管，确保幼儿的游戏活动机会与时间，提升小学附设园游戏活动质量。

第十三章

中国幼儿园人际互动质量评价研究

本章概要

研究背景：幼儿园教育过程中的人际互动(主要包括师幼互动和同伴互动)贯穿于幼儿一日生活之中，发生于幼儿园保育和教育各类活动情境中，对幼儿身心各方面的发展产生着难以估量的重要作用。已有研究表明，幼儿的发展在根本的意义上是在互动中实现的；互动质量与幼儿语言、认知和情感、社会性的发展存在显著的相关性。高质量的幼儿园教育是建立在高质量互动的基础上的。因而，对幼儿园人际互动质量的评价研究具有重要意义。基于全国范围大规模的班级观察评价数据，本研究致力于全面了解我国幼儿园教育中的人际互动质量现状，分析存在的问题，以期为学前教育政策制定、学前教育质量提升提供科学实证依据。

研究设计与方法：本研究在全国幼儿园教育质量评价研究的构架下，聚焦幼儿园教育中的人际互动质量；采用描述性统计与方差分析等方法，对样本幼儿园班级的人际互动质量进行具体深入的分析。研究工具主要采用《量表》第三版中的"人际互动"子量表。

研究结果：(1)幼儿园人际互动质量整体水平不高，园际差异大。(2)幼儿园人际互动质量区域差异显著，中、西部幼儿园人际互动质量偏低。(3)幼儿园人际互动质量城乡差距大，乡村幼儿园人际互动质量低。(4)不同性质幼儿园人际互动质量差异显著，民办园和小学附设园人际互动质量低。

讨论与建议：基于本研究的结果，结合我国国情和学前教育发展的实际，为提升幼儿园人际互动质量，研究者建议：(1)严格办园准入制度，控制班级规模与生师比。(2)保障和提升教师地位与待遇，提升幼儿园教师队伍整体的专业化水平。(3)中央政府加大统筹力度，支持中、西部学前教育发展。(4)实施倾斜农村的财政投入与师资配置政策，逐步缩小学前教育发展的城乡差距。(5)加强对民办园的质量监管，推进小学附设园的独立建制与师资队伍的专业化改造。另外，结合观察中发现的具体问题，为幼儿园教师提供了改进人际互动过程质量的具体建议。

人际互动是人与人或群体之间发生的交互动作或反应的过程，是一个人影响另一个人的行为或改变其价值观的过程。① 在幼儿园中，人际互动的发生贯穿于幼儿一日生活之中，无论是师幼之间的互动还是幼儿与同伴之间的互动，无时无刻不在发生着。其中，师幼互动是幼儿园人际互动中最主要的一部分，它作为幼儿园教育的基本表现形态，存在于幼儿一日生活之中，表现在幼儿园教育的各个领域，并对幼儿身心各方面的发展产生着难以估量的重要作用，受到特别的关注。②《幼儿园指导纲要(试行)》明确提出："教师应关注幼儿在活动中的表现和反应，敏感地察觉他们的需要，及时以适当的方式回应，形成探究式的互动。"③ 国内外已有研究表明，幼儿的发展在根本的意义上是在互动中实现的；互动质量与幼儿语言、认知和情感、社会性的发展存在显著的相关性。④⑤⑥ 因而，高质量的幼儿园教育是建立在高质量互动的基础上的；对幼儿园人际互动质量的评价研究具有重要意义。

一、幼儿园人际互动质量总体水平与分布状况

(一)我国幼儿园人际互动质量的总体情况

根据评价量表本身对分值的界定，从表13-1来看，样本班级在子量表"人际互动"平均得分是5.12分，刚好达到合格水平。各项目的平均得分为：室内一般活动的导护(5.06分)、户外体育活动的导护(5.22分)、常规和纪律(5.25分)、师幼互动(5.13分)、幼儿之间的互动(5.13分)、日常语言交流(5.32分)、接纳

① 刘晶波．社会学视野下的师幼互动行为研究：我在幼儿园里看到了什么[M]．南京：南京师范大学出版社，2006：8.

② 孙玉石，李华．幼儿教育学[M]．北京：中国传媒大学出版社，2014：8.

③ 教育部．幼儿园教育指导纲要(试行)．2001.

④ 周欣．托幼机构教育质量的内涵及其对儿童发展的影响[J]．学前教育研究，2003，(7～8)：34-38.

⑤ 项宗萍．从"六省市幼教机构教育质量评价研究"看我国幼教机构教育过程的问题与教育过程的评价取向[J]．学前教育研究，1995，(2)：31-35.

⑥ Li，K.，Pan，Y.，Hu，B.，Burchinal，M.，De Marco，A.，Fan，X.，& Qin，J.. Early childhood education quality and child outcomes in China：Evidence from Zhejiang Province [J]. *Early Childhood Research Quarterly*，2016，36(3)：427-438.

多元文化与差异(增设)(4.20 分)。其中，在 7 个子项目中，日常语言交流项目得分最高，接纳多元文化与差异(增设)项目得分最低，还未达到合格要求。整体而言，我国幼儿园人际互动质量刚刚达到合格水平，距离良好和优秀水平仍有较大差距。

表 13-1　我国幼儿园人际互动质量描述性统计

	样本量	均值	标准差	最小值	最大值
人际互动	428	5.12	1.37	2.27	8.27
室内一般活动的导护	428	5.06	1.85	1.00	9.00
户外体育活动的导护	392	5.22	1.79	0.50	9.00
常规和纪律	428	5.25	1.74	1.00	9.00
师幼互动	428	5.13	1.71	1.33	9.00
幼儿之间的互动	428	5.13	1.53	1.67	9.00
日常语言交流	428	5.32	1.30	2.33	9.00
接纳多元文化与差异(增设)	248	4.20	1.30	1.00	8.50

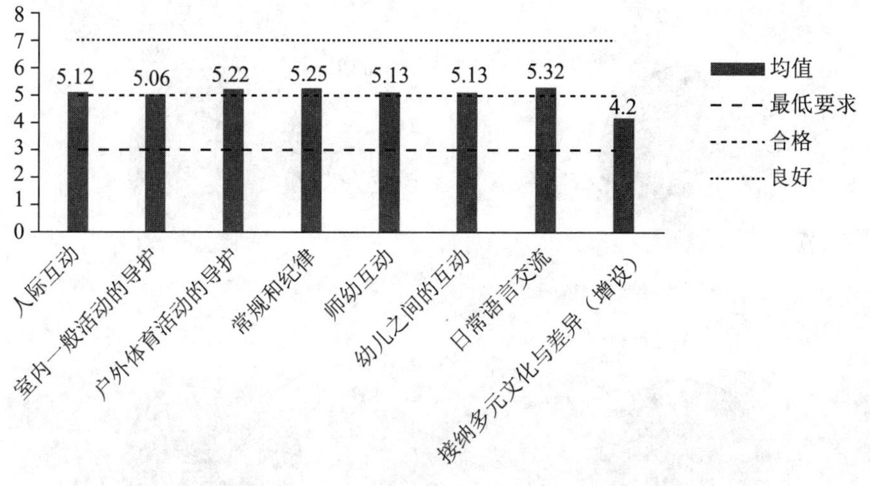

图 13-1　我国幼儿园人际互动质量总体情况

(二)我国幼儿园人际互动质量分布情况

本文采用两种质量分层法分别对我国幼儿园人际互动质量分布情况进行分析。

1. 五级分层

由表 13-2 和图 13-2 可知，在我国幼儿园人际互动质量中，从全国来看，只有 4 个班级(不到 1%)达到优秀水平，7%的班级处于不适宜水平，超过 1/3

(37.6%)的班级处于最低要求水平，54%的班级达到合格或良好水平。从东、中、西部区域来看，东部的3个班级和西部的1个班级达到优秀水平，中部没有班级达到优秀水平；西部有26个班级处于不适宜水平，所占比重较大(15%)；在东部地区，较大部分的班级是处于良好(47.9%)和合格(35.3%)水平；在中部地区，处于合格和最低要求水平的班级分别占38.9%和44.4%；西部有一半多(56.7%)的班级处于最低要求水平。

表13-2　我国幼儿园人际互动质量的分布情况(五级分层)

	东部(N=167)	中部(N=90)	西部(N=171)	全国(N=428)
	N(%)	N(%)	N (%)	N (%)
优秀	3(1.8)	0(0)	1(0.6)	4(0.9)
良好	80(47.9)	12(13.3)	24(14)	116(27.1)
合格	59(35.3)	35(38.9)	23(13.5)	117(27.3)
最低要求	24(14.4)	40(44.4)	97(56.7)	161(37.6)
不适宜	1(0.6)	3(3.3)	26(15.2)	30(7)

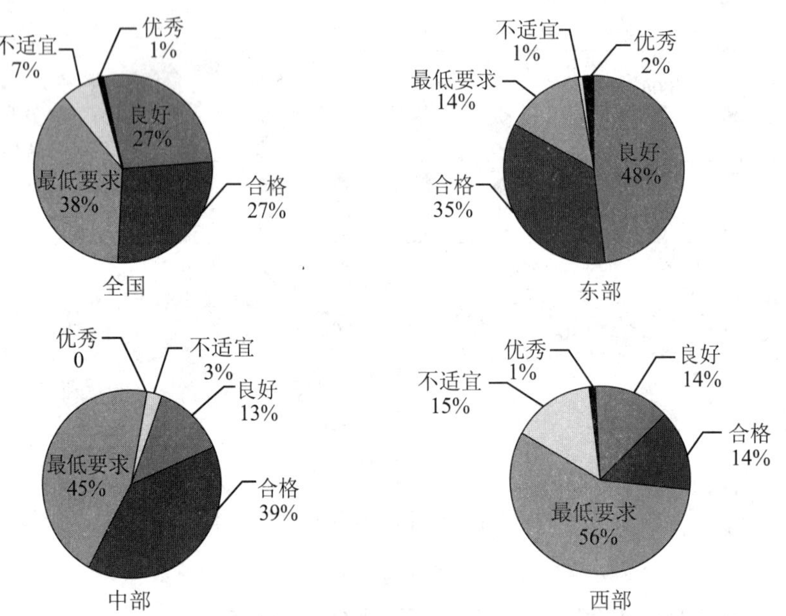

图13-2　幼儿园人际互动质量分布情况(五级分层)

2. 三级分层

表 13-3　我国幼儿园人际互动质量的分布情况(三级分层)

	东部(N=167)	中部(N=90)	西部(N=171)	全国(N=428)
	N(%)	N(%)	N (%)	N (%)
高质量	34(20.4)	1(1.1)	6(3.5)	41(9.6)
有质量	108(64.7)	46(51.1)	42(24.6)	196(45.8)
低质量	25(15)	43(47.8)	123(71.9)	191(44.6)

由表 13-3 和图 13-3 可知，从全国来看，428 个样本班级中只有 9.6%的幼儿园班级是处于高质量水平，有质量和低质量的班级分别占 45.8%、44.6%。从东、中、西区域来看，东部地区较大部分(64.7%)的班级处于有质量水平，高质量水平的班级占 20.4%，只有 15%的班级是处于低质量水平；中部地区只有 1 个班级(1.1%)达到高质量水平，有质量和低质量水平的班级分别占 51.1%、47.8%；西部地区，大部分(71.9%)的班级处于低质量水平，有质量的班级比例为 24.6%，高质量的班级占 3.5%。

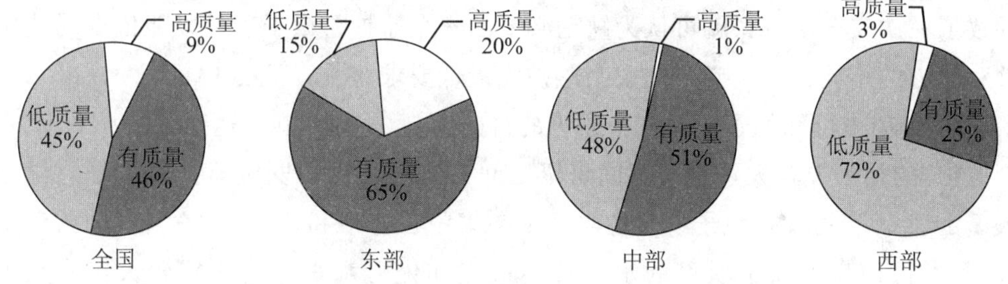

图 13-3　幼儿园人际互动质量分布情况(三级分层)

二、幼儿园人际互动质量项目水平的具体分析

(一)室内一般活动的导护

室内一般活动的导护旨在对室内的自由游戏活动、集体活动、生活活动的指导与监护情况进行评价。该项目由安全监护和活动指导两个子项目组成。

由表 13-4 可知，全国幼儿园“室内一般活动的导护”的质量得分为 5.06 分，刚刚达到合格水平。由表 13-5 可知，“室内一般活动的导护”质量主要集中最低要求(26.9%)、合格(20.3%)和良好水平(35.3%)，“不适宜”水平占 12.4%，而优秀水平的只占 5.1%。

表 13-4 “室内一般活动的导护”得分的描述性统计

	样本量	均值	标准差	最小值	最大值
室内一般活动的导护	428	5.06	1.85	1.00	9.00
安全监护	428	5.04	2.26	1.00	9.00
活动指导	428	5.09	1.84	1.00	9.00

表 13-5 “室内一般活动的导护”得分分布情况

	不适宜		最低要求		合格		良好		优秀	
	N	%	N	%	N	%	N	%	N	%
室内一般活动的导护	53	12.4	115	26.9	87	20.3	151	35.3	22	5.1
安全监护	74	17.3	61	14.3	84	19.6	156	36.4	53	12.4
活动指导	29	6.8	102	23.8	81	8.9	188	43.9	28	6.5

1. 安全监护

此处的安全监护主要是指对幼儿在室内活动中所提供的必要的安全监护，如果在一日生活各环节中，出现 1～2 次明显的安全监护漏洞，或由于监护不适当导致了一次安全事故，就可认为缺乏必要的安全监护。该子项目以能依据幼儿年龄和能力的不同，提供必要的安全监护为最低要求。

由表 13-4 可知，子项目安全监护的得分为 5.04 分，刚刚达到合格水平。“安全监护”的标准差较大，说明不同班级之间在室内活动的安全监护上水平差异较大。由表 13-5 可知，该子项目的水平主要集中在合格和良好水平；相对“活动指导”子项目而言，该子项目的水平在不适宜和优秀水平所占比重较大，分别为 17.3%和 12.4%。

2. 活动指导

活动指导是指教师对幼儿在室内活动的指导，主要是评价教师指导的方法和效果，以对幼儿的活动指导基本适当为最低要求。

由表 13-4 可知，子项目活动指导的得分为 5.09 分，刚刚达到合格水平。由表 13-5 可知，该子项目的水平主要集中在最低要求和良好水平；相对而言，该子项目在不适宜水平所占比重较少(6.8%)。

(二)户外体育活动的导护

户外体育活动的导护旨在对所有户外活动(包括各类集体的或自由的体育活动、早操、户外的自由游戏、自然观察与种植、饲养等)以及室内体育活动的导护等进行评价。这里的“导护”包括安全上的监护，对幼儿户外体育活动技能和方法上的指导，以及对幼儿活动量和健康状况的把握等。该项目由安全监护和活动指导两个子项目组成。

由表 13-6 可知，“户外体育活动的导护”质量得分为 5.22 分，处于合格水平。由表 13-7 可知，得分主要集中在合格和良好水平，优秀水平的只有 4.1%，不适宜水平占 11%。

表 13-6 “户外体育活动的导护”得分的描述性统计

	样本量	均值	标准差	最小值	最大值
户外体育活动的导护	392	5.22	1.79	0.50	9.00
安全监护	392	5.36	1.88	1.00	9.00
活动指导	392	5.09	1.93	1.00	9.00

表 13-7 “户外体育活动的导护”得分分布情况

	不适宜		最低要求		合格		良好		优秀	
	N	%	N	%	N	%	N	%	N	%
户外体育活动的导护	43	11	75	19.2	123	31.5	134	34.3	16	4.1
安全监护	37	9.4	41	10.5	106	27	167	42.6	41	10.5
活动指导	44	11.3	44	11.3	108	27.6	139	35.5	34	8.7

1. 安全监护

此处的安全监护旨在对幼儿在户外活动的安全监护。由表 13-6 可知，子项目安全监护的得分为 5.36 分，处于合格水平。由表 13-7 可知，该项目的水平主要集中在良好水平，占整体比重的 42.6%，其次是合格水平，为 27%。

2. 活动指导

活动指导主要是教师对幼儿在户外活动的指导，从教师的指导方式、指导效果和幼儿的运动量、锻炼机会等方面进行评价。由表 13-7 可知，子项目活动指导的得分为 5.09 分，刚刚处于合格水平。由表 13-8 可知，“活动指导”的质量主要集中在合格和良好水平，说明大部分的班级能够达到合格及以上的水平。最低要求和不适宜水平均占整体比重的 11.3%。

(三)常规和纪律

常规和纪律旨在教师对幼儿在日常生活中的常规和纪律方面的教导和要求。该项目由常规教导、纪律维护与行为管理以及问题预防和处理三个子项目组成。

由表 13-8 可知，全国幼儿园人际互动质量中“常规和纪律”质量得分为 5.25 分，处于合格水平。由表 13-9 可知，该项目水平主要集中在最低要求和良好水平，优秀只有 6.1%。

表 13-8 “常规和纪律”得分的描述性统计

	样本量	均值	标准差	最小值	最大值
常规和纪律	428	5.25	1.74	1.00	9.00
常规教导	428	5.03	2.11	1.00	9.00
纪律维护与行为管理	428	5.02	2.06	1.00	9.00
问题预防和处理	428	5.70	2.22	1.00	9.00

表 13-9 “常规和纪律”得分分布情况

	不适宜		最低要求		合格		良好		优秀	
	N	%	N	%	N	%	N	%	N	%
常规和纪律	37	8.6	133	31.1	90	21	142	33.2	26	6.1
常规教导	57	13.3	75	17.5	78	18.2	200	46.7	18	4.2
纪律维护与行为管理	53	12.4	71	16.6	145	33.9	121	28.3	38	8.9
问题预防和处理	36	8.4	58	13.6	156	36.4	82	19.2	96	22.4

1. 常规教导

常规教导是指教师对幼儿在幼儿园的生活活动和学习活动中的一些常规要求和教导。由表 13-8 可知，该项目的得分为 5.03 分，刚刚处于合格水平。由表 13-9可知，样本班级中有一半的班级在“常规教导”能够达到良好及以上水平，占 50.9%，但是仍有 13.3%的班级在该方面处于不适宜水平。观察过程中发现，在一些偏远农村地区的幼儿园，教师对幼儿的一些常规要求很多是不必要的，或者是不适合其年龄和发展水平。例如，有的教师规定幼儿长时间保持安静不动，在进餐期间绝对不能说话等。

2. 纪律维护与行为管理

由表 13-8 可知，纪律维护与行为管理的得分为 5.02 分，刚刚处于合格水平。由表 13-9 可知，该子项目的水平主要集中在合格和良好水平上，达到优秀水平的班级只占 8.9%；有 12.4%的班级是处于不适宜水平，这些班级往往纪律太过松散，缺乏必要的秩序，班级比较混乱。

3. 问题预防和处理

由表 13-8 可知，问题预防和处理的得分为 5.70 分，处于合格水平，值得说明的是相比其他子项目而言，该子项目的得分最高，但是标准差最大，说明样本班级在该方面的得分差异较大。由表 13-9 可知，大部分的班级在“问题预防和处理”方面能够达到合格及以上的水平，其中优秀班级所占比重相比其他子项目而言较大(22.4%)，教师能够利用适当的时机，引导幼儿学习解决冲突和问题的策略。

(四)师幼互动

该项目的师幼互动由在场生师比、尊重幼儿、互动状态三个子项目组成。由表 13-10 可知，在我国幼儿园“师幼互动”质量的得分为 5.13 分，处于合格水平。由表 13-11 可知，“师幼互动”主要集中在最低要求和良好水平上，只有 4.9%的班级达到优秀水平，11.2%的班级处于不适宜水平。

表 13-10　“师幼互动”得分的描述性统计

	样本量	均值	标准差	最小值	最大值
师幼互动	428	5.13	1.71	1.33	9.00
在场生师比	428	5.24	2.55	1.00	9.00
尊重幼儿	428	4.82	2.09	1.00	9.00
互动状态	428	5.33	1.71	1.00	9.00

表 13-11　“师幼互动”得分分布情况

	不适宜		最低要求		合格		良好		优秀	
	N	%	N	%	N	%	N	%	N	%
师幼互动	48	11.2	144	33.6	78	18.2	137	32	21	4.9
在场生师比	81	18.9	27	6.3	136	31.8	118	27.6	66	15.4
尊重幼儿	100	23.4	77	18	65	15.2	155	36.2	31	7.2
互动状态	10	2.3	93	21.7	167	39	120	28	38	8.9

1. 在场生师比

在场生师比是指实际在场幼儿与实际在场教师的比率。“在场教师”是指在幼儿活动现场并起到指导和监护作用的成人(包括教师和保育员)；但如果该成人仅仅是人在现场，但并未对幼儿的活动有实际的指导和监护作用，则不计算在内。该评价标准是参照 2013 年教育部颁布的《幼儿园教职工配备标准(暂行)》，并结合我国幼儿园教育中各种可能的实际情况制定的。

由表 13-10 可知，在场生师比的得分为 5.24 分，处于合格水平。由表 13-11 可知，半数以上的班级处于合格(31.8%)或良好(27.6%)水平，15.4%的班级达到优秀水平；但有 18.9%的班级处于不适宜水平(生师比过高)，说明在所观察的 428 个样本班级中有 81 个班级在一日活动中在场生师比过高(即小班生师比在 30∶1 以上，中班 35∶1 以上，大班 40∶1 以上)。

2. 尊重幼儿

由表 13-10 可知，“尊重幼儿”子项目得分为 4.82，未达到合格水平，处于最低要求水平。由表 13-11 可知，该子项目的得分主要集中在良好水平(36.2%)；

但仍有23.4%的班级处于不适宜水平，这些班级的成人经常性地命令幼儿，对幼儿大声吼叫等。

3. 互动状态

由表13-10可知，互动状态的得分为5.33分，处于合格水平。由表13-11可知，只有少数(2.3%)班级处于不适宜水平(出现明显消极和令人不愉快的师幼互动事件)；28%的班级处于良好水平，其中8.9%的班级达到优秀水平。

(五)幼儿之间的互动

“幼儿之间的互动”这一项目是对非集体教学活动时间幼儿之间的活动情况进行观察和评分。该项目由机会提供、教师指导、互动的性质三个子项目组成。由表13-12可知，“幼儿之间的互动”的得分为5.13分，达到合格水平。由表13-13可知，该项目的质量主要集中在最低要求和良好水平，只有少数(2.3%)的班级达到优秀水平，仍有7.9%的班级处于不适宜水平。

表13-12 “幼儿之间的互动”得分的描述性统计

	样本量	均值	标准差	最小值	最大值
幼儿之间的互动	428	5.13	1.53	1.67	9.00
机会提供	428	5.07	1.68	1.00	9.00
教师指导	428	4.80	1.96	1.00	9.00
互动的性质	428	5.51	1.71	1.00	9.00

表13-13 “幼儿之间的互动”得分分布情况

	不适宜		最低要求		合格		良好		优秀	
	N	%	N	%	N	%	N	%	N	%
幼儿之间的互动	34	7.9	133	31.1	120	28	131	30.6	10	2.3
机会提供	10	2.3	133	31.1	108	25.2	155	36.2	22	5.1
教师指导	61	14.3	84	19.6	113	26.4	162	37.9	8	1.9
互动的性质	17	4	63	14.7	160	37.4	168	39.3	20	4.7

1. 机会提供

机会提供是指教师对幼儿之间的互动是否允许并且是否会创造机会促进幼儿的互动。由表13-12可知，机会提供的得分为5.07分，刚刚达到合格水平。由表13-13可知，该项目的质量主要集中在最低要求和良好水平，只有少数的班级(2.3%)中，教师经常禁止幼儿与同伴之间的互动。大部分的班级中，幼儿与同伴间的互动一般是被允许的。

2. 教师指导

由13-12可知，教师指导的得分为4.80分，未达到合格水平，处于最低要求水平。由表13-13可知，该项目的质量主要集中在合格和良好水平，但仍有14.3%的班级中教师没有为幼儿与同伴间的互动提供必要的和正面的指导，处于不适宜水平，只有少数班级(1.9%)在该方面是达到优秀的水平，教师能够运用各种策略来帮助幼儿学习社会交往与合作。

3. 互动的性质

互动的性质主要是判断幼儿之间的互动是消极性的还是积极性的。由表13-12可知，互动的性质的得分为5.51分，处于合格水平。由表13-13可知，该项目的质量主要集中在合格和良好水平，4%的班级是处于不适宜水平，4.7%的班级达到优秀水平。

(六)日常语言交流

日常语言交流主要考察在非正式情境下(自由游戏活动和生活活动中)，教师与幼儿以及幼儿与同伴之间的日常语言交流情况。此项目主要是为了评价幼儿口头语言发展的刺激是否足够，以及幼儿在日常生活情境中对口头/非正式语言的使用情况。该项目由师生交流、师生对话的功能、同伴交流三个子项目组成。

表13-14　“日常语言交流”得分的描述性统计

	样本量	均值	标准差	最小值	最大值
日常语言交流	428	5.32	1.30	2.33	9.00
师生交流	428	5.38	1.65	1.00	9.00
师生对话的功能	428	5.26	1.62	1.00	9.00
同伴交流	428	5.33	1.31	1.00	9.00

表13-15　“日常语言交流”得分分布情况

	不适宜		最低要求		合格		良好		优秀	
	N	%	N	%	N	%	N	%	N	%
日常语言交流	5	1.2	111	25.9	189	44.2	109	25.5	14	3.3
师生交流	12	2.8	70	16.4	177	41.4	135	31.5	34	7.9
师生对话的功能	9	2.1	84	19.6	195	46.5	116	27.1	24	5.6
同伴交流	6	1.4	40	9.3	260	60.7	108	25.2	14	3.3

由表13-14可知，全国幼儿园“日常语言交流”质量得分为5.32分，处于合格水平。由表13-15可知，该项目的质量水平主要集中在合格水平(44.2%)，只有少数班级(1.2%)是处于不适宜水平，但达到优秀水平的班级也不多(3.3%)。

1. 师生交流

由表13-14可知，师生交流的得分为5.38分，处于合格水平。由表13-15可知，该项目的质量水平主要集中在合格(41.4%)和良好水平(31.5%)，不适宜和优秀水平分别占2.8%、7.9%。

2. 师生对话的功能

由表13-14可知，师生对话的功能得分为5.26分，处于合格水平。由表13-15可知，该项目的质量水平主要集中在合格(46.5%)和良好水平(27.1%)，不适宜和优秀水平分别占2.1%、5.6%。

3. 同伴交流

由表13-14可知，同伴交流的得分为5.33分，处于合格水平。由表13-15可知，该项目的质量水平主要集中在合格水平(60.7%)，良好水平比例为25.2%，只有少数(1.4%)班级是处于不适宜水平的。

(七)接纳多元文化与差异(增设)

“接纳多元文化与差异(增设)”这一项目主要是为了反映班级的教育和文化氛围中，对多元文化(如不同民族/种族、不同国家和地区的独特的文化)及个体差异(相貌、能力、价值观念等)的包容、理解和欣赏。由于种种原因，该教育理念并未成为我国幼教普遍的实践，所以接纳多元文化与差异作为增设项目。在428个样本班级中有接近一半的班级在该项目是不适用的。

由表13-16可知，在全国幼儿园“接纳多元文化与差异(增设)”的得分为4.20分，未达到合格水平，该项目是“人际互动”子量表中得分最低、唯一一个没有达到合格水平的项目。由表13-17可知，该项目的质量水平主要集中在最低要求水平(52.4%)，只有极少数的班级(0.8%)达到优秀水平，有13.7%的班级是处于不适宜水平(完全没有反映多元文化的材料，且可能存在包含偏见的教育内容与材料)。

表13-16 “接纳多元文化与差异(增设)”得分的描述性统计

	样本量	均值	标准差	最小值	最大值
接纳多元文化与差异(增设)	248	4.20	1.30	1.00	8.50
材料的选择	236	3.52	1.60	1.00	9.00
教师的多元文化素养	245	4.88	1.40	1.00	9.00
尊重与欣赏差异	236	5.08	1.80	1.00	9.00
活动设计与组织	236	3.13	1.78	1.00	9.00

表 13-17 “接纳多元文化与差异(增设)”得分分布情况

	不适宜		最低要求		合格		良好		优秀	
	N	%	N	%	N	%	N	%	N	%
接纳多元文化与差异(增设)	34	13.7	130	52.4	58	23.4	24	9.7	2	0.8
材料的选择	43	18.2	121	51.3	55	23.3	13	5.5	4	1.7
教师的多元文化素养	18	7.3	24	9.8	167	68.2	28	11.4	8	3.3
尊重与欣赏差异	24	10.2	30	12.7	99	41.9	80	33.9	3	1.3
活动设计与组织	133	56.4	29	12.3	52	22	21	8.9	1	0.4

1. 材料的选择

由表 13-16 可知，材料的选择得分为 3.52 分，处于最低要求水平。由表 13-17 可知，该子项目的质量水平主要集中在最低要求水平(51.3%)，相比其他子项目而言，处于不适宜水平班级比重较大(18.2%)，良好和优秀水平的比例分别为 5.5%、1.7%。

2. 教师的多元文化素养

由表 13-16 可知，教师的多元文化素养的得分为 4.88 分，处于最低要求水平。由表 13-17 可知，该子项目的质量主要集中在合格水平(68.2%)，不适宜和优秀水平的比例分别为 7.3%、3.3%。

3. 尊重与欣赏差异

由表 13-16 可知，尊重与欣赏差异的得分为 5.08 分，是该子量表中唯一一个达到合格水平的子项目。由表 13-17 可知，该子项目的质量主要集中在合格水平(41.9%)和良好水平(33.9%)，只有少数班级(1.3%)达到优秀水平。

4. 活动设计与组织

“活动设计与组织”是依据班级教育计划和访谈，了解该班级是否设计和组织过专门的多元文化主题的活动以及活动的效果。由表 13-16 可知，活动设计与组织的得分为 3.13 分，处于最低要求水平，是该子量表中得分最低的子项目。由表 13-17 可知，该子项目的质量主要集中在不适宜水平(56.4%)，只有 1 个班级达到优秀水平。

(八)子量表得分以及各项目得分之间的相关性分析

表 13-18 “人际互动”子量表及各项目得分之间的相关系数

	六	40	41	42	43	44	45	46
人际互动	1							
室内一般活动的导护	0.909**	1						
户外体育活动的导护	0.840**	0.746**	1					
常规和纪律	0.901**	0.800**	0.706**	1				
师幼互动	0.878**	0.765**	0.674**	0.786**	1			
幼儿之间的互动	0.877**	0.764**	0.654**	0.782**	0.741**	1		
日常语言交流	0.851**	0.739**	0.636**	0.738**	0.718**	0.774**	1	
接纳多元文化与差异(增设)	0.540**	0.394**	0.442**	0.400**	0.386**	0.376**	0.390**	1

注：** $p<0.01$

由表 13-18 可知，室内一般活动的导护、户外体育活动的导护、常规和纪律、师幼互动、幼儿之间的互动、日常语言交流与子量表得分的相关系数较高，而且非常显著，均为强的正相关。虽然“接纳多元文化与差异(增设)”这一项目与互动子量表、其他项目得分存在显著相关，但相关系数相对不高。

三、幼儿园人际互动质量的区域差异

(一)东、中、西部各区域幼儿园人际互动质量现状与问题

1. 子量表得分的比较

由表 13-19 和图 13-4 可知，全国幼儿园人际互动质量存在明显的区域差异；东部地区人际互动质量最高(6.00 分)，其次是中部地区(4.96 分)，西部地区质量最低(4.33 分)；东部和全国的幼儿园人际互动质量处于合格水平，中部和西部的幼儿园人际互动质量处于最低要求水平。

2. 项目水平的得分比较

由表 13-19 和图 13-4 可知，在人际互动的大多数项目上，东、中、西部区域之间存在明显的差异；总体而言，东部最高、中部次之、西部最低；在大多数项目得分上，中部得分与全国平均水平接近；在接纳多元文化和差异项目得分上，东部与中部接近；在日常语言交流项目得分上，中部与西部接近。

从得分水平上看，东部地区除了接纳多元文化与差异项目，其余的项目的得

分都处于合格水平。中部地区除了户外体育互动的导护(5.26 分)、常规和纪律(5.07 分)两个项目得分达到合格水平，其他项目得分未达到合格水平。西部地区在各项目上的得分均未达到合格水平。值得注意的是，无论是全国还是各个区域，得分最低的项目均为接纳多元文化与差异(增设)。

表 13-19　我国东、中、西部幼儿园人际互动质量状况

	全国			东部			中部			西部		
	N	M	SD	N	M	SD	N	M	SD	N	M	SD
人际互动	428	5.12	1.37	167	6.00	1.04	90	4.96	1.00	171	4.33	1.32
室内一般活动的导护	428	5.06	1.85	167	6.13	1.33	90	4.88	1.47	171	4.11	1.91
户外体育活动的导护	392	5.22	1.79	142	6.34	1.37	80	5.26	1.33	170	4.28	1.77
常规和纪律	428	5.25	1.74	167	6.18	1.37	90	5.07	1.48	171	4.44	1.75
师幼互动	428	5.13	1.71	167	6.15	1.38	90	4.91	1.44	171	4.24	1.60
幼儿之间的互动	428	5.13	1.53	167	5.90	1.25	90	4.96	1.31	171	4.46	1.54
日常语言交流	428	5.32	1.30	167	6.10	1.13	90	4.84	0.79	171	4.81	1.30
接纳多元文化与差异(增设)	248	4.20	1.30	73	4.84	1.38	39	4.71	0.97	136	3.71	1.13

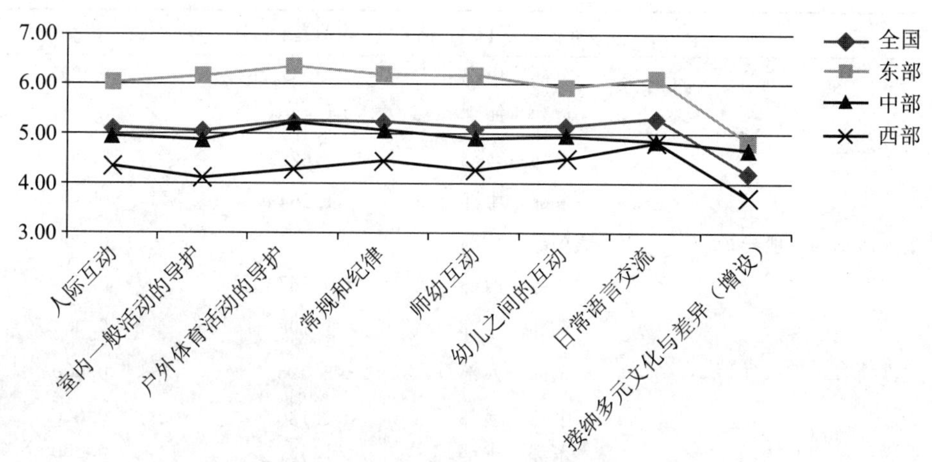

图 13-4　我国东、中、西部幼儿园人际互动质量状况

(二)东、中、西部区域之间幼儿园人际互动质量的差异显著性检验

对东、中、西部样本幼儿园的人际互动质量得分进行多元方差分析，结果显示(见表 13-20)，无论是互动子量表得分，还是各项目得分，东、中、西部之间差异均极其显著($p<0.001$)。

由表 13-21 可知，进一步对东、中、西部幼儿园人际互动质量进行多重比较，结果显示，总体而言，东部地区幼儿园人际互动质量显著高于中部和西部，中部地区幼儿园人际互动质量显著高于西部地区。但是，在日常语言交流方面，中部与西部之间差异不显著；在接纳多元文化与差异方面，东部与中部之间差异不显著。

表 13-20　东、中、西部幼儿园人际互动质量差异检验

	F	Sig.	η^2
人际互动	89.665	0.000	0.297
室内一般活动的导护	66.851	0.000	0.239
户外体育活动的导护	68.737	0.000	0.261
常规和纪律	53.375	0.000	0.201
师幼互动	70.811	0.000	0.25
幼儿之间的互动	46.501	0.000	0.18
日常语言交流	63.506	0.000	0.23
接纳多元文化与差异(增设)	23.667	0.000	0.173

表 13-21　东、中、西部幼儿园人际互动质量事后检验

	所在地区(I-J)	均值差(I-J)	Sig.
人际互动	东部—中部	1.047*	0.000
	东部—西部	1.670*	0.000
	中部—西部	0.623*	0.000
室内活动的一般导护	东部—中部	1.254*	0.000
	东部—西部	2.021*	0.000
	中部—西部	0.767*	0.000
户外体育活动的导护	东部—中部	1.198*	0.000
	东部—西部	2.328*	0.000
	中部—西部	1.130*	0.000
常规和纪律	东部—中部	1.437*	0.000
	东部—西部	2.485*	0.000
	中部—西部	1.048*	0.001
师幼互动	东部—中部	1.710*	0.000
	东部—西部	2.590*	0.000
	中部—西部	0.880*	0.002
幼儿之间的互动	东部—中部	1.239*	0.000
	东部—西部	1.938*	0.000
	中部—西部	0.699*	0.010

续表

	所在地区(I-J)	均值差(I-J)	Sig.
日常语言交流	东部—中部	1.514*	0.000
	东部—西部	1.751*	0.000
	中部—西部	0.237	0.291
接纳多元文化与差异(增设)	东部—中部	0.158	0.518
	东部—西部	1.118*	0.000
	中部—西部	0.959*	0.000

注：* $p<0.05$

四、幼儿园人际互动质量的城乡差异

(一)全国幼儿园人际互动质量的城乡差异

由表13-22和图13-5可知，全国城镇幼儿园人际互动质量总体得分和大部分项目得分在5～6分，达到合格要求，但接纳多元文化与差异项目得分为4.52分，处于最低要求水平；乡村幼儿园人际互动质量总体得分和各项目得分均在5分以下，处于最低要求水平。整体而言，城镇幼儿园人际互动质量各项得分均高于乡村幼儿园。

表13-22　全国城乡幼儿园人际互动质量得分的描述性统计

	城镇			乡村			全国		
	N	M	SD	N	M	SD	N	M	SD
人际互动	238	5.62	1.35	190	4.49	1.12	428	5.12	1.37
室内一般活动的导护	238	5.71	1.72	190	4.25	1.67	428	5.06	1.85
户外体育活动的导护	223	5.80	1.64	169	4.47	1.71	392	5.22	1.79
常规和纪律	238	5.84	1.72	190	4.50	1.45	428	5.25	1.74
师幼互动	238	5.73	1.67	190	4.38	1.44	428	5.13	1.71
幼儿之间的互动	238	5.54	1.61	190	4.61	1.23	428	5.13	1.53
日常语言交流	238	5.67	1.36	190	4.88	1.06	428	5.32	1.30
接纳多元文化与差异(增设)	137	4.52	1.39	111	3.80	1.06	248	4.20	1.30

注：城镇＝城市＋县城；乡村＝乡镇中心/城郊＋村。

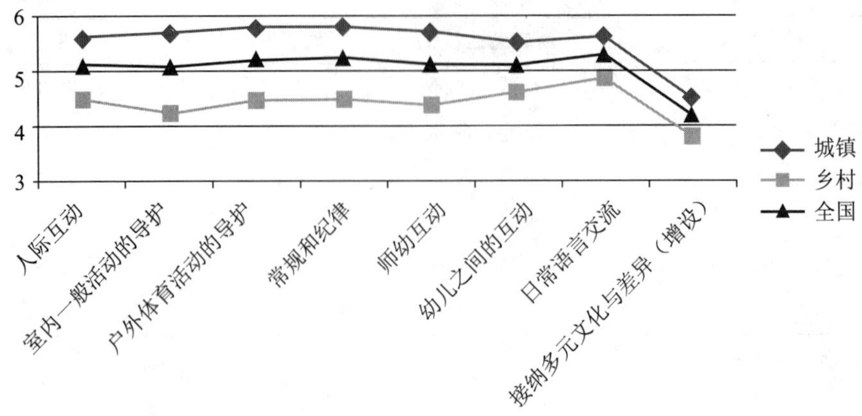

图 13-5 全国城乡幼儿园人际互动质量得分城乡差异

(二)各区域内部幼儿园人际互动质量的城乡比较

1. 东部地区幼儿园人际互动质量城乡比较

由表 13-23 可知，除了接纳多元文化与差异项目，东部城镇幼儿园的人际互动质量的得分均在 6 分以上，处于合格与良好水平之间；乡村幼儿园人际互动质量大部分项目得分在 5～6 分，达到合格水平，但接纳多元文化与差异得分为 3.92 分，处于最低要求水平。t 检验发现，无论是在子量表得分还是项目得分上，东部城乡幼儿园人际互动质量差异均极其显著($p<0.001$)。

表 13-23 东部地区幼儿园人际互动质量城乡比较与差异检验

	城镇		乡村			
	均值	标准差	均值	标准差	t	Sig.
人际互动	6.39	0.94	5.26	0.79	7.734	0.000
室内一般活动的导护	6.55	1.24	5.33	1.13	6.172	0.000
户外体育活动的导护	6.66	1.22	5.61	1.41	4.514	0.000
常规和纪律	6.63	1.28	5.30	1.09	6.664	0.000
师幼互动	6.58	1.31	5.32	1.13	6.198	0.000
幼儿之间的互动	6.24	1.22	5.26	1.05	5.161	0.000
日常语言交流	6.42	1.07	5.48	0.97	5.510	0.000
接纳多元文化与差异(增设)	5.26	1.29	3.92	1.10	4.279	0.000

2. 中部地区幼儿园人际互动质量的城乡比较

由表 13-24 可知，中部地区的城镇幼儿园人际互动质量，在子量表“人际互动”以及室内一般活动的导护、户外体育活动的导护、师幼互动、幼儿之间的互动、接纳多元文化与差异(增设)几个项目上得分在 3～5 分，处于最低要求水平；

在常规和纪律、日常语言交流项目上，得分在5～6分，达到合格水平。乡村幼儿园人际互动质量各项得分均处于最低要求水平；幼儿之间的互动、日常语言交流两个项目得分在4分以上，其余项目得分在3～4分。t检验发现，在子量表“人际互动”、项目室内一般活动的导护、户外体育活动的导护、常规和纪律、师幼互动、幼儿之间的互动、日常语言交流方面，城乡差异显著；在接纳多元文化与差异(增设)上，城乡之间不存在显著差异。

表13-24　中部地区幼儿园人际互动质量城乡比较与差异检验

	城镇		乡村			
	均值	标准差	均值	标准差	t	Sig.
人际互动	4.81	1.36	3.90	1.12	4.823	0.000
室内一般活动的导护	4.87	1.86	3.41	1.69	5.382	0.000
户外体育活动的导护	4.92	1.71	3.68	1.61	4.886	0.000
常规和纪律	5.05	1.77	3.88	1.54	4.645	0.000
师幼互动	4.80	1.61	3.73	1.41	4.636	0.000
幼儿之间的互动	4.77	1.74	4.18	1.28	2.522	0.013
日常语言交流	5.09	1.42	4.56	1.12	2.684	0.008
接纳多元文化与差异(增设)	3.81	1.24	3.62	1.03	0.992	0.323

3. 西部地区幼儿园人际互动质量的城乡比较

表13-25　西部地区幼儿园人际互动质量城乡比较与差异检验

	城镇		乡村			
	均值	标准差	均值	标准差	t	Sig.
人际互动	5.22	1.13	4.69	0.77	2.575	0.012
室内一般活动的导护	5.20	1.55	4.55	1.30	2.146	0.035
户外体育活动的导护	5.49	1.36	4.99	1.26	1.708	0.092
常规和纪律	5.38	1.76	4.74	1.04	2.117	0.037
师幼互动	5.35	1.57	4.46	1.14	3.055	0.003
幼儿之间的互动	5.26	1.50	4.64	1.00	2.291	0.024
日常语言交流	4.91	0.86	4.77	0.71	0.888	0.377
接纳多元文化与差异(增设)	4.83	1.04	4.52	0.85	0.991	0.328

由表13-25可知，西部城镇幼儿园在日常语言交流、接纳多元文化与差异项目上得分低于5分，处于最低要求水平，在其余项目上，均达到合格水平；西部乡村幼儿园在互动质量各项得分均在4～5分，处于最低要求水平。t检验发现，西部城乡幼儿园在“人际互动”子量表得分以及室内一般互动导护、常规和纪律、

师幼互动、幼儿之间的互动方面，差异显著($p<0.05$)；在户外体育活动的导护、日常语言交流、接纳多元文化与差异(增设)方面，西部地区城乡差异不显著。

(三)东、中、西部城镇间、农村间幼儿园人际互动质量比较

1. 东、中、西部城镇幼儿园人际互动质量比较

从东、中、西城镇幼儿园人际互动质量来看(见表13-26)，东部的得分普遍在6分以上，处于合格与良好水平之间；中部的得分普遍在5～5.5分，达到合格水平；西部的得分普遍在5分以下，处于最低要求水平。在接纳多元文化与差异方面，东、中、西部城镇幼儿园的得分都相对较低，东部为5.26分，达到合格水平，中部和西部分别为4.83分、3.81分，处于最低要求水平。西部城镇幼儿园在常规和纪律、日常语言交流方面刚刚达到合格水平。

表13-26 东、中、西部城镇幼儿园人际互动质量得分描述性统计

	东部			中部			西部		
	N	M	SD	N	M	SD	N	M	SD
人际互动	110	6.39	0.94	46	5.22	1.13	82	4.81	1.36
室内一般活动的导护	110	6.55	1.24	46	5.20	1.55	82	4.87	1.86
户外体育活动的导护	98	6.66	1.22	43	5.49	1.36	82	4.92	1.71
常规和纪律	110	6.63	1.28	46	5.38	1.76	82	5.05	1.77
师幼互动	110	6.58	1.31	46	5.35	1.56	82	4.80	1.61
幼儿之间的互动	110	6.24	1.22	46	5.26	1.50	82	4.77	1.74
日常语言交流	110	6.42	1.07	46	4.91	0.86	82	5.09	1.42
接纳多元文化与差异(增设)	50	5.26	1.29	24	4.83	1.04	63	3.81	1.24

表13-27 东、中、西部城镇幼儿园人际互动质量方差分析

	df1	df2	F	Sig.
人际互动	2	428	48.673	0.000
室内一般活动的导护	2	428	30.945	0.000
户外体育活动的导护	2	392	33.778	0.000
常规和纪律	2	428	26.480	0.000
师幼互动	2	428	36.388	0.000
幼儿之间的互动	2	428	24.523	0.000
日常语言交流	2	428	41.977	0.000
接纳多元文化与差异(增设)	2	248	20.158	0.000

对东、中、西部城镇幼儿园人际互动质量做多元方差分析(结果见表13-27)，

发现东中西城镇幼儿园无论在子量表上，还是在各项目上的得分均存在显著性差异（$p<0.001$）。事后比较发现（见表13-28），在子量表得分上，东部与中部和西部存在显著性差异，但是中部和西部的差异不显著；在项目得分上，除了接纳多元文化与差异，东部与中部和西部城镇幼儿园的得分差异显著（$p<0.001$）；中部和西部城镇幼儿园在户外体育活动导护、师幼互动、接纳多元文化与差异（增设）项目得分上差异显著，在互动子量表得分以及其他项目上得分差异不显著。

表13-28　东、中、西部城镇幼儿园人际互动质量事后比较

量表得分	班级所在地	均值差（I-J）	Sig.
人际互动	东部—中部	1.175*	0.000
	东部—西部	1.579*	0.000
	中部—西部	0.403	0.056
室内活动的一般导护	东部—中部	1.350*	0.000
	东部—西部	1.674*	0.000
	中部—西部	0.324	0.255
户外体育活动的导护	东部—中部	1.175*	0.000
	东部—西部	1.743*	0.000
	中部—西部	0.568*	0.038
常规和纪律	东部—中部	1.244*	0.000
	东部—西部	1.575*	0.000
	中部—西部	0.331	0.250
师幼互动	东部—中部	1.232*	0.000
	东部—西部	1.778*	0.000
	中部—西部	0.546*	0.044
幼儿之间的互动	东部—中部	0.979*	0.000
	东部—西部	1.471*	0.000
	中部—西部	0.492	0.071
日常语言交流	东部—中部	1.502*	0.000
	东部—西部	1.330*	0.000
	中部—西部	−0.173	0.425
接纳多元文化与差异（增设）	东部—中部	0.423	0.168
	东部—西部	1.443*	0.000
	中部—西部	1.020*	0.001

2. 东、中、西部乡村幼儿园人际互动质量比较

表 13-29 东、中、西部乡村幼儿园人际互动质量描述性统计

	东部			中部			西部		
	N	M	SD	N	M	SD	N	M	SD
人际互动	57	5.26	0.79	44	4.69	0.77	89	3.89	1.12
室内一般活动的导护	57	5.33	1.13	44	4.55	1.30	89	3.41	1.69
户外体育活动的导护	44	5.61	1.41	37	4.99	1.26	88	3.68	1.61
常规和纪律	57	5.30	1.09	44	4.74	1.04	89	3.88	1.54
师幼互动	57	5.32	1.13	44	4.46	1.14	89	3.73	1.41
幼儿之间的互动	57	5.26	1.05	44	4.64	1.00	89	4.18	1.28
日常语言交流	57	5.48	0.97	44	4.76	0.71	89	4.56	1.12
接纳多元文化与差异(增设)	23	3.92	1.10	15	4.52	0.85	73	3.62	1.03

由表 13-29 可见，从东、中、西部乡村幼儿园人际互动质量来看，东部的得分普遍在 5～6 分，处于合格水平，中部的得分普遍在 5 分以下，处于最低要求水平，西部的得分普遍在 4 分以下，处于最低要求水平。在接纳多元文化与差异方面，东、中、西部乡村幼儿园的得分都相对较低。

表 13-30 东、中、西部乡村幼儿园人际互动质量方差分析

	df1	df2	F	Sig.
人际互动	2	428	36.841	0.000
室内一般活动的导护	2	428	31.497	0.000
户外体育活动的导护	2	392	27.662	0.000
常规和纪律	2	428	21.391	0.000
师幼互动	2	428	27.169	0.000
幼儿之间的互动	2	428	15.139	0.000
日常语言交流	2	428	15.241	0.000
接纳多元文化与差异(增设)	2	248	4.965	0.009

表 13-31 东、中、西部农村幼儿园人际互动质量事后比较

量表得分	班级所在地	均值差(I-J)	Sig.
人际互动	东部—中部	0.57205*	0.003
	东部—西部	1.36576*	0.000
	中部—西部	0.79370*	0.000

续表

量表得分	班级所在地	均值差(I-J)	Sig.
室内一般活动的导护	东部—中部	0.78788*	0.008
	东部—西部	1.92322*	0.000
	中部—西部	1.13534*	0.000
户外体育活动的导护	东部—中部	0.62715	0.061
	东部—西部	1.93750*	0.000
	中部—西部	1.31035*	0.000
常规和纪律	东部—中部	0.56828*	0.032
	东部—西部	1.42778*	0.000
	中部—西部	0.85950*	0.000
师幼互动	东部—中部	0.85422*	0.001
	东部—西部	1.58540*	0.000
	中部—西部	0.73118*	0.002
幼儿之间的互动	东部—中部	0.61331*	0.009
	东部—西部	1.07365*	0.000
	中部—西部	0.46034*	0.031
日常语言交流	东部—中部	0.71437*	0.000
	东部—西部	0.91660*	0.000
	中部—西部	0.20223	0.270
接纳多元文化与差异(增设)	东部—中部	−0.59275	0.084
	东部—西部	0.30405	0.217
	中部—西部	0.89680*	0.003

对东、中、西部乡村幼儿人际互动质量进行多元方差分析，结果显示(见表13-30)，东、中、西部乡村幼儿园互动质量存在显著性差异($p<0.001$)。事后比较发现(见表13-31)，在子量表得分上，东、中、西部乡村幼儿园存在显著差异($p<0.05$)；在项目得分上，除了接纳多元文化与差异上，东部与西部的乡村幼儿园在各项目上的得分存在显著差异($p<0.05$)；东部与中部在户外体育活动的导护、接纳多元文化差异(增设)项目上的得分差异不显著，在其他项目上的得分差异均显著($p<0.05$)；除了日常语言交流项目得分，中部与西部的乡村幼儿园在各项目上的得分差异显著($p<0.05$)。

(四)幼儿园人际互动质量城乡差异显著性检验

由表13-32可知，t检验发现，我国城乡幼儿园人际互动质量差异显著($p<0.001$)。在控制东、中、西部区域变量的情况下，对城乡幼儿园的人际互动质量进行多元方差分析，结果显示(见表13-33)，无论是在互动子量表上得分上，还

是在各项目得分上，我国城乡幼儿园人际互动质量均存在显著差异($p<0.001$)。

表 13-32　全国幼儿园人际互动质量城乡差异显著性检验

	城镇		乡村			
	均值	标准差	均值	标准差	t	Sig.
人际互动	5.62	1.35	4.49	1.12	9.276	0.000
室内一般活动的导护	5.71	1.72	4.25	1.67	8.809	0.000
户外体育活动的导护	5.80	1.64	4.47	1.71	7.792	0.000
常规和纪律	5.84	1.72	4.50	1.45	8.596	0.000
师幼互动	5.73	1.67	4.38	1.44	8.846	0.000
幼儿之间的互动	5.54	1.61	4.61	1.23	6.577	0.000
日常语言交流	5.67	1.36	4.88	1.06	6.494	0.000
接纳多元文化与差异(增设)	4.52	1.39	3.80	1.06	4.461	0.000

表 13-33　控制区域变量后我国幼儿园人际互动质量城乡差异检验

	df1	df2	F	Sig.	η^2
人际互动	2	428	141.717	0.000	0.4
室内一般活动的导护	2	428	108.549	0.000	0.338
户外体育活动的导护	2	392	99.259	0.000	0.338
常规和纪律	2	428	90.348	0.000	0.298
师幼互动	2	428	112.948	0.000	0.347
幼儿之间的互动	2	428	64.676	0.000	0.233
日常语言交流	2	428	69.7	0.000	0.247
接纳多元文化与差异(增设)	2	248	30.15	0.000	0.198

五、不同办园性质幼儿园人际互动质量的差异

(一)全国不同性质幼儿园人际互动总体质量状况

表 13-34　不同性质幼儿园人际互动质量描述性统计

		东部			中部			西部			全国		
		N	M	SD	N	M	SD	N	M	SD	N	M	SD
分类方法一	教育部门办园	46	6.60	0.92	15	5.43	0.93	34	5.40	1.16	95	5.98	1.17
	其他公办园	42	6.16	1.02	21	5.08	1.12	5	5.55	0.63	68	5.78	1.13
	小学附设园	8	4.75	0.46	12	4.38	0.90	30	3.58	0.84	50	3.96	0.93
	民办园	71	5.67	0.93	42	4.89	0.92	102	4.14	1.27	215	4.79	1.29

续表

		东部			中部			西部			全国		
		N	M	SD	N	M	SD	N	M	SD	N	M	SD
分类方法二	公办园	96	6.25	1.06	48	5.02	1.07	69	4.62	1.35	213	5.44	1.38
	民办园	71	5.67	0.93	42	4.89	0.92	102	4.14	1.27	215	4.79	1.29

由表13-34可知，从全国来看，教育部门办园人际互动质量得分最高，为5.98分，处于合格与良好之间；得分最低的是小学附设园，为3.96分，处于最低要求水平。从东、中、西区域来看(见图13-6)，东部和中部地区教育部门办园的得分最高，其次是其他公办园，再次是民办园，而小学附设园得分最低。西部地区的其他公办园人际互动质量高于教育部门办园。总体上，东、中、西部地区教育部门办园和其他公办园的人际互动质量高于小学附设园和民办园。

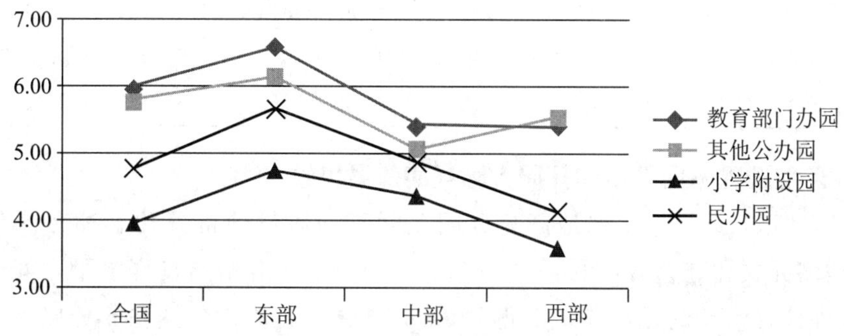

图13-6　不同性质幼儿园人际互动质量状况(分类一)

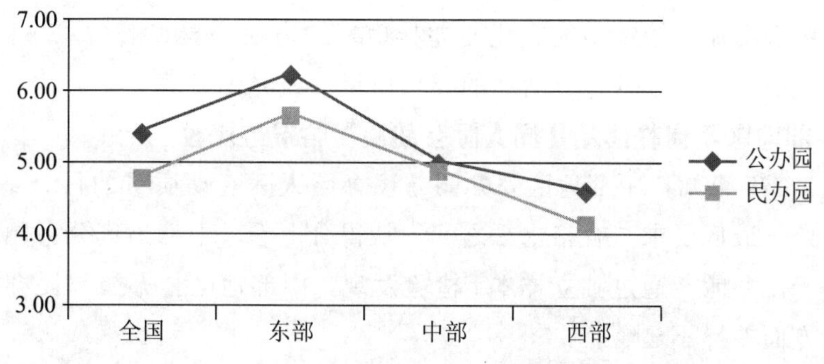

图13-7　不同性质幼儿园人际互动质量状况(分类二)

按公办园和民办园分类，就全国而言，公办园人际互动质量得分为5.44分，达到合格水平，民办园为4.79分，处于最低要求水平。就东、中、西区域而言(见图13-7)，公办园得分高于民办园，质量优于民办园；东部地区，公办园和民办园得分为6.25分、5.67分，均达到合格水平；中部地区公办园达到合格水平，民办园处于最低要求水平；西部地区，公办园、民办园均处于最低要求水平。

(二)各区域内不同性质幼儿园人际互动质量的差异

表 13-35　东、中、西部不同性质幼儿园人际互动质量描述性统计

	东部				中部				西部			
	公办园		民办园		公办园		民办园		公办园		民办园	
	M	SD	M	SD	M	SD	M	SD	M	SD	M	SD
人际互动	6.25	1.06	5.67	0.93	5.02	1.07	4.89	0.92	4.62	1.35	4.14	1.27
室内一般活动的导护	6.30	1.38	5.91	1.24	4.88	1.49	4.88	1.45	4.64	1.87	3.75	1.87
户外体育活动的导护	6.49	1.49	6.13	1.15	5.33	1.34	5.16	1.32	4.60	1.78	4.06	1.74
常规和纪律	6.49	1.35	5.76	1.29	5.22	1.38	4.89	1.59	4.94	1.82	4.10	1.63
师幼互动	6.40	1.38	5.80	1.32	4.81	1.51	5.04	1.35	4.28	1.70	4.22	1.53
幼儿之间的互动	6.14	1.32	5.59	1.08	5.04	1.33	4.86	1.29	4.80	1.71	4.24	1.38
日常语言交流	6.39	1.12	5.70	1.03	4.96	0.85	4.71	0.69	4.95	1.29	4.72	1.30
接纳多元文化与差异(增设)	5.29	1.27	4.22	1.29	4.82	1.02	4.43	0.81	3.79	1.24	3.66	1.06

1. 东部地区不同性质幼儿园人际互动质量比较

由表 13-35 可知，东部地区公办园人际互动质量的得分几乎都在 6 分以上(仅接纳多元文化与差异项目得分为 5.29 分)，处于合格与良好水平之间。民办园在户外体育活动的导护项目上得分为 6.13 分，其他得分均在 6 分以下。整体而言，东部地区公办园人际互动质量高于民办园。通过独立样本 t 检验发现，东部地区公办园与民办园在互动整体质量、常规与纪律、师幼互动、幼儿之间的互动、日常语言交流、接纳多元文化与差异(增设)方面差异显著($p<0.05$)，在室内一般活动的导护、户外体育活动的导护质量上差异不显著。

2. 中部地区不同性质幼儿园人际互动质量情况与比较

由表 13-35 可知，中部地区公办园与民办园人际互动质量的得分基本都在 5 分左右，处于最低要求与合格水平之间。从得分上看，中部地区公办园人际互动质量略高于民办园。通过独立样本 t 检验发现，中部地区公办园与民办园在人际互动质量方面差异不显著。

3. 西部地区不同性质幼儿园人际互动质量情况与比较

由表 13-35 可知，西部地区公办园与民办园人际互动质量的得分均在 5 分以下，处于最低要求水平。从得分上看，西部地区的公办园人际互动质量高于民办园。通过独立样本 t 检验发现，西部地区公办园与民办园的人际互动质量在室内一般互动的导护、常规和纪律方面差异显著($p<0.05$)，在其他方面差异不显著。

(三)东、中、西部同类性质幼儿园人际互动质量的差异比较

1. 东、中、西部公办园人际互动质量比较

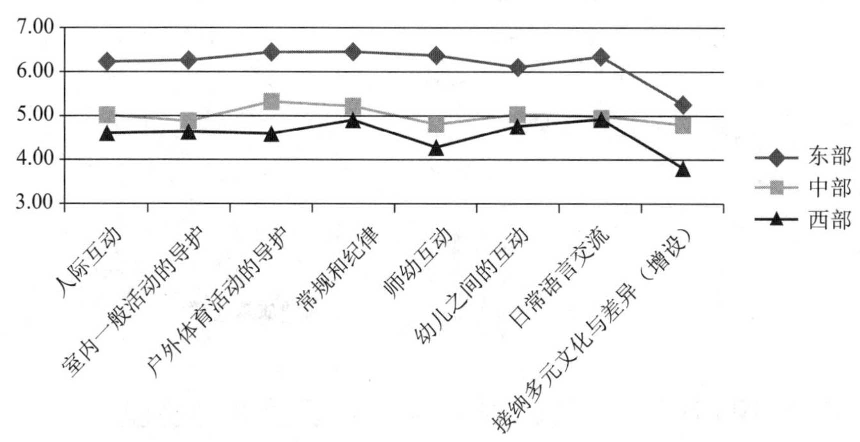

图 13-8　东、中、西部公办园人际互动质量比较

由图 13-8 可知，除了接纳多元文化与差异项目，东部地区公办园人际互动质量在子量表和项目上的得分均高于 6 分，处于合格与良好水平之间，明显高于中部和西部公办园。中部地区公办幼儿园在人际互动总体质量、户外体育活动的导护、常规与纪律、幼儿之间的互动上达到合格水平，其余项目上处于最低要求，但高于西部地区公办园的人际互动质量得分。方差分析结果显示，东、中、西部公办幼儿园在人际互动质量上差异显著($p<0.001$)。事后比较发现，在人际互动总体质量以及大部分项目上，东部地区公办园显著优于中部和西部公办园(仅在多元文化与差异项目上，东部公办园与中部公办园得分不存在显著差异)；在互动总体质量以及大部分项目上，中部与西部公办园人际互动质量不存在显著差异(仅在多元文化与差异项目上存在显著差异)。

2. 东、中、西部民办园人际互动质量比较

由图 13-9 可知，除了多元文化与差异，东部地区民办园在人际互动子量表和各项目上均达到合格水平，明显高于中部和西部民办园人际互动质量。除了中部地区户外体育活动的导护和师幼互动项目处于合格水平，中部和西部地区民办园人际互动质量总体上处于最低要求水平；中部民办园互动质量在大多数项目上高于西部。方差分析结果显示，东、中、西部民办园的人际互动质量差异极其显著($p<0.001$)。事后比较发现，整体而言，东部民办园人际互动质量显著优于中部和西部民办园，中部民办园人际互动质量显著优于西部民办园；在日常语言交流方面，中部与西部差异不显著；在接纳多元文化与差异方面，东部和中部差异不显著。

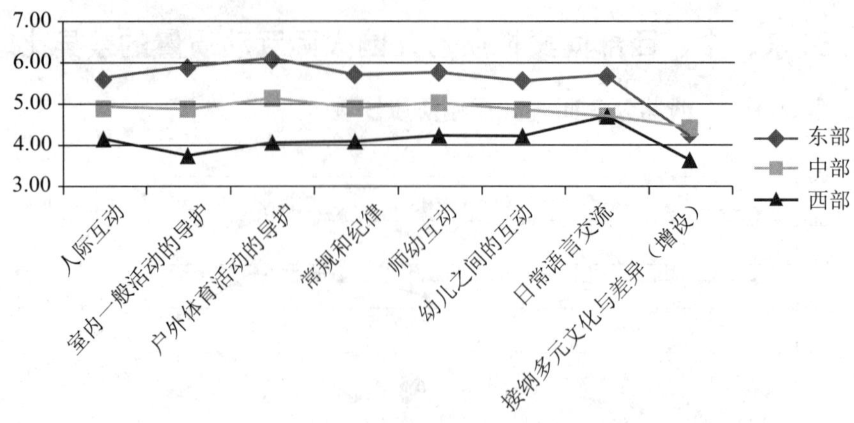

图 13-9　东、中、西部民办园人际互动质量比较

（四）我国不同性质幼儿园人际互动质量差异检验

表 13-36　我国不同性质幼儿园人际互动质量差异检验

	公办园		民办园		*t*	Sig.
	平均数	标准差	平均数	标准差		
人际互动	5.44	1.38	4.79	1.29	5.038	0.000
室内一般活动的导护	5.44	1.75	4.68	1.87	4.329	0.000
户外体育活动的导护	5.56	1.77	4.89	1.76	3.792	0.000
常规和纪律	5.70	1.68	4.80	1.68	5.525	0.000
师幼互动	5.36	1.80	4.90	1.59	2.764	0.006
幼儿之间的互动	5.46	1.58	4.81	1.40	4.512	0.000
日常语言交流	5.60	1.33	5.04	1.20	4.552	0.000
接纳多元文化与差异(增设)	4.52	1.38	3.87	1.14	4.097	0.000

通过独立样本 t 检验发现(结果见表 13-36)，我国公办园和民办园在人际互动总体质量以及各个项目质量上均存在极其显著的差异。

六、讨论与建议

人际互动质量是幼儿园教育过程质量的核心，对幼儿语言、认知、社会性的发展具有显著的预测效应；[①] 因而，对幼儿园班级教育过程中人际互动质量的评价具有重要意义。本研究运用《量表》第三版中的子量表“人际互动”作为评价工具，对全国东、中、西部 8 个省市 428 个幼儿园班级的人际互动质量进行了观察评价；基于这些评价数据，本研究对我国幼儿园人际互动质量现状及其存在的问题进行了多层面的分析。下面，研究者对本研究的主要发现逐一进行讨论，并在原因分析的基础上提出相应的质量提升建议。

(一)我国幼儿园人际互动质量整体水平不高

幼儿园人际互动质量整体质量水平不高，仅有 9%的班级人际互动达到高质量，但接近半数(45%)的班级人际互动整体质量处于低质量水平(未达到合格)，其中 7%的班级人际互动质量处于不适宜水平(这意味着幼儿几乎整天都在消极的互动中度过，对幼儿的身心健康可能会产生严重的伤害)。本研究的发现与刘焱等的研究结果基本一致。刘焱等(2014)[②]研究发现，幼儿园人际互动质量偏低，表现在只有少数教师(13%)会鼓励和引导幼儿轮流、分享、合作解决问题；大部分教师与幼儿之间的互动更多是指向维持秩序和控制幼儿行为。虽然评价工具和样本不同，两个不同的研究表明了一个共同趋势：幼儿园人际互动质量较低，整体距离“高质量”有较大差距；且人际互动质量园际差异很大，存在两极分化现象。

基于我国的国情和学前教育发展现状，研究者认为，幼儿园人际互动质量偏低，从结构性要素的角度来看，班级规模大、生师比过高是重要的制约因素；从教师队伍素质来看，专业化程度整体偏低，缺乏对高质量人际互动过程及其机制的研究与反思。因此，要整体上提升幼儿园人际互动质量，首先要采取有力措施(比如实施严格的办园准入标准)，增加教师数量，按照标准编班和配备教师，把班额和生师比控制在适宜的范围内；提升学前教育专业师资的职前培养质量和职后培训与研修质量，促进教师队伍素质的提高。同时，幼儿园教师应树立通过师幼互动、同伴互动过程支持幼儿的学习与发展的动态质量观，加强对人际互动质量的专题研究与反思。结合本研究的发现，在各个互动项目的质量提升上，研究者给教师们的具体建议如下。

1. 在室内和户外活动的导护方面

在安全管理上，建议教师在活动过程中引导和帮助幼儿发展起主动安全意识，结合活动的具体内容教导幼儿学习自我保护的方法。在活动指导方面，在及

---

① Li, K., Pan, Y., Hu, B., Burchinal, M., De Marco, A., Fan, X., & Qin, J.. Early childhood education quality and child outcomes in China: evidence from Zhejiang province [J]. *Early Childhood Pesearch Quarterly*, 2016, 36(3): 427-438.

② 刘焱. 学前一年教育纳入义务教育的条件保障研究[M]. 北京：北京师范大学出版社，2014.

时回应幼儿或提供必要协助的基础上，建议教师在互动过程中，努力保持鼓励幼儿独立探索和直接传递知识之间的平衡，加强对幼儿进行小组的或个别化的互动与指导。

2. 在常规和纪律方面

在常规教导方面，建议教师尽量引导幼儿以适当的方式参与班级规则的制定，注重通过一日生活引导幼儿理解规则的内涵与必要性，抓住教育契机帮助幼儿理解社会规范与社会技巧；在纪律维护与行为管理方面，建议教师注重采取预防性的策略减少问题行为的产生，通过让幼儿理解其行为的原因与后果来纠正其问题行为；注重培养幼儿的内在纪律感，引导幼儿以适宜的方式参与班级事务管理，支持其自主性、自控力和领导力的发展。

3. 在师幼互动与同伴互动方面

幼儿园应采取有力措施控制班级规模，完善班级保教人员的配备，合理安排保教人员的分工与合作制度，在一日活动的全过程中保持适宜的在场师生比，确保每位幼儿与教师和同伴每天都能有充分的小组的与个别化的互动机会。教师应加强对教育性互动的专题研究与反思，关注不同情境中师幼互动、同伴互动支持小组或个别幼儿有效学习的方法与策略，提升师幼互动和同伴互动的有效性；在语言交流方面，教师要注重与幼儿进行个别性的对话和交流。

4. 在接纳多元文化与差异方面

接纳多元文化与差异作为本评价工具中的增设项目，在各个项目中评分最低(远未达到合格)，且42%的样本班级在该项目上没有进行评价(没有任何可见的包含多元文化元素的材料与活动)。在价值与文化多元化、交流国际化的背景下，多元文化与差异教育越来越重要，也需要从儿童时期培养其多元文化理解与相处的意识与能力。因此，在幼儿园教育实践中，教师也应关注对儿童进行多元文化与差异的教育。首先，教师自身要不断提高自身的多元文化素养；其次，应将多元文化理解与接纳差异的教育融入幼儿园和班级环境布置、课程设计、集体教学以及幼儿的一日生活之中。

(二)幼儿园人际互动质量区域差异显著，中、西部幼儿园人际互动质量偏低

我国幼儿园人际互动质量从东部、中部到西部呈阶梯式下降趋势，东部幼儿园人际互动质量明显优于中部和西部，中部次之，西部质量最低。东部大部分幼儿园班级的人际互动质量处于合格或良好水平，中部大部分班级人际互动质量处于最低要求或合格水平之间，西部大部分班级人际互动质量未达到合格水平。总体而言，中、西部幼儿园人际互动质量较低，存在不少突出的问题，可能对幼儿的发展造成不利影响。研究者认为，除了受到中、西部经济社会发展水平的制约以外，较高的班额和生师比，教师队伍整体专业化水平低下，是导致中、西部幼

儿园人际互动质量低下的直接原因。基于此，建议中央政府加大区域统筹协调力度，设立专项经费支持中、西部学前教育发展；尤其要重视中、西部地区合格的专业化师资的培养和补充机制的建立，逐步提高中、西部幼儿园教师队伍的专业化水平；另外，在中央政府协调下，建立东部对中、西部的对口帮扶与交流机制，加快中、西部师资队伍综合素质与专业能力提升的进程。

(三)幼儿园人际互动质量的城乡差距大，乡村幼儿园人际互动质量偏低

本研究发现，在幼儿园人际互动质量上存在明显的城乡差距。城镇幼儿园的人际互动质量总体处于合格至良好水平，而乡村幼儿园人际互动质量各项指标均未达到合格水平，相当部分班级的人际互动质量处于不适宜水平。在城乡二元结构的制约作用下，我国经济社会的发展呈现明显的城乡差距；无论是在基础设施、公共文化设施、经费条件，还是人力资源条件，城镇都明显优于农村。这是城乡学前教育发展不平衡的根本原因。在农村，家长对学前教育服务的购买能力有限，幼儿园办园经费不足，大班额、高生师比现象普遍，收入低下、工作环境差导致合格的专业化师资匮乏。这些因素是农村幼儿园人际互动质量低下的直接原因。基于补偿性公平原则，建议中央和地方政府实施倾斜农村的财政性经费投入和师资配置政策，改善农村幼儿园的办园条件和教育环境，提高农村幼儿园教师的待遇，吸引和留住合格的专业化师资；统筹建立城乡学前教育师资对口帮扶和交流机制，加快农村学前教育师资的专业化水平提升。

(四)不同性质幼儿园人际互动质量差异显著，民办园与小学附设园人际互动质量低

本研究结果显示，办园性质是幼儿园人际互动质量的制约因素之一。与公办园相比，民办园人际互动质量偏低；与其他类型幼儿园相比，小学附设园人际互动质量最低。导致这一结果的原因，前文已充分讨论，这里不再赘述。基于此，政府有关部门应依据有关法规，在营利性/非营利性分类管理的制度框架下，建立对非营利性/普惠性民办园进行扶持、规范引导和质量监管的一系列政策机制，引导民办园不断提升师资队伍的专业化程度，不断提升人际互动质量。对于小学附设园，应加快独立建制和剥离，逐步减少小学附设园的数量和比重；同时，建立并规范教师转岗管理制度，加快中小学转岗幼儿园教师的学前教育专业化改造进程；通过基本质量评估和动态监管，确保小学附设园(学前班)严格控制班级规模和生师比，提升人际互动质量，促进幼儿的身心健康与全面发展。

第十四章

中国幼儿园家长与教师支持质量评价研究

本章概要

研究背景：家长与教师是幼儿接触最频繁的人，与幼儿发展关系密切；家园沟通与合作系统、对教师需求和专业发展的支持系统是幼儿教育质量重要的外部支持和内部支持系统。因而，对家长与教师支持质量的评价是幼儿园教育质量评价的重要方面。基于全国范围大规模的班级观察评价数据，本研究致力于全面了解我国幼儿园教育中对家长与教师的支持质量现状，分析存在的问题，以期为学前教育政策制定、学前教育质量提升提供科学实证依据。

研究设计与方法：本研究在全国幼儿园教育质量评价研究的构架下，聚焦幼儿园对家长与教师的支持质量；评价工具采用《量表》第三版中的子量表"家长与教师"对幼儿园家长与教师支持质量进行评价；评价方式主要是对家长、教师或幼儿园管理者进行访谈，并结合现场观察进行评分；本研究采用描述性统计与方差分析等方法，对样本幼儿园班级的家长与教师支持质量进行具体深入的分析。

研究结果：(1)我国幼儿园家长与教师支持质量总体不高，尤其在满足教师需求、支持教师专业发展方面质量偏低。(2)幼儿园家长与教师支持质量区域差异和城乡差异明显，中、西部和农村幼儿园对家长与教师的支持质量偏低。(3)不同性质幼儿园家长与教师支持质量差距大，公办园显著优于民办园，民办园对家长与教师支持的质量偏低。

讨论与建议：基于本研究的结果，结合我国国情和学前教育发展的实际，在对幼儿园家长与教师支持质量的制约因素进行讨论和分析的基础上，研究者提出如下建议：(1)幼儿园应关注并满足教师的个人需求与工作需求，促进教师的专业发展，建立有效的内部支持系统。(2)政府有关部门应重视园长队伍建设；园长自身应不断提升管理水平，建立幼儿园内部自我评价和改进机制，推动幼儿园教育质量的全面提升。(3)中央和地方各级政府应加强对中、西部和农村地区学前教育的统筹和扶持力度，逐步缩小幼儿园教育质量的区域差距与城乡差距。(4)民办园应更加重视教师队伍建设，满足教师的合理需求，支持教师的专业发展。(5)政府部门应重视民办园教师队伍建设问题，妥善解决体制机制障碍，加强对民办园的质量监管。

家长与教师是幼儿接触最频繁的人，与幼儿发展关系密切；因而，家长与教师合理需求的满足程度会影响幼儿园教育质量，影响幼儿发展。《幼儿园教育指导纲要(试行)》提出："幼儿园应与家庭、社会密切配合，共同为幼儿创造一个良好的成长环境。"[①]由此可见，家园沟通与合作具有重要的意义。随着社会的发展，人们对教育有了更多的期望，家长对幼儿园的教育需求也逐渐趋于多元化。[②] 一项调查研究显示，家长对幼儿园的膳食基本满意，但是对其他方面不甚了解。[③] 另一项调查研究结果表明，家长对幼儿园教育需求的重视程度由高到低依次为：环境与设备、师资队伍、费用、幼儿园形象、课程内容与教育理念、个别需求、方便性、幼儿园性质、信息来源。[④] 研究也表明，不同性质、不同级别幼儿园的家长对幼儿园的教育需求有所不同。[⑤] 面对来自家长群体的多元化教育需求，幼儿园也应为家长提供相应的多元化服务与支持。但是，幼儿园的教育服务是否满足了家长的相关合理需求？什么样的教育支持既能够满足家长的需求，又能够真正促进幼儿的身心发展呢？幼儿园对家长的支持质量现状如何？这需要我们进一步研究。

众所周知，教师队伍素质是幼儿园教育质量的关键，教师队伍建设与发展是学前教育改革能否取得预期成效的重要一环。《国家中长期教育改革和发展规划纲要(2010—2020年)》强调要加强教师队伍建设，"提升教师素质，努力造就一支师德高尚、业务精湛、结构合理、充满活力的高素质专业化教师队伍"。[⑥] 但目前，我国幼儿园教师队伍建设存在着诸多问题：社会地位和待遇普遍偏低，与小学教师的差距有拉大的趋势；工作压力偏大，部分教师职业倦怠明显；民办幼

① 幼儿园教育指导纲要(试行)[J]. 学前教育研究，2002，(1)：4-7.

② 郑三元．如何为孩子选择幼儿园[J]. 教育导刊：幼儿教育，2002，(7)：41-42.

③ 张晶，娄有世，钱飞敏．家长对幼儿园膳食评价的分析[J]. 中国妇幼健康研究，2003，14(5).

④ 连玥．家长对幼儿园教育需求的研究[D]. 河南大学，2009.

⑤ 连玥．家长对幼儿园教育需求的研究[D]. 河南大学，2009.

⑥ 中共中央，国务院. 国家中长期教育改革和发展规划纲要(2010—2020年)[M]. 北京：人民出版社，2010.

儿园教师身份不明，基本权益没有保障。[①] 这些问题直接影响到幼儿园师资队伍的稳定和学前教育质量的提升。因此，在幼儿园管理过程中，如何及时地感知并满足教师的合理需求，创设并不断改善教师的工作环境，有效支持不同教师的专业发展，成为幼儿园管理者必须高度重视并亟待解决的重要问题。

综上所述，家园沟通与合作系统、对教师需求和专业发展的支持系统，是幼儿教育质量重要的外部支持和内部支持系统，因此幼儿园的家长与教师支持质量的评价是幼儿园教育质量评价的重要方面。在城乡差距大、区域发展很不平衡的背景下，我国幼儿园家长与教师支持质量如何？能否满足家长与教师的合理需求？存在哪些问题需要进一步解决？这些问题亟待实证研究的回答。

一、幼儿园家长与教师支持质量总体水平与分布状况

(一)幼儿园家长与教师支持质量状况

表 14-1　我国幼儿园家长与教师支持质量得分描述性统计

	样本量	平均值	标准差	最小值	最大值
家长与教师	403	5.59	1.43	2.25	8.67
服务家长	403	5.84	1.51	1	9
家园沟通与合作	403	6.14	1.68	2.33	9
满足教师的个人需求	403	4.52	1.62	1.67	9
满足教师的工作需求	401	5.44	1.42	1	8.25
教师间互动与合作	273	6.68	1.17	3.67	9
教师工作督导与评价	395	6	1.97	1	9
教师专业成长支持	399	5.33	1.78	1	9

表 14-1 和图 14-1 表明，我国幼儿园家长与教师支持质量总体均分是 5.59 分，达到合格水平(5 分)。在 7 个项目中，6 个项目的均分达到合格水平；其中，教师间互动与合作得分最高，为 6.68 分，接近良好水平；满足教师的个人需求得分最低，为 4.52 分，尚未达到合格要求。尽管从总体上说，我国幼儿园家长与教师支持质量达到合格水平。但需要注意的是，由于本子量表主要是通过访谈

① 冯晓霞，蔡迎旗．我国幼儿园教师队伍现状分析与政策建议[J]．教育导刊：幼儿教育，2007，(11)：26-29.

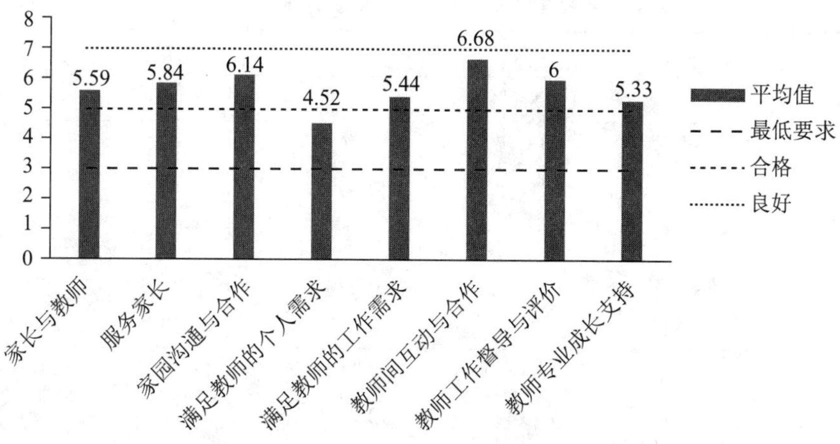

图 14-1 我国幼儿园家长与教师支持质量柱状图

获取评价信息，评分结果受到访谈者、受访者的主观因素的影响，因而实际质量水平应该会更低一些。因此，这一得分水平说明我国幼儿园家长与教师支持质量实际上并不高。

(二)幼儿园家长与教师支持质量得分分布

1. 五级分层

由表 14-2 和图 14-2 可知，绝大部分样本班级家长与教师支持质量处于最低要求(34%)与合格(42%)水平，处于优秀水平的仅有 3%，处于良好水平的有 17%，而处于不适宜的水平有 4%。从东、中、西部各个区域来看，东部幼儿园的家长与教师支持质量主要集中在合格与良好水平，而中、西部区域的家长与教师支持质量主要集中在最低要求与合格水平；处于合格及以上水平(包括良好、优秀)的比例，东部明显高于中、西部；处于最低要求水平、不适宜水平的样本班级比例，东部明显低于中、西部。与全国平均水平比较，东部区域在优秀、良好与合格水平的样本班级比例均高于其全国平均水平，最低要求、不适宜水平的样本班级比例大大低于全国平均水平。中部地区在合格水平上的比例高于全国水平，在其他质量水平上的比例均低于全国平均水平；西部地区在最低要求和不适宜水平上的样本班级比例高于全国水平，在其他质量水平上的比例均低于全国平均水平。

表 14-2　我国幼儿园家长与教师支持质量得分分布

		东部	中部	西部	全国
		N (%)	N (%)	N (%)	N (%)
五级分层	优秀	13 (7)	0 (0)	2 (0)	13 (3)
	良好	55 (32)	9 (12)	6 (4)	67 (17)
	合格	76 (44)	42 (55)	51 (33)	172 (42)
	最低要求	27 (16)	23 (30)	81 (53)	136 (34)
	不适宜	2 (1)	2 (3)	14 (10)	15 (4)
三级分层	高质量	68 (39)	9 (12)	8 (4)	80 (20)
	有质量	76 (44)	42 (55)	51 (33)	172 (42)
	低质量	29 (17)	25 (33)	95 (63)	151 (38)

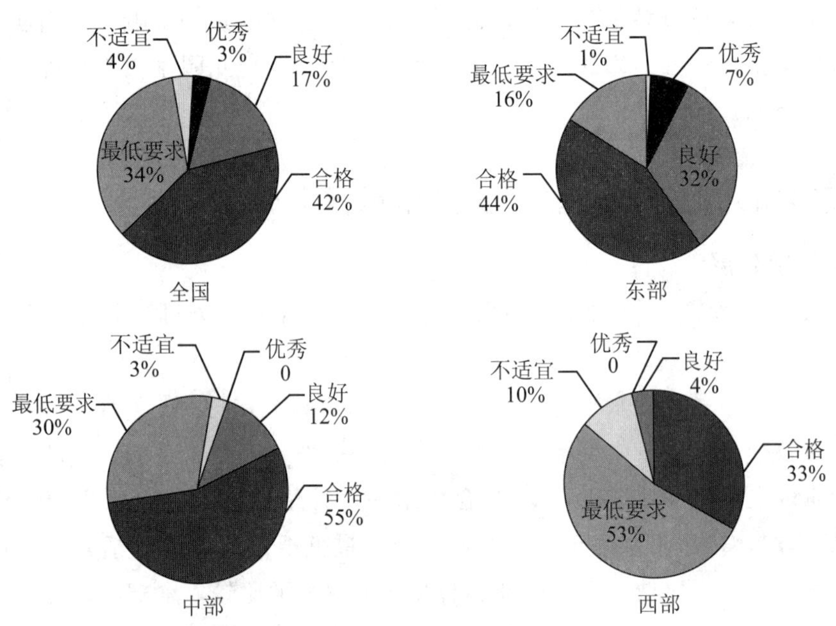

图 14-2　我国幼儿园家长与教师支持质量总体情况(五级分层)

2. 三级分层

从表 14-2 和图 14-3 可以看出，全国幼儿园家长与教师支持质量主要处于有质量水平(42%)与低质量水平(38%)，高质量水平的样本班级占 20%。从不同区域来看，东部与中部地区的家长与教师支持质量主要集中在有质量水平(分别为 44%和 55%)，而西部主要处于低质量水平(63%)；东部幼儿园的家长与教师支持质量有 39%的班级达到高质量水平，而中部与西部高质量水平的班级仅 12%与 4%。与东部相比，中部与西部地区幼儿园家长与教师支持质量为低质量水平的样本班级比例成倍增长，高质量水平的班级比例大大降低。与全国平均水平相比，东部地区家长与教师支持质量处于有质量、高质量水平的样本班级比例高于全国平均比例，低质量水平的比例明显低于全国平均水平；中部处于低质量与高质量水平的样本班级比例均低于全国水平，处于有质量水平的比例明显高于全国平均水平；西部地区处于低质量水平的比例明显高于全国水平，而有质量与高质量水平的比例明显低于全国平均水平。

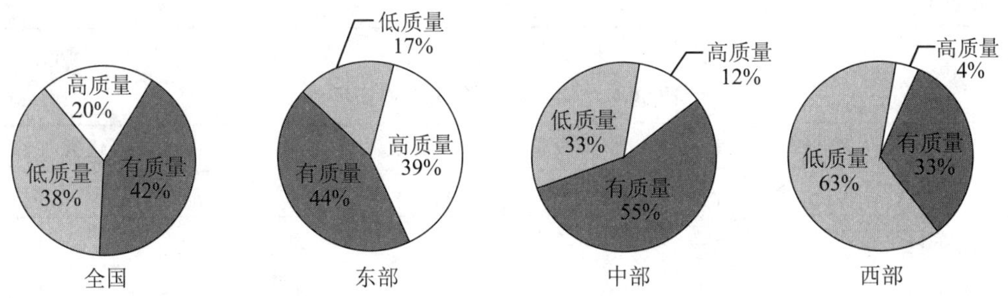

图 14-3　我国幼儿园家长与教师支持质量总体情况(三级分层)

总体来说，全国幼儿园家长与教师支持质量处于中低水平；东部地区家长与教师支持质量高于全国平均水平，中部地区基本和全国水平持平，而西部地区家长与教师支持质量水平最低。

二、幼儿园家长与教师支持质量项目水平的具体分析

(一)服务家长

“服务家长”项目有三个子项目组成，分别为信息服务、家庭教育指导、其他服务。该项目的评价内容旨在反映幼儿园为家长提供信息服务(包括幼儿园的管理服务信息、课程活动信息以及孩子在园情况信息)、家庭教育指导以及向家长提供便利性的延时看护服务等方面的情况。由表 14-3 可知，“服务家长”项目得分为 5.84 分，达到“合格”水平(5 分)。由表 14-4 可知，“服务家长”的质量主要集中在合格水平，良好水平占 22%，优秀水平占 16%，不适宜水平仅占 2%，总体质量比较高。

表 14-3 “服务家长”评分结果的描述性统计

	样本量	平均值	标准差	最小值	最大值
服务家长	403	5.84	1.57	1.00	9.00
信息服务	403	6.03	1.79	1.00	9.00
家庭教育指导	403	5.75	1.83	1.00	9.00
其他服务	144	6.00	1.54	1.00	9.00

表 14-4 “服务家长”得分分布情况

	不适宜		最低要求		合格		良好		优秀	
	N	%	N	%	N	%	N	%	N	%
服务家长	10	2	55	14	185	46	89	22	64	16
信息服务	15	4	33	8	200	49	80	20	75	19
家庭教育指导	32	8	16	4	177	44	144	36	34	8
其他服务	5	3	3	2	70	49	52	36	14	10

1. 信息服务

信息服务不仅包括向家长提供幼儿在园情况的各种信息，还包括向家长提供有关幼儿园的园务管理或课程方面的信息资料，主要的目的是评价幼儿园和班级教师是否尽可能提供家长所关心的信息，是否关注家长的需求。

从表 14-3 可知，子项目“信息服务”平均得分为 6.03 分，高于“合格”水平。由表 14-4 可知，在该子项目得分分布上，样本班级主要集中在合格水平，占总体样本的 49%，高于整个“服务家长”项目的比例；良好和优秀水平得分分布比较接近，分别占 20%、19%；不适宜水平占 4%，略高于整个项目水平。

2. 家庭教育指导

家庭教育指导是指幼儿园或班级教师是否有向家长提供幼儿教育观念及实践方面的指导。由表 14-3 可知，该子项目的得分为 5.75 分，达到“合格”水平，但低于整个“服务家长”项目的平均得分，并且从标准差来看，“家庭教育指导”的标准差(SD=1.83)相比较其他子项目上得分差异较大。由表 14-4 可知，该项目得分主要集中在合格与良好水平；在不适宜水平的比例上，子项目“家庭教育指导”高于整个项目水平(8%)；处于优秀水平的比例仅为 8%，低于整个项目的比例。

3. 其他服务

其他服务主是指托幼机构基于自身的幼儿教育专业知识和专业人员优势，向家长提供的免费或非盈利性的临时看护、假期看护、教育咨询等服务；但不包括出于营利目的而提供的服务，如所开设的收费兴趣班。该子项目是允许不适用的(如果托幼机构没有提供任何符合此要求的服务项目)。

从表 14-3 可以发现，其他服务的样本量较之“服务家长”的样本量来说偏少，仅有 144 个样本班级。对这 144 个样本班级进行分析发现，其平均得分为 6 分，高于“合格”水平。但相对于 403 个样本来说，大部分(64.3%)班级在该项目上不适用，主要原因是通过访谈发现幼儿园不提供符合此要求的服务，导致评分员无法进行评分。从表 14-4 可知，“其他服务”的样本班级质量的分布主要集中在合格与良好水平，不适宜水平比例为 3%，优秀水平为 10%。

(二)家园沟通与合作

家园沟通与合作主要是通过对教师与家长两方面的访谈进行评价，评分的主要依据是双方能够互相印证的信息。“家园沟通与合作”主要是指家庭与托幼机构以促进幼儿成长与发展为目的而展开的沟通与合作。“家园沟通与合作”项目主要包含三个子项目，分别是家园沟通、家长参与以及家园关系。由表 14-5 可知，该项目平均得分为 6.14 分，高于“合格”水平(5 分)。由表 14-6 可知，样本班级主要集中在合格水平(41%)，良好与优秀水平分别占总样本的 23%、16%，不适宜水平仅占 3%。

表 14-5 “家园沟通与合作”评分结果的描述性统计

	样本量	平均值	标准差	最小值	最大值
家园沟通与合作	403	6.14	1.67	1.00	9.00
家园沟通	403	6.35	2.22	1.00	9.00
家长参与	403	5.97	1.87	1.00	9.00
家园关系	403	6.08	1.69	1.00	9.00

表 14-6 “家园沟通与合作”得分分布情况

	不适宜		最低要求		合格		良好		优秀	
	N	%	N	%	N	%	N	%	N	%
家园沟通与合作	11	3	71	17	165	41	92	23	64	16
家园沟通	21	5	37	9	135	33	49	12	161	41
家长参与	28	7	36	9	182	45	76	19	81	20
家园关系	16	4	49	12	142	35	137	34	59	15

1. 家园沟通

由表 14-5 可知，对子项目家园沟通进行分析，发现子项目得分为 6.35 分，高于整个项目得分。从标准差来看，“家园沟通”标准差为 2.22，说明样本班级在该子项目的得分差异比较大，存在两极分化倾向。由表 14-6 可知，“家园沟通”的质量水平主要集中在合格水平(33%)和优秀水平(41%)，该子项目优秀水平远高于总体项目水平。不适宜水平比例为5%，略高于整个项目水平。

2. 家长参与

家长参与主要是对托幼机构教师是否允许家长进入班级观察，参与活动进行评价。由表14-5可知，“家长参与”子项目得分为5.97分，略低于整个项目得分。由表14-6可知，从得分分布情况来看，“家长参与”子项目的质量集中在合格水平(45%)；19%的样本班级处于良好水平，低于总项目水平；20%的样本班级处于优秀水平，高于总项目水平；但是7%的样本班级处于不适宜水平，不仅高于项目水平，也高于其他两个子项目的比例。

3. 家园关系

家园关系不仅包括家长与教师之间的关系，还包括家长对班级教育工作的支持。由表14-5可知，“家园关系”子项目得分为6.08分，处于“合格”水平，低于整个项目的得分均值。由表14-6可知，从质量水平分布状况来看，样本班级的“家园关系”主要集中在合格和良好水平，最低要求(12%)和优秀(15%)水平略低于项目总体水平。处于不适宜水平的比例为4%，略高于项目总体水平，但是低于其他两个子项目。

(三)满足教师的个人需求

项目“满足教师的个人需求”包括成人厕所、餐点和物品储藏与休息/休闲三个子项目；该项目主要依据观察者观察到的情况并结合教师访谈来进行评分。从表14-7可知，“满足教师的个人需求”的得分为4.52分，未达到合格水平。在“家长与教师”子量表的7个项目中，“满足教师的个人需求”项目得分最低。结合访谈与班级观察的情况来看，这一项目得分低的原因是，许多幼儿园内没有可供教师休息/休闲的空间和措施，而且成人厕所离班级较远，不便于教师使用。由表14-8可知，“满足教师的个人需求”项目得分主要分布在最低要求(42%)和合格水平(32%)；良好水平的比例为9%，优秀水平的比例仅为1%；而不适宜水平比例相对较高，达到16%。

表14-7 “满足教师的个人需求”评分结果的描述性统计

	样本量	平均值	标准差	最小值	最大值
满足教师的个人需求	403	4.52	1.62	1.00	9.00
成人厕所	403	4.40	2.20	1.00	9.00
餐点与物品存储	403	5.75	1.89	1.00	9.00
休息/休闲	403	3.41	2.15	1.00	9.00

表 14-8 “满足教师的个人需求”得分分布情况

	不适宜		最低要求		合格		良好		优秀	
	N	%	N	%	N	%	N	%	N	%
满足教师的个人需求	64	16	169	42	129	32	35	9	6	1
成人厕所	77	19	80	20	163	40	64	16	19	5
餐点与物品存储	16	4	96	24	160	40	58	14	73	18
休息/休闲	181	45	8	2	188	47	21	5	5	1

1. 成人厕所

由表 14-7 可知，“成人厕所”的平均得分为 4.4 分，未达到“合格水平”；且该子项目的标准差较大(SD=2.2)，说明样本班级间差异较大。由表 14-8 可知，样本班级在“成人厕所”质量上主要分布于合格水平以上，其中合格水平的比例为 40%，良好水平为 16%，优秀水平为 5%，但有 20%的班级处于最低要求水平，更有 19%的班级处于不适宜水平(园所内没有厕所可供教师使用)。

2. 餐点与物品存储

由表 14-7 可知，“餐点与物品储存”子项目平均得分为 5.75 分，高于整个项目平均水平，其质量达到合格水平，说明幼儿园基本有为教师提供的工作午餐，有教师存放个人物品的储藏空间。由表 14-8 可知，样本班级的质量分布主要集中在最低要求(24%)和合格水平(40%)，良好水平(14%)和优秀水平(18%)比例都比较高，均高于项目水平；不难看出，不适宜水平的样本班级比例相对较低，仅有 4%，低于其他两个子项目和项目水平。

3. 休息/休闲

由表 14-7 可知，“休息/休闲”得分为 3.41 分，低于项目平均水平，且标准差比较大(SD=2.15)，高于整个项目标准差(SD=1.62)，说明不同幼儿园之间差异较大。由表 14-8 可知，样本班级主要分布在不适应(45%)和合格水平(47%)；良好水平比例仅为 5%，子项目“休息/休闲”低于整个项目水平；优秀水平比例为 1%，与项目水平相当。

(四)满足教师的工作需求

表 14-9 “满足教师的工作需求”评分结果的描述性统计

	样本量	平均值	标准差	最小值	最大值
满足教师的工作需求	401	5.44	1.42	1.00	9.00
办公会议空间设施	401	4.99	2.26	1.00	9.00
休息时间	401	5.16	1.88	1.00	9.00

续表

	样本量	平均值	标准差	最小值	最大值
使用电话	400	5.44	1.65	1.00	9.00
请假与休假	399	6.19	1.65	1.00	9.00

表 14-10 “满足教师的工作需求”得分分布情况

	不适宜		最低要求		合格		良好		优秀	
	N	%	N	%	N	%	N	%	N	%
满足教师的工作需求	18	4	119	30	191	48	63	16	10	2
办公会议空间设施	68	17	74	18	140	35	60	15	59	15
休息时间	26	6	80	20	149	38	133	33	13	3
使用电话	16	4	29	7	235	59	91	23	29	7
请假与休假	8	2	27	7	209	53	67	16	88	22

“满足教师的工作需求”包含 4 个子项目，分别是办公会议空间设施、休息时间、使用电话、请假与休假；该项目主要结合观察和访谈的信息进行评分。由表 14-9 可知，“满足教师的工作需求”项目得分均值为 5.44 分，达到合格水平。结合访谈与观察情况来看，“满足教师的工作需求”方面存在的主要问题是许多幼儿园未能向教师提供可供使用的小型会议空间。由表 14-10 可知，“满足教师的工作需求”得分分布主要是最低要求(30%)和合格水平(48%)；处于不适宜的水平的比例为 4%；良好水平的样本班级有 16%；优秀水平的比例仅为 2%。

1. 办公会议空间设施

由表 14-9 可知，“办公会议空间设施”平均得分为 4.99 分，略低于合格水平，明显低于“满足教师的工作需求”项目得分。从该子项目的标准差来看，标准差较大(SD=2.26)，说明样本班级在该项目的分布差异较大。由表 14-10 可知，样本班级在“办公会议空间设施”质量上主要分布于最低要求(18%)和合格水平(35%)，优秀水平和良好水平比例相同，均为 15%，但不适宜水平比例较大为 17%，高于其他三个子项目水平和项目水平。

2. 休息时间

由表 14-9 可知，该项目的项目平均得分为 5.16 分，处于合格水平，且得分低于项目得分。由表 14-10 可知，样本班级在“办公会议空间设施”质量上主要集中在合格水平(38%)和良好水平(33%)，处于优秀水平(3%)的比例略高于整个项目的水平；处于不适宜水平(6%)的比例略高于项目水平。

3. 使用电话

“使用电话”子项目主要是反映幼儿园为方便教师工作中的沟通需要，是否提供了可供使用的固定电话或话费补贴，以及在手机使用上的一些管理措施是否有利于教师工作职责的履行。由表 14-9 可知，“使用电话”平均得分为 5.44 分，处于合格水平，且得分与项目得分相同。但从标准差来看(SD＝1.65)略高于整个项目标准差(SD＝1.42)。由表 14-10 可知，“使用电话”的得分分布主要集中在合格水平(59％)和良好水平(23％)，另外，处于最低要求和优秀水平比例相同均为 7％；同时处于不适宜水平(4％)的比例与项目水平相同。

4. 请假与休假

由表 14-9 可知，“请假与休假”的得分为 6.19 分，处于合格水平，明显高于整个项目得分，且在 4 个项目中得分最高，说明我国托幼机构在教师的请假与休假的制度规定上有比较好的安排。由表 14-10 可知，“请假与休假”的得分分布主要集中在合格水平及以上，53％的样本班级处于合格水平，处于良好和优秀水平的样本班级比例为 16％、22％，仅有 7％的班级处于最低要求水平，2％的班级处于不适宜水平。

(五)教师间互动与合作

“教师间互动与合作”项目主要是对同一班级多名保教人员之间的互动与合作关系状况进行评价，主要基于现场观察的状况进行判断，同时也结合对班级教师的访谈。在观察到班级仅有 1 名保教人员带班的情况下，该项目允许不适用。该项目实际样本量为 273，说明 1 名保教人员带班的情况较为普遍(占样本总体的 36％)。“教师间的互动与合作”包含三个子项目，分别是：沟通交流、关系与互动、职责分工与合作。由表 14-11 可以发现，项目得分为 6.68，接近了良好水平(7 分)。由表 14-12 可知，样本班级分布主要集中在合格水平及以上，47％的班级处于合格水平，34％的班级处于良好水平，处于优秀水平的班级比例为 15％；处于最低要求的样本班级比例仅有 3％，没有处于不适宜的样本班级。从现有样本来看，我国幼儿园教师间互动与合作质量相对较高(但得分偏高与样本量少不无关系)。

表 14-11　“教师间互动与合作”评分结果的描述性统计

	样本量	平均值	标准差	最小值	最大值
教师间互动与合作	273	6.68	1.17	1.00	9.00
沟通交流	273	6.73	1.69	1.00	9.00
关系与互动	273	6.62	1.32	1.00	9.00
职责分工与合作	273	6.70	1.31	1.00	9.00

表 14-12 “教师间互动与合作”得分分布情况

	不适宜		最低要求		合格		良好		优秀	
	N	%	N	%	N	%	N	%	N	%
教师间互动与合作	1	0	8	3	129	47	94	34	41	15
沟通交流	2	1	7	3	92	34	100	36	72	26
关系与互动	2	1	4	1	95	35	136	50	36	13
职责分工与合作	4	1	3	1	91	34	131	48	44	16

1. 沟通交流

由表 14-11 以发现，项目得分为 6.73 分，处于合格水平，略高于整体项目。由表 14-12 可知，样本班级分布主要集中在合格水平和良好水平，34％的班级处于合格水平，36％的班级处于良好水平；处于优秀水平的班级比例为 26％，高于整个项目(“教师间互动与合作”)的分布比例。处于最低要求的样本班级比例仅有 3％，与整体项目水平相同；但有 1％的样本班级处于不适宜水平。

2. 关系与互动

由表 14-11 可知，对子项目“关系与互动”项目进行分析，发现其得分为 6.62 分，处于合格水平。由表 14-12 可知，“关系与互动”的质量水平主要集中在良好水平，样本班级比例高达 50％，接近样本班级的一半，高于其他两个子项目和整体水平；但优秀水平的班级比例为 13％，相比较而言，低于其他两个子项目水平和整体水平；另外，处于最低要求水平和不适宜水平的样本班级比例均为 1％。

3. 职责分工与合作

职责分工主要是对班级教育与管理工作的职责分配公平问题进行评价。由表 14-11 可知，“职责分工与合作”项目的得分为 6.70 分，处于合格水平，但更接近良好水平。由表 14-12 可知，从质量水平分布状况来看，样本班级的“职责分工与合作”主要集中在合格水平以上，优秀水平(16％)的比例略高于整个项目(15％)的分布比例，但是不适宜水平的比例为 1％，同样也高于整个项目的分布比例。

(六)教师工作督导与评价

表 14-13 “教师工作督导与评价”评分结果的描述性统计

	样本量	平均值	标准差	最小值	最大值
教师工作督导与评价	395	6.00	1.97	1.00	9.00
督导与评价	395	6.43	2.22	1.00	9.00
评价方法	395	5.79	2.09	1.00	9.00
反馈	395	5.79	2.05	1.00	9.00

表 14-14　“教师工作督导与评价”得分分布情况

	不适宜		最低要求		合格		良好		优秀	
	N	%	N	%	N	%	N	%	N	%
教师工资督导与评价	21	5	67	18	143	36	93	23	71	18
督导与评价	17	4	43	11	115	29	60	15	160	41
评价方法	22	5	54	14	135	34	119	30	65	17
反馈	23	6	50	12	133	34	131	34	58	14

“教师工作督导与评价”项目不仅涉及对教师的督导与评价的内容与频率，也包括所采用的评价方法的合理性，以及对教师的反馈方式及其跟进程度。该项目主要结合对教师的访谈进行评价。由表 14-13 可知，“教师工作督导与评价”项目的得分为 6 分，处于合格水平。从标准差来看，该项目的标准差(SD＝1.97)比较大，高于其他 6 个项目，这说明样本班级在该项目的得分差异较大。由表 14-14 可知，在“教师工作督导与评价”的得分上，样本班级的分布主要集中在合格(36％)和良好水平(23％)；优秀水平的比例为 18％；不适宜水平的比例有 5％。

1. 督导与评价

由表 14-13 可知，“督导与评价”的得分为 6.43 分，处于合格水平，明显高于整个项目得分，且在 3 个子项目中得分最高，表明我国托幼机构每学年基本上会对教师至少进行一次正式的督导与评价。但子项目的标准差(SD＝2.22)高于整个项目和其他两个子项目，说明样本班级在该子项目得分上差异较大。由表 14-14 可知，“督导与评价”的得分分布主要集中在优秀水平，41％的样本班级为优秀水平，说明有相当一部分托幼机构会对教师进行不定期的督导评价，以及教师会进行自我评价。另外，仅有 4％的样本班级处于不适宜水平，低于整个项目以及其他两个子项目水平。

2. 评价方法

由表 14-13 可知，该子项目的平均得分为 5.79 分，处于合格水平，低于整体项目。由表 14-14 可知，在“评价方法”的得分上，样本班级的分布主要集中在合格和良好水平；优秀水平的比例为 17％，低于整个项目“教师工资督导与评价”；不适宜水平的比例仅有 5％，与整个项目比例相同。

3. 反馈

反馈主要是看园所管理者是否把督导或评价结果以及改进建议向教师进行反馈，并对教师的后续行动给予必要的支持。由表 14-13 可知，“反馈”得分为 5.79 分，处于合格水平，低于整体项目。由表 14-14 可知，从质量水平分布状况来看，样本班级的“反馈”主要集中在合格和良好水平，优秀水平的比例仅为 14％，低于项目水平和其他两个子项目水平；同时不适宜水平(6％)高于项目水平和其他两个子项目水平。

(七)教师专业成长支持

“教师专业成长支持”项目主要包含三个子项目，分别为：在职培训与研修活动、园务/教师会议、资源支持。从表 14-15 可知，教师专业成长支持的得分为 5.33 分，略高于合格水平。从表 14-16 中，“教师专业成长支持”的质量主要集中在最低要求和合格水平，不适宜水平占 10%，优秀水平占 10%。由此可见，我国幼儿园在教师专业成长支持质量上仍有较大提升空间。

表 14-15 “教师专业成长支持”评分结果的描述性统计

	样本量	平均值	标准差	最小值	最大值
教师专业成长支持	399	5.33	1.78	1.00	9.00
在职培训与研修活动	399	5.56	1.99	1.00	9.00
园务/教师会议	399	5.71	1.83	1.00	9.00
资源支持	399	4.71	2.46	1.00	9.00

表 14-16 “教师专业成长支持”得分分布情况

	不适宜		最低要求		合格		良好		优秀	
	N	%	N	%	N	%	N	%	N	%
教师专业成长支持	41	10	113	28	152	38	54	14	39	10
在职培训与研修活动	35	9	40	10	201	50	75	19	48	12
园务/教师会议	25	6	32	8	161	40	147	37	34	9
资源支持	80	20	71	18	141	35	38	10	69	17

1. 在职培训与研修活动

由表 14-15 可知，该子项目的得分为 5.56 分，处于合格水平。由表 14-16 可以发现，“在职培训与研修活动”的质量主要集中在合格和良好水平，合格比例(50%)和良好比例(19%)均高于整个项目的平均水平；且不适宜水平比例(9%)低于整个项目水平。

2. 园务/教师会议

由表 14-15 可知，“园务/教师会议”的得分为 5.71 分，处于合格水平，高于整个项目的平均得分。由表 14-16 可知，样本班级在“园务/教师会议”质量上主要分布于合格水平以上，其中合格水平的比例为 40%，良好的为 37%，优秀的比例较低，为 9%；但有 8%的班级处于最低要求水平，还有 6%的班级处于不适宜水平。

3. 资源支持

资源支持主要不仅包括教师教学参考用书，还包括园所资料室所提供的专业资料，以及学术研讨会议都包括在内。由表 14-15 可知，“资源支持”的平均得分为 4.71 分，处于最低要求水平。且在标准差上(SD=2.46)，高于项目总水平与其他两个子项目水平。由表 14-16 可知，“资源支持”的得分分布主要集中在合格水平，合格的为 35%；良好水平(10%)低于项目总水平，而优秀水平(17%)反而高于项目总水平和其他子项目；尤其值得注意的是，处于不适宜水平的样本班级比例高达 20%，可见有些幼儿园甚至没有任何可供教师使用的资源以支持教师的专业发展。

(八)子量表得分以及各个项目得分之间的相关性分析

表 14-17 “家长与教师”子量表得分及各项目得分之间的相关系数

	七	47	48	49	50	51	52	53
家长与教师	1							
服务家长	0.841**	1						
家园沟通与合作	0.745**	0.854**	1					
满足教师个人需求	0.645**	0.134	0.451**	1				
满足教师工作需求	0.772**	0.283	0.445**	0.820**	1			
教师间互动与合作	0.625**	0.495**	0.562**	0.755**	0.511**	1		
教师工作督导评价	0.363**	0.118	0.288	0.743**	0.687**	0.482**	1	
教师专业成长支持	0.458**	0.285	0.454**	0.670**	0.664**	0.388**	0.732**	1

注：** $p<0.01$

由表 14-17 可见，“家长与教师”子量表得分与 7 个项目得分以及各个项目得分均存在显著的正相关。其中，服务家长与子量表得分、家园沟通与合作与服务家长、满足教师工作需求得分与满足教师个人需求得分相关程度较高，满足教师个人需求、教师工作督导评价得分与服务家长得分相关程度相对较低。

三、幼儿园家长与教师支持质量的区域差异

（一）东、中、西部幼儿园家长与教师支持质量现状

表 14-18 我国东、中、西部幼儿园家长与教师支持质量状况

	全国		东部		中部		西部	
	N	M (SD)	N	M (SD)	N	M (SD)	N	M (SD)
家长与教师	403	5.59 (1.43)	167	6.39 (1.19)	52	5.31 (0.99)	170	4.80 (1.30)
服务家长	403	5.84 (1.57)	167	6.43 (1.37)	52	5.82 (1.17)	170	5.18 (1.61)
家园沟通与合作	403	6.14 (1.68)	167	6.84 (1.44)	52	5.74 (1.34)	170	5.50 (1.73)
满足教师个人需求	403	4.52 (1.62)	167	5.37 (1.77)	52	4.29 (1.12)	170	3.69 (1.10)
满足教师工作需求	401	5.44 (1.42)	167	6.27 (1.10)	52	5.36 (1.33)	168	4.55 (1.74)
教师间互动与合作	273	6.68 (1.17)	167	7.00 (1.03)	37	6.13 (0.90)	81	6.38 (1.30)
教师工作督导评价	395	6.00 (1.97)	167	6.95 (1.50)	52	5.63 (1.13)	167	5.07 (2.11)
教师专业成长支持	399	5.32 (1.78)	167	6.29 (1.53)	52	4.67 (1.51)	166	4.53 (1.65)

1. 子量表得分的比较

由表 14-18 和图 14-4 可知，东部地区家长与教师支持质量子量表得分为 6.39，远超出合格水平、接近良好，明显高于全国平均水平以及中、西部地区；中部地区家长与教师支持质量子量表得分(M＝5.31)达到合格水平，略低于全国水平；西部地区家长与教师支持质量子量表得分(M＝4.80)低于合格水平，与全国平均水平尚有一定距离。

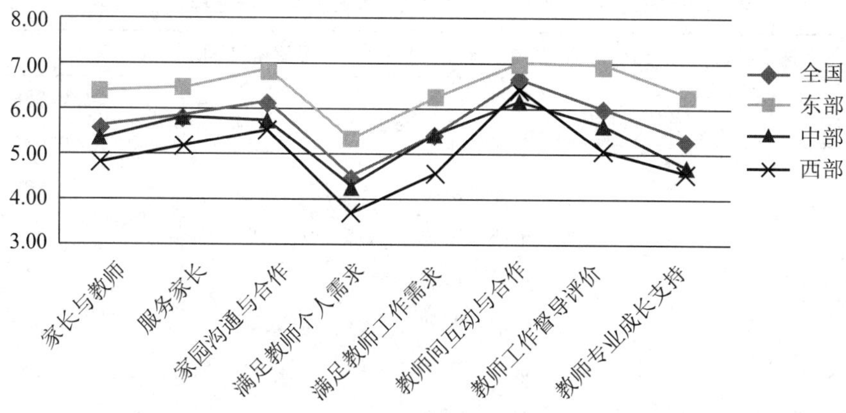

图 14-4 我国东、中、西部幼儿园家长与教师支持质量状况

2. 项目水平的比较

由表 14-18 和图 14-4 可知，在所有项目得分上均为东部最高，高于全国平均水平与中、西部；在大多数项目得分上，中部低于全国平均水平，高于西部；在“服务家长”项目得分上，中部与全国水平基本一致；在“教师间互动与合作”项目上，西部得分高于中部。

(二)东、中、西部之间幼儿园家长与教师支持质量差异检验

表 14-19 东、中、西部幼儿园家长与教师支持质量差异检验结果

	F	Sig.	η^2
家长与教师	10.508	0.000	0.157
服务家长	4.351	0.015	0.072
家园沟通与合作	8.326	0.000	0.128
满足教师个人需求	14.174	0.000	0.201
满足教师工作需求	31.634	0.000	0.359
教师间互动与合作	5.254	0.007	0.085
教师工作督导评价	5.824	0.004	0.093
教师专业成长支持	11.062	0.000	0.164

方差分析结果显示(见表 14-19)，在幼儿园家长与教师支持质量上，无论是子量表层面还是项目层面，东、中、西部之间质量差异都非常显著($p<0.05$)。

表 14-20　东、中、西部幼儿园家长与教师支持质量差异事后检验

量表得分	所在地区(I-J)	均值差(I-J)	Sig.
家长与教师	东部—中部	0.60	0.258
	东部—西部	0.92*	0.000
	中部—西部	0.32	0.728
服务家长	东部—中部	0.65	0.283
	东部—西部	0.64*	0.017
	中部—西部	−0.01	1.000
家园沟通与合作	东部—中部	1.58*	0.049
	东部—西部	0.86*	0.006
	中部—西部	−0.72*	0.549
满足教师个人需求	东部—中部	1.37*	0.314
	东部—西部	2.19*	0.000
	中部—西部	0.82	0.695
满足教师工作需求	东部—中部	0.20*	0.948
	东部—西部	1.81*	0.000
	中部—西部	1.61*	0.005
教师间互动与合作	东部—中部	1.12	0.092
	东部—西部	0.62*	0.042
	中部—西部	−0.50	0.671
教师工作督导评价	东部—中部	1.15*	0.017
	东部—西部	1.01*	0.010
	中部—西部	−0.14	0.980
教师专业成长支持	东部—中部	2.40	0.127
	东部—西部	1.65*	0.000
	中部—西部	−0.75	0.869

注：* $p<0.05$

进一步事后检验得知(见表 14-20)，在家长与教师支持总体质量上，东部地区与西部地区均存在显著差异，东部地区显著高于西部；中部地区与东部、西部地区均差异不显著。在每个具体项目上，东部地区与西部地区均显著差异，东部均显著高于西部地区；部分项目上，中部与东部、西部地区差异显著。其中，在项目“家园沟通与合作”“满足教师工作需求”上，东、中、西部差异均显著；在“家园沟通与合作”质量上，西部地区显著高于中部地区，其余均是东部高于中部，中部高于西部。在项目“满足教师个人需求”“教师工作督导评价”上，东部地区显著高于中部地区。

四、幼儿园家长与教师支持质量的城乡差异

(一)幼儿园家长与教师支持质量的城乡差距

表 14-21　幼儿园家长与教师支持质量的城乡差距

	东部		中部		西部		全国	
	城镇(N=167)	乡村(N=57)	城镇(N=36)	乡村(N=30)	城镇(N=81)	乡村(N=89)	城镇(N=227)	乡村(N=176)
	M(SD)	M(SD)	M(SD)	M(SD)	M(SD)	M(SD)	M(SD)	M(SD)
家长与教师	6.39(1.19)	5.43(0.90)	6.18(1.03)	4.82(0.83)	5.46(1.13)	4.20(1.15)	6.27(1.24)	4.71(1.15)
服务家长	6.43(1.37)	5.33(1.10)	6.69(1.16)	5.25(0.95)	5.92(1.42)	4.51(1.48)	6.57(1.34)	4.90(1.34)
家园沟通与合作	6.84(1.44)	5.68(1.17)	6.85(1.15)	5.07(1.07)	6.35(1.43)	4.73(1.65)	6.96(1.35)	5.10(1.65)
满足教师个人需求	5.37(1.77)	4.39(1.67)	4.85(1.14)	4.16(1.18)	4.01(1.17)	3.40(0.95)	5.05(1.63)	3.85(1.34)
满足教师工作需求	6.27(1.10)	5.71(1.15)	6.32(1.17)	4.76(1.21)	4.90(1.08)	4.23(1.18)	5.93(1.29)	4.81(1.34)
教师间互动与合作	7.00(1.03)	6.30(0.69)	6.48(1.25)	5.86(0.60)	6.64(1.32)	5.99(1.18)	6.96(1.19)	6.10(0.89)
教师工作督导评价	6.95(1.50)	5.96(1.40)	6.72(1.30)	5.23(1.08)	5.98(1.83)	4.21(2.01)	6.80(1.64)	4.94(1.86)
教师专业成长支持	6.29(1.53)	5.26(1.25)	5.55(1.52)	4.09(1.50)	5.20(1.65)	3.91(1.38)	6.05(1.69)	4.39(1.48)

注：城镇＝城市＋县城；乡村＝乡镇中心/城郊＋村。

由表 14-21 可知，全国城镇幼儿园样本班级中子量表得分为 6.27 分，处于合格与良好(7 分)之间；7 个项目得分全部达到合格以上(5 分)，其中 5 个项目得分达到 6 分以上；家园沟通与合作、教师间互动与合作两个项目得分最高(M＝6.96)，接近良好；“满足教师个人需求”项目得分均为最低(M＝5.05)，刚刚达到合格。而乡村幼儿园家长与教师支持子量表得分为 4.71 分，未达到各个水平；7 个项目中，2 个项目得分达到合格水平以上(家园沟通与合作、教师间互动与合

作)，其余项目得分均未达到合格、处于最低要求水平；其中，“教师间互动与合作”这一项目得分最高，达到6分以上；“满足教师个人需求”项目得分最低(M=3.85)。由图14-5可见，在幼儿园家长与教师支持质量上，无论是总体还是每个项目上，城镇明显高于乡村。

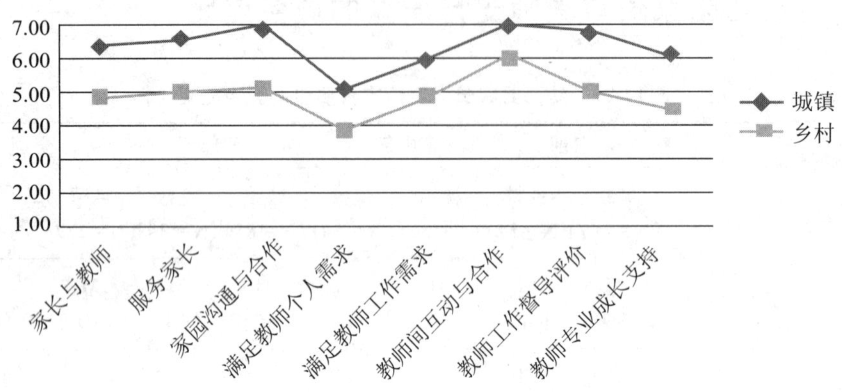

图14-5　全国幼儿园家长与教师支持质量的城乡比较

(二)各区域幼儿园家长与教师支持质量的城乡比较

1. 东部地区幼儿园家长与教师支持质量的城乡比较

由表14-21可知，东部地区城镇幼儿园家长与教师支持质量得分处于合格水平偏上；项目层面，“教师间互动与合作”处于良好水平，得分最高；“满足教师个人需求”得分最低。而东部地区乡村幼儿园家长与教师支持质量总体得分也处于合格水平，但得分总体均比东部城镇地区低；在项目中，得分最低的项目也同样为“满足教师个人需求”(M=4.39)。

2. 中部地区幼儿园家长与教师支持质量的城乡比较

由表14-21可知，中部地区城镇幼儿园家长与教师支持质量得分处于合格水平偏上；项目层面，“家园沟通与合作”得分最高，处于合格水平；得分最低的是“满足教师个人需求”，处于最低要求水平。而中部地区乡村幼儿园家长与教师支持质量得分处于最低要求水平偏上，其中“服务家长”“家园沟通与合作”“教师间互动与合作”以及“服务家长”的得分处于“合格水平”水平，得分最低的项目为“教师专业成长支持”(M=4.09)。

3. 西部地区幼儿园家长与教师支持质量的城乡比较

由表14-21可知，西部地区城镇幼儿园家长与教师支持质量得分处于合格水平；项目层面，“家园沟通与合作”得分最高(M=6.35)，得分最低的是“满足教师个人需求”。而西部地区乡村幼儿园家长与教师支持质量得分处于最低要求水平，从项目层面来说，只有“教师间互动与合作”的得分处于合格水平，其余项目得分均处于最低要求水平。其中得分最低的项目为“满足教师个人需求”(M=3.40)。

(三)东、中、西部城镇间、农村间的比较

1. 东、中、西部城镇幼儿园家长与教师支持质量比较

由表14-21可知，东、中、西部城镇幼儿园的家长与教师总体质量(以子量表得分衡量)为东部高于中部，中部高于西部。从项目层面可知，“满足教师个人需求”“教师工作督导评价”与“教师专业成长支持”的得分，东部高于中部，中部高于西部。“服务家长”“家园沟通与合作”“满足教师工作需求”的得分，中部高于东部，东部高于西部。“教师间互动与合作”东部高于西部，西部高于中部。

2. 东、中、西部农村幼儿园家长与教师支持质量比较

由表14-21可知，东、中、西部乡村幼儿园的家长与教师总体质量(以子量表得分衡量)为东部高于中部，中部高于西部。从项目层面可知，“服务家长”“家园沟通与合作”“满足教师个人需求”“满足教师工作需求”“教师工作督导评价”与“教师专业成长支持”的得分东部高于中部，中部高于西部。“教师间互动与合作”的得分，东部高于西部，西部高于中部。

(四)幼儿园家长与教师支持质量城乡差异显著性检验

表14-22 幼儿园家长与教师支持质量城乡差异显著性检验结果

	t	Sig.
家长与教师	2.38	0.000
服务家长	5.22	0.000
家园沟通与合作	7.78	0.000
满足教师个人需求	5.06	0.000
满足教师工作需求	4.84	0.000
教师间互动与合作	3.20	0.001
教师工作督导评价	6.04	0.000
教师专业成长支持	8.01	0.000

t检验结果表明(见表14-22)，在幼儿园家长与教师支持总体质量上，城乡差异显著($t(401)=2.38$，$p<0.001$)；在每个项目得分上，城镇与乡村差异均显著($p<0.001$)。控制区域变量后的方差分析发现(见表14-23)，在幼儿园家长与教师支持总体质量上，城乡差异依然显著($F(1, 453)=80.89$，$p<0.001$，$\eta^2=0.313$)；在所有项目质量上，城乡差异依然显著。这些证据表明，在幼儿园家长

与教师支持质量上，城乡差距是客观存在的。

表 14-23 控制区域变量后幼儿园家长与教师支持质量城乡差异检验

	F	Sig.	η^2
家长与教师	80.89	0.000	0.313
服务家长	72.55	0.000	0.789
家园沟通与合作	44.81	0.000	0.731
满足教师个人需求	77.15	0.000	0.054
满足教师工作需求	42.94	0.000	0.215
教师间互动与合作	48.92	0.000	0.704
教师工作督导评价	36.76	0.000	0.286
教师专业成长支持	33.02	0.000	0.102

五、不同性质幼儿园家长与教师支持质量的差异

（一）全国不同性质幼儿园家长与教师支持质量的差异

表 14-24 全国及东、中、西部不同性质幼儿园家长与教师支持质量状况

		全国		东部地区		中部地区		西部地区	
		N	M (SD)	N	M (SD)	N	M (SD)	N	M (SD)
分类方法一	教育部门办园	85	5.56 (1.24)	45	5.82 (1.12)	19	5.20 (1.21)	21	5.43 (1.19)
	其他公办园	60	5.32 (1.34)	32	5.65 (1.45)	25	5.15 (1.46)	3	5.25 (1.58)
	小学附设园	44	5.33 (1.04)	25	5.78 (1.58)	13	5.09 (1.15)	6	5.05 (1.25)
	民办园	182	5.21 (1.46)	65	5.36 (1.30)	25	5.01 (1.08)	92	4.91 (1.30)
分类方法二	公办园	189	5.42 (1.24)	102	5.55 (1.31)	57	5.16 (1.25)	30	5.39 (1.45)
	民办园	182	5.21 (1.46)	65	5.36 (1.30)	25	5.01 (1.08)	92	4.91 (1.31)

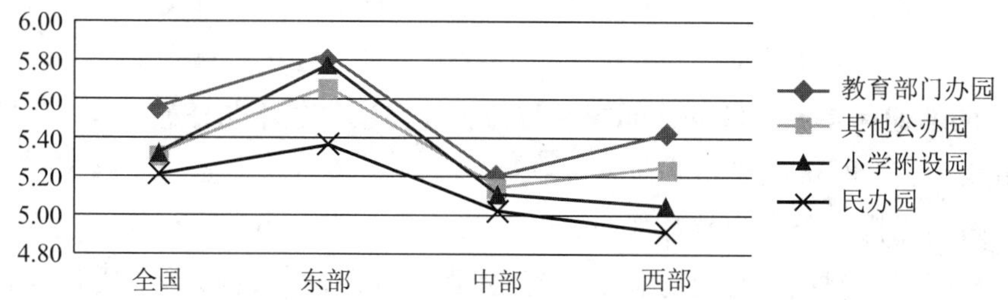

图 14-6　不同性质幼儿园家长与教师支持质量状况(四分类)

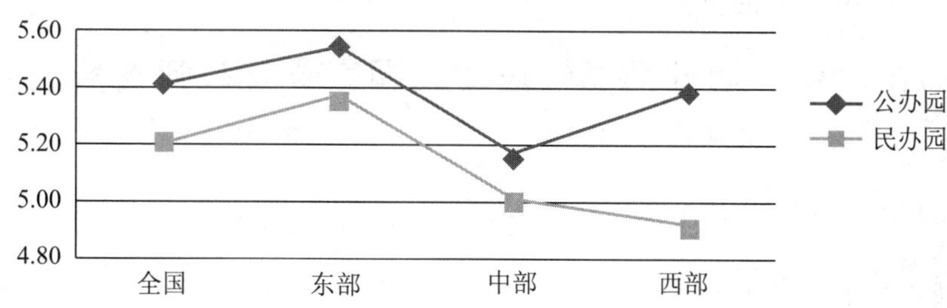

图 14-7　公办园、民办园家长与教师支持质量状况

基于本研究的样本分布以及政策分析的需要，研究者采用两种分类方法对办园性质进行划分：分类方法一将幼儿园分为四类：教育部门办园、小学附设园、其他公办园、民办园；分类方法二是分成两类：公办园(教育部门办园＋小学附设园＋其他公办园)与民办园。

由表 14-6 可知，按照四种类型划分时，全国不同办园性质幼儿园家长与教师质量由高到低的排序是：教育部门办园—小学附设园—其他公办园—民办园(其中小学附设园于其他公办园得分接近)，四种类型的质量得分均处于合格水平以上。按照两种类型划分时，公办园家长与教师支持质量高于民办园，两种类型的质量得分均处于合格水平。

(二)东、中、西部不同性质幼儿园教育质量的差异

1. 东部地区不同性质幼儿园家长与教师支持质量情况与比较

由表 14-24 可知，按分类方法一来看，东部地区不同性质幼儿园家长与教师质量由高到低排序分别为教育部门办园、小学附设园、其他公办园、民办园。其中，四种类型的幼儿园家长与教师质量均处于合格水平。按分类方法二则是公办园高于民办园，两种类型的幼儿园家长与教师质量均处于合格水平。

2. 中部地区不同性质幼儿园家长与教师支持质量情况与比较

由表 14-24 可知，按分类方法一来看，中部地区不同性质幼儿园家长与教师质量由高到低排序分别为教育部门办园、其他公办园、小学附设园、民办园。其

中，四种类型的幼儿园家长与教师质量均处于合格水平。按分类方法二则是公办园高于民办园，两种类型的幼儿园家长与教师质量均处于合格水平。

3. 西部地区不同性质幼儿园家长与教师支持质量情况与比较

由表 14-24 可知，按分类方法一来看，西部地区不同性质幼儿园家长与教师质量由高到低排序分别为教育部门办园、其他公办园、小学附设园、民办园。其中，教育部门办园、其他公办园、小学附设园的家长与教师支持质量均达到合格，民办园未达到合格水平。按分类方法二则是公办园高于民办园，公办园家长与教师支持质量处于合格水平，民办园质量未达到合格水平。

(三)东、中、西部同类性质幼儿园家长与教师支持质量的差异比较

由表 14-24 可知，按分类方法一来看，教育部门办园的家长与教师支持质量为东部高于西部，西部高于中部，且均处于合格水平。其他公办园的家长与教师支持质量为东部高于西部，西部高于中部，且均处于合格水平。小学附设园的家长与教师支持质量为东部高于中部，中部高于西部，且均处于合格水平。民办园的家长与教师支持质量为东部高于中部，中部高于西部，东部、中部处于合格水平，但西部地区幼儿园的家长与教师支持质量未达到合格水平。

按分类方法二来看，可以发现，公办园的家长与教师支持质量为东部高于西部，西部高于中部，且三个地区的幼儿园家长与教师质量均处于合格水平。民办园的家长与教师支持质量为东部高于中部，中部高于西部，且东、中部地区民办园家长与教师支持质量处于合格水平，但西部地区民办园的家长与教师支持质量未达到合格水平。

(四)不同性质幼儿园家长与教师支持质量差异显著性检验

由表 14-25 可知，在四分类的情况下，不同性质幼儿园在家长与教师支持总体质量(子量表得分)存在显著差异($p<0.05$)。在具体方面(7 个项目得分)上，除“满足教师工作需求”上不同性质幼儿园家长与教师支持性质量不存在差异外，其余项目得分上均存在显著差异。

由表 14-26 可以看出，在控制城乡与区域变量后的差异显著性检验发现，无论是家长与教师支持总体质量，还是每个具体方面的质量，不同性质幼儿园之间的差异依然显著($p<0.05$)。

进一步事后检验得知(数据表略)，在家长与教师支持质量总体质量上(子量表得分)，除教育部门办园与其他公办园、小学附设园与民办园之间差异不显著以外，其他不同性质幼儿园之间均存在显著差异。在具体项目上，“服务家长”

“满足教师个人需求”“教师工作督导与评价”三个项目均呈现了与整个子量表得分相似的差异结构，即除了教育部门办园与其他公办园、小学附设园与民办园之间差异不显著，其他不同性质幼儿园之间均存在显著差异。在其余项目上，教育部门办园与民办园之间在项目“家园沟通与合作”“满足教师工作需求”“教师专业成长支持”项目得分上存在显著差异；教育部门办园与小学附设园之间在项目“家园沟通与合作”“教师专业成长支持”上存在显著差异；其他公办园与民办园之间在项目“满足教师工作需求”“教师间互动与合作”“教师专业成长支持”上存在显著差异。

表 14-25　不同性质幼儿园家长与教师支持质量差异显著性检验(四分类)

	F	Sig.	η^2
家长与教师	7.402	0.000	0.165
服务家长	8.778	0.000	0.190
家园沟通与合作	2.789	0.044	0.070
满足教师个人需求	4.191	0.007	0.101
满足教师工作需求	1.530	0.211	0.039
教师间互动与合作	2.725	0.048	0.068
教师工作督导评价	6.018	0.001	0.139
教师专业成长支持	5.599	0.001	0.130

表 14-26　不同性质幼儿园家长与教师支持质量差异检验(四分类)
(控制城乡和区域变量)

	F	Sig.	η^2
家长与教师	17.00	0.000	0.436
服务家长	12.96	0.000	0.371
家园沟通与合作	5.41	0.000	0.197
满足教师个人需求	8.64	0.000	0.282
满足教师工作需求	12.90	0.000	0.370
教师间互动与合作	4.63	0.001	0.174
教师工作督导评价	8.46	0.000	0.278
教师专业成长支持	8.25	0.000	0.273

在二分类(公办园、民办园)的情况下，t 检验结果表明(见表 14-27)，在家长与教师支持总体质量(子量表得分)与各个具体方面质量上(7 个项目得分)，公办园与民办园之间均存在显著的差异($p<0.001$)。在控制城乡与区域变量后，差异显著性检验结果表明(见表 14-28)，无论是家长与教师支持总体质量，还是每个

具体方面的质量，公办园与民办园之间差异依然显著。

表 14-27　公办园、民办园家长与教师支持质量差异显著性检验

	t	Sig.
家长与教师	8.27	0.000
服务家长	7.21	0.000
家园沟通与合作	4.65	0.000
满足教师个人需求	8.11	0.000
满足教师工作需求	4.89	0.001
教师间互动与合作	7.92	0.001
教师工作督导评价	7.11	0.000
教师专业成长支持	6.09	0.000

表 14-28　公办园、民办园家长与教师支持质量差异检验
（控制城乡和区域变量）

	F	Sig.	η^2
家长与教师	36.85	0.000	0.289
服务家长	20.18	0.000	0.216
家园沟通与合作	11.16	0.000	0.725
满足教师个人需求	33.10	0.000	0.321
满足教师工作需求	53.36	0.000	0.753
教师间互动与合作	29.17	0.000	0.277
教师工作督导评价	25.42	0.000	0.538
教师专业成长支持	18.90	0.000	0.133

六、讨论与建议

家园关系作为幼儿园教育质量的外部支持系统，教师队伍建设与专业发展支持作为幼儿园教育质量的内部支持系统，对于幼儿园教育质量的可持续提升发挥着重要作用。因而，对幼儿园家长与教师支持质量的评价具有重要意义。本研究运用《量表》第三版中的子量表“家长与教师”作为评价工具，基于对家长和教师的访谈并结合班级观察，对东、中、西部 8 个省市 428 个幼儿园班级的家长与教师支持质量进行了评价。基于这些评价数据，本研究对我国幼儿园家长与教师支持质量现状及其存在的问题进行了多层面的分析。下面，研究者对本研究的主要发现逐一进行讨论，并在原因分析的基础上提出相应的质量提升建议。

(一)我国幼儿园家长与教师支持质量总体不高，满足教师需求与支持教师专业发展方面质量偏低

研究结果表明，428 个样本班级在家长与教师子量表上的总体均分是 5.59 分，达到合格水平；从得分分布上看，有 38％的样本班级在家长与教师支持质量上总体处于低质量水平(未达到合格)。以上证据表明，我国幼儿园家长与教师支持质量总体不高。在 7 个子项目中，有 3 个项目得分低于子量表平均水平，分别是：满足教师的个人需求(M＝4.52)、满足教师的工作需求(M＝5.44)、教师专业成长支持(M＝5.33)；其中，“满足教师个人需求”得分最低，尚未达到合格水平。这说明我国幼儿园在满足教师需求、支持教师专业发展方面质量水平亟待提升。

研究者认为，造成我国幼儿园家长与教师支持(尤其是教师支持方面)质量不高的主要原因是：首先，相对而言，幼儿园更重视满足家长的需求，而相对忽视了教师的需求及其满足。在当前学前教育市场化程度较高的背景下，幼儿园(尤其是民办园)非常关注家长的需求和对家长的服务，重视家长的满意程度，重视做好家园沟通工作(本研究中该项目得分最高)。但是，相对忽视了教师的主观感受、教师的满意程度；因而，教师的个人需求、工作需求和专业发展需求未得到充分的尊重和满足。但应该认识到，教师队伍的团队士气、专业精神和专业能力的不断提升恰恰是幼儿园教育质量提升的动力所在。其次，幼儿园管理水平普遍不高。无论是家长服务、家园沟通与合作，还是教师队伍管理，都是幼儿园管理的重要内容；从某种意义上说，我国幼儿园家长与教师支持质量不高，是幼儿园管理水平不足所致。在我国学前教育迅速普及、园所数量急剧增长的背景下，园长队伍青黄不接，许多缺乏管理经验的年轻教师、未接受过园长岗位培训的教师、缺乏学前教育背景的非专业人士，都有可能成为园长。园长队伍的年轻化、非专业化、管理理念陈旧、管理方法不科学、管理经验不足，都有可能导致对幼儿园管理的系统性与复杂性、质量要素把握与质量提升动力机制认识的科学性方面存在问题，未能摆正家长工作与教师工作之间合理的关系，导致幼儿园的家长与教师支持系统不完善和低效。

基于以上分析，研究者提出以下几点建议：(1)幼儿园应高度重视教师队伍建设，建立有效的内部支持系统。关注并尽力满足教师的个人需求与工作需求，采取多种措施、搭建多层次的平台，支持和促进教师的专业发展，为每位教师的专业成长提供个性化的空间，引导教师依据自身条件和志趣的差异化发展，形成有凝聚力的团队。(2)园长应加强自身的管理专业能力发展，加强对幼儿园管理实践的研究与反思改进，建立幼儿园内部自我评价和改进机制，提升幼儿园管理

水平，推动幼儿园教育质量的全面提升。(3)有关管理部门应进一步加强园长队伍建设。在学前教育规模迅速扩大的大背景下，教育行政与人事等相关管理部门应研究幼儿园园长队伍建设的应对措施，建立培养、培训、聘用、考核的完整机制，既保证园长培养的数量跟得上学前教育事业发展的需求，又要坚持质量，保证园长素质和能力，德才兼备，学前教育专业核心能力与管理能力都要过硬。

(二)我国幼儿园家长与教师支持质量区域差异和城乡差异明显，中、西部和农村幼儿园质量偏低

本研究结果表明，我国幼儿园家长与教师支持性质量存在明显的区域差距和城乡差距；东部地区幼儿园家长与教师支持质量明显高于中、西部地区；城镇幼儿园家长与教师支持质量明显高于乡村幼儿园。

众所周知，由于区域经济发展不平衡、城乡二元结构、学前教育管理体制和资源配置不平衡的影响，我国学前教育发展的区域差距和城乡差距长期存在。要改善这一问题，首先，有赖于中央和地方政府的统筹协调和扶持政策措施。中央和地方政府应将中、西部和农村学前教育的发展列为重点任务，在财政投入和人力资源投入上向中、西部和农村倾斜，逐步缩小甚至消除在生均教育经费和师资配置上的城乡差距。其次，在中央政府的协调下建立东部与中、西部学前教育(管理与师资培养培训方面)的结对帮扶与对口交流机制。最后，在地方政府的协调下，建立城乡学前教育(管理与师资培养培训)结对帮扶与对口交流机制；在条件成熟的情况下，实施学前教育师资(园长和教师)一定年限的农村服务期制度。多管齐下，不断促进中、西部和农村地区学前教育发展的水平，努力缩小区域差距与城乡差距。

(三)不同性质幼儿园家长与教师支持质量差距大，民办园家长与教师支持质量偏低

本研究显示，不同性质幼儿园之间家长与教师支持质量存在显著差异，公办园明显高于民办园(这一点在西部地区表现最为突出)；民办园的家长与教师支持质量相对较低(西部民办园的家长与教师支持质量尚未达到合格水平)。

基于我国学前教育发展的实际，研究者认为，造成这一问题的主要原因是办园体制的制约。基于市场营销原则(“顾客是上帝”)，民办园更关注满足家长需求的满足以及与家长的沟通，但忽视自己的内部员工(包括教师)的需求满足。民办园为了更多营利、节约开支，可能会减少对教师的服务性措施。另外，民办园举办者担心教师经过培养能力提升后更容易流失，因而不愿意在教师专业发展上投入过多。一项调查结果显示，与公办园教师相比，民办园教师普遍工作时间更

长，生师比更高，体力劳动强度更大，工作环境更差，且对自己的专业发展的要求也较低。[①] 同时，由于办园体制和财政投入体制的制约，现有的财政投入对民办园的投入既缺乏合法合理的渠道，也没有有效的监管机制和措施；同时由于民办园数量众多，非常复杂，学前教育行政管理力量严重不足，对民办园的办园行为和质量监管都比较薄弱。

基于此，研究者建议：首先，民办园应提高对教师队伍建设的重视程度。民办园应更加关注并尽力满足教师合理的个人需求与工作需求，为教师的工作创造良好的环境；提高教师的薪酬待遇，增加教师队伍的稳定性；为教师提供外出学习和培训的机会，为教师的专业发展创造机会和平台。其次，政府有关部门应在营利性/非营利性分类管理的框架下，一方面加大对非营利性/普惠性民办园的经费和人力资源扶持；另一方面加强对普惠性民办园的财政性经费使用审计和质量监管，促进民办园提升管理水平和教育质量。最后，政府有关管理部门应建立统筹协调的学前教育师资队伍管理政策措施，保障民办园教师的地位和待遇，降低民办园教师的流动性，让民办园举办者有意愿投入教师队伍的培养培训，支持教师专业发展。

① 芦苇．民办园与公办园教师生存现状调查及对比研究——以 H 省 J 市为例[J]．教育科学论坛，2016，(9)：61-64.

附录

附录一 课题组成员名单

姓 名	工作单位	职务/职称	承担任务
李克建	浙师大杭州幼儿师范学院	副教授	项目负责人
胡碧颖	澳门大学教育学院	副教授	评价工具研发，理论研究
潘 懿	美国北卡罗来纳大学 FPG 儿童发展研究所	研究员	数据分析，理论研究
秦金亮	浙师大杭州幼儿师范学院	院长，教授	统筹协调
陈德枝	浙师大杭州幼儿师范学院	副教授	数据分析，理论研究
张 朋	浙江大学数学系	研究员	高级统计分析，技术支持
陈月文	浙师大杭州幼儿师范学院 绍兴市柯桥区中心幼儿园	硕士	评分员协调，数据采集、整理，数据分析
陈庆香	浙师大杭州幼儿师范学院 杭州滨江区钱塘春晓幼儿园	硕士	数据采集、整理
秦雪娇	浙师大杭州幼儿师范学院	硕士	评分员协调，数据采集、整理
陈佳艺	浙师大杭州幼儿师范学院 绍兴文理学院	硕士	数据采集、整理
徐丽丽	浙师大杭州幼儿师范学院 衢州学院	硕士	数据采集、整理，参与专著写作
侯松燕	浙师大杭州幼儿师范学院 泉州幼儿师范高等专科学校	硕士	数据采集、整理
罗 妹	浙师大杭州幼儿师范学院	硕士	数据采集、整理，参与专著写作，结题材料整理
尹冰心	浙师大杭州幼儿师范学院 浙幼师附属第二幼儿园	硕士	数据采集、整理，参与专著写作
裴羚亦	浙师大杭州幼儿师范学院 杭州市拱墅区红缨幼儿园	硕士	数据整理、分析，参与专著写作
薛 超	浙师大杭州幼儿师范学院	硕士	数据采集、整理，参与专著写作
方 莹	浙师大杭州幼儿师范学院	硕士	数据采集、整理，参与专著写作

续表

姓 名	工作单位	职务/职称	承担任务
章媛	浙师大杭州幼儿师范学院 杭州市萧山电大	硕士	数据采集、整理，参与专著写作
吴梦斯	浙师大杭州幼儿师范学院	硕士	参与专著写作，结题材料整理
陈爱琳	浙师大杭州幼儿师范学院	硕士	参与专著写作，结题材料整理
高磊	浙师大杭州幼儿师范学院 杭州市申花实验幼儿园	硕士	数据采集、整理，参与专著写作
严盼盼	浙师大杭州幼儿师范学院	硕士	结题材料整理

附录二　班级观察评分员名单

浙江师范大学杭州幼儿师范学院

协调人：李克建(6)

2009 级研究生：25 人

曹高慧(8)	陈佳丽(15)	陈　懿(7)	丁　婷(7)	谷　禹(10)
郭梦之(10)	郭苗苗(7)	郭　祥(10)	马　峰(9)	彭小蕊(9)
秦玉芳(10)	汪　炎(13)	王军利(6)	王　玲(11)	郑　轩(7)
王凌凌(6)	王　英(8)	宣兆霞(11)	颜振凤(5)	朱君莉(12)
杨　楠(10)	杨宣英(5)	叶飞伟(6)	叶小艳(8)	张梦翾(7)

2010 级研究生：16 人

陈月文(39)	陈庆香(34)	冯艳芬(30)	侯松燕(30)	李玲玲(28)
吴广梅(19)	种　瑞(18)	马　宁(14)	陈　琼(14)	王亚红(14)
盛宝芳(11)	韩　姣(10)	谌铜平(10)	姜　黛(9)	王静梅(5)
李佳丽(2)				

2011 级研究生：20 人

李婧菁(27)	戴　璐(18)	李梅华(17)	姬生凯(14)	章　媛(10)
王晓飞(9)	王桂娟(8)	张义宾(8)	刘　丹(8)	郑聪聪(7)
邓进红(5)	裴耕尘(5)	阮国芳(4)	庚晓明(4)	郝　玲(2)
王志盛(1)	孙文娟(1)	吴怡晨(1)	原阿丽(1)	付欣悦(2)

2012 级研究生：20 人

秦雪娇(26)	陈佳艺(19)	黎日龙(12)	高　磊(12)	韩　倩(12)
陶梦茹(10)	陈　晴(10)	储昭兴(10)	姜　黛(9)	唐　锋(9)
木冬冬(6)	郑　捷(5)	袁　丹(5)	王　林(7)	栾文双(5)
李华玉(5)	李佳斌(5)	李　燕(4)	周　草(4)	黄雅婷(3)

2013 级研究生：27 人

徐丽丽(11)　尹冰心(10)　朱星罂(11)　姚雪芹(10)　杨　栋(9)
曹颜颜(9)　曹静静(9)　张海霞(8)　吴　婷(8)　赵东群(7)
薛　超(7)　曹　莎(7)　徐珊璐(7)　张亚楠(7)　周雯雯(7)
樊丰艺(6)　李　蕾(7)　李瑞琴(6)　段　倩(5)　周　倩(5)
张雪玉(4)　周琴妹(4)　王一逸(3)　高一升(2)　翁梦星(2)
张月琴(2)　范琳玲(3)

2014 级研究生：6 人

罗　妹(5)　高孝品(5)　陈郁雯(5)　方　莹(5)　李园园(5)
朱娅婷(5)

2011 届本科生：2 人

李　轩(4)　任雪丹(1)

湖南师范大学：10 人

胡洁琼(21)　王　艳(21)　李雨姝(21)　杜暑辉(21)　陈荣荣(8)
高云霞(7)　谌　雅(7)　贾　蓉(6)　杨　烨(5)　黄宇舟(3)

吉林师范大学：6 人

陈秀丽(9)　陈思慧(9)　唐宾客(3)　陈　欢(3)　王晓曼(2)
李名璐(2)

四川幼儿师范高等专科学校：9 人

王丽娜(6)　粟　怡(6)　唐之斌(6)　王桂娟(6)　胡玉智(6)
严静鸣(2)　孙培智(6)　马丽群(5)　顾原源(5)

贵阳幼儿师范高等专科学校：6 人

郝安利(7)　杨忠地(7)　张琬婧(7)　孔　霞(7)　乐　丹(7)
梵高英(7)

合　计

总人数：148　　　班级观察总人次：1270

1. 括号内为参加班级观察的频次。

2. 以上大部分班级观察评分员也参与了儿童发展评估测查工作。

3. 排名不分先后。

4. 由于人数众多，数据采集次数较多，管理复杂，名单统计如有遗漏，请见谅。